Wilhelm Heinrich Riehl

# Die Naturgeschichte des Volkes

Die bürgerliche Gesellschaft

Wilhelm Heinrich Riehl

**Die Naturgeschichte des Volkes**
*Die bürgerliche Gesellschaft*

ISBN/EAN: 9783743341449

Hergestellt in Europa, USA, Kanada, Australien, Japan

Cover: Foto ©ninafisch / pixelio.de

Manufactured and distributed by brebook publishing software (www.brebook.com)

Wilhelm Heinrich Riehl

**Die Naturgeschichte des Volkes**

# Die Naturgeschichte des Volkes

als Grundlage

einer deutschen Sozial-Politik.

Von

## W. H. Riehl.

Zweiter Band.

### Die bürgerliche Gesellschaft.

———

Neunte Auflage.

Stuttgart 1897.

Verlag der J. G. Cotta'schen Buchhandlung

Nachfolger.

# Vorwort zur achten Auflage.

Im Jahre 1847 schrieb ich einen kleinen Aufsatz für die „Karlsruher Zeitung" unter dem Titel „Der gemeine Mann". Er erregte beifälliges Aufsehen, weil er aussprach, was viele dachten und doch nicht sagten. Ich zeigte in jenem Artikel, wie die naiv gesittete Schicht des Volkes, der Bauer und Kleinbürger, den Urgrund unserer Kultur bilde, aus welchem zuletzt doch erst alle höhere nationale Bildung entsprießt; ich schilderte die Naturkraft und die politisch ausgleichende Macht des gemeinen Mannes; ich stellte dar, wie stolz derselbe sein, wie glücklich er sich preisen müsse, wenn er nur die einfache Kunst verstehe, sich in seiner Haut wohl zu fühlen und nicht aus Neid über andere Leute aus der Haut zu fahren, welch letzteres von vielen auch damals schon als die Triebkraft zu allem Fortschritte bezeichnet ward.

Dieser kleine Aufsatz war der erste Keim des vorliegenden Buchs.

Es kam die Revolution von 1848, wo wir alle so viel im Leben lernten und Lehrgeld zahlten und die Bücher vergaßen. Schien mir die Welt auch manchmal auf den Kopf gestellt, so fand ich doch meinen Trost in der Wahrnehmung, daß der Kern des deutschen Volkes, der „gemeine Mann", dennoch gescheit geblieben sei und den Kopf oben behalten habe und sich trotz aller Wühler und Heuler als die erhaltende und ausgleichende soziale Macht bewähre. Der Kern des gemeinen Mannes aber war und ist mir der Bauer.

Ich lebte damals in Wiesbaden, wo sich mir der soziale Gegensatz einer stürmisch erregten und einer zäh beharrenden Volksschicht auch örtlich aufdrängte in den Städten und Stadt= dörfern des Rhein= und Mainthals und in den Bauerndörfern des Taunus und des Westerwalds. Ich machte Studien nach der Natur, indem ich gerade in den politisch bewegtesten Tagen das Land durchwanderte, Volks= und Gemeindeversammlungen, Landtage und Gerichtstage beobachtend besuchte. Die Frucht dieser Naturstudien war ein Essay „Der deutsche Bauer und der moderne Staat", welcher 1850 in der Cotta'schen „Deutschen Vierteljahrschrift" erschien und später, erweitert und verbessert, den ersten Abschnitt dieses Buches bildete. Der Aufsatz war mein erster litterarischer Erfolg.

Als Gegenstück zeichnete ich dann den „Vierten Stand", wozu mir meine Beobachtungen in Frankfurt, Mainz, Wies= baden und Karlsruhe während der beiden Sturmjahre wieder= um drastische Naturskizzen boten. Man muß den Abschnitt mit historischem Auge lesen: es ist die zerwühlte und zer= wühlende Volksschicht von damals, welche ich geschildert habe, nicht von heute.

Dann kam eine stille Zeit, die mich in eine stille Stadt der historischen Erinnerungen wie der leibhaften Geschichte in den fortlebenden Thatsachen altreichsstädtischen Bürgertums führte, nach Augsburg — wie diese Stadt in den fünfziger Jahren noch war und heute nicht mehr ist. Jenes Augsburg habe ich an einem anderen Orte geschildert, in den „Kultur= studien". Der plötzliche Gegensatz der Zeit — 1851 gegen 1848! und des Ortes — Augsburg gegen Wiesbaden! lockte mich zu den Studien über die festeste soziale Aristokratie, den Erbadel mit Familiengrundbesitz, und über die einzige Mög= lichkeit seines zeitgemäßen Fortbestandes, der nur gerechtfertigt ist, wenn der Adel auf unhaltbare Ranges= und Berufs=

monopole verzichtet und als der Stand des gefesteten histo=
rischen Familienbewußtseins sich eingliedert in die moderne
Gesellschaft.

Der Abschnitt über das Bürgertum als die bewegende,
die ganze Gesellschaft verbindende soziale Großmacht wurde
zuletzt geschrieben und verband zugleich das Buch zu einem
Ganzen. Ich wollte letzterem ursprünglich den Titel „Vier
Stände" geben. Der Verleger widerriet und mit Recht. Die
„Vier Stände" würden es höchstens zu zwei Auflagen gebracht
haben, „Die bürgerliche Gesellschaft" hat doch die achte er=
reicht. Man fürchtete sich damals vor dem treffenden und
trefflichen Worte „Stand" und viele fürchten sich heute noch
davor. Die alten Stände sind freilich in sich zusammen=
gebrochen, aber doch nur, weil sie von aufkeimenden neuen
Ständen zersprengt wurden. Mein Buch gibt Zeugnis von
diesem Prozeß. Es entstand zufällig ganz so wie die neuen
Stände entstehen: ich habe nicht von oben nach unten, auch
nicht von vorn nach hinten, sondern von den beiden Extremen
zur Mitte gearbeitet und mit der Vermittelung abgeschlossen.

Man muß sich in die Zeit dieser Arbeit, von 1847 bis
1851, zurückversetzen, um heute dem Buche gerecht zu werden.
Die Bewegungen jener Zeit spiegeln sich in seinem Inhalte.
Gar manche Frage, welche hier besprochen, gar manche Ge=
schichte, welche erzählt wird, griff damals unmittelbar in die
Debatte des Tages, während sie jetzt nur mehr ein historisches
Interesse bietet. Es gibt Bücher, die lehrreicher werden, wenn
sie älter geworden sind, nicht weil sie sich durchs Liegen
besserten, wie die Winterbirnen, sondern weil ihr Inhalt,
welcher ursprünglich bekannte Thatsachen des damals gegen=
wärtigen Lebens aussprach, einer späteren Generation Fremd=
artiges, ja Neues bietet, als Urkunde für den Geist einer
vergangenen Zeit und solchergestalt zum Vergleichen und
Nachdenken reizt. Dies gilt namentlich von Büchern, worin
irgendwann Zustände eines Volkes geschildert wurden, und

wenn sie durchs Veralten sich wieder verjüngen, so ist das nicht ein Verdienst des Autors, sondern es liegt im Stoffe.

Mancher Satz meiner „bürgerlichen Gesellschaft" fiel seiner Zeit auf, weil die Leute damals sagten: ja, so ist es! und jetzt fällt er auf, weil man ausrufen wird: so ist es nicht mehr! Vieles ist auch inzwischen ganz anders gekommen, als ich es in diesem Buche angedeutet oder gar prophezeit hatte: das widerfährt den größten Staatsmännern, warum sollte sich ein kleiner Schriftsteller grämen, wenn ihm das nämliche widerfährt?

Es geht durch dieses Buch ein Zug jener Aufregung und Unruhe des Jahres 1848, wie nicht minder ein Zug des darauf folgenden tiefen Bedürfnisses nach Ordnung, Ruhe und Rückkehr zu altgewohnten festen Formen, und ebenso oft hat mir der Zorn über die vormärzliche bureaukratische Schulmeisterei wie über den wüsten Taumel des Revolutionsjahres die Feder geschärft. Erschienen aber ist das Buch im Reaktionsjahre 1851 und hat in der sogenannten Reaktionszeit der fünfziger Jahre ganz besonders Anklang und Verbreitung gefunden. Man könnte daraus schließen, daß es ein sehr konservatives Buch sei; denn wer nicht in dem Geiste seiner Zeit steht, der gewinnt nicht augenblicklichen Erfolg; — andererseits aber auch, daß es ein freisinniges Buch sei; denn wer dem herrschenden Geiste nicht widerspricht, dessen Erfolg währt keine zehn Jahre.

Schon im Vorwort zur ersten Auflage schrieb ich: „Ueber die Folgerungen und Beweisführungen des Verfassers wird sich das Urteil je nach den Parteien sehr verschieden gestalten. Aber in zwei Punkten wenigstens wünscht er auch bei den prinzipiellen Gegnern Anklang zu finden: in der treuen und liebevollen Hingabe, mit welcher er in die Erkenntnis des deutschen Volkslebens einzudringen gestrebt, und in der Unabhängigkeit seiner Ueberzeugung, kraft deren er das von ihm für wahr Erkannte überall offen ausgesprochen hat, obgleich er recht gut weiß, daß seine Ansichten nirgends ganz in die bestimmten Formen der herrschenden Parteigruppen passen, und daß in diesem Buche einer jeden Partei gar vieles wider den Strich gehen wird."

Mit Unrecht hat man dieses Buch hier und dort zu einem Parteibuche stempeln wollen. Ich war niemals ein Mann der herrschenden Parteien und niemals ein Mann der herrschenden Schule. Das hat allen meinen Büchern anfangs geschadet und später genützt; denn sie wurden auch noch gelesen, als die zur Zeit ihres Erscheinens herrschenden Parteien und Schulen nicht mehr herrschten.

Faßte man dieses Buch mit Unrecht als ein Parteibuch, so that man mir ebenso unrecht, ein System, ein Lehr= gebäude darin zu suchen. Meine wissenschaftliche Erkennt= nis von der Idee der Gesellschaft, vom organischen Aufbau derselben, von dem modernen Begriff der Stände, vom Verhältnis der Gesellschaftslehre zur Staatslehre und zur Nationalökonomie und ähnliche rein theoretische Dinge habe ich nicht in diesem Buche niedergelegt. Freunde, welche dergleichen suchten und zwischen den Zeilen herauslasen, er= wiesen mir damit einen sehr übeln Dienst. Ich wollte und konnte eine solche Systematik vor dreißig Jahren gar nicht geben, und wenn ich's versucht hätte, so würde ich jetzt das Buch rein umschreiben müssen; denn seit jener Zeit haben sich die wahrhaft wissenschaftlichen Grundlagen einer systema= tischen Gesellschaftslehre erst ganz allmählich herausgebildet. Angedeutet habe ich meinen theoretischen Standpunkt in der „deutschen Arbeit", einem Buche, welches dem vor= liegenden ergänzend und fortbildend zur Seite tritt, die so= zialen Grundbegriffe entwickelt und namentlich in der dritten, stark vermehrten Auflage (Stuttgart 1884, Cotta) an vielen Orten auf mein System der Gesellschaftslehre hindeutet. Im Zusammenhange dargestellt, habe ich dieses System nur in meinem Kollegium über „die bürgerliche Gesellschaft und die

Geschichte der sozialen Theorien“, welches ich seit 1860 in jedem Winter vierstündig lese und womit ich zugleich die Sozialwissenschaft als ein selbständiges Fach bei unserer Universität eingebürgert habe. Das Kollegium und dieses Buch sind grundverschiedene Dinge, und doch war das Kollegium eine langsam gereifte Frucht dieses Buches.

Das vorliegende Buch ist ein praktisches, kein schulgelehrtes, und es hat auch von Anbeginn ganz besonders bei praktischen Leuten Anklang gefunden. Ich schildere das soziale Volksleben und verknüpfe mit meinen Bildern die Erörterung politischer Probleme. Das Gesamtbild ist weder vollständig, noch durchweg strenge geordnet, es wurde, wie ich oben gezeigt, nicht in einem Zuge entworfen, sondern erwuchs allmählich. Was dadurch an Planmäßigkeit verloren ging, das wurde vielleicht an Frische des Kolorites gewonnen. In einer jugendlich stürmischen Zeit unseres politischen Lebens ging ich an die Arbeit und stand selbst noch in sehr jugendlichem Alter. Ich könnte jetzt eine viel planvollere, reifere, gelehrtere Schrift über die bürgerliche Gesellschaft liefern, aber so harmlos, so keck und so unbefangen wie damals könnte ich nicht mehr ins Zeug gehen. Und wer kann das überhaupt noch, wo unser ganzes politisches Dichten und Denken so reif, so gründlich und aber auch so altklug und so verbissen geworden ist?

Das beste Teil der Jugend ist die Poesie und das Herz. Neben den berechtigten Materialismus der wirtschaftlichen Interessen stellte ich darum die gleichberechtigte Poesie des Volkslebens, neben die Schulbildung den romantischen Zauber der naiven Volkssitte, neben das klar bewußte Recht die empfundene Moral, neben das kritische Wissen den kindlich gläubigen Sinn des Volkes. Die Gesellschaft ist das Volk unter dem Gesichtspunkte seiner Arbeit, seines Besitzes und der aus beiden erwachsenden mannigfachen Gesittung. Und wenn tausend Federn geschäftig waren und sind, um mit der

ganzen spitzigen Scholastik der modernen Nationalökonomie
das Gesellschaftsleben nach der einen Seite, als Arbeitsleben,
zu begreifen und zu ordnen, so durfte doch wohl auch eine
Stimme sich erheben für die gleiche Berücksichtigung des
idealen Momentes, der Sitte und der Gesittung. In ähnlicher Absicht verfaßte ich später mein Buch von der „deutschen Arbeit"; dieses aber ist mehr mit dem Kopfe geschrieben,
die bürgerliche Gesellschaft mehr mit dem Herzen. Und hierin
sehe ich jetzt den wahren Grund, warum das Buch bei allen
seinen Mängeln, bei allen späteren Fortschritten der sozialen
Wissenschaft sich frisch und lebendig erhalten hat.

Subjektive sittliche Beweggründe standen mir voran in
der „bürgerlichen Gesellschaft", nicht objektive politische Partei-
dogmen. Wenn ich z. B. der Ständegliederung das Wort
rede, wenn ich für den Fortbestand eines — freilich zu re-
formierenden — Erbadels spreche, so geschah dies nicht im
Widerspruche gegen die moderne Staatsidee, oder aus Reak-
tionslust oder romantischer Schwärmerei, oder gar um den
vornehmen Leuten zu schmeicheln. Ich war sittlich empört zu
sehen, wie in unserer Zeit überall der Arme den Reichen,
der Geringe den Vornehmen beneidet und ihm gleich werden
will, gleich, nicht in der Last der Pflichten und der Arbeit,
sondern in Genüssen, in Prunk und Glanz und Würden.
Jener echte Bürgerstolz regte sich in mir, der da sagt: Ich
fühle mich so wohl in meiner Haut, daß ich gar nicht begehre,
was die vom Glücke Begünstigteren auszeichnet, ich gönne
einem jeden seine lange oder kurze Ahnenreihe, weil ich sie
gar nicht brauchen kann, da ich vielmehr trachte, mir selbst
mein eigener Ahnherr zu werden und aus eigener Kraft
Rühmliches zu leisten, wenn auch nur Bescheidenes zu genießen. Man kann aus aristokratischer Hoffart die ganze
Gesellschaft gleichmachen wollen, und kann andererseits in
echt demokratischem Selbstbewußtsein den Unterschied mannig-
fach gegliederten und geehrten Standes und Berufes als eine

von Gott in der Menschennatur gesetzte Notwendigkeit anerkennen. Dies und Aehnliches wollte ich aus dem Herzen
predigen in meinem Buche.

An den früheren Auflagen habe ich fleißig gefeilt und
verbessert, seit 25 Jahren, seit die Welt eine andere geworden
ist, ließ ich das Buch stehen, wie es stand, und schrieb lieber
neue Bücher. Eine Kunde aus vergangenen Zeiten hat auch
ihren Reiz, und aus jenen vergangenen Tagen spricht doch
auch schon das Zukunftsbild der Gegenwart.

München, am 2. August 1885.

W. H. R.

# Inhalt.

## Einleitung.

Seite

Erstes Kapitel. Zeichen der Zeit . . . . . . . . . . 3

Zweites Kapitel. Sondergeist und Einigungstrieb im deutschen Volksleben . . . . . . . . . . . 17

Drittes Kapitel. Die Wissenschaft vom Volke als das Urkunden-buch der sozialen Politik . . . . . . . . 30

## Erstes Buch.

### Die Mächte des Beharrens.

#### I. Die Bauern.

Erstes Kapitel. Der Bauer von guter Art . . . . 41

Zweites Kapitel. Der entartete Bauer . . . . 66

Drittes Kapitel. Der Bauer und die Revolution . . 87

Viertes Kapitel. Resultate . . . . . . . . 110

#### II. Die Aristokratie.

Erstes Kapitel. Der soziale Beruf der Aristokratie . . . 123

Zweites Kapitel. Die mittelalterige Aristokratie als der Mikro-kosmus der Gesellschaft . . . . . . . . . . 138

Drittes Kapitel. Der Verfall der mittelalterigen Aristokratie 160

Viertes Kapitel. Resultate für die Gegenwart . 178

## Zweites Buch.

# Die Mächte der Bewegung.

### I. Das Bürgertum.

Seite

Erstes Kapitel. Der Bürger von guter Art . 199

Zweites Kapitel. Der soziale Philister . . . . . 223

Drittes Kapitel. Die unechten Stände . . . . . . 237

Viertes Kapitel. Das Bürgertum im politischen Leben . 251

Fünftes Kapitel. Resultate . . . . . 262

### II. Der vierte Stand.

Erstes Kapitel. Wesen und Entwickelung . . . . 278

Zweites Kapitel. Das aristokratische Proletariat . . . 298

Drittes Kapitel. Die Proletarier der Geistesarbeit . . . 312

Viertes Kapitel. Die Proletarier der materiellen Arbeit . . 350

Fünftes Kapitel. Das Standesbewußtsein der Armut . . 379

# Einleitung.

# Zeichen der Zeit.

(Geschrieben im Jahre 1851 und 1853.)

Als Kaiser Maximilian I. im Wendepunkt der alten und neuen Zeit einen Reichstag auf den anderen berief, um viele wichtige Reformen der deutschen Reichsverfassung zu entwerfen, einige auch zu vollführen, da deuchte wohl den meisten zweifellos, es sei der Schwerpunkt der Kämpfe einer bereits ahndungsvoll bewegten Gegenwart auch für eine unabsehbare Zukunft in diesen Ring des neu sich aufraffenden Verfassungslebens festgebannt. Und doch bedurfte es nur eines kleinen Anstoßes nach kurzer Frist, und der welterschütternde Geistersturm brach auf einer ganz anderen Seite los: die entscheidende That Luthers durchzuckte die Welt, und mit diesem e i n e n Schlage war alle Voraussicht der Staatsweisheit betrogen; — die gefürchtete politische Umwälzung ward zu einer kirchlich-religiösen, verbunden mit einer bürgerlich-sozialen. Neue, kaum geahnte Lebensmächte rückten in den Vordergrund, neue Menschen, neue Götter. Die neue Welt war über die Träumer gekommen wie der Dieb in der Nacht.

Auch wir stehen im Wendepunkt einer alten und neuen Zeit; wir sind gleich unseren Vorvätern am Ausgange des Mittelalters seit einer Reihe von Jahren gewohnt, die großen und kleinen Verfassungskämpfe als den Schwerpunkt unseres öffentlichen

Lebens anzusehen. An das neue Gebilde einer Gesamtverfassung Deutschlands knüpften sich seit 1848 die kühnsten Hoffnungen, wie später die bitterste Enttäuschung, lauter Jubel und stilles Zähneknirschen, die volle Gunst, der volle Haß der Parteien. Wie war es möglich, daß auf so viel glutheiße Leidenschaft so rasch kaltes Entsagen gefolgt ist? Das gemahnt an jenen Vorabend der Reformation. Die Wogen werden auch diesmal nicht auf dem Punkte durchbrechen, auf welchen aller Augen gerichtet waren. Seitab dem politischen Leben im engeren Sinne liegt jetzt das soziale Leben, wie vor vierthalbhundert Jahren seitab das kirchliche Leben lag. Die politischen Parteien werden matt: die sozialen halten den glimmenden Brand unter der Asche lebendig. Die soziale Reformation wartet auf ihren Luther, über dessen Thesen man die kühnsten Entwürfe eines deutschen Verfassungswerkes, auch Großdeutschland und Kleindeutschland mitsammen, vergessen wird, wie man damals ewigen Landfrieden und Reichskammergericht, ja Kaiser und Reich selber über den Wittenberger Klostermönch vergaß. In unseren politischen Kämpfen ist heute oder morgen ein Waffenstillstand möglich; in den sozialen wird kein Waffenstillstand, geschweige denn ein Frieden eintreten können, bis längst über unserem und unserer Enkel Grabe Gras gewachsen ist.

Jedes Zeitalter findet ein paar große Wahrheiten, ein paar allgemeine Sätze, mit denen es sich seine eigene Welt erobert. Ein solcher Satz, neben anderen, ist für unsere Epoche darin gefunden, daß die „bürgerliche Gesellschaft" durchaus nicht gleichbedeutend sei mit der „politischen Gesellschaft", daß der Begriff der „Gesellschaft" im engeren Sinne, so oft er thatsächlich hinüberleiten mag zum Begriffe des Staates, doch theoretisch von demselben zu trennen sei. Nicht bloß vom Staatsrecht, als der obersten Blüte des öffentlichen Lebens, will man fürder reden, sondern auch vom Stamm und der Wurzel, von des Volkes Art und Sitte und Arbeit. Die politische Volkskunde ist das eigenste Besitztum der Gegenwart, die Quelle von tausenderlei Kampf und Qual, aber auch der Bürgschaft unserer politischen Zukunft.

Alle Parteien von den Männern des mittelalterlichen Ständestaates bis zu den roten Kommunisten haben — bewußt oder unbewußt — den Satz feststellen helfen, daß die bürgerliche Gesellschaft zu unterscheiden sei von der politischen. Nur allein die polizeistaatliche Bureaukratie nicht. Würde sie aufhören, jenen Unterschied und sein Resultat, die selbständige Volkskunde, zu übersehen, so würde sie sich selbst in ihrem innersten Wesen vernichten. Darum die auffallende Thatsache, daß unsere sozialpolitischen Parteien, die in sonst nichts einig sind, einzig und allein sich Brüderschaft geschworen haben in ihrem Haß gegen die Bureaukratie.

Auf dem Grundgedanken, daß zu unterscheiden sei zwischen der bürgerlichen Gesellschaft und der politischen, erbaut sich die „soziale Politik". Der moderne Geist hat sie zu seinem Eigentum gestempelt. Die beiden widerstreitendsten Ansichten vom öffentlichen Leben, nämlich die sozial-demokratische und die ständisch-aristokratische, begegnen sich in dem Punkt, daß beide den Gedanken einer sozialen Politik am entschiedensten ausgebildet haben. Die Extreme, nicht deren Vermittelungen und Abschwächungen, deuten aber die Zukunft vor.

Man schaue auf die Zeichen der Zeit.

Will man heutzutage eine Partei, weil trockene Beweisgründe wirkungslos abprallen, am Gewissen packen, so geht man ihr mit Schlagwörtern der sozialen Politik zu Leibe. Noch vor kurzem war dem nicht also. Zum Exempel: Die Freihändler schoben den Schutzzöllnern vor der Märzrevolution ins Gewissen, bald daß sie politische Demagogen, bald daß sie politische Reaktionäre seien. Will die freihändlerische Partei heute einen gleich hohen Trumpf gegen ihre Widersacher ausspielen, so rückt sie ihnen vor, entweder sie seien Kommunisten oder umgekehrt Männer eines ständisch-privilegierenden Zunftwesens.

Die alten Gegensätze der Radikalen und Konservativen verblassen von Tag zu Tag mehr, die Gegensätze der Proletarier, Bürger, Junker 2c. gewinnen dagegen immer frischere Farbe.

Die kleinen Dinge bilden das Maß für die großen. Ich will solch ein kleines Ding erwähnen. Jüngst erschienen die „Neuen Gespräche" eines berühmten Staatsmannes, deren vornehmster Inhalt auf eine Ueberschau der politischen Parteien in den zuletzt durchgefochtenen Verfassungskämpfen Deutschlands zielt. Die Tagespresse jeglicher Farbe griff sofort einen und denselben Satz des Buches als den merkwürdigsten, als den Kernpunkt heraus, hier mit dem Eifer der Genugthuung, dort mit dem Eifer des Aergers, den Satz: daß die ständische Monarchie gegenwärtig nur noch zu den edlen Wünschen, nicht mehr zu den Möglichkeiten gehöre. Bei dem dämonischen Scharfblick, welchen dem Verfasser die Gegner, bei dem genialen, welchen ihm die Freunde zuschreiben, hatte man im voraus förmlich gelauert auf seinen Ausspruch in dieser Sache, und die Hast, mit der man überall gerade über den einen Satz herfiel, zeigt, daß derselbe den empfindlichen Punkt trifft, in welchem alle Nervenfäden unseres Parteilebens zusammenlaufen. Weit weniger berühren die Staatsrechtsfragen diesen Punkt, als was hinter ihnen steckt — die soziale Frage.

Die kirchlich Konservativen schlossen in neuester Zeit ein Bündnis mit den sozial Konservativen. Beide Richtungen erstarkten dadurch wunderbar. Die strenggläubigen Protestanten und Katholiken wetteifern, die Kirche als die erste, ja als die einzige Retterin aus unseren gesellschaftlichen Notständen erscheinen zu lassen. Dies ist ein Ereignis von unabsehbarer Tragweite. Der Satz, daß das organische Naturgebilde der Gesellschaft eine göttliche Ordnung sei, hat rasch Tausende von Bekennern gewonnen. Viele derselben würden vor zehn Jahren nur ein mitleidiges Lächeln dafür gehabt haben, wenn man ihnen die Gesellschaft als von Gott geordnet hätte aufbauen wollen.

In unseren Tagen wächst der Industrialismus zu einer sozialen Macht, die in dieselbe Rolle eintreten könnte, welche vordem bald die Bureaukratie, bald die Demokratie gespielt hat.

Der einseitige Industriemann kennt nur eine Wirtschaftspolitik, keine soziale. Die Gesellschaft ist für ihn ein Phantasiestück. Er weiß von keinen anderen natürlichen Ständen als von denen der Erzeuger und Verzehrer, der Reichen und Armen. Grundsätzlich will er von den großen Naturgruppen des Volkes nichts wissen, thatsächlich fürchtet er sich aber doch vor jeder sozialen Gleich= macherei. Der wirklich politische Industrielle dagegen wird eine solche Philisterphilosophie verschmähen. Er wird jeder Volks= gruppe ein eigenartiges fröhliches Gedeihen gönnen, ohne daß ihn darum gleich Furcht befällt vor der Rückkehr mittelalterlichen Ständezwanges; er wird sich durch die analytische Gesellschafts= kunde willig belehren lassen, daß die soziale Macht der Industrie noch nicht allein die Welt beherrscht.

Der Kampf der Parteien über die Stellung Oesterreichs und Preußens im deutschen Staatenverbande würde 1850 nicht so maßlos erbittert geführt worden sein, wenn den Streitern dabei nicht weit mehr die soziale als die politische Zukunft des Vater= landes vorgeschwebt hätte.

Die große Masse derer, welche nicht mehr von Bauern und Bürgern und Edelleuten reden wollen, sondern nur noch von Staatsbürgern, höchstens von armen und reichen, gebildeten und ungebildeten Klassen, hielt zu Preußen. Preußens größter König hatte dem heiligen römischen Reich deutscher Nation den letzten zertrümmernden Stoß gegeben, Preußen hatte den modernen Ge= danken der Staatsgewalt am entschiedensten ausgebildet, es hatte die Herrschaft des Staates, oft mit despotischem Nachdruck, über die innere Selbstherrlichkeit der Stände gesetzt. Solch gründ= liches Aufräumen mit den verwitternden Resten des alten Reiches war ein Gebot der Zeit gewesen, und Preußen erfüllte in ihm seinen nationalen Beruf. Die folgerecht durchgeführte Idee eines allgemeinen Staatsbürgertums haben wir vorab Preußen zu danken. Aber die Einseitigkeit, in welcher thatkräftige preußische Fürsten das Recht des Staates über die gesellschaftlichen Mächte durchsetzten, zog zugleich den modernen nivellierenden Polizei= und

Beamtenstaat groß. Preußen unterschätzte in verschiedenen Zeit=
läuften das Recht der natürlichen Volksgruppen, wie es sehr
wohl bei straffer Staatseinheit bestehen kann. Die politischen
Mächte: Fürstentum, Diplomatie, Heer, Beamtentum gewannen
ihr eigentümlichstes Gepräge in Preußen. Unsere Konstitutio=
nellen verfielen oft genug in die Einseitigkeit, die natürlichen
Mächte des Volkslebens zu vergessen über einer abstrakten Staats=
rechtsschablone und glaubten dann ihre Stütze bei Preußen suchen
zu müssen.

Aber die geradeaus gegenüberstehende Partei, die streng
ständisch=monarchische, hoffte merkwürdigerweise gleichfalls auf
Preußen. Und mit nicht minderem, ja wohl gar mit noch viel
größerem Recht. Preußen kann bei dem vorwiegend verneinen=
den und aufräumenden sozialen Beruf, welchen es seit länger
als einem Jahrhundert erfüllt, nicht mehr stehen bleiben. Es
ist auf dem Scheidepunkte angekommen, wo es entweder das
Aufgehen der vielgliederigen Gesellschaft in ein nivelliertes Bürger=
tum zur positiven That erheben, oder nicht minder positiv auf
Grund der historisch erwachsenen Gesellschaftsgruppen sich politisch
verjüngen muß. Die sogenannte neupreußische Partei suchte ihre
Stütze in der persönlichen Politik des Königs, wie die konstitutio=
nelle in der Ueberlieferung des letzten Jahrhunderts preußischer
Geschichte. Beide Parteien konnten die Sympathien eines Teiles
der Bevölkerung für sich aufweisen, und jede behauptete des ent=
scheidenden Teiles. So geschah es, daß die feindseligsten Rich=
tungen gleicherweise an Preußens Beruf, an die Geschichte und
an das Volk appellierten und doch zum ganz entgegengesetzten Er=
gebnis kamen. Beide schrieben sogar seltsam genug den Namen
eines und desselben Mannes, Friedrichs des Großen, als des
rechten Vorfechters und historisch verklärten Urbildes ihres Partei=
strebens gleichzeitig auf ihr Banner!

Bei all diesen Kämpfen wurde nur eines vergessen: daß
man politisch sehr konstitutionell und doch zugleich
sozial sehr ständisch gesinnt sein kann. Es läßt sich eine

echt konstitutionelle Volkskammer denken, gegründet auf Ständewahlen. Das Volk nach seinen natürlichen Gruppen — Ständen —
wählt; der Abgeordnete aber vertritt, von dem Augenblick an,
wo er die Schwelle der Kammer überschreitet, nicht seinen Stand,
sondern das Volk. Vollends aber ist eine freisinnige und volkstümliche Verwaltungspolitik gar nicht denkbar ohne liebe-
volle Rücksicht auf alle natürlichen Besonderungen im Volksleben,
und das sind ja eben die „Stände". Man scheue nur nicht gar
zu blind vor diesem ehrlichen deutschen Wort! Ein Polizei-
beamter, der Sitte und Art der einzelnen Volksgruppen — der
Stände — nicht kennt und beachtet, wird ein Polizeityrann.
Die Polizeiwissenschaft findet ihre einzige gediegene Grundlage
in der wissenschaftlichen Volkskunde; diese aber geht aus und
führt zurück auf die Erkenntnis der historisch erwachsenen Unterschiede im Volksleben. Allein das alles übersieht man, wähnend,
mit dem bloßen Wort „Stände" sei auch schon das ganze Mittelalter wieder heraufbeschworen! Die mittelalterlichen Stände sind
ja aber doch längst tot und begraben. Neue Stände wachsen
heran an ihrer Statt und der modern konstitutionelle Staat er-
stand als ein Sohn des feudalen Ständestaates. Glaubt man
denn nur dadurch den Sohn ehren zu können, daß man den verstorbenen Vater schmäht? Und will man leugnen, daß dem
Sohne doch gar viele Züge des Vaters aus dem Gesichte schauen?
Man glaubt, soziale Politik sei schlechthin eine Politik des Rückschrittes. Ich möchte gegenteils in diesen Büchern zeigen, daß
soziale Politik, d. h. eine Staatskunst, welche auf das naturgeschichtliche Studium des Volkes in allen seinen Gruppen und
Ständen gegründet ist, vielmehr eine vorschreitende, echt
volksfreundliche Politik sei.

Oesterreich hat keine so scharf bezeichnete Vergangenheit einer
sozialen Politik hinter sich liegen wie Preußen. Es ist darum
auch nicht gleich diesem hier auf den äußersten Punkt der Entscheidung gedrängt. Weder in dem persönlichen Bekenntnis der
Regierenden noch in der Volksstimmung fanden die beiden sozial-

politischen Hauptparteien so bestimmte Stützpunkte wie bei Preußen.
Nichtsdestoweniger spielte bei dem Widerspruch der streng kon=
stitutionellen Partei Norddeutschlands gegen den Gesamteintritt
Oesterreichs in den deutschen Bund das sozialpolitische Bedenken
wenigstens negativ seine Rolle. Denn das eine wußte man doch
bestimmt, daß Oesterreich durch Natur, Bildung und Geschichte
seiner Völker gezwungen ist, ein so straffes soziales Zusammen=
fassen des allgemeinen Staatsbürgertums nicht eintreten zu
lassen, wie dasselbe in Preußen durch das lange ausgleichende
Wirken des bureaufratischen Regiments allerdings möglich ge=
worden ist. Andererseits begrüßten die Freunde einer aus Arbeit
und Beruf des Volkes sich heraufarbeitenden sozialen Reform um
so lauter die Fortschritte in der Ordnung des Gemeindewesens
Oesterreich, in der Umformung der Justiz, in der Grundent=
lastung, und vor allen Dingen die Bestrebungen des österreichischen
Handelsministeriums, durch eine großartige, dem Handel und der
Industrie zugewandte Gunst dem Bürgerstand zu Kraft und
Gedeihen zu verhelfen. Sie hielten sich durch diese Thatsachen
zu der Hoffnung berechtigt, daß Oesterreichs Staatsmänner
begriffen hätten, wo ihres Landes Zukunft liege, daß sie es
für Oesterreichs Beruf erkannt, da anzufangen, wo Preußen
aufgehört, nämlich die Gesellschaft wieder in ihr Recht einzu=
setzen, nicht mehr über, sondern neben dem Staat, und eine
neue soziale Politik aus der möglichst eigentümlichen Durch=
bildung des Bauerntums, des Bürgertums, der Grundaristo=
fratie heraus zu schaffen, ohne dabei in das für Preußen
weit näher gerückte Extrem einer altständischen Restauration zu
verfallen.

So wirkte das soziale Motiv bestimmend auf alle politischen
Parteien, und kreuzte und zerbröckelte dieselben dabei zum wunder=
lichsten Wirrsal. Die sozialdemokratische Partei aber, welche
weder auf Preußen noch auf Oesterreich hoffte, stand zur Seite
und rieb sich bei ihrer Neutralität schadenfroh die Hände. Es
hätte den gemäßigten Männern dieser Farbe nichts im Wege

gestanden, sich mit den Liberal=Konstitutionellen zu verbinden, wenn die grundverschiedene soziale Weltanschauung nicht zur un= übersteiglichen Kluft für beide geworden wäre.

Welch ungeheurer Gegensatz zeigte sich zwischen den ersten Eindrücken, die sofort nach der Februarrevolution aus allen Ländern kund wurden, und der gleichgültigen Aufnahme der politisch ebenso folgenschweren napoleonischen Staatsstreiche! Bei jenem ersten Anlaß war halb Europa im Augenblick wie von einem Wetterstrahl entzündet; nachgehends war es — Frankreich voran — wesentlich nur verblüfft. Ludwig Bonaparte hatte die Parteien verwirrt, namentlich auch in Deutschland. Weder die konservative noch die liberale Presse war augenblicklich einig darüber, wie sie die Staatsstreiche aufnehmen sollte. So ging es auch bei anderen entscheidenden Anlässen. Die Gegensätze von konservativ und liberal sind eben in ihrer Allgemeinheit nur noch eine tote Abstraktion. Die Parteien der historisch gewordenen oder der schulmäßig aufgebauten Gesellschaft, die Parteien des positiven Kirchentums oder der zertrümmerten Kirche dagegen leben. Es ist weit mehr als mangelnde Parteidisziplin, wenn den alten Parteigruppen im entscheidenden Augenblicke überall das rechte Stichwort fehlt. Hinter der Verwirrung der Begriffe und Standpunkte lauert eine tiefe Ironie: das Bekenntnis, daß eben jene hergebrachten Parteigruppen bloße Schatten, tote Formeln geworden sind, die keine Macht mehr haben angesichts der Ereignisse.

Waren die Eindrücke der Pariser Katastrophe des 2. De= zembers 1851 nicht fast merkwürdiger, überraschender als die Katastrophe selbst? Fast die gesamte deutsche Presse bewies so= fort die Rechtlosigkeit des Staatsstreiches. Wer zweifelte über= haupt an derselben? Und doch wünschten damals die großen Massen auch des deutschen Publikums, daß dieser unverantwort= liche Staatsstreich, da er einmal geschehen, vollends gelingen möchte. In dieser Ansicht, die sich über den Bruch alles öffent= lichen Rechtes so rasch hinwegsetzte, mußte doch mehr liegen als

der starre Respekt vor der vollendeten Thatsache, mehr als die
Kurzsichtigkeit des Philisters, dem die verkehrslähmende Spannung
auf den Mai 1852 zu lange gewährt hatte, der aber doch auch
jeden gründlichen Entscheid, weil er ihn aufgerüttelt haben würde,
verschoben wissen wollte, dem die Frist bereits zu lange gedauert,
und der doch wiederum nur Frist begehrte, Frist um jeden Preis,
was man auf deutsch Galgenfrist nennt — der sich freute, er
könne nunmehr, kraft des 2. Dezembers, im nächsten Jahre sichere
Geschäfte machen, und nur bedauerte, daß den Parisern ihr Weih-
nachtsmarkt so arg gestört worden war, und daß die armen
Pariser Zuckerbäcker ihre Marzipanausstellungen zur Hälfte umsonst gemacht hatten. Es mußte einen tieferen Grund der Gleichgültigkeit geben, mit welcher man zusah, wie das politische Rechtsbewußtsein ins Herz verwundet wurde.

Konservative wie radikale Stimmen begegneten sich damals
in der richtigen Erkenntnis dieses tieferen Grundes. Die Teilnahme für das Staatsleben, das Verfassungsleben für die eigentlich politische Politik ist lahm geworden gegenüber der gewaltigen
Aufregung, mit welcher Europa in Zagen und Hoffen den Entwickelungen des sozialen Lebens folgt. Ja es ist dabei eine Gleichgültigkeit gegen das öffentliche Recht an den Tag gekommen,
die man aufs tiefste beklagen muß. Hier jagen sich die Extreme.
Das französische Verfassungswesen und was ihm in hundertfacher
Variation in Deutschland nachgebildet ist, muß sich festigen
durch eine gesellschaftliche Basis, es muß zurückgreifen
auf die Naturgeschichte des Volks, oder es hat sich überlebt, und
die deutschen Kammern werden machtlos wie die französische
Nationalversammlung, und der Sinn für das Verfassungsrecht
überhaupt wird im Volke immer bedauerlicher verdunkelt werden.

Jedes Zeitalter hat sein eigenes Gespenst, und unter Zittern
und Zähneklappern vor demselben erziehen sich die Völker. Was
dem Mittelalter die Furcht vor dem Posaunenschalle des jüngsten
Gerichtes war, das ist dem neunzehnten Jahrhundert die Furcht
vor den Posaunen der großen sozialen Umgestaltung. Auf diese

Furcht hat der andere Napoleon seinen Kaiserthron gegründet wie der erste Napoleon den seinigen auf die Schrecken der ersten Revolution. Diese Furcht treibt gegenwärtig die Leute, sich an jeglichen Strohhalm von Friedenshoffnung anzuklammern, wenn auch die Mächte schon seit Monaten die Hand am Schwert haben, denn einem europäischen Krieg könnte die soziale Revolution in Europa auf dem Fuße folgen. Ein ganzer Zentner Verfassungs= recht wiegt kein Lot, wenn der gesamten historischen Gesellschaft das Messer an der Kehle sitzt. Mag dieser Ausspruch ein höchst gefährlicher und trügerischer sein, nur möglich bei wirklich ver= dunkeltem politischen Rechtsgefühl: — er erscheint der Mehr= heit des Volkes jetzt als eine Wahrheit. Die Proklamation des Präsidenten Bonaparte vom 2. Dezember 1851 ist unstreitig ein Meisterstück gewesen, ein Meisterstück um deswillen, weil jener schlaue Mann das allgemeine Stimmrecht, das wirksamste unter allen Reagentien des sozialen Gärungsprozesses, damals hinwarf, um diesen Gärungsprozeß selber — vorerst — niederzuschlagen. Und die Welt zerbrach sich den Kopf nicht über der theologischen Streitfrage: ob man denn wirklich den Teufel auch bannen könne durch Beelzebub; sie beruhigte sich in dem Gedanken, daß jene neue Revolution vorerst ja nur eine politische sei! daß sie das jüngste Gericht im Volksglauben des neunzehnten Jahr= hunderts, die soziale Revolution, wieder auf Jahre, vielleicht auf Jahrzehnte zurückgedrängt habe.

So sehen wir in den rätselhaften ersten Eindrücken jenes Staatsstreiches ein neues Zeugnis für die Wahrheit: daß das politische Interesse gegenwärtig wesentlich verschlungen ist von dem sozialen. Das Zeitalter wird keine Ruhe, keine Fassung mehr gewinnen für die Verfassungspolitik, wenn nicht die Re= form der Gesellschaft vorangegangen ist. Den Streich gegen ein historisch bestehendes Staatsrecht konnte Ludwig Bonaparte mit augenblicklichem Erfolge führen, und die großen Scharen seiner Gegner blieben zugleich seine Zuschauer. Wäre am 2. Dezember ein gleich entscheidender Streich gegen historische Rechte der Ge=

sellschaft geführt worden, wären es die Sozialdemokraten gewesen, welche mit gewaltsamer, siegreicher Hand in die bestehende Ordnung eingegriffen hätten, dann würde halb Europa sofort nicht auf dem Schauplatze, sondern auf dem Kampfplatze gestanden haben.

Napoleon III. gründete sein Regiment auf eine wenigstens scheinbare soziale Macht. Er griff die Soldaten heraus, das Soldatentum, er formte aus ihnen den gesellschaftlichen Kern, mit welchem er der ermatteten Aristokratie, dem eingeschüchterten Bürgertum ihren gesellschaftlichen Beruf vorläufig abnehmen konnte gegenüber dem Andringen der Sozialdemokratie. Er verkündete den Frieden, aber er privilegierte das Soldatentum. Die Soldaten stimmten zuerst ab; sie waren eine Weile die allein sozial und politisch bevorrechtete Aristokratie in Frankreich. In diesem kecken Versuch, der sich gleichsam eine neue soziale Macht schaffen wollte, weil die alten nicht mehr Stich hielten, lag ebensowohl die Gewähr des augenblicklichen Gelingens als der Keim des früher oder später eintretenden Sturzes der napoleonischen Herrschaft. Denn eine Aristokratie des Soldatentums wird sich in unserer Zeit nur so lange halten können, als die Ohnmacht der natürlichen Gruppen der historischen Gesellschaft gegenüber dem demokratischen Proletariat fortdauert.

Wir sehen einen Kaiser, der keinen weiteren Rechtstitel hat, als eine durch die Furcht vor dem Gespenste der sozialen Revolution diktierte Volksabstimmung und — seinen Namen, seinen sehr kurz beisammen gepackten Stammbaum. Und doch war es der Zauber dieses Namens, dieses gesellschaftlichen historischen Anrechtes, welcher ihm, der kein Held und kein Feldherr ist, die Stimmen der Armee gewonnen hat! Das ist wieder einer der großen scheinbaren Widersprüche unserer Zeit. Der Instinkt für eine gesellschaftliche Tradition, für die Aristokratie der Geburt, schafft aus einem verspotteten Abenteurer einen Helden des Tages — und doch soll ja diese Tradition der Geburtsaristokratie längst in Luft zerronnen, soll die Ausebnung aller überlieferten gesellschaftlichen Gegensätze das Ideal der Gegenwart sein!

Ludwig Napoleon ist der Namenserbe des großen Soldaten, darum erschien sein Adel als der älteste und beste, der eigentlich fürstliche in einer Republik, in welcher das Soldatentum sich berufen hielt, von nun an wiederum die hohe Aristokratie zu bilden. Man kann diese Thatsachen gleicherweise sehr lustig und sehr ernst finden. Aber sie bleiben eine inhaltschwere Mahnung, daß man die soziale Politik begreifen und schätzen möge als die eigentlich entscheidende Politik der Gegenwart.

So erscheint auch der gefahrvolle Versuch, daß Ludwig Napoleon die Proletarier in Scharen von vielen Tausenden nach Paris zieht, um ihnen zu zeigen, daß er den Arbeitern Arbeit und Verdienst nach Belieben aus dem Aermel schütteln kann, als ein Zeugnis für die unwiderstehlich in unser öffentliches Leben einziehende soziale Politik. Mit der entschlossensten, verwegensten, verzweifeltsten Gesellschaftsgruppe, dem vierten Stand, soll die übrige Gesellschaft in Schrecken gehalten werden, damit der Kaiser einstweilen ruhig auf seinem Throne sitzen könne. Indem die Proletarier die Straßen von halb Paris niederreißen, bauen sie die unsichtbare Burg der kaiserlichen Macht. Die soziale Politik ist hier aber ein Hazardspiel, nicht ein Ausfluß besonnener Staatskunst. Vielleicht gelingt es dem Hazardspieler einmal die Bank zu sprengen, aber zuletzt wandert er doch in den Schuldturm oder schießt sich eine Kugel durch den Kopf.

Weit leichter läßt es sich gegenwärtig annehmen, daß einer die politische Partei aus reiner, freier Ueberzeugung wechsle, als daß er ein soziales Glaubensbekenntnis umtausche. Denn das letztere ist nicht bloß ein Produkt des verständigen Urteils, es ist uns zur Hälfte angeboren, mit Abkunft, Erziehung, Weltstellung untrennbar verwachsen. Der Sohn des individualisierten Mitteldeutschlands denkt von Haus aus ganz anders über die sozialen Fragen, als der Nord- oder Süddeutsche, weil er von Jugend auf von ganz anderen sozialen Thatsachen umgeben ist. Man sollte darum gerade hier nicht so rasch sein, dem Gegner niedrige Beweggründe unterzuschieben, denn beim Urteil über soziale Zustände ist ein jeder zugleich Richter in eigener Sache.

Die politischen Maßregeln unserer jüngsten revolutionären Krisis sind nach Ablauf weniger Jahre zu Hunderten wieder in nichts zerronnen. Es hat sich als viel leichter erwiesen, zwei, drei neue Verfassungen in einem Atem hintereinander einzuführen, als eine einzige Maßregel sozialer Natur wieder rückgängig zu machen, wie beispielsweise die auf eine höhere gewerbliche Selb= ständigkeit des Handwerkerstandes, auf Entlastung des Grund= eigentums 2c. zielenden Reformen.

Darum ist mir nicht leicht eine ärgere politische Ketzerei vorgekommen, als wenn ich Männer, die für staatsklug gelten wollten, in den Kammern und der Presse solche Maßregeln, die den nächsten — wenn auch scheinbar noch so geringfügigen — Interessen der bürgerlichen Gesellschaft galten, für kleinlich aus= schreien hörte, gegenüber den lärmenden Debatten der formellen Politik. Auch die kleinste Maßregel zur Hebung der Selbständig= keit der bürgerlichen Gesellschaft neben der Staatsgesellschaft ist groß, und wer die, wenn auch noch so bescheidene, Pflege der gesellschaftlichen Interessen gering ansieht, der begeht eine Tod= sünde wider den Geist der Zeit.

## Zweites Kapitel

# Sondergeist und Einigungstrieb im deutschen Volksleben.

Im Wein ist Wahrheit. Auch eines Volkes geheimste Ge-
danken belauscht man wohl in den kurzen Augenblicken seligen
Trunkenseins, nicht in den langen nüchternen Tagen des ruhigen
Gewohnheitslebens.

So ein glücklicher Moment des Rausches war das Jahr 1848.
Kommende Geschlechter beneiden gewiß den Kulturforscher, dem
es damals vergönnt war, mit Mappe und Bleistift zuzuschauen
und Skizzen zu Dutzenden für künftige Ausarbeitung aufs Papier
zu werfen. Denn ein Rausch des Volkes mag wohl rasch wieder-
kehren, aber schwerlich ein so gutartiger, der von allen guten
und schlechten Geheimnissen des Volkslebens so arglos den Schleier
heben wird. Es sind bereits so viele Sittenzeichner aufgetreten,
welche aus den Scenen des Jahres 1848 einen Höllenbreughel
zusammengesetzt haben: warum nicht lieber einen Ostade, ein
Bildchen, wo der Wein so recht als ein Verklärer, das ist ein
Klarmacher, auf jedem Lächeln, jedem Blinzeln, jedem Stirn-
runzeln der Zechgenossen leuchtet, und auch der unglückselige Mann
nicht fehlt, der seitab sich in den Winkel stiehlt, weil es ihm
übel wird?

In jenem dem Beobachter so günstigen Jahre des großen
Volksrausches konnte man eine zwiefache Thatsache wahrnehmen.
Zuerst, daß sich alle Welt, Rang und Stand vergessend, brüder-
lich in die Arme fiel — und wer nicht aus dem Seelenjubel

der Begeisterung mitmachte, der that es wenigstens beim Zähne=
klappern der Furcht. Zum anderen aber, daß gleichzeitig der
Sondergeist, der Drang nach korporativer Selbständigkeit der
einzelnen Berufe und Gesellschaftsgruppen nicht minder gewaltig
hervorsprang.

Da sahen wir, wie schon in den ersten Märztagen das Hand=
werk sich zusammenscharte, um sich zu erretten von dem Fluch der
schrankenlosen Gewerbefreiheit, der Patentmeisterschaft 2c., um die
Ordnung der gewerblichen Angelegenheiten der Bureaukratie ab
und in die eigene Hand zu nehmen. Es wurden hier und dort
förmliche Zunftordnungen extemporiert, nicht von den Regierungen,
sondern von den Handwerkern selber. Meister= und Gesellen=
vereine wucherten auf. Altersmatt gewordene Gewerbevereine ge=
wannen neues Leben. Bei einzelnen Gewerbszweigen wurde die
Selbstherrlichkeit der Körperschaft bis zu einem Grade ausgedehnt,
daß der Staat nicht mehr ruhig zusehen konnte. Ich erinnere
nur an die Buchdruckergehilfen, welche mit ihrem straffen Zu=
sammenhalten im Sommer 1848 der norddeutschen Polizei nicht
wenig Kummer bereitet haben. Man nannte aber, beiläufig be=
merkt, diese Fanatiker des Korporationswesens radikal, nicht re=
aktionär.

Die „Arbeiter" scharten sich zu umfassenden Vereinen mit
klar ausgesprochener sozialer Tendenz, um ihre Rechte als „Stand"
kämpfend. Eigene Arbeiterzeitungen wurden gegründet.

Die Schullehrer wie die Geistlichen gruppierten sich zu be=
sonderen Vereinen, hielten Versammlungen ab, stifteten Schul=
und Kirchenblätter. Jeder wollte das Interesse seines Standes
und Berufes wahren und festigen. Die Kirche machte von dem
Vereinsrecht den großartigsten Gebrauch. Der Katholizismus ge=
wann durch das musterhaft organisierte Vereinswesen eine soziale
Macht, wie er sie, wenigstens in den Ländern gemischten Glaubens,
vielleicht seit der Reformation nicht mehr besessen hatte. Es
wurden auch kirchliche Vereinszeitungen geschaffen neben den eigent=
lichen Kirchenzeitungen. Ueberall Sonderung, überall eine ganz

von selbst entstehende Gliederung der Gesellschaft. Ja die Lust, alle möglichen Angelegenheiten genossenschaftlich zu behandeln, überstürzte sich bis zum Unsinn, und mancher sonst arbeitsame Bürgersmann ist dazumal vor lauter Korporation, ständischem selfgovernment und Vereinswesen ein Lump geworden.

Die freie Gemeindeverfassung, was ist sie in ihren Grund- und Stammsätzen anders als ein Korporationsstatut, halb sozialer, halb politischer Natur? Das Recht, die eigenen Angelegenheiten des Gemeindehaushaltes selber zu ordnen, das Recht der Gemeinde, demjenigen die Niederlassung zu wehren, den sie für ein verderbliches Subjekt hielt, wie es im Mittelalter die Städte besaßen, beanspruchte jetzt jedes Dorf. Ich habe nicht gehört, daß irgendwo in der Weise Mißbrauch von der freien Gemeinde- verfassung gemacht worden wäre, daß eine Gemeinde ihre Thore dem Zuzug jedes Straßenläufers geöffnet hätte, wohl aber gar häufig umgekehrt, daß die freie Gemeinde in engherzigstem Sondergeist auch dem tüchtigsten Einwanderer die Niederlassung versagte.

Die Bürger der Städte, der eigentliche Mittelstand, thaten sich zusammen in Bürgervereinen, konstitutionellen Vereinen, Ver- einen für Gesetz und Ordnung u. dgl. Es war in der Regel nicht geradezu ausgesprochen, daß diese Vereine das korporative Interesse des Bürgerstandes als solchen vertreten sollten. In der That und Wahrheit thaten sie dies aber doch, und wesentlich nur dies. Absichtslos bekundete sich hier der Sondergeist des Bürgertums nur um so auffallender.

Der Adel wurde schon durch die Bedrängnis der Zeit zu strafferem Zusammenhalten getrieben.

Die Bauern allein versuchten keine neuen Korporationen zu gründen, weil sie glücklicherweise noch in dem beneidenswerten Zustande leben, daß sie von allen Gruppen der bürgerlichen Ge- sellschaft am naturgemäßesten gegliedert sind, ohne es selber recht zu wissen.

In all diesen Thatsachen lag eine Wahrheit, jene naive

Wahrheit, welche aus dem Rausche spricht. Es war den Leuten nicht von oben her befohlen worden, sich nach Standes- und Berufsinteressen in Vereinen zusammenzuthun, sie waren ganz von selber auf den Einfall gekommen, der Instinkt des fessellosen Volkes hatte die Wahrheit entdeckt und ausgebeutet, daß nur aus der gesonderten Pflege des Individuellen die allgemeine Größe hervorsteige.

Gerade in Mitteldeutschland, wo wahrlich wenig mittelalterliche Rückgedanken im Volke mehr leben, wo aber hier und da eine zügellose Gewerbefreiheit die Leute allmählich mürbe gemacht hatte, sah die freisinnige Partei den letzten Rettungsanker des Handwerks in einer neuen korporativen Organisation des Gewerbestandes. Im deutschen Süden besaß man zum Teil noch zu viel von den alten Resten des Zunftwesens, man hat aber selbst wirklich veraltete Gebilde derart nicht geradezu über Bord geworfen. Der Norddeutsche begreift diese Thatsachen nicht, weil er sie nicht bei sich selbst erlebt hat. Es würde staunenswerte Resultate zeigen, wenn man das alles zusammenstellen könnte, was der Gewerbestand einzelner Gegenden 1848 alles gethan hat, um sich in wirtschaftlichen und sozialen Körpern zu Schutz und Trutz abzuschließen. Wohl hat man in norddeutschen Städten die Gewerbefreiheit gewahrt; in anderen Gegenden aber ist man gerade da mit dem stürmischsten Angriff gegen dieselbe vorgeschritten, wo man sie am ausgedehntesten genossen hatte. Hier verleugnete der Liberale sein eigenes liberales Prinzip, um dem in der Nation webenden Sondergeiste ein Genüge zu thun, welcher eben da, wo das Volk sich in seiner Natürlichkeit zeigte, wo es am meisten sich gehen ließ und nach eigenem Gutdünken wirtschaftete, am entschiedensten hervorbrach. Diese wichtige Thatsache wird man nicht antasten können.

Aber freilich war auch gleichzeitig dem Einigungstrieb keine Schranke gestellt. Man gab sich unbefangen den Sonderinteressen von Stand und Beruf hin, weil man die Sonderungen des Ranges ein für allemal aufgehoben wähnte. Man fühlte sich

einig als Nation, und nahm es darum für unverfänglich, sich
in den sozialen Sonderinteressen ganz gründlich zu vereinzeln.
Man fühlte sich gleich und einig in der Bildung, denn keiner
glaubte an politischer Reife dem anderen nachzustehen und jeder
Eckensteher war ein Staatsmann; darum wahrte man um so
eifriger den Vorteil der einzelnen abgeschlossenen Stufen der
bürgerlichen Existenz samt der damit verknüpften Mannigfaltigkeit der speziellen Bildung. Hätte man freilich den Leuten laut
gesagt, daß sie durch ihr Vereinswesen 2c. lediglich den unvertilg-
baren Trieb zur ständischen Gliederung bekundeten, so würden
sie einem die Fenster eingeworfen haben. Daß sie unbewußt dem
Sondergeist im Volksleben ihre Huldigung darbrachten, macht
darum diese Huldigung selbst nicht bedeutungsloser.

Die Scheidewand der alten Gesellschaftsgruppen ist durch den
Einfluß einer immer mehr sich verallgemeinernden Geistesbildung,
durch die Macht des modernen Industriewesens, durch die staatsrechtliche Thatsache eines gleichberechtigten und gleichverpflichteten
allgemeinen Staatsbürgertums so gründlich niedergeworfen worden,
daß man für die Kraft des sozialen Einigungstriebes in unserer
Zeit nicht erst den Beweis anzutreten braucht. In einer Epoche,
wo der Adel sozial herrschte, zweifelte niemand an der ständischen
Gliederung der Gesellschaft: so zweifelt jetzt, wo der Bürgerstand
den entscheidensten Einfluß im sozialen Leben übt, niemand an
dem Gemeinbewußtsein, an der höheren Einheit aller Gesellschaftsgruppen. Aber gerade darum ist es jetzt um so notwendiger,
darauf aufmerksam zu machen, daß auch der soziale Sondergeist
durchaus nicht erloschen, daß er nur in die zweite Linie getreten
ist, daß er statt der alten Bildungen neue geschaffen hat und
wahrlich als ein vollwichtiger Faktor in der sozialen Politik die
höchste Beachtung verdient.

Ich zeigte vorhin im Spiegel einer Volksbewegung, wie
mächtig der unbewußte Sondergeist im Volke noch walte. Als
Seitenstück tritt uns die gleiche Erscheinung auch im Spiegel der
modernen Litteratur gegenüber. An dem Grundsatze festhaltend,

daß im Kleinen der Maßstab für Großes gegeben sei, greife ich
einen litterarisch noch minder bedeutenden, aber um der Ueppig=
keit des in ihm wuchernden Triebes für den Kulturforscher um
so bedeutsameren Zweig unseres Schrifttumes heraus: den so=
genannten „sozialen Roman". In dem Maße, als uns das durch
lange Zeit fast ganz abgestorbene Bewußtsein des Lebens in der
bürgerlichen Gesellschaft wieder lebendig wurde, keimte auch die
reiche Saat der sozialen Romane auf. Das achtzehnte Jahr=
hundert konnte keine Litteratur des sozialen Romans haben, denn
der moderne Begriff der Gesellschaft fehlte ihm. Wenn aber ein
künftiger Historiker die sozialen Geburtswehen unserer Tage zu
schildern unternimmt, dann wird er ein eigenes Kapitel aus=
arbeiten über dieses Phänomen der sozialen Romane: er wird
da reden von Scalsfield, von Dickens, selbst schon von Walter
Scott, von Eugen Sue und von all den künftigen großen deutschen
Romanschreibern, die jetzt noch als Quintaner in den Gymnasien
sitzen. Die Zeit ist da, wo Staatsmänner zu ihrer Instruktion
auch Romane lesen müssen.

Ist dies nicht eine wichtige Thatsache, daß unsere Poeten
den Einzelnen gar nicht mehr anders zu malen vermögen als in
den Lokaltönen eines bestimmten Gesellschaftskreises? daß der all=
gemeine Liebhaber, Held, Intrigant 2c., wie man ihn ehedem
zeichnete, stereotypen Figuren ganz anderer Art Platz gemacht,
gesellschaftlich individualisierten Figuren, als da sind: Bauern
in allerlei Natur und Unnatur, Edelleute und Emporkömmlinge,
Bürger, Bourgeois und Philister, Handwerker, Arbeiter und
Proletarier? Diese festen Charakterrollen, die dem modernen
Roman ausschließlich zu eigen gehören, bezeichnen einen Triumph
der historischen sozialen Weltansicht über die philosophisch aus=
ebnende. Wenn sich der großenteils politisch freigesinnte Kreis
der Romandichter den modernen Menschen gar nicht mehr anders
poetisch individualisieren kann als im Gewand eines besonderen
Standes, dann müssen diese Gruppen der Stände doch wohl mehr
sein als das bloße Trugbild reaktionärer Politiker. Gar viele

soziale Romane sind im konservativen Interesse geschrieben, ohne daß sich's der Autor hat träumen lassen. Es war eine wahrhaft verhängnisvolle Verkehrtheit des vormärzlichen Standpunktes, daß nicht die Staatsmänner ein Auge hatten auf den sozialen Roman, sondern die Polizeibeamten. Diese Gattung von Poesie bildete das erste Kapitel in der polizeilichen Litteraturkunde, und noch heute denken von zehn Leuten gewiß neune bei einem „sozialen" Roman stracks an einen „sozialistischen".

Man halte die dichterischen Sittenbilder des Bauernlebens, welche Jung-Stilling und Hebel mit so liebenswürdigem Griffel entworfen, gegen die Art wie Immermann, Auerbach, Jeremias Gotthelf dasselbe Thema behandeln. Jene älteren Dorfnovellisten malten uns den Bauersmann als ein einzelnes Charakterbild in seiner privaten Gemütlichkeit, als Staffage eines kleinen Genrestückes; diese neueren dagegen fassen ihn vorweg als Glied der Gesellschaft, sie setzen ein Bauerntum voraus, der soziale Grundton dringt durch, auch wo keine Tendenz sich breit macht.

So geht es durch alle Zweige der Romandichtung. Auch das ästhetisch flachste und gleichgültigste Werk gewinnt aus diesem Gesichtspunkte oft Wert für den Kulturhistoriker. So z. B. die aristokratischen Frauenromane. Eine spätere Zeit wird in denselben viel lehrreichen Stoff zur Erkenntnis der Schwächen unserer Aristokratie finden, wenn es der Litterarhistoriker längst nicht mehr der Mühe wert hält, einen Blick in dieselben zu werfen. Die Gräfin Hahn hat ihre Bücher Romane „aus der Gesellschaft" genannt. Sie denkt sich freilich unter der Gesellschaft etwas ganz anderes als wir, aber wir können sie immerhin auch in unserem Sinne beim Wort fassen: es sind in der That soziale Romane, sehr verunglückte freilich. Indem in den meisten dieser aristokratischen Frauenromane der Kultus gerade des Außenwerks der Aristokratie, in seiner Poesielosigkeit, auf die Spitze getrieben ist, werden sie förmlich zu destruktiven Schriften, die eine richtige Erkenntnis und Würdigung des Wesens der Aristokratie weit mehr beeinträchtigen als gar manche polizeilich verbotene, von bärtigen Litteraten geschriebene Bücher.

Zwei fremde Romanschriftsteller haben in neuerer Zeit in Deutschland einen wahrhaft beispiellosen Erfolg gehabt: Walter Scott in den zwanziger, Eugen Sue in den vierziger Jahren. Sie vertreten die beiden äußersten Pole des sozialen Romans. Wer jetzt, nachdem wir die großen Lehrjahre unserer kleinen Revolution durchgemacht, Scotts Romane wieder zur Hand nimmt, der staunt gewiß darüber, wie er dieselben heute mit so ganz anderem Auge liest als vordem. Welchen grundverschiedenen Sinn haben diese Schilderungen der altenglischen Aristokratie und des Bürgertums wie der patriarchalischen Zustände Hochschott= lands jetzt für uns gewonnen, wo wir mitten im sozialen Kampf= getümmel stehen! Jetzt merkt man erst, daß nicht das historische Beiwerk, sondern der soziale Kern den eigentlichen Grund= charakter dieser Romane bildet. Jetzt fühlt man erst, wie lächer= lich es war, daß man vordem bald diesen, bald jenen deutschen Romandichter den deutschen Walter Scott genannt, wo wir doch erst das Bewußtsein eines fest historisch gegliederten Gesellschafts= lebens wie das englische wiedergewinnen müßten, um deutsche soziale Romane von innerer Verwandtschaft mit diesen eng= lischen schaffen zu können. Der soziale Inhalt wurde bei den Romanen Sues von der großen Masse viel rascher herausgefunden als bei Walter Scott, weil er sich dort als Verneinung der be= stehenden Gesellschaft darstellt. Man glaubte jetzt erst den sozialen Roman gewonnen zu haben, den man doch längst besaß. Den Deutschen fängt mehrenteils die Politik immer erst da an, wo die Opposition anfängt, darum ist eine erhaltende und aufbauende Politik für so viele geradezu das klassische „hölzerne Eisen" der logischen Lehrbücher. In einer Zeit, die von großen sittlichen und sozialen Gärungen kaum minder trüb aufbrauste als die unserige, hat Rubens den wilden Jubel der Sinnenlust, den ent= fesselten Dämon des irdischen Menschen, den Rausch der geilen Lüsternheit in unverhüllter Nacktheit ungleich kecker gemalt als je einem französischen Neuromantiker gelungen ist; aber wir dürfen nicht vergessen, daß er neben diese nahezu unsittlichen Bilder — das jüngste Gericht und den Sturz der bösen Engel gestellt, und daß ihm die hier zum Abgrund niederstürzenden Teufel, wie sie sich vergeblich zähnefletschend gegen die Lanzen der Erzengel aufbäumen, gerade am trefflichsten gelungen sind. Auch der soziale Roman der Franzosen malt die Sünde möglichst nackt, aber das Gericht, welches der Dichter daneben stellt, ist kein jüngstes Gericht, und die poetische und sittliche Gerechtigkeit wird darin schneidender verletzt als in dem koketten Abbild der Unzucht und Niedertracht selber. Rubens, der im Stile seiner Zeit soziale Romane malte, war auch ein Staatsmann. Sollen wir Viktor Hugo, Sue, G. Sand 2c., die ja auch auf kurze Frist Staatsmänner neueren Stiles gewesen sind, mit dem alten Maler als Staatsmann vergleichen? Nirgends haben die Franzosen Aberwitzigeres zu Tage gefördert als in den praktischen Lösungsversuchen der sozialen Frage, und kein Litteraturzweig ist bei ihnen entsprechend zu ärgerem ästhetischem Aberwitz ausgewachsen als der soziale Roman.

Man zeige mir einen wirklichen Dichter, der einen modernen Roman geschrieben hat, ohne dessen Charaktere als in den Unterschieden der verschiedenen Stände gewurzelt zu entwickeln, und ich will daran glauben, daß ein Unterschied der Stände auch nicht mehr in der Natur und in dem Bewußtsein des Volkes wurzle. Ein Mensch, der keiner besonderen Gesellschaftsgruppe angehört, sondern nur dem allgemeinen Staatsbürgertum, ist für den Romandichter ebensosehr ein Unding als ein allgemeiner Baum, der nicht Eiche, nicht Buche, nicht Tanne für den Maler. Und nicht bloß im Wein ist Wahrheit — auch in der Poesie.

Für das Studium der Volkssitten ist in den letzten Jahrzehnten in Deutschland erstaunlich viel gethan worden. Meint man, der überreiche ungeordnete Stoff, der hier zusammengetragen ist, habe bloß den Wert einer Kuriositätensammlung oder bloß antiquarischen Wert, sofern er den letzten Widerschein einer versinkenden Welt festhält? Für uns hat die Fülle dieser Studien zu allererst eine großartige soziale Bedeutung. Denn die noch fortlebende Sitte des Volkes, deren stärkste Triebkraft gerade in den unteren Volksschichten sitzt, ist uns Brief und Siegel für das noch keineswegs erstarrte Schaffen und Weben des Sonder= geistes im Volke. Diese derben Unterschiede der Volkssitten werden sofort erlöschen, sowie eine organische Gliederung der Gesellschaft aus der Natur des Volkslebens verschwunden ist. Alsdann wird es Zeit sein, an das ewige Reich des Sozialismus zu denken. Nur die nivellierte äußere Kruste der Gesellschaft, die den modernen abstrakten Bildungsmenschen in sich faßt, hat jetzt schon keine eigentümliche Sitte mehr.

Das vielfach bis zur äußersten Grenze getriebene Sondertum des Volkslebens ist der tiefste Jammer und zugleich die höchste Glorie Deutschlands. Unser Bestes und unser Schlechtestes wurzelt in demselben, nicht seit heute oder gestern, sondern seit es eine deutsche Geschichte gibt. Hier die Eigenart und Frische unseres geistigen Schaffens, der Ameisenfleiß unseres industriellen Lebens, jene zähe, elastische, verjüngende Kraft, welche unsere Nationalität nie ganz zerknickt werden ließ, welche wirkte, daß der deutsche Geist, wenn er in einem Punkte gebrochen schien, in zehn anderen gleichzeitig um so gewaltiger in die Höhe strebte. Auf der anderen Seite Zwietracht, Zersplitterung, der Jammer des ebenfalls nie= mals auf allen Punkten zugleich niederzubeugenden Partikularis= mus. Schon geographisch ist Sondergeist und Einigungstrieb im deutschen Volksleben dargelegt in dem „individualisierten und zen= tralisierten Land", wie ich es in dem ersten Bande dieses Werkes geschildert habe. Zu jenen örtlichen Gruppen, deren bunte Man= nigfaltigkeit ich am gedachten Orte nur andeuten, nicht ausmalen konnte, gesellen sich die ideellen Besonderungen der Gesellschafts= kreise. Es kann dem Blick wohl schwindeln, wenn sich ihm dieses Gewimmel des Einzellebens aufthut. Wie den deutschen Volks= stämmen der Stempel der gesonderten Volkspersönlichkeiten schärfer eingeprägt ist als den Gliedern irgend einer anderen Nation Euro=

paß, so geht auch die Sonderung der Gesellschaftsschichten bei
uns noch am tiefsten. Aber zugleich besitzen wir auch den stärksten
Hebel, unberechtigte soziale Schranken niederzuwerfen: die all=
gemeine Geistesbildung. Eine Nation von Dutzenden von Stäm=
men, Stätchen und Gesellschaftsgruppen, und zugleich eine Nation
von Denkern! Dieser Gegensatz bildet das Tragische im deutschen
Nationalcharakter. Der auf die Spitze gestellte Widerstreit eines
natürlichen, angestammten Sondergeistes mit einem uns nicht minder
angeborenen Einigungstrieb hat unser soziales Leben zu dem inter=
essantesten und lehrreichsten, zugleich aber auch zum kummervollsten
gemacht. Es ist deutsche Art, die eigenen Schmerzen darüber zu
vergessen, daß man an ihnen physiologische Studien über die
Natur des Schmerzes macht. Die sozialen Kämpfe werden bei
uns am tiefsten ausgekämpft werden. Mag Frankreich den Aus=
gangspunkt kommender sozialer Revolutionen bilden, Deutschland
wird doch der Zentralherd derselben werden, das Schlachtfeld, wo
die Entscheidung geschlagen wird. Wir wollen jeden redlichen
Streiter in diesem Kampfe ehren, nur soll man uns nicht weg=
leugnen, daß das letzte Recht für beide Parteien in der eigensten
Art des deutschen Volkes wurzle: der soziale Sondergeist nicht
minder als der soziale Einigungstrieb. Der Zug der Zeit wird
bald den einen, bald den anderen in den Vordergrund schieben,
ausrotten wird er weder den einen noch den anderen. Der un=
befangene Staatsmann wird beiden ihr Recht zu wahren wissen.
Die Vorrechte einzelner Stände sollen Korporationsrechte aller
Stände werden. Ich sage Korporationsrechte; denn nur aus dem
Individuellen keimt ein gesundes Leben. Diese vom modernen
Staats= und Rechtsbewußtsein wie von der Humanität gleicher=
weise geforderte Gleichheit herzustellen, nimmt der ausebnende
Liberalismus die korporativen Rechte allen weg. Ich möchte sie
allen geben, jedem nach seiner Art, weil ich nicht bloß den Drang
nach sozialer Ausgleichung, sondern auch den Sondergeist im Volke
erkenne und ehre.

Das entartete, überzivilisierte römische Altertum am Vor=

abend seines Zerfalles konnte sich eines gründlichen Respektes vor den deutschen Barbaren nicht erwehren, als es wahrnahm, auf welche tief sittliche Grundlage das Familienleben bei diesem Volke gebaut war. Mit der im engen Kreise fest beschlossenen Familie haben wir unsere erste sittliche Ehre auf dem Schauplatze der Weltgeschichte eingelegt. Die Familie ist aber die oberste Voraus= setzung der Gesellschaftsgruppe. In dem Idealbilde des mittel= alterlichen deutschen Adels krystallisierte sich das Familienbewußt= sein zum Standesbewußtsein. Die engere Gruppe der bürgerlichen Gesellschaft im Gegensatz zu dem fessellos ins Weite schweifenden vereinsamten Individuum trägt bei uns die historische Weihe. Sie warb uns unsere erste Ehre, sie sollte uns billig auch unsere letzte werben.

Das genossenschaftliche Leben ist uralt beim deutschen Volke, aber eine Kaste hat es bei uns nie gegeben wie bei den Orien= talen, nicht einmal eine Priesterkaste. Auch eine politisch bevor= zugte, herrschende Aristokratie gehört wenigstens nicht der Urzeit unserer Volksgeschichte an. Sondergeist und Einigungstrieb er= gänzte sich in jenen grauen Tagen, wo die Sittentiefe deutschen Familienlebens den Römern Respekt einflößte. Wie heute die allgemeine Bildung einigend wirkt, so wirkte dies damals das Gemeingut der Volkspoesie in Sitte und Sage, Lied und Spruch. Merkwürdigerweise brachte just das Zeitalter des Zopfes, wo das soziale Bewußtsein überhaupt am ärgsten getrübt, am tiefsten er= schlafft war, die Fabel von einer altdeutschen „Bardenzunft" auf, welche die Volksdichtung standesmäßig in Pacht gehabt hätte. Höhere Bildung ist gewiß nicht jedermanns Sache: ihre Pflege füllt darum einen Beruf, nicht aber einen gesellschaftlichen Stand. Es mag uns als ein Wahrzeichen gelten, daß die Gelehrten ge= rade damals einen eigenen Stand, eine besondere Kaste usurpierten, als der gesunde korporative Geist am tiefsten in Deutschland ge= sunken war. Und am Ausgange des Mittelalters, wo sich das Ständewesen durchaus veräußerlicht hatte, thaten sich vollends sogar die Poeten zu einer wirklichen Zunft zusammen.

Ein anderes Wahrzeichen tröstlicherer Art möge dem gegen=
überstehen. Es ist die der Gegenwart eigentümliche Freude der
höheren Stände an der Poesie und dem Gesang des gemeinen
Mannes, am Volkslied. Sie ist ein soziales Phänomen, ein
Triumph des Einigungstriebes, der durch alle Stände geht, und
des edelsten Sondergeistes gleicherweise. Für den Genius gibt
es keine gesellschaftliche Schranke, im Gegenteil, er überbrückt die=
selbe, wo er sie vorfindet, und der große moderne Doppelstand
der Gebildeten und der Bildungslosen zieht einen dicken Quer=
strich unbarmherzig mitten durch alle Standesgruppen. So beugt
sich der vornehme Mann, indem er das arme kleine Lied des
Bauern als ein köstliches Kleinod in den Schatz seiner Bildung
aufnimmt, vor dem künstlerischen Genius im Volke. Der Volks=
gesang, der jetzt in allen Prunksälen heimisch wird, ist gleich einem
Regenbogen des Friedens, der sich über alle Stände spannt. Das
Reale ist die gesellschaftliche Sonderung, das Ideale die Einigung.
Dem gemeinen Mann, der im Schweiße seines Angesichts sein
Brot ißt, gab Gott, daß er singe, damit im Verständnis dieser
schlichten Lieder die übersättigte vornehme Welt auch wieder ein=
mal einfältig sich fühlen könne wie geringe Leute. Gemahnt dies
nicht an das Wort der Schrift: „Und den Armen wird das Evan=
gelium gepredigt?"

## Drittes Kapitel

# Die Wissenschaft vom Volke als das Urkundenbuch der sozialen Politik.

Das Studium des Volkes sollte aller Staatsweisheit Anfang sein und nicht das Studium staatsrechtlicher Systeme. Die Staatsmänner früherer Jahrhunderte reichen gewiß durchschnittlich in gründlicher Schule den unserigen das Wasser nicht, schauten aber alltäglich frischeren Auges in das leibhafte Volksleben und führten darum ihr Regiment mindestens mit einer praktischen Sicherheit, die jetzt gar selten geworden ist.

Die „Wissenschaft vom Volke" gehört zu den noch nicht existierenden Hilfszweigen der Staatswissenschaften. Ist das nicht seltsam? Das Volk ist der Stoff, an welchem das formbildende Talent des Politikers sich erproben, das Volksleben das natürliche Element, dem er als Künstler Maß und Ordnung setzen soll. Wie läßt sich da eine Wissenschaft der Politik denken, die nicht begänne mit der Naturgeschichte des Volkes? Es wird aber noch eine Zeit kommen, wo man auf den Universitäten Kollegien lesen und im Staatsexamen Noten erteilen wird über die „Wissenschaft vom Volke".

In dem ersten Bande dieses Werkes habe ich Grundzüge und probeweise Ausführungen zu einer sozialen Volkskunde von Deutschland zu geben versucht. Auf die soziale Volkskunde, die das Volk darzustellen hat nach seinen gesellschaftlichen Zuständen in der Begrenzung eines bestimmten Landes, eines bestimmten Zeitraumes baut sich die wahre Gesellschaftswissenschaft erst auf. Die naturgeschichtliche Beobachtung von Land und Leuten ist der Stein, den die Bauleute der theoretischen Konstruktion so lange verworfen hatten, den aber die Gegenwart wieder zum Eckstein macht.

Mit einer oft wahrhaft komischen Leichtfertigkeit nimmt heutzutage jede Partei die Zustimmung des Volkes für sich in Anspruch. Und doch besitzen von Hunderten, die also Berufung ein-
legen, gewiß nicht zehn eine weitere gründliche Kenntnis als von
dem sie zunächst umgebenden winzigen Bruchteil des Volkes. Das
Studium des Volkes als einer sozialen und politischen Persönlichkeit macht sich nicht so im Vorübergehen; es fordert die volle
Forscherkraft eines ganzen Menschenlebens.

Wo sind die Organe des Volkes? Die Tagespresse ist nur
das Organ eines beschränkten Teiles desselben, wenn wir recht
weit greifen wollen, der gebildeten Schicht. Die Kammern sprechen
noch viel weniger das ins Individuelle gezeichnete Charakterbild des Volkslebens aus, denn die Abgeordneten gerade der ori-
ginellsten und interessantesten Volksgruppen, der unteren Schichten,
sprechen in der Regel gar nichts. Nur durch förmliche unermüd-
liche Entdeckungsreisen unter allen Klassen des Volkes, durch ein
immer waches Auge für all die kleinen Wahrzeichen, welche im
täglichen Leben, in jeder Regung einer öffentlichen Meinung her-
vorbrechen, wird man allmählich auf den Grund gehende Resultate
über die bürgerliche und politische Natur bestimmter Volksgruppen
zu gewinnen im stande sein.

Clemens Brentano hat ein wunderschönes Wort gesprochen
von den Mysterien des Naturlebens, die nur dann den Wanderer
„befreundet anschauen", wenn er überall hin ehrfurchtsvolle Hingabe mitbringt. Und der Dichter sagt von sich:

> „Weil ich alles Leben ehre,
> Scheuen mich die Geister nicht!"

So schauen uns auch die Mysterien des Volkslebens nur dann
befreundet an, und seine Geister scheuen uns nicht, wenn wir
alles Leben ehren. Ein jeglicher will aber gemeiniglich nur
das Leben im Volke ehren, was in die fertige Form seiner vor-
gefaßten Schulsätze paßt, darum fliehen ihn die Geister, und
Famulus Wagner sieht nichts als einen großen Pudel.

Ist es nicht auffallend, daß die demokratische Partei, welche doch das „Volk" am meisten im Munde führt und den allgemeinen Begriff des Volkes mit Wucherzinsen ausbeutet, in ihrer Presse so wenig thut, das Volks- und Gesellschaftsleben in seinen Einzelzügen zu durchforschen? Ueber ihrer Theorie vom Volke sind ihr die Thatsachen des Volkslebens abhanden gekommen. Darum sind unsere Bildungsdilettanten viel besser aufgelegt für die demokratische Lehre, als der ungebildete gemeine Mann. Im Gegensatz zu dieser schulgerechten Demokratie, die so wenig auf wahre Volkssympathien rechnen kann als der schulgelehrte Konstitutionelle und Absolutist, bleibt es ein großer Ruhm der engeren Fraktion der sogenannten Sozialdemokraten, daß sie auf die Enthüllung der Zustände einer wenigstens vereinzelten Gesellschaftsgruppe mit der begeisterten Liebe des Forschers eingegangen sind. Daher auch ihre praktischen Erfolge. Die Sozialdemokraten blieben freilich in der Einseitigkeit stecken, daß sie die verhältnismäßig kleine Schicht des städtischen und Fabrikenproletariates als gleichbedeutend mit der Gesamtheit der „arbeitenden Klassen" oder wohl gar des „Volkes" nahmen. Auch sie vermochten es nicht, alles Leben zu ehren. Aber sie gaben doch unzweifelhaft den Anstoß, daß über die soziale Natur dieser einzelnen Proletariergruppe weit umfassendere Aufschlüsse zu Tage gefördert wurden, als über fast irgend ein anderes Glied der Gesellschaft. Durch die umfangreiche Polemik, welche sie hier angeregt, geschah es, daß wir auf diesem einzelnen Punkte fast ausschließlich genügenden Stoff zu einem Kapitel der Wissenschaft vom Volke vorbereitet finden.

Um so mehr ist es aber zu verwundern, daß die Sozialdemokraten, da sie doch ein bestimmtes Bruchstück der Gesellschaft in seiner Besonderheit studiert haben, als beispielsweise das Pariser Arbeiterproletariat, nun eine Theorie entwickeln, welche stillschweigend für diese kleine Gruppe der Pariser Proletarier die Gesellschaft von ganz Europa, ja des ganzen Erdballes unterschiebt. So gaben sie die beste Frucht ihrer Erforschung der bestimmten Volkspersönlichkeit der Proletarier, die doch nur im

Gegensatz zu anderen individuellen Gebilden der Gesellschaft sich
selbständig abhebt, freiwillig wieder verloren. Je tiefer man in
die Einzelkenntnis der Gesellschaft eindringt, desto mehr wird
man erkennen, daß eine soziale Politik, welche für alle gesitteten
Völker gelten soll, ein Widerspruch in sich selber ist. Die deut=
schen Gesellschaftszustände sind ganz andere als die französischen,
die englischen 2c., das Volk ist in allen Stücken individuell.

Aus dem Individuellen heraus, auf der Grundlage der
Wissenschaft vom Volke muß die soziale Politik aufgebaut werden.
Jede gesellschaftliche Reform hat nur dann für uns einen Wert,
wenn sie die natürliche Frische und Eigenart des Volkslebens
nicht antastet. Denn diese Eigenart bedingt die Kraft des Volkes.
Bei den höheren Ständen zeigte es die neuere Zeit eindringlich
genug, wie die soziale und sittliche Erschlaffung mit dem Ver=
blassen der Originalität Hand in Hand geht. Die bäuerlichsten
Bauern, die bürgerlichsten Bürger, die wahrhaft adeligen Edel=
leute sind auch immer die tüchtigsten gewesen. Ihr klagt, daß
die ganzen Männer, die originellen Naturen, deren es zu unserer
Väter Zeit noch weit mehr gab, im Aussterben begriffen sind!
Aber solche Naturen erhalten sich nur bei gewissen festgeschlossenen,
sozialen Gruppen. Wer den Ständen ihre Originalität ab=
schleifen will, der muß auch auf die Originalität bei den ein=
zelnen Charakteren Verzicht leisten. Und doch sind diese bereits
halbwegs ausgestorbenen Originalfiguren von jeher die wahren
Flügelmänner der gediegenen Ehren und guten Sitten gewesen
in den breiten Frontreihen der bürgerlichen Gesellschaft.

Ich will in diesem Buche kein soziales System aufstellen,
keine neue oder alte Lehre der sozialen Politik. Ich bescheide
mich, anspruchslose Beiträge zusammenzureihen zur Wissenschaft
vom Volke als dem Quellenbuche aller echten Staatskunst. Die
Zustände der bürgerlichen Gesellschaft in Deutschland sind
dabei fast ausschließlich in Betracht gezogen worden, denn auch
für das soziale Leben gilt die Schranke der Nationalität.
Aus dem Kleinen, Beschränkten und Einzelsten heraus arbeitend,

möchte ich in einer möglichst großen Fülle von Lebensbildern und Thatsachen darlegen, welcher Reichtum an mannigfaltiger Gestaltung selbst in der modernen Gesellschaft noch sich aufthut. Ich möchte den praktischen Staatsmännern als ihre heiligste Pflicht vors Gewissen führen, dieser Vielgestalt der sozialen Gebilde in der Politik gerecht zu werden, auf die Individualität des immer noch reich gegliederten Volkslebens ihre Systeme zu gründen, nicht umgekehrt nach vorher entworfenen und wenn auch der Idee nach noch so sehr berechtigten Systemen das Volks= leben zu modeln. Wer die moderne Gesellschaft nur von oben= her in allgemeinen großen Ueberblicken betrachtet, dem mag sie nivelliert oder zur vollständigen Nivellierung reif erscheinen; wer aber hinabsteigt in die Tiefen des Volkslebens und aus dem Kleinen und Einzelnen heraus sich sein Wissen schöpft, der wird überall noch sehr streng und im wesentlichen gesonderte Gruppen wahrnehmen. Ueber die Rolle, welche den ständischen Gruppen im modernen Staatsrecht zugeteilt werden soll, kann man ver= schiedener Ansicht sein, aber den Bestand und die innere Not= wendigkeit dieser Gruppen muß man entweder gelten lassen, oder man muß auch den Mut haben, sich zu der letzten Konsequenz, zum Sozialismus zu bekennen. Ein drittes ist nicht möglich.

In diesen wenigen Worten ist die ganze Tendenz des vor= liegenden Buches ausgesprochen. Der Verfasser bescheidet sich, beobachtet, untersucht und geschildert zu haben; er will kein neues System gründen und ist kein Agitator. Die „Reform der Gesellschaft" ist zu einem so gedankenlosen Stichwort ge= worden, daß ein Mann von Geschmack dasselbe eigentlich nur noch mit Vorbehalt in den Mund nehmen darf. Man hat in diesem Buch nach Rezepten zur Abhilfe unserer gesellschaftlichen Notstände gesucht und hat keine solchen Rezepte gefunden. In= dem man aber dergleichen suchte, bewies man gerade, daß man die eigentliche Tendenz des Buches mißverstanden hatte. Es ist ja eben zur Widerlegung derjenigen Leute geschrieben, die Re= zepte zur sozialen Radikalkur machen. Mit solchen Rezepten

lockt man keinen Hund vom Ofen. Vorerst müssen wir die Ge=
sellschaft erkennen, wie sie ist; dazu wollte ich mitwirken. Vor=
schläge zur Abhilfe einzelner örtlicher Mißstände werden sich
überall von selbst ergeben. Der Arzt aber, der zur Hauptkur
schreitet, bevor er die Diagnose vollendet hat, ist ein Pfuscher,
ein Charlatan. Nur insofern in der Erkenntnis der Gesell=
schaft bereits die Reform der Gesellschaft vorgebildet ist, nur
insoweit kann auch jetzt schon von letzterer die Rede sein.

Ganz geflissentlich habe ich nicht allgemeine Kategorien wie
der Freiheit, der Wohlfahrt, der Bildung 2c. an die Spitze ge=
stellt, um nach diesen meinen Stoff anzuordnen, um abzuurteilen,
was danach gut und schlecht sei in unseren bestehenden Gesell=
schaftszuständen. Wer hier Urteilssprüche auf den Grund solcher
allgemeinen Kategorien sucht, der hat abermals die Grundidee
des ganzen Buches mißverstanden. Denn gerade darum schildere
ich ja die Besonderungen der Gesellschaft, um anschaulich zu
machen, daß solche allgemeine Kategorien praktisch ganz bedeu=
tungslos sind, daß die Bildung des Bauern ganz anderartig ist
und sein muß als die des Bürgers, daß die Wohlfahrt beider
auf ganz verschiedenen Grundlagen beruht, daß die Freiheit der
ganzen Gesellschaft nur durch die in ihrer Eigenart möglichst
ungestörten Entwickelungen der einzelnen Gruppen gewahrt ist.

Ein Grundgedanke ganz anderer Art als jene so vielfach
mißverstandenen allgemeinen Begriffe war es, der mich begeisterte
und der zugleich, wie ich glaube, die sittliche Tendenz des
Buches in sich schließt, der Gedanke: daß nur durch die Rück=
kehr des einzelnen wie der ganzen Stände zu größerer Selbst=
beschränkung und Selbstbescheidung das soziale Leben ge=
bessert werden könne. Der Bürger soll wieder Bürger, der
Bauer wieder Bauer sein wollen, der Aristokrat soll sich nicht
bevorrechtet dünken und nicht allein zu herrschen trachten. Den
Stolz möchte ich in jedem wecken, daß er sich mit Freuden als
ein Glied desjenigen Gesellschaftskreises bekenne, dem er durch
Geburt, Erziehung, Bildung, Sitte, Beruf angehört und mit

Verachtung jenes geckenhafte Wesen von sich weist, mit welchem
der Emporkömmling den vornehmen Mann spielt und sich zu
bekennen schämt, daß sein Vater am Ende gar ein ehrsamer
Schuster oder Schneider gewesen. Diese Rolle des einfältigen
Emporkömmlings spielen gegenwärtig fast alle Stände, die echten
Bauern allein ausgenommen; darum habe ich auch die Bauern
so ganz besonders ins Herz geschlossen. Reue, Buße und Um-
kehr des Einzelnen ist hier „Reform der Gesellschaft". Mein
Buch ist, wenn man will, in diesem Sinne ein asketisches, und
jene oberste sittliche Tendenz der Selbstbescheidung des Individuums wie der Gesellschaftsgruppen ist zugleich eine christliche.

Vorerst kann der Privatmann nur in der Art wirkungs-
reich sozial reformieren, daß er persönlich das Beispiel gibt zu
einem ernsteren, strengeren, bescheideneren Familien- und Gesellschaftsleben. Wir sehen schon seit längerer Zeit (1851) überall in
Deutschland hervorragende politische Talente freiwillig von der
Bühne des öffentlichen Wirkens abtreten, die Kammern, das
Staatsamt verlassen, wo eben jenes Wirken aufgehört hat, ein
unmittelbar erfolgreiches zu sein. Die wenigen übrig gebliebenen
Eiferer der weiland politischen Parteien machen ihren Freunden
einen bitteren Vorwurf aus diesem Rücktritt, den sie eine Fahnen-
flucht nennen. Wir können es im Gegenteil nur loben, wenn
sich unsere besten Männer nicht zwecklos abnutzen. Der Begriff
des öffentlichen Lebens und Wirkens wird in der Regel viel zu
eng gefaßt, und der Edelmann auf seinen Gütern, der Bürger
und Bauer in dem engen Kreise seiner Gemeindemitbürger kann
gegenwärtig oft ein viel tiefer gehendes politisches Wirken entfalten als der Staatsmann im Kabinett oder der Abgeordnete
in der Kammer. Er kann soziale Politik treiben und wird seine
Reform der Gesellschaft vorläufig bei der Reform der Sitte
seines eigenen Hauses anzufangen haben. Darin unterscheidet
sich die gegenwärtige Epoche von der vormärzlichen, daß sie das
politische Element gründlicher erkennt und im stillen durchbildet
in der Familie, in der Gemeinde, in der Gesellschaft, während jene

Epoche diese Kreise gerade als die den politischen entgegengesetzten ansah. Es ist der Fortschritt von der reinen zur angewandten Politik. Zur Zeit des jungen Deutschlands schrieb ein Autor dieser Schule: „Der politische Mann müsse jetzt notgedrungen der Familie sich entfremden, er rufe seiner Frau zu, die ihn für sich und seine Häuslichkeit in Anspruch nehmen wolle: Weib, was habe ich mit dir zu schaffen? Ich gehöre dem Jahrhundert an, ich bin Nationalgardist!" Heutzutage würden wir umgekehrt sagen: gerade weil der politische Mann seinem Jahrhundert angehört (er braucht darum übrigens nicht Nationalgardist zu sein), gerade darum hat er zu schaffen mit seinem Weibe, mit der Familie, mit Haus und Herd als der ersten Basis seiner politischen Wirksamkeit.

An die Stelle des weiland poetischen Weltschmerzes ist ein politischer getreten. Es ist durchaus Mode geworden, über das Trostlose unserer Lage die Achseln zu zucken und das Elend unserer gegenwärtigen öffentlichen Zustände zu bejammern. Wer das nicht thäte, der würde für borniert oder als ein frivol gleichgültiger, ganz unpatriotischer Mensch gelten.

Es ist aber ein wirklich großer, die Zukunft verbürgender Zug in unserer Zeit, daß man sich dem Studium der Volkszustände überall so eifrig wieder zuwendet. Was gegenwärtig für die kirchliche und soziale Heilung der gesellschaftlichen Gebrechen geschieht, ist nichts geringes. Die schrittweise Abhilfe im kleinen und einzelnen ist hier der einzig richtige Weg. Dabei haben wir jetzt Zeit, jene allgemeinen politischen Ideen, welche wir seit zwanzig Jahren rastlos verschlungen haben, ruhig zu verdauen. Die Zeitungsartikel und die Kammerdebatten werden freilich sehr mager bei diesem Verdauungsprozeß. Es war ganz in der Ordnung, daß wir, da wir uns im Jahre 1848 wohl als teilweise politisch unterrichtet, nicht aber als politisch erzogen erwiesen haben, wieder eine Zeitlang in die Lehre der Selbsterkenntnis geschickt werden.

Dies ist die Politik der Gegenwart. Die vordem so gangbare Phrase von einer Politik der Zukunft ist verstummt. Wir mußten der Reihe nach von der neu entdeckten Bühne, dem Drama, der

Theologie, Philosophie, Politik ꝛc. der Zukunft hören, und zwar immer dann, wann Bühne, Drama, Theologie, Philosophie und Politik der Gegenwart am meisten im argen lag. Von der Natur= wissenschaft der Zukunft hat man z. B. nicht geredet, weil man mit den köstlichen Ernten der Naturwissenschaft der Gegenwart alle Hände voll zu thun hatte. Jetzt sind nun noch ganz zuletzt die Musiker mit einer „Musik der Zukunft“ hinterdrein gekommen.

Das Zeichen des politischen Mannes aber ist es, an der realen Gegenwart trotz all ihrer Härten und Bitterkeiten fest= zuhalten, und an einer nationalen Wirksamkeit um so weniger zu verzweifeln, je mehr dieselbe in einzelne enge Kreise zurück= gedrängt ist. Die Musik der Zukunft aber möge der Politiker den Musikern überlassen.

Je mehr der Verfasser sich dem Einzelstudium des Volkslebens widmete, desto fester wurde er auch in der Ueberzeugung, daß nur eine auf die so mannigfaltig gearteten Besonderheiten des Volks= tums gegründete, das geschichtlich Gegebene reformatorisch weiter bildende Politik die richtige sei. Und für eine solche Politik möchte er auch den Ehrennamen der „konservativen“ beanspruchen. Jene kleinen Maßregeln werden bei ihr als die größten sich erweisen, welche den einzelnen Körperschaften ein so reiches Maß der Selbstverwaltung gestatten, als sich immerhin mit der höheren Staatsidee vereinbaren läßt, welche den schier verloren gegangenen Stolz, am liebsten der eigenen Gesellschaftsgruppe und keiner anderen anzugehören, wieder wecken, jenes feste Behagen, daß sich jeder in seinem Kreise recht wie in seiner Haut wohl fühlt.

Es ist ein wahrer Herzenswunsch des Verfassers, man möge in den nachfolgenden Beiträgen zur „Wissenschaft vom Volk“ ein Aktenstück erkennen, welches bezeugt, daß eine mit liebe= voller Hingabe an Art und Sitte des Volkes unter= nommene Durchforschung der modernen Gesellschafts= zustände in letzter Instanz zur Rechtfertigung einer konservativen Sozialpolitik führen müsse.

# Erstes Buch.

## Die Mächte des Beharrens.

# I. Die Bauern.

## Erstes Kapitel.

## Der Bauer von guter Art.

Es ruht eine unüberwindliche konservative Macht in der deutschen Nation, ein fester, trotz allem Wechsel beharrender Kern — und das sind unsere Bauern. Sie sind ein rechtes Originalstück, dazu kein anderes Volk ein Gegenbild aufstellen kann. Der Gebildete mag konservativ gesinnt sein aus Vernunftgründen, der Bauer ist es kraft seiner Sitte. In den sozialen Kämpfen unserer Tage hat der Bauer eine wichtigere Rolle gespielt als die meisten ahnen, denn er hat den natürlichen Damm gebildet gegen das Ueberfluten der französischen Revolutionslehren in die unteren Volksschichten. Nur der träge Widerstand der Bauern hat im März 1848 die deutschen Throne gerettet. Man sagt, die Revolution sei vor den Thronen stehen geblieben; dies ist nicht ganz richtig: die Bauern sind vor den Thronen stehen geblieben. Es war aber jene Trägheit keine zufällige, sie quoll vielmehr aus dem innersten Wesen des deutschen Bauern. Der Bauer hat in unserem Vaterlande ein politisches Gewicht wie in wenig anderen Ländern Europas; der Bauer ist die Zukunft der deutschen Nation. Unser Volksleben erfrischt und verjüngt sich fort und fort durch die Bauern. Wenn wir das Bauernproletariat nicht überwuchern lassen, dann brauchen wir uns vor dem gewerblichen und litterarischen nicht sehr zu fürchten. Bei dem Bauernstande wird die Wirtschaftspolitik zur

Spitze aller Staatskunst, und wer hier nicht das Volk in seiner
Sitte und Arbeit — das ist sozialpolitisch — studiert, der wird
mit dem gesamten Staatsrecht doch keinen Hund vom Ofen locken.
Die größten Fehlgriffe, welche der bureaukratische Staat seit
fünfzig Jahren begangen, wurzeln darin, daß er das Wesen des
deutschen Bauern ganz falsch aufgefaßt und den obersten Grund=
satz vergessen hat, daß die konservative Macht des Staates in
dem Bauernstande ruht. Die Revolution von 1848 zeigte uns
thatsächlich, wie falsch jene Auffassung gewesen. Allein auch die
revolutionäre Partei erkannte das politische und soziale Gewicht
des Bauern nicht und war weit davon entfernt, in seine Eigen=
art einzugehen. Ein Volksführer, welcher der Bauern sich zu
bemeistern verstünde, würde wahrhaft ein recht fürchtenswerter
Volksführer sein, er hätte die wirkliche Mehrheit des Volkes auf
seiner Seite, nicht bloß der Kopfzahl nach, sondern auch nach
der materiellen und moralischen Macht.

Ich habe mir nun vorgesetzt, im nachfolgenden den deutschen
Bauer als politischen und sozialen Charakter zu zeichnen, den
Bauer als konservative Potenz im Staate, als den rohen, aber
ungefälschten Kern deutschen Wesens; dann zu entwickeln, wo
und wie sich die soziale und politische Verderbnis auch bei dem
Bauern bereits eingefressen hat. Als thatsächlicher Beleg, als
erläuterndes Beispiel wird sich hieran eine Skizze jener Rolle
knüpfen, welche der Bauernstand in den Gärungen und Kämpfen
der Gegenwart durchgeführt, und den Beschluß möge die Nutz=
anwendung bilden, die Moral der Fabel, welche ich als Finger=
zeig zu einer praktischen Bauernpolitik unseren Staatsmännern
recht ins Gewissen schieben möchte.

In dem Bauernstande allein noch ragt die Geschichte alten
deutschen Volkstums leibhaftig in die moderne Welt herüber.
Der Bauer hat keine Geschichte gelernt, aber er ist historisch.
Alle anderen Stände sind aus ihren ursprünglichen Kreisen heraus=
getreten, haben ihre uralten Besonderheiten gegen die ausebnende
allgemeine Zivilisation dahingegeben, die Bauernschaft dagegen

besteht, wenn auch nicht unberührt von allem Schliff, doch noch in gar knorriger Eigenart als ein trutzig selbständiges soziales Gebilde. Die bäuerlichen Zustände studieren, heißt Geschichte studieren, die Sitte des Bauern ist ein lebendiges Archiv, ein historisches Quellenbuch von unschätzbarem Wert.

Nach der mittelalterlichen Ständelehre waren die Bauern der vierte und letzte Stand. Sie sind aber der naivste, ursprünglichste, in den derbsten Linien angelegte, darum beginne ich hier meine sozialen Sittenbilder mit den Bauern.

Schon dem Auge des Naturforschers stellt sich der echte deutsche Bauer als der historische Typus des deutschen Menschen= schlages dar. Bei den Städtern hat sich das Originalgepräge des Körpers wie des Geistes und der Sitte zu einem Typus der Einzelpersönlichkeit, höchstens der Familie durchgebildet oder auch verflüchtigt. Die körperliche Eigenart des Bauern scheidet sich noch gruppenweise ab nach Ständen und Gauen. Hier finden wir noch in dem einen Gau einen mehr langbeinig hochauf= geschossenen, in dem anderen einen mehr breitschulterig gedrungenen Menschenschlag, wie sich das durch lange Jahrhunderte in un= verfälschter Rasse fortgepflanzt hat. So trifft man z. B. in einzelnen Strichen des Hessenlandes heute noch ausschließlich jene länglichen Gesichtsprofile, mit hoher, nach oben etwas breit aus= rundender Stirn, langer gerader Nase und kleinen Augen mit stark gewölbten Augenbrauen und großen Lidern, wie sie durch den Genremaler Jakob Becker und seine zahlreichen Schüler als stehende Figur in die beliebten gemalten Dorfgeschichten dieser Künstler übergegangen sind. Beim Vergleich dieser Bauerngesichter mit den Skulpturen der Marburger Elisabethenkirche (aus dem dreizehnten Jahrhundert) wird man entdecken, daß sich durch fast sechshundert Jahre derselbe althessische Gesichtstypus unverändert erhalten hat, nur mit dem Unterschiede, daß an jenen Bildwerken die Köpfe von Fürsten, Herren und edlen Frauen gemeißelt sind, deren Züge uns das unverfälschte Stammesgepräge zeigen, wäh= rend dasselbe jetzt nur noch bei den Bauern des Landes zu finden ist. Wer mittelalterliche Gestalten historisch echt zeichnen will, der muß sich überhaupt seine Modelle bei den Bauern suchen. Es erklärt sich dadurch aber ganz naturgemäß, warum die altdeutschen Bildner in einer Zeit, wo man doch sonst viel weniger nach der Schablone zu denken und zu bilden pflegte als in unseren Tagen, ihre Köpfe durchschnittlich so typisch einförmig behandelt haben: der ganze Menschenschlag hatte sich noch nicht zu individuelleren Gesichtszügen ausgelebt. Der Umstand aber, daß das gleiche auch heute noch bei den unverfälschten Bauern stattfindet, führt uns zu einer weiteren Thatsache. In der so-genannten gebildeten Welt existiert, wirkt der Mensch viel mehr als einzelner; der Bauer dagegen existiert und wirkt als Gruppe, als Gesamtheit des Standes. Hans führt den Pflug, lebt und denkt wie Kunz, aber daß von so vielen Tausenden einer wie der andere den Pflug führt, einer wie der andere lebt und denkt, dies nur ist ihrer aller weltgeschichtliche That und wirft ein so schweres Gewicht in die Wagschale unseres ganzen politischen und sozialen Lebens.

In der gebildeten Welt hat der Einzelne seinen Stil, und der Stil soll den Mann zeichnen. Bei dem Bauersmann hat der Stamm, der Gau, das Land seinen Stil, nämlich seine Mund-art, seine Redewendungen, seine Sprüche, seine Lieder, und dieser Stil zeichnet die großen Volksgruppen. Dieser landschaft-liche Stil des Bauern ist aber wiederum ein Stück Geschichte, an welchem derselbe zäh genug festhält. In einzelnen Gegenden Ungarns, z. B. in der Neutraer Gespanschaft, ziehen die bäuer-lichen Nachkommen deutscher Kolonisten des zwölften und drei-zehnten Jahrhunderts heute noch, ihre altsächsischen Lieder und Weisen singend, als Schnitter im weiten Lande umher, während die gebildeten deutschen Einwanderer in kürzester Frist ihre heimische Sprache vergessen und die ungarische annehmen. Auch in Amerika zeigt sich's, wie lange das historische Besitztum des Provinzialdialekts bei dem eingewanderten Bauersmann wider-hält, während der Städter meist gar bald nach der traurigen

Ehre hascht, seine Muttersprache zu vergessen oder zu verwälschen. Und wenn fast alles Andenken an die frühere Heimat bei deutschen Bauernkolonien erloschen ist, dann halten in der Regel noch deutsche Bibeln und Gesangbücher auch für weitere Geschlechter auf geraume Zeit die überlieferte Muttersprache aufrecht. Wer aber einigermaßen die Mundarten der Bauern beobachtet hat, der wird wissen, daß neben dem Herkommen uralter Ausdrucksweisen die Volkssprache an diesen Büchern immer noch zumeist sich erfrischt und erhält, und also auch hier wieder in sehr festen historischen Boden ihre Wurzeln treibt. Den holländischen Bauern auf der dänischen Insel Amager, die viele Menschenalter hindurch aufs beharrlichste ihre heimatliche Mundart heilig hielten, konnte man nur dadurch die dänische Sprache beibringen, daß man ihnen mit dänischen Predigern allmählich dänische Bibeln und Gesangbücher aufzwang.

Dagegen mögen andererseits ein paar Züge anschaulich machen, daß auch ein nichtdeutscher Bauernschlag, der mitten unter Deutschen sitzt, sein Volkstum zäh bewahrt. Die Wenden in der Lausitz leben ungefähr 200 000 Seelen stark zerstreut unter deutschem Volke aber zu eigenen Kirchspielen abgeschlossen. Sie haben ihre Schulen und Pfarrkirchen; es wird in slavischer Sprache gelehrt und gepredigt. Als Katholiken halten sie sehr streng am Papste, als Protestanten nicht minder fest an Luther. Der gemeine Mann ärgert sich, wenn jemand dem Reformator den Doktortitel nicht beilegt; er spricht stets respektvoll nur vom Doktor Luther. Vor hundert Jahren war das gleiche wohl im ganzen protestantischen Deutschland der Fall. Mit größter Strenge hält der Wende an den Bräuchen seiner Kirche fest, und dies mag nicht am wenigsten dazu beitragen, daß er überhaupt so rein sich bewahren kann in seinem Volksgepräge. Deutscher Schulunterricht, deutsche Justiz und Verwaltung, der Dienst im stehenden Heere und so vieles andere greift zerstörend in die nationale Abgeschlossenheit ein; allein, wie wir es bei Völkern, deren Stamm und Wesen bedrängt ist, häufig finden: die Frauen und Mütter bringen den Männern wieder aus dem Sinn, was von fremdem Einfluß sich festgesetzt hat. Daheim am Herde mag die Frau leicht das ererbte Volkstum bewahren, während der Mann gezwungen ist, im Verkehr und Wandel die schroffe Eigenart abzustreifen.

Die Wenden haben eigene, sehr kriegstüchtige Regimenter im sächsischen Heere gebildet; als fleißige Arbeiter und redliche Dienstboten sind sie auf weit und breit gesucht, und manches schwächliche Leipziger oder Dresdener Kind kommt durch eine wendische Amme zu Kraft und Gedeihen. In ihren Dörfern bewähren sie sich als tüchtige Bauern; man merkt es all ihren Bräuchen an, daß sie von Anbeginn ein ackerbautreibendes Volk gewesen sind. So ist z. B. den Wirtschaftstieren große Ehre in Sitte und Herkommen erwiesen. Jede Kuh hat ihren eigenen alten Namen, der meist nach den Eigenschaften des Tieres sorg= lich ausgewählt wird, und den Bienen werden die wichtigsten Familienereignisse jederzeit „angesagt". (Letzteres findet sich auch in Westfalen.) Dafür ist aber auch der Ackerbau der Wenden immer gesegnet gewesen. Die benachbarten Böhmen blicken sehn= süchtig auf die glücklicheren Wenden, welche an jedem Sonn= und Feiertage Kuchen die Fülle essen können. Wenn dem armen böhmischen Bauern ein Sohn geboren wird, dann bindet er ihn an die Spitze einer langen Stange und dreht ihn mit dem Ge= sichte nach der Lausitz hinüber, damit es ihm auch einmal so gut gehen möge wie den Wenden, die dort wohnen.

Das Eigenste der Bauernsprache besteht fast nur darin, daß sie an markiger alter Weise festgehalten hat, die man in den Kreisen der Gebildeten abschliff. So bezeichnet der Bauer z. B. den Tag vielfach noch lieber altmodisch nach dem Kalenderheiligen als durch die tote Ziffer des Datums. In den Taufnamen, die er seinen Kindern gibt, hält er den alten Brauch der Gegend fest, während der Gebildete dabei gewöhnlich nach Grille und Laune verfährt. Viele vor alters bräuchliche Taufnamen wür= den ganz ausgestorben sein, wenn sie sich nicht bei den Bauern, namentlich in Norddeutſchland, erhalten hätten. Man könnte ſogar eine Art örtlicher Statiſtik der bäuerlichen Taufnamen für einzelne Gegenden aufſtellen, ſo feſt hat das Landvolk auch hier nach Landſchaftsgrenzen am alten Herkommen gehalten. Das ſtete Fortvererben gewiſſer Lieblingsvornamen in einer Familie, welches früher bei dem deutſchen Adel ſo häufig vorkam, jetzt immer ſeltener geworden iſt und nur noch bei Fürſtenfamilien ſich folgerecht erhalten hat, wird in manchen Gegenden bei den Bauern noch mit Strenge durchgeführt. Sind dann die Glieder mehrerer Zeitſtufen gleichzeitig noch am Leben, ſo muß zum Unter= ſchied, ganz wie bei fürſtlichen Häuſern, mit Ziffern ausgeholfen werden. Es wird alſo von einem Hans I., II., III. ꝛc. geredet oder altertümlicher dem „älteren, mittleren und jüngeren".

Volksſagen haben ſich im Munde der Bauern meiſt rein bewahrt, während ſie, wo ſich die Gebildeteren derſelben bemäch= tigten, in der Regel ſofort verfälſcht und willkürlich verziert, d. h. verunziert wurden. Alſo auf der einen Seite Ehrfurcht vor dem Ueberlieferten und Selbſtbeſcheidung, auf der anderen mindeſtens die Eitelkeit, alles durch eigene Zuthat verbeſſern zu wollen. Was uns noch von altheidniſchem Aberglauben, von Sprüchen und Bräuchen, die ſich darauf beziehen, überkommen iſt, dafür hat die hiſtoriſche Forſchung faſt ausſchließlich den Bauern zu danken. In Zeitläufte, zu welchen keine Geſchichte mehr hinaufſteigt, ragt nur noch die dunkle Kunde, welche uns die Bauern bewahrt haben. Je älter die Sagen ſind, deſto mehr wird der Forſcher auf die Dörfer getrieben.

Der Bauer hält ſelbſt da noch an dem Hiſtoriſchen feſt, wo es klüger wäre, dasſelbe aufzugeben. Er trägt auf dem Schwarz= walde und im Hüttenberg in den Hundstagen eine dicke Pelz= kappe, weil das eine hiſtoriſche Pelzkappe iſt, die ſein Urahn auch getragen hat. In der Wetterau in der Gegend von Großen= linden gilt die Bauerndirne für die feinſte, welche die meiſten Röcke übereinander trägt. Mit ſieben übereinander gezogenen Röcken an die Feldarbeit zu gehen, etwa ins naſſe Gras oder ins hohe Korn, ist offenbar sehr unvernünftig, aber es ist historisch. Durch alle ärztlichen Bedenken läßt sich's der Bauer in manchen Gegenden immer noch nicht nehmen, seine Beinkleider durch den verderblichen, quer über den Magen geschnallten Ledergürtel zu befestigen; man könnte ihm weit eher ein neues Gemeindegesetz als neue Hosenträger aufzwingen. Die Kartoffel hat der Wester= wälder Bauer im achtzehnten Jahrhundert, trotz allen menschen= freundlichen Kartoffelpredigern, jahrelang den Schweinen und dann den Hunden gefüttert, bevor er sich entschließen konnte, das neumodische Gewächs auch nur versuchsweise auf seinen Tisch zu stellen. Um den Futterkräutern Eingang zu verschaffen, bedurfte es vieljähriger mündlicher und schriftlicher Lehre und Predigt. Zwischen vielen Dörfern findet eine historische Feind= schaft statt, deren letzten Grund niemand mehr auszuforschen vermag, die aber jedenfalls auf eine uralte, längst bedeutungs= los gewordene Eifersucht zurückdeutet. Was dann früher ernst= liche Fehde gewesen sein mag, das ist jetzt auf gelegentliche Prügelscenen und stehende altherkömmliche Schimpfwörter zu= sammengeschrumpft. Eine solche historische Feindschaft existiert z. B. noch jetzt zwischen vielen Rheindörfern und den etwas weiter landeinwärts gelegenen Nachbarortschaften. Der „Rhein= schnake" gilt als das stehende Schimpfwort für den Bewohner des Rheindorfs, während dieser es dem feldbautreibenden Nach= bar mit einem „Karst", dem Walddörfler mit einem „Kuckuck" heimbezahlt. Aber der Haß ist gründlich, denn er ist ein ererbter, und wenn etwa der Romeo eines Montague unter den „Karsten", die Julie eines Capulet unter den „Rheinschnaken" heiraten wollte, so könnte das zu nicht minder ernstlichen Wirren führen wie bei den edlen Geschlechtern von Verona, obgleich keiner der beiden Teile einen eigentlichen Grund für die Feindschaft mehr anzugeben vermag. Viele Dörfer oder auch Dörfergruppen zeichnen sich nicht selten durch seit undenklichen Zeiten feststehende Charakterzüge aus, z. B. der Grobheit, der Prügelsucht, der Prozeßkrämerei u. dgl. — In einem Dorfe am Taunus, dessen

Infassen seit Menschengedenken wegen der beiden erstgenannten Tugenden berühmt waren, hatten die Schultheißen den gleichfalls historisch gewordenen Brauch, bei Schlägereien die Unbändigsten nicht in das Ortsgefängnis, sondern zur Verschärfung in ihren Schweinestall zu sperren. In neuerer Zeit aber übertrug die Regierung, um der Roheit der Gemeinde zu steuern, einem „aufgeklärten“ Manne das Schultheißenamt, der dann auch jene originelle Strafverschärfung sofort abstellte. Dem ganzen Dorfe gefiel aber diese unerbetene Reform des Gefängniswesens so schlecht, daß es sich mit dem Ersuchen an die Behörden wandte, man möge ihnen wieder einen „kräftigen“ Mann zum Schultheißen geben, der auch nach Recht und Gerechtigkeit, „wie es vordem geschehen“, zu strafen den Mut habe. Und der Schultheiß, welcher den Schweinestall abgeschafft, konnte nie zu rechtem Respekt gelangen, denn der Schweinestall war im Dorfe ebenso historisch wie die Grobheit und Prügelsucht der Bewohner. Dies hat sich noch im Anfange des neunzehnten Jahrhunderts zugetragen.

Die Stufenreihe des bäuerlichen Zusammenwohnens und -wirkens, der Uebergang der Mansen und Huben zu Marken, Dörfern, Hundreten und Gauen entwickelte sich außerordentlich langsam, weit langsamer als das Städtewesen. Ja das Bauernvolk ist vielfach noch bis auf diesen Tag auf einer der früheren Entwickelungsstufen stehen geblieben. Es bedurfte langer Jahrhunderte, bis sich die einzelnen Siedelungen zu Marken erweiterten, langer Jahrhunderte, bis sich die Marken wieder zu Dörfern zusammenzogen. Ein so langsames Vorwärtsgehen zeugt von historisch beharrendem Geiste. Allein man hat, wie gesagt, nicht einmal mit diesem langsamen Gang überall Schritt gehalten. Das System der einzelnen Gehöfte statt der Dörfer besteht bekanntlich noch in manchen Gegenden Deutschlands, und ebenso bekannt ist's, daß wir in dem Hofbauern den treuesten Bewahrer väterlicher Sitte, den echtesten historischen Bauer besitzen. Anderwärts ist man sogar bei dem Uebergangszustande stehen geblieben, wo die Marken sich in eine übergroße Anzahl ganz kleiner Dörfer zusammenzogen. So auf dem Westerwalde. Wenn wir dort Dörfer mit 6—9 Häusern und 40—50 Einwohnern finden, aber die Ortschaften so dicht gesät, daß ihrer wohl ein Dutzend sich mit einer einzigen Pfarrei begnügen können, dann läßt uns dies erst die Berichte alter Schriftsteller begreifen, wie wenn etwa der Fuldaer Annalist erzählt, ihm Jahre 875 am 3. Juli sei das Dorf Ascabrunno (Eschborn) im Niddagaue durch ein plötzlich entstandenes Hochgewitter also zerstört und gänzlich vernichtet worden, daß alle Bewohner umgekommen und keine Spur von dem Dorfe mehr übriggeblieben sei. Das Aufgehen so vieler kleiner Dörfer in eine geringere Anzahl größerer Gemeinden wurde aber in der Regel durch die Gewalt äußerer Ereignisse und keineswegs durch planmäßige Veranstaltung der Bewohner bewirkt. Fast überall, wo die alten Weiler zu größeren, weiter auseinander gerückten Ortschaften sich zusammengezogen haben, deutet die Geschichte oder Sage auf eine große Zahl „ausgegangener" Dörfer zurück, von denen es aber fast durchweg nachweislich ist, daß sie in den Fehden des Mittelalters, im Bauernkriege, oder im dreißigjährigen Kriege, oder durch eine Pestilenz u. dgl. vernichtet wurden. Die Bewohner hätten gewiß bis auf diesen Tag den Uebergang in größere Gemeinwesen nicht vollbracht, wenn sie nicht durch die Wucht der Ereignisse dazu gezwungen worden wären. Selbst zu durchgreifenden Wirtschaftsreformen konnte der Bauer oft genug nur durch Krieg und Hungersnot getrieben werden. So herrschte in vielen Gegenden Deutschlands bis ins siebzehnte Jahrhundert ein höchst unnatürliches Uebermaß des Weinbaues auf ganz undankbarem Boden. Erst als im dreißigjährigen Kriege das Land verödet war und der Anbau wieder wie von vorn begonnen werden mußte, beschränkte man die Weinkultur auf die günstigeren Lagen. Es gehört dies wohl zu den wenigen Segnungen jenes traurigen Krieges. Aber auch nur einem Kriege hatte es gelingen können, als der große Wirtschaftspolitiker einzugreifen und für ganze Gaue den Fortschritt der „Teilung der Arbeit" einerseits, der „Konföderation der produktiven Kräfte" auf der anderen Seite durchzuführen. Der Bauer hat am längsten gezögert, den Schritt vom Familienleben zum Gemeindeleben zu thun, und gar von der Idee der Gemeinde zur Staatsidee hat er sich bis zur Stunde noch nicht vollauf erheben können. So ist der deutsche Bauersmann wohl national mit Leib und Leben, Geist und Herz und Sitte, aber die bewußte Idee der Nationalität ist ihm so gewiß noch nicht aufgegangen, als er sie in seiner Beschränkung in der That auch gar nicht nötig hat. Sein Standpunkt angesichts des Staates und der Nation ist gleichsam ein Stand der Unschuld, er hat noch nicht vom Baume der Erkenntnis gegessen, seine historische Sitte ist sein politischer Katechismus. Ich stelle diesen Satz hier allgemein hin, obgleich wir weiter unten sehen werden, daß er so allgemein nicht mehr ganz richtig ist, und daß sich gerade an die Ausnahmen wichtige Folgerungen knüpfen.

Wenn man übrigens von der historischen Pietät des deutschen Bauern spricht, dann darf man nicht vergessen, daß diese Pietät ganz einseitiger Natur ist und sich in der Regel nur auf das beschränkt, was den Bauer selbst und unmittelbar angeht. Er hat die größte Pietät gegen das alte baufällige Haus, das sein Großvater erbaute, und mit welchem er keine Verbesserung, keinen Umbau vornehmen mag; aber gegen die denkwürdigen Trümmer der Burg, die sich über seinem Dorfe erhebt, hat er gar keine Pietät und bricht ganz wohlgemut die Werksteine heraus, um seinen Garten damit zu umfrieden, oder reißt die kunstreiche Steinmetzenarbeit der gotischen Klosterkirche, die ihn „nichts angeht", nieder, um einen Feldweg damit zu stücken. Denn er hat ja keine Geschichte studiert, er ist überhaupt kein Geschichts- oder Altertumsfreund, seine Sitte nur ist seine Geschichte, und er selber und was an ihm hängt das einzige Altertum, welches er achtet. Das gleiche gilt von den historischen Ueberlieferungen im Munde des Bauern. Sie haben sich nur so weit frisch erhalten, als sie ihn selber berühren. In Gegenden, wo sich ein echter Bauernschlag herübergerettet hat, leben die Anklänge der Hörigkeitsverhältnisse des Mittelalters noch in unzähligen Sitten und Redeweisen; aber nach einer Kunde etwa aus der deutschen Reichsgeschichte oder auch nur aus der Geschichte seines eigenen Fürstenhauses werdet ihr den Bauer in der Regel vergebens fragen. Er weiß euch noch recht gut anzudeuten, was „ganze und halbe Leute", was ganze und geteilte Huben gewesen sind; in Hessen geht heute noch die Redeweise, daß „vier Pferde zu einem ganzen Bauern gehören", und man spricht, nach der Tradition von den Frontagen, welche in alter Zeit zu leisten waren, von „dreitägigen, viertägigen Bauern"; aber wer Karl der Große, wer Friedrich Rotbart gewesen, danach wird man dort wohl vergebens Umfrage halten, falls nicht etwa neuerdings ein Schulmeister davon Kunde gebracht hat.

Die alte Hörigkeit, die in einem großenteils noch zu kolonisierenden Lande bei weit verstreuter Bevölkerung eine wahre Wohlthat gewesen, wirkte nicht wenig dazu, den Bauer vom Vagabundenleben abzuhalten und die ihm eigene zähe Beharrlichkeit für kommende Geschlechter, denen das Vagabundieren näher gelegt sein sollte, zu begründen. Die lange Geschichte der Leibeigenschaft ließ wenigstens das Proletarierbewußtsein bei dem Bauern nicht aufkommen, denn solange er Leibeigener, war ihm zum mindesten ein festes Brot von seinem Herrn sicher. Die bäuerlichen Sklaven der deutschen Urzeit sind ja keineswegs ein bewegliches Eigentum gewesen wie ein moderner Negersklave, der nach Belieben auf den Markt gebracht und an den Meistbietenden versteigert werden kann. Sie wurden als an ein bestimmtes Gut an eine Herrenfamilie gebunden gedacht, höchst selten veräußert und bauten das Grundstück, worauf sie festsaßen, oft in eigener Wirtschaft nur gegen Zins und Dienstleistung an den Herrn. Ein freies Bauerntum gehört in vielen Gegenden freilich erst der neueren Zeit an; aber von seinem Urahn, der ein Leibeigener, ja in den ältesten Tagen wohl gar ein Sklave gewesen, hat der

Bauer dennoch schon die beste Grundlage der Unabhängigkeit, das seßhafte Wesen, geerbt.

Die Geschichte unseres Bauerntums zeigt viele gar wunderbare Thatsachen. Die Bauern des Mittelalters waren in den Kämpfen und gewaltsamen Krisen dieser Zeit großenteils aufs ärgste gedrückt. Wo der Ritter verlor, zahlte der Bauer die Zeche. Ohne Schutz stand er da, oft ohne Recht, ohne Waffen, wo der letzte Entscheid doch so häufig in der Waffengewalt gefunden ward. „Leg' dich krumm, und Gott hilft dir!" ist ein altes Bauernwort, das die ganze Politik des wehrlosen Bauern ausspricht. Und doch ging er nicht sittlich und sozial zu Grunde in all der Not und Trübsal. Im Gegenteil, der Druck des Mittelalters ist für den deutschen Bauernstand eine Zuchtschule des Lebens geworden, und eine seiner kostbarsten Tugenden, seine unendliche Zähigkeit, hat er dieser zu danken. Wollte aber einer aus dieser Thatsache folgern — und die Folgerung ist noch vor fünfzig Jahren leiblich gangbar gewesen —, daß man dann den Bauer nur recht zu drücken und zu zwicken brauche, um ihn gut und tüchtig zu erhalten, so würde er damit doch wieder auf den Holzweg geraten. Es erscheint freilich sehr bequem für die Regierenden, Unterthanen zu haben, deren politisches Glaubensbekenntnis lautet: „Leg' dich krumm, und Gott hilft dir!" Aber man möge nicht vergessen, daß gerade die tüchtigsten Bauernschaften, die eigentlichen Prachtexemplare deutschen Bauerntums, wie etwa die klassischen westfälischen Hofbauern, im Mittelalter am freiesten gewesen sind. Sie standen damals gleich als reichsstädtische Patrizier unter den übrigen Bauern, hatten freie, nach uraltem Brauche geregelte Gemeindeverfassung, eigene Gerichtsbarkeit, zahlten mäßige Steuern. Und diese von alters her freien Bauern erscheinen jetzt als die konservativsten, als die Urbilder des historischen deutschen Bauern. An ihnen mag man merken, was unser Bauernstand hätte werden können, wenn ihm überall die freie, eigene Entwickelung vergönnt worden wäre. So schuf der deutsche Orden in Preußen durch die Ver=

leihung des sogenannten „Kulmischen Rechtes" einen freien
Bauernstand, wie er in anderen Gegenden Deutschlands ganz
unbekannt war, und die Nachkommen dieser glücklichen Bauern,
die bis auf unsere Tage unter dem Namen der „Kölmer" oder
der „Preußischen Freien" hervorragten, waren durch Jahrhun=
derte das Muster eines tüchtigen Bauernschlages vom alten Schrot
und Korn. Die Heroen der deutschen Bauerngeschichte, die Ste=
dinger und Dithmarsen, sind freie Bauern gewesen, sie legten sich
nicht krumm, daß ihnen Gott helfe, sondern gingen in Kampf
und Tod für ihre Freiheit und ihr altes Recht; der charakte=
ristische Bauerntrotz steigerte sich bei ihnen zum Heldentume. In
den Ländern, wo sie gesessen, sitzt heute noch ein höchst tüchtiger,
ein streng beharrender Bauernschlag. Dagegen in so vielen kleinen
südwestdeutschen Territorien, wo seit langen Jahrhunderten der
geschundene Bauer recht eigentlich zu Hause war, hat oft bis zu
dieser Stunde das verkrüppelte, mißvergnügte Bäuerlein zu Kraft
und Selbstbehagen sich noch nicht ermannen können. Dabei wird
es aber doch durch den leisesten Anstoß aufgeweckt zu Lärm und
Unfug.

Der echte Bauer kann das weichherzige moderne Erbrecht
nicht begreifen, welches allen Kindern alles gibt, damit keines
was Rechtes besitze. Wo eigentliche Bauernmajorate nicht mehr
herrschen, da wird häufig das Gut unter den Kindern wenigstens
verlost, damit der väterliche Besitz in einer Hand vereinigt bleibe.
Wo man auf dem Wege des Gesetzes gegen diese Verlosungen
oder Majorate wirken will, da wird man bald finden, daß dem
Bauern die Sitte über das Gesetz geht. Ja er wird im Notfall
so fest an der Sitte halten, daß sie in ihr Gegenteil, in Unsitt=
lichkeit, umschlägt. So liegen z. B. im unteren Maingrunde, wo
die Güterzersplitterung längst in voller Blüte steht, ein paar ver=
einzelte Dörfer, welche mit aller Macht ihrerseits gegen die Klein=
güterei ankämpfen. Es ist aber auch in diesen Dörfern unerhört,
daß einer Ehe mehr als zwei Kinder entsprossen. Um die Sitte
aufrecht zu erhalten, hat man die Moral geopfert; die Gemeinden

sind reich und blühend; und die Pfarrer predigen — gegen die Abtreibung der Leibesfrucht.

In Gegenden, wo noch alte Bauernsitte herrscht, sind die aus persönlicher oder Standespolitik geschlossenen Ehen unter den Bauern gewiß im Verhältnis ebenso häufig als die politischen Ehen bei Fürsten und Herren. Erst kommt der Güterverband und dann der Herzensverband. Wenn eine „Erbtochter" in West= falen sich verheiratet, dann stellt schon der Sprachgebrauch den Gesichtspunkt der Gutsvererbung obenan. Denn der Mann führt wohl gar fortan den Namen der Frau, die ihm das Erbe zu= gebracht (wie das bei den Erbtöchtern der alten Dynastengeschlechter auch nicht selten gewesen ist) und fügt seinen ursprünglichen Namen, wie sonst die Frauen pflegen, nur noch bescheiden hintenan mit dem Zusatz „geborener". Also etwa: Jost Müller, geborener Schmidt.

Wenn der Bauer nicht zu Neuerungen geneigt ist, so hat dies schon darin seinen einfachsten Grund, daß es ihm überhaupt nicht obliegt, theoretische Versuche zu machen, die sehr wohlfeil sind, sondern nur praktische, für die er mit seinem Geldbeutel einstehen muß. Diesen Unterschied vergessen unsere landwirt= schaftlichen Theoretiker gar oft, indem sie über die hartköpfigen Bauern klagen. Daß daher der zähe Bauer überhaupt keine großen Stücke auf das theoretische Lernen hält, ist leicht erklär= lich. Ein niederrheinisches Sprichwort versinnbildlicht den Respekt des Bauern vor der diabolischen Gefährlichkeit des Lernens in höchst anschaulicher Weise. Es sagt: „Men es zeleeve net ze alt für ze liere, saht et o't Wief, da lieret se noch here." (Man ist sein Lebtag nicht zu alt zum Lernen, sagte ein altes Weib, da lernte sie noch hexen.)

Wie ein allzu zäher Charakter in verderblichen Eigensinn umschlägt, das zeigt uns die auf dem Lande herrschende Prozeß= krämerei. Dem „Prozesser" ist sein Rechtsstreit eine Ehrensache, die er oft aus purem Eigensinn durchführt, obgleich er am ersten Tage schon weiß, daß nichts für ihn dabei herauskommen wird.

Der echte Prozeßkrämer — und ganze Gegenden sind mit dieser Landplage behaftet — fängt oft einen Rechtsstreit an, bloß um seinem Gegner zu beweisen, daß er gescheiter und in den Rechten bewanderter sei als jener. Er würde es für ebenso feig halten, davor zurückzuschrecken, daß die Prozeßkosten voraussichtlich den Wert des strittigen Gegenstandes weit übersteigen werden, als der Duellant sich wegen der Nichtigkeit des Anlasses vor Tod und Wunden scheut. Es ist also nicht zu verkennen, daß, neben dem Eigensinn und den harten Köpfen der Bauern, dieser Prozeß= krämerei oft auch ein merkwürdiger Ehrgeiz nach dem Ruhme un= besiegbarer Rechtsweisheit zu Grunde liegt. Das Recht erscheint ihm wiederum als Sitte, und es ist ja sein Stolz, jeder Sitte kundig zu sein. Hierin liegt ein bedeutungsvoller Fingerzeig für die Gesetzgeber, die sich aber selten um das lebendige Rechtsgefühl des Bauern bekümmert haben. Wären unsere Prozeßordnungen volkstümlicher und praktischer, dann würde die Prozeßkrämerei des Bauern sich schwerlich als eine solche Donquichoterie dar= stellen, die in einem humoristischen Volksroman zu einer sehr lustigen Figur benutzt werden könnte, während sie in unserer Sittengeschichte eine um so traurigere Rolle spielt.

Der Bauer bleibt steif bei den Formen stehen, nach welchen er sich einmal das Leben zurechtgelegt hat. So fängt er nicht im Frühjahr seine Prozesse an, sondern im Winter; verliebt, ver= lobt, verheiratet sich im Winter, weil er im Sommer zu alle dem keine Zeit hat. Vor mehreren Jahren wurde in der nassauischen Garnisonsstadt Weilburg ein Bauernbursche als Rekrut eingekleidet, der aus der ärmsten und abgelegensten Gegend des hohen Wester= waldes gekommen war, wo sich in der That ein an uralte Zeiten gemahnender, überaus niedriger Kulturstandpunkt noch vorfindet. Der Bursche hatte noch nie in seinem Leben in einem Bette ge= schlafen, und als er sich in der Kaserne zum erstenmal in ein solches legen sollte, fing er an zu weinen wie ein kleines Kind und desertierte zweimal, weil er sich mit dem Gedanken in einem Bett zu schlafen, und überhaupt mit dem für ihn allzu vornehmen

und üppigen Leben in der Kaserne durchaus nicht befreunden und
das Heimweh nach dem gewohnten Elend seiner strohbedeckten
Lehmhütte nicht verwinden konnte. Ein solcher armer Teufel vom
Lande sticht freilich stark genug ab gegen das städtische Prole=
tariat, welches gewiß nicht wegen übergroßer Verbesserung seiner
Lebensweise desertieren würde.

Nirgends haben die religiösen Gegensätze tiefere Wurzel ge=
schlagen als beim Bauersmann. Auch die Religion ist bei ihm
nicht Dogma, sondern Sitte. Sie hat alle seine Gewohnheiten
eigentümlich gefärbt; das Glaubensbekenntnis klingt bis zu seinen
Festen, seinen Liedern und Sprüchen durch, es gibt sich selbst im
Rocke kund, wie ja der echte Bauer in protestantischen Gegenden
das einfarbig dunkle Kleid, in katholischen das hellere und buntere
vorzieht. Gleich wie die religiöse Gleichgültigkeit bei den Ge=
bildeten, so hat ein überkirchliches Sektenwesen oft genug bei den
Bauern seine festeste Stütze gefunden. Erst der neuesten Zeit war
es vorbehalten, dem Bauersmann hie und da zu der „Aufklärung"
zu verhelfen, daß die Religion nicht die ewige Sitte, sondern eine
individuelle Ueberzeugung sei.

Mit dem zähen Beharren des Bauern hängt ein mächtiges
Selbstgefühl zusammen, ein stolzes Bewußtsein seines gesellschaft=
lichen Wertes. Der unverfälschte Bauer schämt sich nicht, ein
Bauer zu sein, es liegt ihm im Gegenteil viel näher, jeden
anderen, welcher nicht den Kittel trägt, zu unterschätzen. An
einigen Orten (auch in französischen Landstrichen) herrscht der
Brauch, daß das Landvolk an gewissen Festtagen seine Heiligen=
bilder mit Bauernkleidern schmückt. Der Bauernrock ist dem
Bauern das kostbarste Staatskleid, selbst für einen Heiligen.

Der Bauer hält Kopfweh für die leichteste Krankheit, weil
ihm die Arbeit mit dem Kopfe die leichteste und entbehrlichste
Art dünkt. In den Stürmen des Jahres 1848 meinten die
Tiroler Bauern, sie könnten wohl auch ohne die „Herren" fertig
werden, wenn man sie nur gewähren lassen wolle. Der Bauer
von echtem Schrot und Korn beneidet den vornehmen Mann

keineswegs, er hält ihn vielmehr immer für etwas windig und
unsolid. Die Geschichte weiß von Bauernaufruhr aller Art zu
berichten, durch welchen der vielgeschundene und geplagte Land=
mann sein Geschick zu bessern gedachte; aber ein Streben der
Bauern, aus ihrem Stand und Beruf herauszutreten,
vornehme Leute werden zu wollen, den Pflug liegen zu lassen,
um etwa das ruhigere Geschäft eines Rentiers und Kapitalisten
oder eines Pariser Staatsfaulenzers zu ergreifen, ein solches
Streben ist bei den deutschen Bauern ganz unerhört. Dagegen
liegt gerade die bewegende Federkraft der sozialen Unruhen bei
den niederen Schichten der städtischen Gesellschaft darin, daß
immer der geringere Stand und Beruf den höheren beneidet
und in seine Stelle einrücken möchte, daß der geringere Arbeiter
sich seines Berufes schämt. Der Fabrikarbeiter, der Handwerker
wünscht nicht etwa bloß seinen Arbeitsverdienst erhöht — das
wünscht der Bauer auch —, er will aufhören, Fabrikarbeiter,
Handwerker zu sein, er schämt sich dessen, er möchte auch ein
großer Herr werden. In diesem erbärmlichen Neide, der sich
bis in die höchsten Schichten der Gesellschaft fortsetzt, liegt das
nichtswürdigste und unsittlichste Moment der sozialen Wühle=
reien. Der Bauer kennt diesen Neid noch nicht, er ist noch
von dem edlen Stolze des Standesgeistes beseelt, der früher
auch den Handwerker beseelte und ihn so viel ehrenwerter und
tüchtiger erscheinen ließ, als es jetzt oft der Fall ist. Will der
siebenbürgische Sachse seine Achtung vor einem Manne aus=
drücken, so sagt er: „Et ÿß äser ener." (Er ist unser einer.)
Wenn der Mann im Rock den Mann im Kittel über die Achsel
ansieht, dann ist dieser gewöhnlich sofort mit dem schlagenden
Satze zur Hand: „Wenn wir Bauern nicht wären, dann hättet
ihr nichts zu essen." Und bei diesem Worte soll der Bauer stehen
bleiben, es ist ein stolzes Wort, darauf er sich schon etwas ein=
bilden kann.

Der deutsche Bauer ist in der neuesten Zeit eine Art Mode=
artikel in der schönen Litteratur geworden. Ueber die Bedeutung

dieser Thatsache für das naturgeschichtliche Studium des Volkes habe ich mich schon in dem Buche von „Land und Leuten" ausgesprochen. Man könnte aber noch weiter zweierlei aus derselben folgern: Schon oft hat die schöne Litteratur die fern aufsteigenden Einflüsse einer politischen Macht vorgeahnt, bevor der Blick der praktischen Staatsmänner sie zu würdigen verstand. So, könnte man sagen, klopfen jetzt die Bauern einstweilen in Dorfgeschichten und Romanen an, weil die Zeit nahe gekommen sei, wo das Vollgewicht ihres politischen Einflusses im Leben sich geltend machen werde. Andererseits mag man aber auch folgern, daß die Kluft, welche den Gebildeten von dem Bauern trennt, doch ungeheuer groß geworden sein müsse, da die Eigenart des Bauernlebens seltsamerweise so neu erscheint, daß man sie jetzt gar als die feinste Würze der bereits so stark überwürzten Romanlitteratur ausbeutet. Es hat sich aber in die meisten Dorfgeschichten (die Auerbachschen nicht ausgenommen) neben manchen der Natur abgelauschten Züge eine grundfalsche Zeichnung des Gemütslebens der Bauern eingeschlichen. Der Bauer ist himmelweit entfernt von jeder modernen Sentimentalität und Gefühlsromantik; er ist dazu aus viel zu sprödem Stoff geformt, ja er ist in Sachen des Herzens oft geradezu roh. Dies wußte nur Jeremias Gotthelf haarsträubend wahr darzustellen, wobei freilich die Muse der Dichtkunst zuweilen bis über die Knöchel im Mist watet. Dem Bauersmann ist die Familie heilig, aber die zärtliche Eltern-, Geschwister- und Gattenliebe, wie wir sie bei den Gebildeten voraussetzen, werden wir bei ihm vergebens suchen. Es ist leider allzu begründet, daß beispielsweise Impietät der erwachsenen Kinder gegen die bejahrten Eltern auf dem Lande sehr stark im Schwange geht, namentlich da, wo die Eltern beim Eintritt in das höhere Alter ihr ganzes Besitztum den Kindern abgeben gegen die Pflicht des sogenannten „Aushaltes", d. h. der Ernährung und Pflege bis zum Tode. Wie es mit diesem Aushalte gar oft gehalten wird, das bezeugt die Bauernregel: „Zieh dich nicht eher aus, als bis du schlafen gehst." Diese Impietät entspringt aber im allgemeinen weit mehr aus Gefühlsroheit als aus Sittenverderbnis.

Merkwürdig ist es auch, daß unter den vielen Gleichnissen und moralischen Erzählungen im Munde der Bauern wohl keine allgemeiner verbreitet und bunter verarbeitet ist als die Geschichte von den undankbaren Kindern, welche ihren greisen Vater, dem sie bloß den Aushalt schuldeten, an einem hölzernen Trog essen ließen, weil er mit seinen zitternden Händen manchmal das Essen verschüttet hatte. Da bemerkten sie, daß ihr eigener Bube einstmals einen kleinen Trog aus Holz schnitzte; und als sie ihn fragten, zu welchem Zweck, erwiderte er: damit seine Eltern daraus essen könnten, wenn sie später auch einmal den Aushalt bei ihm bekämen.

Ebenso zeigt sich geschwisterliche Liebe während und nach der Verlosung des elterlichen Gutes in der Regel nicht im glänzendsten Licht. Die Ehe faßt der Bauer aus einem sehr nüchternen Standpunkte. Die Mädchen auf dem Lande heiraten meist sehr frühe, die ersten Jahre der Ehe sind für sie eine Kette von Arbeit und Mühsal; sie werden rasch alt und häßlich. Von der Romantik einer Bauernehe, wie sie die Dorfnovellisten ausmalen, wird dabei nicht viel zu verspüren sein. In kritischen Stunden liest der Mann seiner Frau wohl gar ein Kapitel aus dem Pufendorf oder einige Verse aus dem Klopstock vor, ohne daß man viel Aufhebens davon macht. Indem unsere Dorfpoeten ihr eigenes Gefühlsleben auf den Bauer übertrugen, verwischten sie gerade einen seiner hervorragendsten Züge, daß nämlich bei ihm die gattungsmäßige Sitte an die Stelle des individuellen Gefühls tritt. Zudem wird man in unserer Dorfgeschichtenlitteratur den Bauer fast immer etwas sozial kränkelnd, halb zum Proletarier verkrüppelt, gezeichnet finden, bereits angesteckt von städtischem verneinenden Geiste gegen Staat, Gesellschaft und Kirche. Es lag allerdings früher den Tendenzen der Litteratur näher, auch hier den Boden der Gesellschaft als unterwühlt, die Sitte des Bauern als im Zusammenbruch begriffen, die erhaltende Urkraft des

Staates als zum Gegenteil sich verkehrend darzustellen. Allein die Ereignisse der letzten Jahre haben uns bewiesen, daß solchergestalt nicht der deutsche Bauer, sondern der von dem echten Bauerntume bereits Abtrünnige geschildert war. Jeremias Gotthelf hat freilich den Bauer von guter und schlechter Art mit einer bis zum Erschrecken getreuen Wahrheit abkonterfeit. Als naturgeschichtliche Spezialstudien stehen seine Sittenbilder sehr hoch. Aber den Geist des Standes als solchen, das Bauerntum, hat doch kein neuerer Schriftsteller so treffend im Zusammenhang des ganzen Volkslebens erfaßt wie der alte Justus Möser, der in seinem biberben, geraden, auf dem Granitgrunde der Sitte aufstrebenden Charakter selbst viel Wahlverwandtes mit den Bauern hatte, der sie auch nicht behufs litterarischer Dorfstudien durch den Operngucker betrachtete, sondern, gleich Gotthelf, unter und mit ihnen gelebt und gewirkt hat.

Wenn der Bauer in der Pflege des intellektuellen und gemütlichen Lebens hinter den sogenannten Gebildeten zurücksteht, so übertrifft er sie jedenfalls an Nervenstärke, und das ist meines Erachtens auch eine geistige Ueberlegenheit.

Beim Urteil über unsere geistigen Kulturzustände übersieht man gewöhnlich die Bedeutung der Nervenkraft. Das ist's ja gerade, was die alten Poeten, Maler und Bildhauer vor den neueren voraus haben, daß ihnen eine ganz andere Frische und Fülle ungebrochener Nervenkraft einwohnte, wogegen unser geläutertes kritisches Bewußtsein, unser gesteigertes Verstandes- und Gemütsleben nicht ausreicht. Die Genialität eines Shakespeare, eines Michel Angelo, eines Händel und Sebastian Bach ruht auf dem Vollgehalt unverderbter Nervenkraft; auch bei Goethe noch erfrischt uns immer der Gedanke, wie gesunde Nerven doch dieser Mann gehabt haben müsse, während die moderne „Genialität" gar oft nichts weiter ist als eine krankhafte Reizbarkeit des Nervensystems. Auch die sozialen Phantastereien wurzeln nicht wenig in dem ruinierten Nervensystem unseres Stadtvolkes bis zum Proletarier abwärts. Gegenüber der nerven-

schwachen, an der eigenen Spannkraft verzweifelnden Gleich=
macherei unserer sozialistischen Arbeiter sagt ein alter Bauern=
spruch: „Selbst ist der Mann!" Darin liegt Nervenstärke.
Unseren Vätern und Großvätern ging es in der Regel weit
schlechter als uns selber, sie lebten auch in viel trostloseren Zeit=
läuften, aber es fiel ihnen gar nicht ein, zu verzweifeln — (die
Lehre der sozialen Demokratie ist die Verzweiflung des einzelnen
an seiner Mannheit, in ein System gebracht) —, sie hatten noch
gesunde Nerven wie die Bauern und schlugen sich mit Gottes
Hilfe durch wie diese. Der Bauer ist in der Regel nicht ein=
mal so muskelstark, als man glaubt, er ist mehr grobknochig,
mehr schwerfällig als von sonderlich elastischen Muskeln; aber
er hat unverdorbene Nerven und darum zähe Ausdauer. Er
kann es aus diesem Grunde gar nicht begreifen, weshalb der
Städter eigentlich spazieren geht, da dieser es doch meist nur
zur Erfrischung der erschlafften Nerven thut, und hält das
Spazierengehen für aller Narrheiten größte, da ihm freilich die
Arbeit selber Nervenstärkung ist. Wie glücklich steht er in
diesem Betracht dem ausgemergelten städtischen Arbeiter gegen=
über! Es ist darum gut, wenn viele nachgeborene Bauernsöhne
zum Gewerbestand übergehen, weil solchergestalt dem Stadt=
volk neue Nervenkraft zugeführt, die Landgemeinde selbst aber
vor übermäßig zersplitterten Gütern und der damit untrenn=
bar verbundenen, die Nerven abschwächenden Kartoffelexistenz
bewahrt wird. Ein noch lebender ausgezeichneter Jurist war
als nachgeborener Bauernsohn von seinem Vater dazu bestimmt,
das Metzgergewerbe zu erlernen. Da der etwas zart gebackene
Junge aber kein Blut sehen konnte, so erklärte der Alte, er
müsse den Buben die Rechte studieren lassen, indem derselbe
zu „schlecht" sei, um etwas Ordentliches zu lernen. In dieser
Ansicht lag eine ganz richtige Schätzung. Denn die Nerven=
kraft ist des unverdorbenen gemeinen Mannes bester Teil, sie
ist der Punkt, durch welchen zumeist er den höheren Ständen
geistig überlegen ist, und statt eines trefflichen Rechtsgelehrten

wäre aus dem Jungen gewiß ein ganz mittelmäßiger Metzger geworden.

Der deutsche Bauer hat bekanntlich ein gutes Stück Mutter= witz geerbt, gepaart mit so vielen Pfiffen und Kniffen in prak= tischen Dingen, daß er nicht selten den gewürfeltsten Advokaten in Erstaunen setzt. Aber merkwürdig ist es, wie auch dieser Mutterwitz den Bauer verläßt, sobald er in fremdartige Ver= hältnisse eintritt. Selbst sein zähes Mißtrauen, sein Vorbedacht im Urteil und Entschluß will dann oft nicht mehr widerhalten. Derselbe Bauer, welcher sonst keinen Kreuzer annimmt, bevor er ihn sechsmal in der Hand umgedreht hat, der sonst seine Habe gewiß keinem Menschen anvertraut, mit dem er nicht einen Scheffel Salz ausgegessen, derselbe Bauer gibt sich mit fabel= haftem Leichtsinn betrügerischen Seelenverkäufern hin, sobald er einmal gründlich mit seinen alten Zuständen gebrochen und den Entschluß zur Reise nach einer neuen Welt ins Werk gesetzt hat. Als ob ein dunkles Verhängnis ihn zöge, stürzt er sich meist ganz kopflos in den Strom der Auswanderung, wie ein schnee= blindes Huhn taumelt er in dem ungewohnten Lichtspiel neuer Verhältnisse umher. Allein sowie er wieder einmal festen Boden unter den Füßen hat, sowie er einmal beginnt, die alten Sitten in der neuen Heimat wieder aufzurichten, kehrt ihm auch der alte praktische Blick, der Mutterwitz, das heilsame Mißtrauen wieder. Der bäuerliche Auswanderer geht am öftesten auf der Reise zu Grunde, der städtische in der Ansiedelung. Seine Ausdauer und Zähigkeit macht den deutschen Bauer zum geborenen Kolonisten, sie hat ihn zu dem großartigen weltgeschichtlichen Beruf geweiht, der Bannerträger deutschen Geistes, deutscher Gesittung an allen Weltenden zu werden. Während uns die neueste Zeit wiederum die traurigen Beweise lieferte, daß der deutsche Auswanderer aus den höheren Ständen bei dem praktisch=nüchternen Amerikaner großenteils die Rolle des Gecken spielt, hat sich der Bauer fast überall, wo er auf fremder Erde seinen Pflug einsetzte, den Respekt der Eingeborenen errungen.

Die Kolonisierung fremder Weltteile durch deutsche Siedler
bietet aber auch noch eine andere beachtenswerte Seite für unser
Sittenbild. Der zurückgekommene, zerfahrene, mit seinem Lose,
seiner Heimat zerfallene Mann aus höheren Gesellschaftsschichten
rettet sich zuletzt und genest nur noch darin — daß er Bauer
wird. Er besitzt vielleicht noch Mittel genug, um sich in Deutschland ein Ackergut zu erwerben, aber so recht eigentlich Bauer
werden könnte er in Deutschland nicht, die Verhältnisse, in denen
er aufgewachsen und welchen er entfliehen will, würden ihn hier
auch hinter dem Pfluge verfolgen, er würde sich hier des neuen
Berufes schämen. Aber jenseit des Ozeans schämt er sich dessen
nicht. So gestaltet sich hier das Kolonistenleben — d. h. das
Bauernleben — zu einer rechten Luft- und Wasserkur, welche
kranke Köpfe und Herzen gründlich ausfegt. Wer nirgends seinen
Frieden mehr finden konnte, der findet ihn im Urwald — als
Bauer, und zwar nicht als faulenzender Oekonom, sondern als
ein Bauer im Wortsinne, der Schwielen in den Händen hat und
im Schweiße seines Angesichts sein saures Brot ißt. Es liegt
für den Staatsmann ein bedeutsamer Fingerzeig in dieser Thatsache, daß die abgestandenen Teile der Gesellschaft zuletzt in
Bauernleben und Bauernsitte sich wieder erfrischen.

Ich habe bis hierher vom deutschen Bauer in seiner Allgemeinheit gesprochen. Es könnte dies aber auffallen, wie man
ihm eine solche Fülle gemeinsamer Züge beilegen mag, da ja der
„deutsche Bauer" ein ganz idealer Gesamtbegriff ist und viel
eher noch eine bloß ethnographische Formel, wie „Deutschland"
leider eine bloß geographische sein soll. Zudem hoben wir ja
hervor, daß gerade bei den Bauern das zäheste Sondertum des
Gaues, der Landschaft sich eingebürgert hat. Allein dies eben
ist das Wunderbare, daß der deutsche Bauer, trotz aller schroffen
Unterschiede, doch in den Hauptcharakterzügen, in dem eigentlichen Grundton der Sitte überall derselbe bleibt. Selbst da,
wo bereits der moderne Auflösungsprozeß bei ihm eingedrungen,
kann er doch das Gemeinsame des Bauerncharakters noch lange

nicht verleugnen. Auf weit ausgedehnten Gütern sitzen Bauern in Niederbayern, Pommern, Brandenburg; auf großen vereinzelten Gehöften in Westfalen; in Gruppen kleiner Dörfchen und Weiler auf dem Westerwalde und im Sauerlande; bunt zerrissene Kleingüterei beim Zusammenwohnen in großen Dörfern herrscht am Rhein, und große Verschiedenheiten in Sitte und Charakter werden durch alle dies bedingt; aber dennoch verleugnen sich nirgends die Grundzüge des deutschen Bauerntums, sie verleugnen sich selbst da nicht, wo er sich inmitten einer barbarischen Umgebung wie in Grusien angesiedelt hat, so wenig als in den Hinterwäldern Amerikas. Das freundliche, reinliche Dorf im Hochgebirge mag sich auf den ersten Anblick gewaltig abscheiden von dem trübseligen, schmutzigen Fischerdorf am Meeresstrande, und dennoch wohnt in beiden Dörfern derselbe deutsche Bauer mit demselben Hauptzuge des Lebens und Wirkens, mit derselben Sitte, die nur einen andern Rock angezogen, die sich in eine andere Mundart übersetzt hat. Die Kulturformen selbst sind wohl in keinem Lande mannigfaltiger als in Deutschland. Die buntesten Schattierungen des Feldbaues, der Viehzucht, des Weinbaues 2c., bedingt durch die wunderbar reiche Stufenfolge des Bodens und der Gebirgsgebilde, wechseln miteinander, daß sich das Ganze recht wie eine lehrhafte Musterkarte (vielfach leider allzu lehrhaft) für den Volkswirt ausnimmt. Und doch überall derselbe deutsche Bauer! Es gibt ein unsichtbares Band, welches alle verknüpft, zu einer Einheit, von welcher sich der Bauersmann selber am wenigsten etwas träumen läßt: überall ist es der oben gezeichnete historische Charakter, und überall ist die Sitte sein oberstes Gesetz; wo Religion, Nationalgeist, Gesellschafts- und Familienleben noch naiver Instinkt, noch Sitte ist, da hebt der deutsche Bauer an.

## Zweites Kapitel

# Der entartete Bauer.

Nachdem ich nun erörtert habe, was des deutschen Bauern bester moralischer Besitz ist, was er sich gerettet aus den Strömungen verheerender Zeitereignisse, muß ich auch untersuchen, was er in diesem Betracht verloren hat. Ich zeichnete den Bauernstand bis hierher in seiner Glorie, es liegt mir nunmehr auch ob, ihn in seiner Erniedrigung und Verderbnis zu zeichnen. Ich schilderte ihn als die erhaltende Macht in der wankenden Gesellschaft; ich muß dagegen setzen, wie und wo sich das auflösende Element auch bei ihm bereits eingefressen hat.

Sein sittlicher Ruin geht vor allen Dingen Hand in Hand mit dem wirtschaftlichen. Der gleichmäßige, sichere Erwerb macht den Bauer gediegen. Nur die unberechenbaren Naturereignisse sollen es sein, die seinen Erwerb schwankend machen. Sie können jedenfalls seine „Rache gegen die Gesellschaft" nicht herausfordern. Je mehr aber die Ackererzeugnisse Gegenstand der Spekulation werden, den großen Verkehrskrisen preisgegeben, um so mehr tritt auch der Bauer, den es trifft, aus seiner ursprünglichen Art heraus. Hagel und Mißwachs kann er hinnehmen, ergebenen Sinnes ausharrend, aber wenn er bei vollen Speichern darben muß um einer Geschäftsstockung willen, deren Ursachen er nicht begreift und an deren Notwendigkeit er nicht glaubt, dann wird er gar leicht an sich selber irre.

Wir sehen dies an den Weinbauern in jenen Gegenden, die nicht bloß nebenbei einen Landwein bauen, sondern deren Weinwachs, für den Handel bestimmt, von allen Schwankungen des Marktes abhängig ist. Der Geschäftsmann versteht das, weil er auf die Handelskrisen zu rechnen weiß, der Bauer denkt selten an eine solche Berechnung, und wenn er auch hundertmal gewitzigt wäre. Nirgends sehen wir ein verkommeneres und entsittlichteres Landvolk als in den eigentlichen Weingegenden. Der Grundpfeiler des festen Besitzes und des gesicherten Erwerbes fehlt dem kleinen Weinbauern ganz. Die feineren Weine — und von den eigentlichen Landweinen spreche ich nicht — sind ein Luxusartikel, dessen Vertrieb allen Schwankungen des öffentlichen Kredits unterworfen ist. Auch die Ernte selbst hängt an dem Faden des Zufalls. Der große Gutsbesitzer kann den Schwankungen des Kredits Trotz bieten, ja er kann auf dieselben wetten und wagen, er erträgt es auch, wenn unter zehn Weinjahren vielleicht nur zwei gute zutreffen sollen. Schon der mittlere Bauer, des kleinen gar nicht zu gedenken, erträgt dies aber um so weniger, als der Weinbau eine viel größere Vorlage von Barkapital erfordert als der übrige Landbau. Ferner läuft die Verbesserung der Weinkultur großenteils darauf hinaus, daß man den Mut und die nachhaltigen Mittel besitzt, um wagen zu können. Der große Gutsbesitzer im Rheingau z. B. veredelt seinen Weinbau nicht wenig durch das Spätherbsten, er muß freilich dabei zusehen können, daß ihm auch einmal eine halbe Ernte verloren geht. Dies kann selbst der mittlere Bauer wiederum nicht. Der Herzog von Nassau und der Fürst Metternich erzielen die besten Weine im Rheingau, weil sie für die Güte des Weines die Massen desselben am leichtesten in die Schanze schlagen können, weil sie überhaupt mit dem größten Kapitale wirtschaften. In den eigentlichen Weingegenden ist leider der kleine Weinbauer als solcher eine Null geworden, nur der große Kapitalist zählt noch; und der Mann, der die Hacke schwingt und die Bütte auf dem Rücken trägt, ist ein ganz beklagenswerter Proletarier, sofern er nicht über ein ansehnliches Kapital verfügen kann. Ein Vorherrschen der Geldwirtschaft zerstört aber echte Bauernsitte; denn diese steht immer noch mit einem

Fuße in der alten Naturalwirtschaft. Daher ist der geringere
Weinbauer in solchen Strichen großenteils verkommen und ver=
dorben, mit Gott und der Welt zerfallen. Aus früherer Zeit
an ein besseres Leben gewöhnt — denn noch ist es nicht allzu
lange her, daß sich die Verhältnisse des Weinbauern so trüb ge=
staltet haben —, hat er noch nicht entsagen gelernt, und da diese
armen Leute ihren Wein nicht verkaufen können, dabei aber kein
Stück Brot auf dem Tische haben, so ist es begreiflich, daß sie
den Wein zuletzt selber trinken. So öffnet die bittere Not dem
Schlemmerleben die Thür, und nicht selten trifft man's in solchen
„paradiesischen“ Landstrichen, daß einem neben den Männern
auch Weiber trunken und mit glühroter Nase entgegentaumeln.
Nicht daß es dem Weinbauern überhaupt schlecht geht, ist bei
ihm bedenklich, sondern daß er sich in seiner eigenen Haut nicht
mehr wohl fühlt und schwankend wird in Arbeit und Sitte.
Damit tritt er ganz aus dem Rahmen heraus, in welchem ich
oben den deutschen Bauer gezeichnet habe. Er wird sich auch
in keiner andern Weise gründlich helfen können, als indem er
den trügerischen Rest seiner Selbständigkeit vollständig aufgibt.
Wer größere Kapitalien besitzt, der möge das Wagnis des höheren
Weinbaues auf sich nehmen, welcher überhaupt viel mehr in das
Kapitel von der Industrie als vom Ackerbau gehört. Der jetzige
kleinere Weinbauer würde als Wirtschafter und Taglöhner des
größeren Produzenten eine weit gediegenere Stellung einnehmen
als jetzt, wo er nicht leben und nicht sterben kann. In dem
Maße, als die mittleren Weine aus den weiteren Handelskreisen
verschwinden und in die Klasse der Landweine zurücktreten, in
dem Maße, als diesen gegenüber die Konkurrenz des Bieres und
Apfelweins übermächtig wird und nur der Luxus= und Mode=
artikel der feineren Weine einen größeren Markt behält, in dem=
selben Maße wird sich der kleinere Bauer genötigt sehen, den
Weinbau für eigene Rechnung aufzugeben. Mit dem steten Wechsel
zwischen kurzem Ueberfluß und langem Elend wird dann auch
die Entartung der Weinbauern allmählich ihren Rückzug antreten.

Ein rasches Steigen und Fallen der Erwerbverhältnisse thut niemals gut beim Bauern. Gerade das langsame, gemessene Thun und Treiben und die gleichheitliche Arbeit bedingt echte Bauernart. Vor ungefähr zehn Jahren wurden im Oberlahngau eine ganze Reihe Eisensteingruben aufgeschlossen, und zwar in Gemarkungen, wo vordem kaum je auf Eisenerz gegraben worden war und ein recht gediegener Bauernschlag nur aus dem ziemlich mittelmäßigen Feldbau sein Brot gezogen hatte. Die Gruben zeigten sich sehr ergiebig und konnten, da die Erzgänge äußerst nahe an der Erdoberfläche herzogen, auch ohne großen Kapitalaufwand ausgebeutet werden. Viele Bauersleute waren imstande, sich eigene Gruben anzulegen. Der rasch erzielte Bargewinn verlockte wie ein Zauber, ein förmliches Bergbaufieber ergriff ganze Gemeinden. Jeder wollte schürfen, jeder sich eigene Gruben erwerben. Es kam vor, daß Bauern ihre Häuser mitten im Dorfe niederrissen, um auf ihrer Stätte nach Eisensteinen zu graben! In wenigen Jahren schienen die Bauerndörfer in reine Bergmannsdörfer verwandelt zu sein. Aber die Schwindelei trug bald ihre bitteren Früchte. Der gute Absatz stockte nach einer Weile, gar viele der neuen Bergleute mußten wieder zum Pfluge greifen, andere anderwärts ihr Brot suchen, und der alte solide Geist der Bauernschaft war gebrochen. Nur drei oder vier Jahre allzu leichten Erwerbs, nur drei oder vier Jahre Wohlleben und Aufgeben der alten einfacheren Sitten hatten hingereicht, um aus zufriedenen kleinen Leuten mißvergnügte Halbbauern zu machen, die den alten Halt ihrer Sitte niemals wiederfinden werden. Und doch wirkt der Bergbau an sich fast überall vielmehr veredelnd auf die ländliche Bevölkerung, ja der Bergmann ist sonst das rechte Muster eines frommen Arbeiters, der rechte Stammhalter guter alter Bräuche und Sitten. Allein mit dieser historischen Figur des deutschen Bergmannes hatten unsere Schwindler eben darum nichts gemein, weil sie urplötzlich aus den festen Bahnen ihrer bisherigen Existenz herausgesprungen waren, weil sie einem jähen Gewinn ihren historischen

Boden geopfert hatten. Wer den Bauer gediegen und ehrenfest erhalten will, der muß dazu thun, daß er in den Grenzen eines stetigen und festen Erwerbes verharre.

Die Zehntablösung, welche nicht sowohl von dem Ackerbau als von dem Kornhandel eine Fessel nahm und darum nicht dem kleinen Bauern, sondern dem großen Gutsbesitzer, der zugleich Großhandel mit seinen Produkten treiben kann, materiellen Gewinn brachte, hat wesentlich dazu beigetragen, auch den kleinen Bauer zu einem kleinen Handelsmanne zu machen. Es geht ihm jetzt erst ein Licht auf über das Lottospiel des Fruchtmarktes und er beginnt sich demselben mit dem gleichen Eifer zu ergeben, mit welchem er sich dem Rechtsspiel (den Prozessen) und dem eigentlichen Geldspiel ergibt. Durch das kaufmännische Spekulieren wird aber die Bauernsitte gebrochen, ohne daß der Bauer anderweit gewinnt, da er weder Intelligenz noch Kapital genug besitzt, um an dem Wettspiel unserer Getreidebörsen mit dauerndem Erfolg teilnehmen zu können.

Wegen der gestörten Stetigkeit des Erwerbes ist es ein großer Ruin für die Dörfer, daß sich so viele verdorbene kleine Gewerbsleute dort niederlassen, die nicht Kapital und Geschick genug haben, um in den Städten fortzukommen. Sie treiben dann ein Stückchen Ackerbau und ein Stückchen Gewerbe, und man weiß nicht recht, ob man sie handwerkende Bauern oder verbauerte Handwerker nennen soll. Jedenfalls pfuschen sie nach beiden Seiten gleich stark, machen den Bauer von seiner Sitte abwendig, da sie es selber doch niemals dahin bringen können, ordentliche Bauern zu werden, und mehren gleichzeitig den Ruin des kleinen Gewerbestandes. Durch sie hat sich gleichsam eine Kolonie bäuerlicher Dilettanten im Schoße der Dörfer eingenistet, ein Auswuchs, welcher den ganzen Fluch der Verkommenheit in sich trägt und krebsartig um sich frißt. Sie spielen oft die Rolle der „verdorbenen Genies“ und locken dann die verdorbenen Genies und verkannten Größen unter den Bauernburschen zur Nachfolge.

Von diesem Zwitterwesen unterscheiden sich wieder die eigentümlichen Zustände ganzer Landstriche, namentlich Gebirgsgegenden, wo irgend ein Gewerbszweig notwendig den mageren
Feldbau ergänzen muß und darum auch längst historisch ein-
gewurzelt ist. Wie leicht aber auch hier der feste soziale Bestand
erschüttert wird, das haben uns die Schicksale der Nagelschmiede
im Taunus, der Uhrenmacher auf dem Schwarzwalde, der Spitzen-
klöppler in Sachsen, der schlesischen Leineweber genugsam bewiesen.
Der deutsche Bauer erhält sich nur da in vollster Kraft und Gesundheit, wo er ganz und ausschließlich Bauer ist.

Die schlimmen wirtschaftlichen Folgen übermäßiger Kleingüterei nachzuweisen, ist hier meine Sache nicht. Nur von der
daraus erwachsenden sozialen Verderbnis will ich reden. Die
Güterzersplitterung ist nicht neu, aber viele ihrer Folgen sind
neu. An vielen Orten datiert sie auf Jahrhunderte zurück, allein
die einfacheren Erwerbverhältnisse der alten Zeit brachen ihr die
gefährliche Spitze ab. Auf derselben Morgenzahl, wo ein Bauer
noch vor hundert Jahren seine feste Existenz finden konnte, vege-
tiert jetzt nur noch ein Proletarier. Die gesteigerte Ertragsfähig-
keit des Bodens gleicht hierbei nur wenig aus. Der Bauer erscheint uns nämlich jetzt bereits als ein Proletarier, welcher aus
seinem Gute nur so viel zieht, als er verzehrt. Die idyllische
Ansicht, daß ein solcher Mann sehr glücklich sein müsse, können
wir einem Poeten zu gute halten, der praktische Volkswirt wird
einen solchen Bauer jedenfalls nur für einen armen Teufel ansehen. Die Erfahrung, daß dasjenige, was er verzehrt, von
Jahr zu Jahr magerer sein wird, bis er ausschließlich bei der
unvermeidlichen Kartoffel stehen bleibt, liefert den Beweis dazu.
Vor hundert Jahren mag das anders gewesen sein. Die Lösung
des Widerspruches liegt aber darin, daß der Bauer, und auch
der kleinste, immer abhängiger vom Besitze baren Geldes wird.
Wo er sich sonst das Bau- und Brennholz umsonst im Gemeindewalde fällen durfte, da muß er es jetzt für teures Geld erkaufen.
Sein Haus deckte er unter nachbarlicher Beihilfe selber mit

Stroh, jetzt muß er den Dachdecker bezahlen. Die früheren Abgaben in Natura konnte er leichter aufbringen als jetzt die
Steuer in barer Summe. Seine Unabhängigkeit vom baren
Gelde war sein Reichtum, sie bedingte seinen selbständigen Sinn.
Weil dieser kleine Bauer so gar abhängig vom baren Gelde geworden, weil er unter die Oberherrschaft der Juden geraten ist,
darum ist er so unendlich viel ärmer als früher bei gleichem Be-
sitzstande. Man hat wohl zu früh gejubelt über die rasche und
gründliche Abschaffung aller Naturalwirtschaft im modernen
Staate. Es fragt sich, ob die Eigenart des Bauern, des konservativsten Elements im Staate, nicht zertrümmert wird durch
das ausschließliche Herrschen der Geldwirtschaft. Hier hat
die soziale Politik ihre Bedenken gegenüber der bloß ökonomischen geltend zu machen. Nicht mit Unrecht hat der Bauer einen
so absonderlichen, instinktartigen Respekt vor dem baren Geld.
Zahlt er doch lieber seine Zinsen doppelt in Früchten, die er
unter dem Preis seinem Geldherrn bringt, als daß er in ein-
facher Barzahlung den Zins abträge!

Die Gesamtheit — die Gemeinde — war vordem reicher
an Gemeingut und zugleich bedürfnisloser, darum konnte der
Einzelne bei weit leererem Beutel dennoch wohlhabender sein als
heutzutage. Die gleichen Anrechte aller Gemeindeglieder auf
Wald, Weide u. dgl. waren eine Art von historisch-patriarcha-
lischem Kommunismus. Sie beförderten einen scheinbaren allgemeinen Wohlstand, unter dessen Hülle eine ganze Reihe in sich
unberechtigter kleiner Existenzen ausgebrütet wurde. Als die gesteigerte Civilisation, die höher gespannte Staatswirtschaft und
der politische Sturz des Feudalismus den Sturz auch jener
patriarchalischen Gütergemeinschaft forderte, da gerieten auf einmal unzählige kleine Bauersleute, ohne es selber anfangs recht
zu merken, in die Klasse des Proletariats. Wenn man heutzutage
dem Bauern den Kommunismus predigt, so vermag er das selten
anders zu fassen als in dem Gedanken der Rückkehr zu solchen
Zuständen, die er sich freilich in gar rosig idealisiertem Lichte

ausmalt. Wir werden weiter unten sehen, wie sich diese Ansicht in den letzten Revolutionsjahren praktisch bewahrheitete. Wo aber das Bauernproletariat infolge der Güterzersplitterung und der geschilderten Verhältnisse sich ausgebreitet hat, wo der Einzelne sich in der Lage sieht, weil er nichts mehr besitzt, über den „Diebstahl des Besitzes" zu philosophieren, da wird er dies doch auch in ganz praktischer Weise thun und also weit eher mit den Kriminalgerichten als mit den politischen Tribunalen in Berührung kommen. Man hat selten gehört, daß man sich in solchen durch die Güterzersplitterung ruinierten Dörfern viel mit sozialen Theorien plage, wohl aber, daß Holzdiebstahl, Wilddieberei, Feldfrevel u. dgl. daselbst an der Tagesordnung sind. Aber mit der Sittlichkeit fällt die Sitte, mit der Sitte lösen sich die Gesellschaftsgebilde.

Anders sieht es freilich in den großen Dörfern aus, wie sie meist größeren Städten benachbart liegen. Zu dem sittlichen Verfall gesellt sich hier noch der unmittelbare Einfluß städtischer Nichtsnutzigkeit. Hier „philosophiert" auch der Bauer bereits über die Gesellschaft. Echte Bauernsitte existiert da ohnedies längst nicht mehr. Nur eine von allen Bauerneigenschaften ist meist zurückgeblieben: Grobheit und Rohheit. Das Proletariat solcher Dörfer ist jedenfalls das allergefährlichste; denn an innerer Verderbnis gibt es dem Abschaum des städtischen nichts nach, an Rohheit aber übertrifft es dasselbe. Ländliche Proletarier dieses Schlages waren es, welche Auerswald und Lichnowsky ermordeten.

Man kann nicht leugnen, daß der Verfall des echten Bauerntums in den letzten fünfzig Jahren ungeheure Fortschritte gemacht hat. Erwägt man aber, daß nicht bloß örtliche ökonomische Zerrüttung, daß nicht bloß die Erbschaft seit Jahrhunderten verschrobener wirtschaftlicher Zustände zu diesem Ergebnis geführt, sondern daß der moderne Staat selber so recht mit Lust und Liebe das Bauerntum zersetzte, dann erscheint es fast wie ein Wunder, daß der deutsche Bauer im großen und ganzen sich selbst so treu geblieben, daß er einen so bedeutenden Teil seiner guten Sitte aus dem Schiffbruch gerettet hat.

Betrachten wir vorerst nur die Einflüsse der äußeren poli=
tischen Gestaltungen des neunzehnten Jahrhunderts. Drei= bis
viermal hat sich derweil die deutsche Landkarte verändert, hier
und dort wurde ein alter politischer Verband gelöst, die ganze
innere Geographie Deutschlands gründlich durcheinander geworfen;
niemand fühlte sich durch diese Herrschaftswechsel tiefer verletzt
als der Bauer, und doch erschienen sie keinem Menschen grund=
loser als gerade ihm. Dem Bauern will daher die alte Geo=
graphie durchaus nicht aus dem Kopf und die neue nicht hinein.
Der preußische Westerwälder sagt nicht, er sei aus dem Regierungs=
bezirk Arnsberg, sondern aus dem „Oranischen"; der Bauer in
der Gegend von Schwalbach nennt seine Landschaft noch heute
„die Niedergrafschaft Katzenellnbogen"; der Bauer des Lahngaues
ist im „Solmsischen", oder im „Weilburgischen", oder im „Wied=
Runkelischen", oder im „Kurtrierischen" zu Hause; im badischen
Oberlande existiert das „Hanauer Ländchen" noch immer im
Sprachgebrauche des Landvolkes; dem echten Pfälzer Bauern
fällt es nicht ein, sich einen „Rheinbayern" oder „Rheinhessen",
oder einen Bewohner des „badischen Neckarkreises" zu nennen.
Man mutet diesen Leuten zu, angestammte „Loyalität" zu zeigen,
während sie sich doch selber sagen, daß damit gerade eine Loyalität
für das Nichtangestammte gemeint ist. Der Gebildete weiß, daß
es so und nicht anders hat kommen müssen, wenn er auch be=
dauert, daß man bei dieser Staatenbildung auf der einen Seite
viel zu viel radikal und auf der andern viel zu wenig radikal
verfahren ist. Der Bauer weiß das nicht. Woher auch? Ihn
bestimmt ein überkommener dunkler politischer Herzenszug oder
Haß, im kleinen ähnelnd jenem instinktiven Preußenhaß der
großen süddeutschen Volksmasse und der dunklen Abneigung des
Nordens gegen Oesterreich. Der Bauer ist ein geborener Parti=
kularist, nur ist sein Partikularismus kein willkürlicher, sondern
historischer Tradition entsproßt. Dieser Bauernpartikularismus
tritt auch nicht gleich dem dynastischen in offenen Kampf mit
der Idee der Nationaleinheit; letztere ist ihm bloß gleichgültig,

der Bauer ist ein natürlicher Partikularist, ein Partikularist aus
Beschränktheit, nicht aus Neid, Eigennutz, Eifersucht und Dünkel,
wie die andern Partikularisten. Aber insofern man seinen natürlichen Partikularismus aufs tiefste und — wie er glaubt —
grundloseste gekränkt hat, wird er Oppositionsmann gegen die
bestehende Staatsgliederung. Er wird radikal aus Konservatismus. Nicht bloß sein Fürst, er selber ist mit ihm mediatisiert
worden. Namentlich in ehemals geistlichen Besitztümern, wo nicht
nur politisches, sondern auch ein kirchliches Sondertum im Bauern
historisch geworden ist, finden wir es häufig, daß er sich durchaus noch nicht mit der neuen Landeshoheit befreunden kann.
Die Stimmung der Bauern in Rheinpreußen und Münsterland
wird noch auf lange Zeit hin den Beweis hierfür liefern.

Als in der Zeit nach dem Lüneviller Frieden eine Wiedische
Dorfgemeinde in kurzer Frist dreimal ihren Landesherrn hatte
wechseln müssen, vereinigten sich die Bauern zu einem entschie-
denen Protest und sprachen den Wunsch aus, man möge ihnen
doch endlich einmal e i n e n Fürsten fest lassen. Die jüdischen Ge-
meindemitglieder, welche gleichfalls die Schrift zu unterzeichnen
aufgefordert waren, erwiderten ablehnend in einem höchst originellen Sendschreiben, worin es zum Schlusse wörtlich hieß, sie
hätten sich bisher an keinen der verschiedenartigen Landesherren
„attachiert", darum thue ihnen jetzt auch der Tausch nicht leid.
Der Gegensatz des heimatlosen Dorfjuden zum Bauern spiegelt
sich hier höchst bezeichnend. Allein man hat in unseren zer-
rissenen Staatengruppen vielfach den Bauersmann schon dahin
gebracht, daß auch er sich an keinen mehr „attachiert". Dadurch
ist ein innerer Widerspruch in das Wesen der Bauern eingedrungen, und es dürfte doch wohl nicht zufällig und bedeutungslos
erscheinen, daß gerade in dem geographisch zersetzten Mittel- und
Südwestdeutschland die historische Tradition des Bauern bis auf
Sitte und Tracht hinab in neuester Zeit unglaublich rasch verschwunden ist, daß hier die ärgste Kleingüterei herrscht, ein aus-
gedehntes Bauernproletariat, daß hier der konservative Geist des

Bauern am öftesten gebrochen ist und eine auffallende Revolu=
tionslust sich zu regen beginnt, während in größeren, geschlosseneren
Gebieten, wie in Tirol, Altbayern, Altpreußen, Westfalen 2c.,
der historische Bauer sich am reinsten erhalten hat. In Schles=
wig=Holstein sehen wir, mit welch aufopferungsvoller Zähigkeit
ein tüchtiger Bauernstamm auch an einer politischen Idee fest=
zuhalten vermag, wie er sich dadurch gleichsam läutert und ver=
edelt. Allein hier hat der Bauer neben seiner alten Geschichte
auch noch eine neuere und neueste; diese fehlt vielen andern
deutschen Bauernstämmen. Die Geschichte der letzten hundert
Jahre ist für solche Bauern ein weißes Blatt. Der Bauer hat
da wohl Wirkungen — sehr negative übrigens — wahrgenommen,
allein die Ursachen blieben ihm dunkel. Wenn vor ein paar
hundert Jahren seine Gegend mit Feuer und Schwert erobert,
wenn sie durch Kauf und Tausch, durch Erbverträge an eine andere
Herrschaft gebracht wurde, so begriff er das, weil sich die That=
sachen unter seinen Augen zugetragen hatten, weil er vielleicht
auch mit seiner Haut hatte bezahlen müssen. Das diplomatische
Intriguenspiel dagegen, welches fast alle Hebel der modernen
Geschichte bewegt, wird der Bauer seine Lebtage nicht unter=
scheiden lernen, ja es ist wohl nach einer Seite hin ein rechtes
Glück, daß er sich's nicht träumen läßt, in welcher Weise schon
oft seines Vaterlands Geschicke und seine eigenen verschachert
worden sind. Der Bauer begreift nicht den Kampf des kon=
stitutionellen Staatsgedankens mit dem republikanischen, mit dem
absolutistischen; er begreift die moderne Geschichte höchstens in
einigen Resultaten, nicht in ihren Entwickelungen — Resultate
wie etwa dies, daß er von Jahr zu Jahr schwerere Steuern
zahlen muß —, d. h. für ihn besteht die moderne Geschichte über=
haupt nur negativ. Seit den Befreiungskriegen hat der Bauer
keine weltgeschichtliche That mitgewirkt, die er vollauf begriffen
hätte. Der Gebildete denkt und redet anders wie der Bauer,
er hat demselben dadurch bereits seit Jahrhunderten den Ge=
winstanteil an der Nationallitteratur gestohlen. Jetzt stehlen

wir demselben gar die Geschichte der Gegenwart, indem die großen und kleinen Herren wie Schulknaben unter der Bank Politik spielen.

Ich wüßte übrigens gar nicht, wofür der Bauer dem modernen Staat eigentlich hold und dankbar sein sollte. Unsere ganze praktische Politik hat bis jetzt den Bauer als politische Macht ignoriert. Sie hat ihm viel Gutes gethan, aber nicht nach seiner Weise, und nur dieses dankt man von Herzen. Sie hat den festen Bestand seiner Eigentümlichkeit zu brechen gesucht, sie hat es kaum geahnt, daß er die stärkste erhaltende Macht im Staate sei. Den Beamtenstand und das Militär hielt man für die Grundsäulen der erhaltenden Politik. Was es mit dem Konservatismus des Beamtenstandes auf sich hat, haben wir in den letzten Revolutionsjahren gesehen, wo ein Teil der Beamten sich feige verkroch, ein Teil offen zum Feinde überging, ein Teil in achselträgerischer Neutralität zuwartete, und nur gar wenige im entscheidenden Augenblicke sich vor die Bresche stellten. Das Militär aber ist ja in seinem Kerne nichts anderes als der Bauer, der Bauer, den man in Friedensgarnisonen entsittet, der mit dem oberflächlichen Schliff des Städters nach Ablauf der Dienstjahre nicht selten auch die städtische Verderbnis ins Dorf heimträgt und der dennoch, wo es gilt, zeigt, wie tief gewurzelt der Trieb der Gesetzlichkeit in den deutschen Bauern sei.

Der Polizeistaat trat in offenen Kampf gegen die Heiligtümer des Bauern; er wollte ihm nicht selten seine Sitten und Bräuche wegdekretieren, er hat es auch mitunter fertig gebracht. Der Beamtenstand suchte etwas darin, den Bauer seine Bildung fühlen zu lassen. Der untere Beamte pflanzte die Tyrannei, welche er von seinem Vorgesetzten zu erdulden hatte, auf sein Betragen gegen die Bauern fort und hielt sich dadurch gleichsam schadlos. Der jüngste Accessist behandelte oft den ehrwürdigen Patriarchen des Dorfes wie einen dummen Jungen. Es galt für eine absonderliche Beamtenweisheit, den Bauer

von vornherein mit möglichster Grobheit anzuschnauben. Es ist
noch im Jahre 1848 öffentlich zur Sprache gekommen, daß bei
vielen Justizbeamten bis dahin die Sitte herrschte, prozeßführende
Bauern, falls sie in Rede und Antwort allzu lebhaft wurden,
durch Ohrfeigen zu besänftigen. Das alles hat einen tiefen
Stachel in der Brust des Bauern zurückgelassen, einen gründlichen Haß erzeugt gegen das Schreiberregiment. Durch die vollständigste Verkennung des Bauerncharakters, da man in dem
Bauersmann nur den groben Klotz erblickte, darauf ein grober
Keil gehöre, während man in die feineren Falten seiner Eigenart nicht einzublicken vermag, hat ihn der Beamtenstand planvoll
zur Opposition vorbereitet.

Unsere früheren Regierungen bildeten sich nicht wenig darauf ein, daß sie die Leuchte der Aufklärung unter das dumme
Bauernvolk getragen. Da aber diese Aufklärung nur auf das
nüchternste Urteil und eine Summe einseitiger Kenntnisse hin-
auslief und auf eine Loyalität abzweckte, deren Mutter die Furcht
vor dem Polizeidiener ist, so wurde sie von dem unverfälschten
Bauern spröde abgewiesen, den halb verderbten aber ruinierte
sie vollends. Man vergaß, daß Sitte, Charakterstärke, die unmittelbare Empfindung, daß der Glaube des Bauern Eigenstes
ist, nicht aber flache Vielwisserei. Eine Regierung, die den
Bauer wirklich aufklären und veredeln will, festige und läutere
ihn in jenen Stücken. Ein Bauer, der im Sinne des rationalistischen Polizeistaates aufgeklärt geworden, ist gleich einem
philosophierenden Frauenzimmer, ein Blaustrumpf im Kittel.

So hat der Bauer den Staat bis jetzt fast nur von seiner
aufdringlich schulmeisterischen Seite kennen gelernt, oder gar von
seiner verneinenden und auflösenden. Der Staat war ihm ein
steuererhebendes, seine harmlose Sitte befehdendes, sein Standesbewußtsein störendes und ausebnendes Polizeiinstitut, welches
ihn mit neumodisch unverständlichen Formen quälte und sein
ganzes Mißtrauen herausforderte. Er reizte ihn mindestens zu
eigensinnigem Trotze, der schlechten Kehrseite seines Beharrens.

Wir sahen es in vielen Abgeordnetenkammern, wie sich dieser Trotz, diese Hartköpfigkeit als verderbliches Parteisystem der Bauern geltend machte, gleich argwöhnisch gegen die Regierung wie gegen ihre Gegner, jede Sicherheit des parlamentarischen Erfolges durch die Quersprünge eines nicht voraus zu berechnenden Eigensinnes vereitelnd. Der Eigensinn der Bauern in politischen Dingen, erzeugt durch die Mißgriffe der Bureaukratie, droht aber zu dem Auswuchs eines verrannten Standesgeistes sich zu erweitern, der in konstitutionellen Staaten zu höchst bedenklichen Krisen der parlamentarischen Politik führen könnte. Wir sehen aber auch hier, daß die Opposition bei den Bauern nicht nivellierend auftritt, sondern vielmehr in die beschränktesten Standes- und Körperschaftsinteressen sich verhaust.

Nirgends hat jedoch die Bureaukratie den Bauersmann schwerer verletzt als durch ihre „Regelung“ der Gemeindeverfassung. Das Gemeindeleben ist das eigentliche Familienleben des echten Bauern; das Behagen, welches er im engeren Familienkreise selten zu finden vermag, findet er sich in der Gemeinde gerettet. In großen Dörfern mehr städtischen Charakters ist das freilich nicht der Fall; das familienhafte Gemeindeleben ist wesentlich die Lichtseite der kleinen Dörfer und Weilergruppen. Oft sogar ist in Gebirgsgegenden die Gemeinde wirklich eine Familie, der Ueberrest von einer Art Clanverfassung. So gibt es Dörfer auf dem hohen Westerwalde, in denen durchweg fast nur ein einziger Familienname vorkommt. Die Dörfer, wo nur drei, vier Familiennamen sich stets wiederholen, was dann allerlei kurzweilige Beiwörter zur Unterscheidung der Einzelnen notwendig macht, sind überall nicht selten. Die Gemeinde ist das Heiligtum des Bauern gewesen, in welches er ebensowenig einen Unbefugten mag eindringen sehen, als der Städter das Heiligtum des Hauses preisgeben will. Die Ausschließlichkeit, welche im Mittelalter der städtischen Bürgerschaft und dem Adel eignete und diese Korporation jahrhundertelang vor Ueberschwemmung durch landläufiges Gesindel bewahrt hat, ist allmählich

auch auf die Landgemeinden übergegangen. „Dieser Galgen ist
für uns und unsere Kinder," so ließ eine alte Stadtgemeinde
an ihren Galgen schreiben, da sie fremden Spitzbuben im Tode
ebensowenig als im Leben bei sich Aufenthalt gestatten wollte.
Das ist jetzt ein Wort für den echten Bauersmann. Nun kam
aber der bureaukratische Staat und suchte möglichst viele orts=
fremde Leute in die Landgemeinden zu setzen. Die Schultheißen,
Bürgermeister 2c. wurden von den Staatsbehörden womöglich
aus den untersten Anhängseln des Beamtenstandes, aus der
eigentlichen Schreiberwelt, gegriffen und den Gemeinden auf=
gedrungen. Fremde Proletarier herbeizulocken und einzubürgern,
galt für staatsklug; wo die Gemeinden sich weigerten, derartige
Kolonisten aufzunehmen, da erschien ein dringender Befehl. Die
Bureaukratie behandelte das Bauerntum ganz so wie die alten
Römer ihre eroberten Provinzen. Durch jene Prokonsuln, welche
unmittelbar dem Stamme der Bureaukratie entsprossen waren
oder doch von ihr nur Brief und Siegel hatten, sollte der Bauer
„kultiviert", „aufgeklärt", d. h. in seiner Eigenart beschnitten
und dem ausebnenden Staatssysteme bequem gemacht werden.
Also auch hier wieder will der Beamtenstand die erhaltende
Macht im Staate sein; er glaubt die Granitpfeiler des Bauern=
tums wegbrechen zu müssen, damit die Gesellschaft sicherer auf
seinen Holzstangen und Brettergewölben ruhe, die er dafür unter=
schiebt! Nicht die Oberaufsicht, welche sich die Staatsbehörde
über die Gemeindeverwaltung vorbehielt, war es, was den Bauer
empörte, sondern die Art, wie diese notwendige Aufsicht geübt
wurde. Der Bauer selbst ist viel zu gescheit, als daß er für
das rein theoretische Urbild einer „freien Gemeindeverfassung"
hätte schwärmen mögen, wie man es neuerdings zum großen
Verderben der Gemeinden zu verwirklichen gesucht hat. Er will
sich der Oberaufsicht des Staates nicht entziehen, aber er will
auch nicht, daß in den einfachsten Gemeindesachen der Schreiber
vor dem Bauern gehe, er begreift die Anmaßlichkeit jenes städti=
schen Dilettantismus noch nicht, der in allen Sätteln gerecht ist,

er meint, daß nur ein Bauer Bauernsachen verstehe. Ungeschickte Vormünder haben den Bauer nicht nur abermals störrisch und argwöhnisch gemacht, sondern das Heiligtum des familienhaften Gemeindelebens ist wirklich vielfach zerstört worden, und der böse Gedanke ist in dem Bauern aufgestiegen, als ob er ein von den Städtern Unterjochter sei.

Der ausebnende Staat aber begnügte sich hiermit noch lange nicht, denn er wollte ja gerade alles das geflissentlich bei dem Bauern wegmerzen, was wir als dessen bestes Besitztum preisen. Die Dorfschulmeister gaben ein weiteres Mittel zur Hand. Aus dem Bauernstande hervorgegangen, lebten sie früher in und mit demselben, und ihre Lehre ging eben auch nicht weit über die Bauernweisheit hinaus. Allein der Bauer sollte „über sich selber hinausgehoben" werden. Dazu mußte man freilich zuerst den Lehrer über sich selber hinausheben. Auf einer sogenannten Musteranstalt wurde ihm eine höhere Bildung beigebracht, zu der doch wieder alle Grundlage fehlte; der Bauer ward in ihm ausgetilgt, aber der Gebildete konnte nur halb an dessen Stelle gepfropft werden. In dem neuen „Herrn Lehrer" war nun doch der alte „Dorfschulmeister" in der That über sich hinausgehoben, d. h. er erschien jetzt nicht selten wie ein studierter Bauer, der von Gelehrsamkeit übergeschnappt ist. Gerade diese echt moderne Stimmung, daß sich der Mann nicht wohl fühlt in seiner Haut und fort und fort die Schranken seines Standes und Berufes durchbrechen möchte, ward durch die Schulmeister den Bauern eingeimpft. Der Schullehrer suchte natürlich den Zustand der Halbbildung, zu welchem er übergegangen, auch den dummen Bauern mitzuteilen und dieselben von Bräuchen und Herkommen gründlich zu befreien. Dadurch wurde gewöhnlich Zwiespalt im Dorfe hervorgerufen; denn die zähen alten Bauern wollten lange von dem neumodischen Schullehrer nichts wissen und sahen ihn jedenfalls stark über die Achsel an; eine jüngere Genossenschaft von Schülern dagegen scharte sich desto treuer um denselben. Die Mißachtung seitens der Aristokratie des Dorfes aber machte den ehrgeizigen Schullehrer vollends unzufrieden mit Gott und der Welt. Man hatte ihn verbessern, heben wollen, und er war mit einemmal ein Proletarier geworden, ein Proletarier der Geistesarbeit, der den Bauern zum erstenmal leibhaft zeigte, was eigentlich ein modern zerfahrener und weltverbitterter Mann sei, und wenn er auch nicht gerade die Sozialreform ausdrücklich predigte, doch die Aufforderung zum Umbau der Gesellschaft in Person darstellte. Erst in neuester Zeit (1850) wurde es durch unwidersprechliche Thatsachen den Regierungen einleuchtend, daß sie sich bei der verkünstelten Bildung der Schullehrer eine ganze Armee von Staatsproletariern erzogen, daß sie das nämliche Gespenst, welches sie in dem Litteratentum so über die Maßen fürchteten, in den Schulmeistern selber heraufbeschworen hatten. Denn der verschrobene Dorfschulmeister trägt durchaus die Charaktermaske des nichtsnutzigen Litteraten (er schreibt darum auch so gern in Zeitungen oder läßt ein Buch oder ein Notenheft „im Selbstverlag" erscheinen), nur daß die Stellung des Lehrers weit einflußreicher und wichtiger ist, denn ihm ist fast ausschließlich die Macht gegeben, wenigstens einen Teil des sonst so spröden Bauernvolkes aus dem gewohnten Kreislauf der Sitte und des Herkommens herauszureißen. Nach den letzten Revolutionsjahren sahen wir Schullehrer vor Standgerichte gestellt, vor den Assisen abgeurteilt, in Disciplinaruntersuchung, haufenweise ihres Dienstes entlassen. Was der bureaukratische Staat an sich selber zu strafen hatte, das mußten jetzt die einzelnen ausbaden. Glaubten doch bis zur Revolution die Regierungen den Schulmeister gar fest im Zügel zu haben, entzog man ihn doch selbst mehr und mehr den Einflüssen der Kirche, um ihn desto ausschließlicher von der Kanzlei aus bestimmen zu können! Man wird gar lange wieder schulmeistern müssen, bis die ätzenden, auflösenden Einflüsse, welche durch das Lehrerproletariat unter unser Bauernvolk gebracht wurden, völlig hinweggeschulmeistert sind, oder richtiger, man wird das jetzt niemals mehr fertig bringen. Auch die Stellung des Pfarrers zum Landvolke hat der bureaukratische Staat verrückt. Der Pfarrer war zu sehr „verbauert", er sollte mehr Beamter werden. Den Güterbesitz, welcher früher einen großen Teil der Pfarrbesoldungen ausmachte, verwandelte man, wenigstens bei den protestantischen Pfarrern, fast überall in Bargehalt, man nötigte ihn, das Pfarrgut in Pacht zu geben und untersagte die Selbstbewirtschaftung; man verwehrte ihm in einigen Ländern, sich Ackergut aus eigenen Mitteln über das bescheidene Maß hinaus zu erwerben, welches sich ohne das Halten eines Gespannes bauen läßt. Der Pfarrer sollte nicht mehr so fest sitzen. Gerade dadurch hatte er sich aber den Respekt der Bauern erworben, die von einer Geistesbildung, welche sich nicht auch im Praktischen und zwar zunächst im Landbau zeigt, in der Regel keinen sonderlichen Begriff haben. Allein der Pfarrer sollte sich wieder mehr wissenschaftlich beschäftigen, statt des Hel= fers und Raters der Bauern sollte er wieder mehr Theologe werden. Die Art und Weise, wie dies die Bureaukratie im einzelnen durchgeführt, hier zu erörtern, ist meine Sache nicht. Genug, der Pfarrer, welcher den Männern der Schreibstube ein viel zu exotisches Gewächs gewesen, ist, besonders in protestan= tischen Landen, wieder weit entschiedener in die Reihen der Be= amtenwelt eingerückt. Der frühere unmittelbare Einfluß auf die Bauern ist nun glücklich gebrochen, und gäbe die Wissenschaft dem Geistlichen nicht festeren inneren Halt, so würde er wahr= scheinlich schon vollkommen die Rolle eines verschrobenen, miß= vergnügten Dorfschulmeisters spielen, nur noch in bedeutend er= höhtem Grade. Einzelne Fälle davon sind auch dagewesen. Die Folgen für das ganze Gemeindeleben waren dann aber auch allemal tief einschneidend und wahrlich höchst betrübender Art. Während übrigens die protestantischen Konsistorien vielfach sich alle Mühe gaben, um den Pfarrer möglichst zu „entbauern" und der Beamtenwelt wieder wahlverwandter zu machen, verfuhren die katholischen Kirchenbehörden schon aus natürlichem Widerwillen gegen die Bureaukratie meist weit klüger. Die katholische Kirche hat es niemals vergessen, welch ungeheurer Einfluß ihr dadurch

in die Hand gegeben ist, daß, wenigstens in Deutschland, fast
sämtliche Glieder ihres niederen Klerus aus dem Bauernstande
hervorgehen. Für den politischen Einfluß der Hierarchie ist dieser
Umstand so bedeutungsvoll, daß er allein hinreichen könnte, jeden
Einwand gegen das Cölibat zu entkräften. Denn nur dieser
zwingt ja den niederen Klerus, sich fast ausschließlich durch Bauernsöhne zu rekrutieren. In dem Maße, als der persönliche Einfluß
des protestantischen Pastors bei seiner Dorfgemeinde neuerdings
im Abnehmen begriffen ist, stieg der des katholischen. Gerade
diejenigen Gemeinden, welche am eifersüchtigsten auf ihre Selbständigkeit sind, werden häufig doch wieder von dem katholischen
Klerus geleitet, ohne daß sie es selber merken. Man hat sich
katholischerseits neuerdings viel Mühe gegeben, die Söhne der
gebildeten Stände mehr zum Eintritt in den unteren Klerus zu
bewegen. Das ist sehr unklug. Die politische Macht der katholischen Kirche wurzelt in Deutschland zu allermeist in ihrem Ein-
flusse auf die Bauern und ist bedingt dadurch, daß der Dorf-
geistliche selber wieder aus dem Bauernstande hervorgegangen ist.
In Bayern, Tirol, dem Münsterlande wird man sich davon
überzeugen können. Die Religion des Bauern ist seine Sitte,
wie ihm umgekehrt auch seine Sitte Religion ist. Darum wird
der Priester mehr bei ihm gelten als der Prediger. Das Alt-
luthertum, überhaupt die strengen Formen des älteren Protestantismus fesseln ihn, weil hier noch mehr Charakter in der
kirchlichen Sitte sitzt, ebenso der Katholizismus mit seinen fertigen
Formen. Der Unionszwang hat unglaublich viel zum Verschwinden des kirchlichen Sinnes bei protestantischen Bauern beigetragen, er hat hier bekanntlich auch — in Schlesien und Sachsen
— eine bis zum Fanatismus gesteigerte Gegnerschaft hervorgerufen.
Wer dem Bauern beweist, daß die lutherische Fassung des Abend-
mahls, die lutherische Formel des Vaterunsers, die lutherische
Kirchenverfassung sich recht gut vertragen und verschmelzen lasse
mit der reformierten, der bricht ihm die Autorität der Kirche.
Dies eben war ja seine eingewurzelte kirchliche Sitte, daß der

Abendmahlsbrauch, die Gebetformel, die Kirchenverfassung so und
nicht anders sein dürfe, und eben in dem Gegensatze des Luthe=
rischen und Reformierten hat diese Sitte erst Kraft und Bestand
gewonnen. Mit diesem historischen Gegensatz hatte man ihm die
Kirche selber wegdemonstriert. Auch in religiösen Dingen ist der
Bauer Partikularist. Die Mennoniten mit ihrem religiösen Still=
leben sind überall wahre Musterbauern. Selbst in rein land=
wirtschaftlichem Betracht ist es, als ob der Segen Gottes auf
ihren Feldern ruhe. Oft erscheinen mitten unter ganz entarteten
Bauerschaften die Mennonitenhöfe wie Oasen in der Wüste. Die
höchst bestimmte religiöse Sitte, in welcher sich diese Leute ab=
schließen, ist ihnen dann ein Ersatz gewesen für die in ihrer Um=
gebung bereits verderbte und zerstörte Volkssitte überhaupt. Ge=
rade die religiöse Sonderbündelei des Sektentums war das
Bollwerk, welches hier der alten echten Bauernart Schutz und
Rettung sicherte. Aber eben darum, weil der Bauer Parti=
kularist ist in religiösen Dingen, hat der ausgleichende und ver=
neinende Rationalismus, wie er zu Anfang dieses Jahrhunderts
im Schwange ging, so auflösend bei ihm gewirkt. Das Wesen
dieses Rationalismus bestand gerade darin, daß er an die Stelle
der religiösen Sitte ein neues Leben nach kritisch verständiger
Richtschnur aufbauen wollte. Es sollte alles handgreiflich klug
und nützlich werden. Dabei fehlte nur ein Kleines — die Poesie
des Gewachsenen und Gewordenen. Das Volksleben ist aber
gesättigt von dieser Poesie, nnd auch der Geringste im Volke
ahnt und schätzt dieselbe. Unsere rationalistischen Geistlichen bil=
deten sich gar viel darauf ein, volkstümlich zu sein, und glaubten
namentlich die praktischen Bedürfnisse des Bauersmannes aufs
trefflichste zu befriedigen. Sie glaubten so recht im Geiste des
Bauern zu wirken, wenn sie von dem Kartoffelbau predigten
und etwa beim Evangelium vom Sämann ihre Erfahrungen
einwoben, wann und wie am besten Gerste und Hafer zu säen
sei. Diese Art von Popularität gemahnt an manche sogenannte
Volksschriften, welche dadurch den rechten volkstümlichen Ton

zu treffen suchen, daß sie den Leser als möglichst borniert und kindisch voraussetzen und demgemäß mit großer Kunst eines Gedankenganges sich befleißen, wie er eigentlich nur einem recht beschränkten Einfaltspinsel natürlich erscheinen könnte. Wer die Religion des Bauern als seine altheilige Sitte, seine Poesie, seinen Glauben erfaßt, nur der wird volkstümlich predigen können. Wo dem Bauern die Religion nicht mehr Sitte ist, da ist er in der Regel schon verwildert. Diese Art von Verwilderung hat bereits bedenklich überhand genommen. Aber wenn man bedenkt, welche theologische Experimente unablässig mit dem Bauern gemacht wurden, dann muß man sich wundern, daß es noch so glücklich abgelaufen ist.

So sehen wir überall den Bauer bedroht, aus seinen eigenen Bahnen gerissen, der Verderbnis preisgegeben zu werden. Die Heilung bleibt dann lediglich seiner eigenen unverwüstlichen Natur überlassen. Daß diese Natur aber noch kräftig genug ist, um sich selber zu helfen und im entscheidenden Augenblicke die ganze Fülle ungefälschter Kraft des deutschen Bauerntums in die Wagschale zu werfen, davon wollen wir uns in dem nächsten Kapitel durch die Thatsachen der neuesten Geschichte überzeugen.

## Drittes Kapitel

# Der Bauer und die Revolution.

Wann man den Bauer fragt, dann hat er immer etwas zu murren und zu klagen; man kann ihm dies Murren so wenig abgewöhnen als den Wölfen das Heulen. Auch dieser Zug ist historisch. Schon seit dem Mittelalter stimmen alle Zeugnisse fortlaufend darin überein, daß der Bauer vor den andern Ständen zumeist zu brummen und zu knurren liebe. Aber sein Miß= vergnügen erstreckt sich, wie wir bereits oben gesehen, immer nur auf nächstliegende Zustände. Es widerstrebt der Natur des Bauern, seine Beschwerden zu verallgemeinern und er klagt den Staat und die Gesellschaft nicht an, weil er vielleicht guten Grund hätte, den Schultheißen anzuklagen. Als die erste französische Re= volution ausgebrochen war, fiel ihr zündender Funke auch hier und da in Deutschland nieder und selbst unter die Bauern. Auf einigen standesherrlichen sächsischen Dörfern z. B. rotteten sich die Landleute zusammen und schrieben ihre Bitten und Begehren auf, um sie vor den Standesherrn zu bringen. Es war das aber nicht etwa die damals zeitgemäße Forderung der „allgemeinen Menschenrechte", sondern ganz besondere Anliegen, Acker und Wald und Wiesen betreffend. Als die Bauern mit der „Sturm= petition" vor ihre Herren traten, hatten sich dieselben in Dres= den bereits nach Hilfe umgesehen, und als man den Bittstellern bedeutete, falls sie nicht sofort auseinander gingen, würde man sie ins Loch stecken, ging jeder wieder so schnell als möglich nach Hause. Aehnliche Scenen sind damals an vielen Orten Deutsch=

lands vorgekommen. Der Bauer hatte noch den vollen Respekt
vor der Autorität seiner Herrschaft. An revolutionäre Tendenzen
war gar nicht zu denken. Als General Custine im Jahre 1792
die Rheingegenden heimsuchte und bald drohend, bald bestechend
für die französische Republik warb, gelang ihm dies doch nur in
einigen rheinischen Städten, namentlich in Mainz, oder in den
städtischen großen Dörfern der Rheinebene. Bei den Bauern in
den nassauischen Bergen und in der Wetterau konnten die republikanischen Apostel keinen Anklang finden, man wies sie im
Gegenteil mitunter etwas unsanft zurück. Als dem Fürsten von
Nassau-Idstein durch Custine eine persönliche Kriegssteuer von
300 000 Gulden auferlegt worden war, erboten sich die Bauern
freiwillig, diese Summe mitzuzahlen.

Zu den Nachwehen der Julirevolution in Deutschland gehörte eine ganze Reihe kleiner Bauernaufstände. Sie zielten
aber fast alle nur auf die Abschaffung örtlicher Beschwerden. Man
zerstörte Zollhäuser wegen der lästigen Maut, vernichtete die
verhaßten Stempelbogen, verfolgte an einigen Orten die wilden
Schweine, an andern die Ratsherren. Ein einheitliches Handeln
fand nirgends statt. Jeder wollte nur die Last, die ihn zunächst
drückte, von sich abwälzen. Periodische örtliche Unruhen wegen
der Steuern, Naturalleistungen und Fronden sind so alt wie
der Bauernstand selber. So wenig als die Aufruhrscenen, von
welchen die Chroniken der Städte des Mittelalters häufig genug
berichten, Revolutionssymptome im modernen Sinne waren und
gegen den gesunden Geist des alten deutschen Bürgertums zeugen
können, so wenig ist dies bei den bezeichneten Bauernaufständen
der Fall.

Ganz anders schien sich die Sache im März 1848 zu gestalten. In den kleineren westdeutschen Staaten hatte es vorweg
den Anschein, als wolle sich der Bauernstand in Masse erheben.
Nicht ohne Grund verloren die Staatsbehörden den Kopf; denn
dieses Schauspiel war noch nicht dagewesen. Nicht Karlsruhe,
Darmstadt, Wiesbaden ertrotzten die ersten Märzerrungenschaften,

das Badener, Hessen= und Nassauer Land war es, welches in Person nach den Hauptstädten gekommen war, die Bauern allein, deren massenhaftes Erscheinen den Ausschlag gab. Gegen das empörte Stadtvolk hätten die vorhandenen Militärkräfte ein= schreiten mögen, aber wo sich die Bauern von ihren Sitzen er= heben, da ist es, als ob eine Stadt an allen Punkten zugleich brenne. Und doch war der Bauer diesmal nur mitgegangen, er hatte seine Rolle gespielt, ohne selber zu wissen, was er eigent= lich spiele. Ein Hungerjahr und ein Jahr des Ueberflusses hatten den kleinen Gutsbesitzer mürbe gemacht, während beide Jahre dem reichen landwirtschaftlichen Spekulanten gleich sehr den Beutel füllten. Der Bauer hatte wie immer Beschwerden genug in der Tasche. Er hatte sich auch wohl ein wenig bearbeiten lassen, er war aufgelegt dazu, und die Zeit war günstig. Als er ver= nahm, daß diesmal des Landes Wohl in der Hauptstadt fertig gemacht werde, schnürte er seinen Bündel und zog auch dahin. Der ganz naive Gedanke, daß dort etwas Absonderliches vorgehe und daß man auch dabei sein wolle, hatte meist die großen Bauernmassen in Marsch gesetzt. Ohne irgend einen festen Zweck und Entschluß kamen die Leute auf den Schauplätzen der März= bewegung an und wurden dort von den Parteiführern recht warm in Empfang genommen. Aus den Fenstern der fürstlichen Schlösser und der Ministerhotels erschienen diese unabsehbaren Bauernschwärme freilich in einer ganz andern Perspektive. Man argwohnte da ein Gemeinsames des revolutionären Gedankens bei den Bauern, ein planmäßiges Zusammenwirken, und verlor den Kopf. Bei diesen Bauern war nicht wie bei den sogenannten „Arbeitern" die vereinzelte Beschwerde zu einer allgemeinen Un= zufriedenheit großgewachsen. Das Klubwesen hat nie bei den deutschen Bauern Wurzel gefaßt. Bauernvereine etwa, die im Stile der Arbeitervereine aus dem Gesamtbewußtsein des seine Fesseln zerbrechenden Bauerntumes heraus die Gesellschaft hätten reformieren wollen, haben nirgends oder höchstens nur als ganz unschuldiges Zerrbild bestanden. In jedem Gau, ja in jedem

Dorf schloß sich die Bauernbewegung für sich ab. Es war im Traume nicht daran zu denken, daß der deutsche Bauer von der Nord- und Ostsee dem Bauern auf dem Schwarzwalde oder im bayerischen Hochgebirge die Hand geboten hätte zu einem Aufstand des deutschen Bauernstandes als solchen, wie das in der That von seiten der städtischen Proletarier geschehen ist. Ein Netz der revolutionären Propaganda über den deutschen Bauernstand zu werfen, ist um deswillen unmöglich, weil man vorher den Bauer aus seinem örtlichen Sonderleben herausreißen müßte, und das wäre eine Aufgabe für Jahrhunderte. Auch ist es dem Gebildeten unendlich schwer, dem Bauern irgendwie beizukommen, ihn für eine neue Idee zu begeistern. Die Flugschriften, welche man unter das Volk schleuderte, haben beim Bauersmann fast nie gezündet, ob er sie gleich bereitwillig entgegennahm — nämlich um ihres Papierwertes, nicht um ihres Inhalts willen. Vergebens mühte sich die Lokalpresse, auf den Dörfern einen dauernden Erfolg zu finden. Der Bauer glaubt noch nicht, daß ihm durch eine Zeitung geholfen werden könne, und wenn er es ja eine kurze Weile glaubte, dann wurde er gar rasch zum Gegenteile bekehrt. Wer den Bauer zum Abschwören seiner Sitte hätte bewegen können, wer es ihm einzureden vermocht hätte, daß er über den Bauern hinaus müsse, um ein glücklicherer Mensch und Staatsbürger zu werden, der wäre der Meister einer wahrhaftigen deutschen Revolution gewesen. Das aber vermochte keiner. Was würde im Jahre 48 aus Berlin geworden sein, wenn diese Hauptstadt nicht rings umlagert wäre von dem kräftigen Bauerntume der Marken? Wenn statt dessen ein proletarisches Bauernvolk wie in südwestdeutschen Gegenden an den Havelseen gesessen hätte? Die märkischen und pommerschen Bauern bildeten die moralische Operationsbasis in den Kämpfen gegen die Revolution, für die Generale sowohl wie für die Minister.

Die Forderungen der Bauern waren in ihren Grundzügen überall dieselben, nur nach den örtlichen Zuständen verschieden schattiert. Allein der Bauer selber dachte nicht an dieses Gemeinsame seiner Beschwerden, so wenig er sich entsinnt, daß schon seit dreihundert Jahren das Mißvergnügen über dieselben Punkte bei ihm in stehende Lettern gegossen ist. Die Märzerrungenschaften der gebildeten Stände begriff er kaum, ja sie waren ihm von Anfang an fast verdächtig. Das historische Mißtrauen gegen den Städter erwachte auf der Stelle. Die Tiroler Bauern versahen sich nichts Gutes von der Preßfreiheit und Konstitution, „weil sich die Herren so sehr darüber freuten". Westerwälder Bauern, welche anfangs dem Begehren eines deutschen Parlaments stürmisch beigefallen waren, erkundigten sich nachher mit bedenklicher Miene, ob denn das zu errichtende deutsche Parlament aus Infanterie oder Kavallerie bestehen solle? Die Erklärung fürstlicher Domänen zu Staatseigentum leuchtete den Bauern in verschiedenen kleinen Ländern um deswillen besonders ein, weil sie sich darunter dachten, von den Domänegütern solle nun jeder Einzelne nach Art der Allmende und Gemeinbenutzungen seinen Teil zugewiesen bekommen. Der Gedanke war an sich so unvernünftig nicht und jedenfalls mehr wert als die Auffassung der meisten „politisch Gebildeten", welche den Uebergang des fürstlichen Grundbesitzes an den Staat forderten, ohne sich überhaupt irgend etwas dabei zu denken.

Auffallend könnte es erscheinen, daß die Idee der Teilung alles Besitzes so rasch bei den Bauern zündete, ja recht bald zur alleinigen Lockspeise wurde, mit welcher die Apostel der Revolution Jünger aus dem Bauernstande an sich zu ziehen vermochten. Nicht bloß Proletarier, auch wohlhabende Bauern wurden vielfach durch die Hoffnung auf das „Teilen" verblendet. So schien es denn doch, als ob gerade die sozialen Ziele der Revolution bei dem Bauern Anklang fänden, als ob das nur eine Täuschung gewesen, wenn man glaubte, der Bauer würde durch seine Liebe zu festem Besitz und ruhigem Erwerb vor dem Schwindel kommunistischer Lehren bewahrt. Es hatte aber mit diesem Gelüsten des Teilens, welches selbigesmal unzweifelhaft tief bei dem Bauern eingedrungen und fast durch alle Länder gegangen ist, eine eigene

Bewandtnis. Der echte Bauer dachte dabei in der Regel an nichts weniger als an ein allgemeines Güterteilen im Sinne kommunistischer Weltreform, er glaubte überhaupt nicht, zu einer Neuerung gedrängt zu werden, das „Teilen" war ihm vielmehr eine geschichtliche Reminiscenz. Die goldene Zeit lag in der Phantasie des Bauern in jenen Zuständen, wo jeder Gemeindebürger noch so viel Holz unentgeltlich aus dem Gemeindewalde bekam, daß er neben freiem Brande auch noch einen Anteil verkaufen konnte; wo die Gemeindenutzungen so einträglich waren, daß statt der Erhebung von Gemeindesteuern am Ablauf des Jahres vielmehr noch ein Stück bar Geld an jeden Gemeindebürger verteilt wurde. Diese Zustände haben allerdings ausnahmsweise an sehr begünstigten Orten bestanden, in seltenen Fällen bestehen sie sogar heute noch. Daß sie allgemein bestehen möchten, ist das Ideal der meisten Bauern. Sie verstanden daher das „Teilen" in der Regel dahin, daß das Staatsgut, daß namentlich die Staatswälder zu Gemeindenutzungen verteilt werden möchten, daß überhaupt durch irgend welches staatswirtschaftliche Kunststück freies Holz, freie Weide und ein Stück Geld obendrein dem Einzelnen wieder zu teil werde. Nicht Neuerungssucht, sondern ein übel verstandener Konservatismus, eine Selbsttäuschung mit geschichtlichen Ueberlieferungen führte sie den Kommunisten in die Arme. Von dem eigenen Besitz wollte keiner auch nur eine Scholle behufs der allgemeinen Gleichheit aus den Händen lassen, und die Einsicht, daß ohne eine solche Maßregel das Problem des „Teilens" doch nicht gelöst werden könne, kurierte bald die große Mehrzahl der Teilungslustigen.

Daneben läßt sich aber auch nicht leugnen, daß in den bereits verderbten Bauernkreisen, namentlich in den durch Kleingüterei zurückgekommenen Ortschaften in der Nähe größerer Städte, der Kommunismus in seiner krassesten Gestalt Eingang fand. Hier faßte man das „Teilen" in einem ganz andern Sinne, und da vielleicht kein Einziger im Dorfe so viel besaß, daß ihn dessen Verlust sonderlich geschmerzt haben würde, so gaben sie sich allesamt der neuen Lehre mit ganzer Seele hin. Der größte Teil der eigentlichen Roheiten und mutwilligen Friedensbruchs auf dem Lande fällt auf solche verkommene proletarische Dörfer zurück. Sie stellten ihre reichliche Werbeschar zu den badischen Putschen, zum Frankfurter Septemberaufstand und ähnlichen „Kämpfen“. Der verliederlichte, proletarische Bauer ging so weit, wie unseres Wissens das städtische Proletariat in Deutschland noch nicht zu gehen gewagt hat: er verbrannte in einigen Orten die Hypotheken= und Lagerbücher. Eine solche Demonstration ist ziemlich deutlich, sie zeigt uns besser als Dutzende von Aufsätzen, wohin der Bauer kommt, wenn der feste Boden des Besitzes unter seinen Füßen zu wanken beginnt, wenn er der sicheren Richtschnur der Sitte untreu wird, wenn der Branntwein seine Nervenkraft bricht und seine naturwüchsige Derbheit in Bestialität verkehrt.

Wenden wir uns wieder zu den unverfälschten Bauern. Es bot ergötzliche Gegensätze, wie sich der Bauer sogleich das Praktische aus den „Volksforderungen“ herausgriff, z. B. die Zinsen und Abgaben vorsichtig so lange weigerte, bis man sehe, was aus der Geschichte geworden, und sich überhaupt den klingenden Nutzen ausrechnete, der ihm aus den „Errungenschaften“ erwachsen möchte, während sich die Gebildeten mit zahllosen abstrakten Staats= und Weltverbesserungsplänen plagten. Indes sich die Städter etwa über ein Wahlgesetz „auf breitester Grundlage“ den Kopf zerbrachen, fragten die Bauern ganz naiv bei der Regierung an, ob denn auch die bisherigen Pachtverträge bei der neuen Ordnung der Dinge noch zu Kraft beständen, oder ob durch Aufhebung des „Feudalzwanges“ der Pächter nunmehr auch zum Eigentümer des Gutes geworden sei? Man könnte das einen rohen Materialismus nennen, wenn wir nicht selber zu demselben notgedrungen zurückgekehrt wären, nur mit dem Unterschied, daß der Bauer die Revolution mit der Berechnung seines Gewinnes begann, während wir dieselbe mit der Berechnung unserer Verluste und Schulden schlossen. Der Bauer vertritt eben die derb realistische Natur im großen Volksganzen, und man muß praktisch oder meinetwegen Philister genug sein, um zuzugeben, daß wir einer solchen Ergänzung recht sehr bedürfen, ja daß es uns zu Zeiten recht gesund ist, wenn wir uns auf eine Weile mit Leib und Seele in den groben Realismus des Bauern versenken.

Trotzdem übrigens, daß man auf den Dörfern statt des Zachariä und Dahlmann gleich in den Märztagen den Adam Riese zur Hand nahm, ist doch der kleine Bauer mehrenteils wieder zu gunsten des großen Gutsbesitzers um das beste Stück seiner Errungenschaften gebracht worden. Wir denken hierbei z. B. an die Zehntwühlereien, welche in mehreren Ländern eine so große Rolle gespielt, ja lange der Nerv alles politischen Lebens auf dem Lande waren. Solange man die Zehntfrage eine schwebende nannte, war dem städtischen Wühler ein Punkt gegeben, auf welchem er bei dem sonst so mißtrauischen und unzugänglichen Bauern eindringen konnte. Die Zehntwühlerei war eine kleine Revolution in der Revolution, sie stufte sich so mannigfaltig in alle Richtungen ab, daß man ein Buch schreiben müßte, um jeden ihrer Fäden zu verfolgen. Dieses Buch würde jedenfalls ein höchst anziehender Beitrag zur Kulturgeschichte werden. Dem Gelüste, zu „teilen", entsprach das Verlangen nach unentgeltlicher Abschaffung des Zehnten. Es beleuchtet die von uns oben gegebene Erklärung des „Teilens" bei dem gediegeneren Bauern aufs klarste. Eine Einnahmequelle des Staates, der Kirche sollte als solche aufhören, dagegen zu einer gemeinsamen Nutzung des Bauernstandes gemacht werden, die sich je nach der Größe des Ackergutes auf den Einzelnen ausschlagen würde. Dies ist der einfache Sinn der unentgeltlichen Zehntabschaffung; es spukt darin nicht sowohl kommunistische Gleichmacherei, als im Gegenteil der engherzige Eigennutz des Bauernstandes. Daß die Zehntablösungsfrage nicht bloß eine landwirtschaftliche, sondern auch eine staatswirtschaftliche Seite hat, liegt auf der Hand. Der Bauer wollte aber das letztere durchaus nicht einsehen. Da

er gewohnt ist, die Dinge nur von seinem persönlichen Stand=
punkte aus aufzufassen, so vergaß er, daß bei allzu niedrigem
Ablösungsmaßstabe die Staatskasse einen bedeutenden Ausfall
erleiden würde, für dessen Wiederersatz dann doch wieder der
Einzelne und also auch er selber als Steuerzahler herhalten
müsse. Da nun zerrissene Güterstücklein, wie sie der kleine Bauer
leider in der Regel besitzt, von der Zehntlast meist wenig oder
gar nicht betroffen waren, während die größeren Ackergüter die=
selbe vollauf zu tragen hatten, so gewann der kleine Bauer bei
der allzu niedrigen Zehntablösung nicht nur nichts, sondern
mußte noch obendrein als Steuerpflichtiger den zu gunsten des
größeren Gutsbesitzers in der Staatskasse entstandenen Ausfall
decken helfen. In Nassau z. B. soll auf diese Weise der reichste
Gutsbesitzer nicht weniger als 36 000 Gulden aus Staatsmitteln
geschenkt erhalten haben, während die kleinen Bauern eine Steuer=
erhöhung gewannen! Hätte der Bauer diese Lage der Sache von
vornherein durchschaut, so würden die Leute, welche von der
Zehntaufregung so geschickt Nutzen zu ziehen wußten, übel bei
ihm angekommen sein. Solange aber die Zehntfrage unent=
schieden war, hielten die reicheren Bauern, welche ihren Vorteil
wohl erkannten, klettenfest zusammen, die geringeren Leute aber
sahen in diesen ihre natürlichen Anwälte, nicht ahnend, daß hier
die Interessen des großen und kleinen Gutsbesitzers schnurgerade
auseinander liefen. Wenn die Staatskassen ihren Verlust ein=
mal verschmerzt haben werden, dann wird allerdings auch den
kleinen Bauern ein landwirtschaftlicher Nutzen zuwachsen, denn
gerade die Nichtbelastung der kleinen Ackerfetzen durch den Zehn=
ten verführte oft zu der heillosen Parzellenwirtschaft, die mit
der Gutszersplitterung und mit dem Bauernproletariat Hand in
Hand geht. Aber der moralische Einfluß der Zehntwühlerei war
ungeheuer, und die sozialen Folgen der Zehntablösung lassen
sich noch gar nicht berechnen. Die Zehntfrage verschlang jede
andere politische Teilnahme bei dem Bauern, und die Wühler
versäumten nicht, die Politik bei ihm in eine Sache des gemeinsten

Eigennutzes zu verkehren. Die Bauern in den kleinen Stände=
kammern, wo die Zehntfrage eine Lebensfrage für das Land war,
markteten und feilschten nicht selten mit ihren Stimmen bei den
Parteien gegen Stimmen für die Zehntangelegenheit. Anderer=
seits konnten die minder unterrichteten Bauern das finanzielle
Rechenexempel nicht durchschauen, schwankten von einer Auf=
fassung zur andern und ließen sich heute eine Petition zu gunsten
der Abschaffung, morgen zu gunsten der niedrigen, übermorgen
zu gunsten der normalen Zehntablösung diktieren. Wo man
allzu niedrig abgelöst hatte, da bemächtigte sich des Gewerbe=
standes, der nun mit seinen Steuern den großen Gutsbesitzern
Geschenke machen mußte, ein tiefer Haß gegen das gesamte Land=
volk; der Klerus begann nun auch seinerseits zu wühlen, weil
das Kirchenvermögen beeinträchtigt war, die kleinen Bauern
fühlten die ganze Bitterkeit getäuschten Hoffens. Bei einer
Zehntablösung im vollen Kapitalwerte des Zehntens oder einem
um ein Geringes darunter gegriffenen Maßstabe würde der Land=
bau gewonnen und die Staatskasse nicht verloren haben. Aber
wer konnte gegenüber dem Tagesschlagworte vom historischen Un=
recht des Zehntens, das — auf Kosten der Gewerbetreibenden
und kleinen Bauern! — gesühnt werden müsse, mit einer solchen
Ansicht durchdringen! Erst als man einmal in den Verlust ge=
raten war, begriff man die wahre Sachlage.

Es war ungefähr eines Monats Frist, wo man im ersten
Taumel und Wirrsal der Bewegung in den deutschen Weststaaten
dem Bauern so ziemlich freie Hand ließ, nach Belieben zu schalten.
Da muß es wohl äußerst lehrreich sein, nachzufragen, wozu er
diese Flitterwochen der Freiheit benützt hat. Er machte sich selber
kurzweg ein strenges Wildschadengesetz, wo ihm das alte zu gelind
gewesen, indem er das Wild nach Kräften fing oder zusammen=
schoß. Er machte den Wald wieder zu dem, wofür er ihm laut
seiner Geschichtssage galt, zur gemeinen Nutzung, indem er Holz
fällte, wo es ihm gefiel. Den Abgabendruck minderte er, indem
er vorläufig alle Abgaben für sich behielt. Die scheinbaren und

wirklichen Lasten, welche ihm hier und da durch die Gerechtsame der Standesherren erwuchsen, schüttelte er ab, indem er nötigenfalls dem Standesherrn aufs Schloß rückte und seinen „Volksforderungen" dort wohl auch in sehr greifbarer Weise Nachdruck gab. Dem Groll gegen den Polizeistaat machte er Luft, indem er die Förster und Hebammen wegjagte, um sie nach einigen Monaten wiederzuholen. In alledem sehen wir nichts weiter als eine in der Ausführung teils naive, teils maßlose Selbsthilfe gegen drückende Uebelstände, um ein in der Luft schwebendes Bauernideal von der guten alten Zeit wiederherzustellen. In einem ganz anderen Lichte dagegen erscheinen z. B. die schmachvollen Judenverfolgungen, wie sie in den Märztagen von vielen süddeutschen Landgemeinden veranstaltet wurden. Daß darin nicht der ausebnende Geist der modernen Revolution, sondern ein ganz nichtsnutziger Bauernstolz und Bauernhaß spukte, liegt auf der flachen Hand. Merkwürdig aber ist es, daß gerade solche Gemeinden, welche man mit Vorliebe „aufgeklärte" nannte, in welchen die Schulmeister und die Demagogen nach Kräften die alte Sitte vertilgt, in dieser Richtung frevelten, Gemeinden, in welchen der Religionshaß schwerlich tief wurzeln konnte, da man sich seit Jahren alle Mühe gegeben, den Bauern trockene Pfennigsmoral für gemütvolle religiöse Volkssitte einzutauschen. Diese badischen Judenverfolgungen wurden aber auch nicht vom Religionshasse diktiert. Es war vielmehr der Haß des in Güterzersplitterung verkommenen und dadurch der Tyrannei der Schacherjuden preisgegebenen Bauern, es war die natürliche Feindschaft des ausschließenden bäuerlichen Standesgeistes gegen den fremden Eindringling, es war der Hochmut des Grundbesitzers gegenüber dem umherschweifenden heimatlosen Stamm, der sich hier Luft machte. Diese Bauern waren so lange „aufgeklärt" worden, und dennoch brach in dem ersten Augenblicke, wo sie ihre Hände frei fühlten, der alte Adam in so erschreckender Weise wieder hervor!

So werden wir bei dem Revolutionstreiben der Bauern

überall stracks einen Gegenzug wider den Revolutionsgeist der
Städter gewahren; der Bauer wollte sich das aufgedrungene
Neue vom Halse schaffen, um zum Alten zurückzukehren, der
Städter, um es gegen ein schulgerecht ausgeflügeltes Neuestes
zu vertauschen.

Die entschiedensten Angriffe der Bauern waren auf das
bureaukratische Gemeinderegiment gerichtet. Allein ich wüßte
nicht, daß die Bauern in den fessellosen Tagen auf ein neues
Gemeinderecht gesonnen hätten; sie verfuhren ganz einfach prak=
tisch, entsetzten die von den Behörden aufgedrungenen Bürger=
meister und Schultheißen ihres Amtes und hoben den lästigen
bureaukratischen Stufengang der Gemeindeangelegenheiten da=
durch thatsächlich auf, daß sie keine Notiz mehr von demselben
nahmen und irgend ein Herkommen, irgend eine Sitte oder Un=
sitte statt der Schreibstubenordnung einschoben. Der Bauer hat
aber im Traume nicht daran gedacht, seine Gemeinde ganz ab=
lösen zu wollen von der Oberaufsicht der Staatsbehörde; nur
die Art und Weise, wie diese Aufsicht geführt wurde, hatte ihm
mißfallen. Wo die radikale Partei eine freie Gemeindeverfassung
in der Weise durchsetzte — und es ist ihr in einigen Ländern
geglückt —, daß das Aufsichtsrecht des Staates nur noch als
ein Schein besteht, in der That aber jede einzelne Gemeinde
einen für sich unabhängigen Freistaat im Staate bildet, da treten
die Nachteile schon heute höchst bedenklich zu Tage. Indem
z. B. die Staatsbehörde des Rechtes sich begab, die von der
Gemeinde beschlossenen Holzfällungen und Waldausstockungen
zu genehmigen, hatte sie die größere Forstkultur schutzlos ihrem
Ruine preisgegeben. Die Gemeinden fällten nunmehr natürlich
so viel Holz, als nur immerhin anging, um ihre Schuldenlast
augenblicklich zu verringern; aber an die weit größere Last,
welche sie dadurch auf ihre Nachkommen häuften, dachten sie
nicht. Um den alten Schlendrian möglichst großer gemeiner
Nutzungen wieder herzustellen, ward wohl auch ein Stück Wald
umgerodet. Vielleicht verteilte man auch das also gewonnene

Ackergut in winzigen Bruchstücken an sämtliche Bürger. Namentlich Gemeinden, welche sich über die getäuschte Hoffnung auf das „Teilen" nicht trösten konnten, griffen zu solchen Mitteln, um doch wenigstens einen kleinen Vorschmack von dem Genuß des Teilens mitzunehmen. Allein es vergällte ihnen der rasch eintretende bittere Nachgeschmack das weitere Versuchen. Die Gemeinde soll ihre innere Verwaltung selber ordnen, sie soll ihre Vorsteher aus sich selber wählen. Diese Forderung mußte man gewähren. Aber gerade in solchen Ländern, wo vorher die Gemeinden aufs ärgste bureaukratisch bevormundet waren, sprang man jetzt mit gleichen Füßen in das entgegenstehende Extrem und baute eine freie Gemeindeverfassung im Stile der modernen Demokratie, basiert auf den Grundsatz des allgemeinen Stimmrechts, der unbeschränkten Wahlfähigkeit. Damit hat man abermals dem Bauern etwas ganz Fremdartiges, Unhistorisches hingeschoben. Seine Ueberlieferung deutet auf weit aristokratischere Formen zurück. Wenn irgend einer, so betrachtet es der Bauer als selbstverständlich, daß die Befähigung zu politischen Aemtern an ein gewisses Alter, an einen gewissen Besitz geknüpft sei. In den Augen des Bauern wird man wirklich erst mit dem vierzigsten Jahre gescheit. Es würde in seinen Augen den Kapitalwert alles Grundvermögens in der Gemarkung herunterdrücken, wenn ein besitzloser Proletarier zum Feldgerichtsschöffen gewählt würde. Vor dem Schultheißen, der kein „ganzer Bauer" ist, der nicht wenigstens ein Gespann auf seinem Gute halten kann, wird er nie Respekt haben, und wenn er ihn zehnmal nach dem allgemeinen Stimmrecht hätte mitwählen helfen. Auf diese und andere geschichtliche Charakterzüge des Bauern hätte man die freie Gemeindeordnung gründen müssen, nicht auf die Schulsätze moderner Parteien.

Der Erfolg hat denn auch schon gelehrt, daß in den Ländern, wo man die Gemeindeverfassung in abstrakt demokratischer Weise eingerichtet hat, die Verwirrung und der Unfrieden ärger geworden ist als vorher. Ein Parteiwesen hat sich da in jedem

Dorfe entwickelt, welches die Gemeinde, die sonst in tiefster
Eintracht gelebt, in todfeindliche Gruppen zu spalten beginnt;
die Achtung des Gesetzes richtet sich nach dem Parteistandpunkte
und nach der Person der vollziehenden Beamten — denn vor
dem toten Buchstaben hat der Bauer niemals Respekt, nur vor
der Sitte oder vor der Person. Der Ortsvorstand wird gegen
die Parteigegner ein größerer Gewaltsherr, gegen die Partei-
genossen ein größerer Sklave als er je vorher gewesen; der kraft
des allgemeinen Stimmrechts, kraft der Volkssouveränetät auf
den Thron gehobene Schultheiß verliert dabei in seinem Sou-
veränetätsschwindel gemeiniglich vollends den Kopf. Dieses Bild
ist nicht übertrieben. Wer sich von seiner Wahrheit überzeugen
will, der durchwandere unsere mitteldeutschen Kleinstaaten. Dort
war vor dem März 1848 der Zorn über die bureaukratische Bevormundung der Gemeinden ebenso tief und durchgreifend als
gerecht, und dennoch ward er durch die erlebten Gefahren und
Nachteile einer abstrakt-demokratischen Dorfgemeindeverfassung,
wie sie als Frucht der Revolutionsjahre eine Weile zu Recht
bestand, so ganz in Vergessenheit gehüllt, daß sich selbst Bauersleute nach dem traurigen bureaukratischen Zopf zurückzusehnen
begannen. Wer gute Gesetze für den Bauern machen will, der
gehe aus von der Sitte und dem Charakter des Landvolks, nicht
aber von staatswissenschaftlicher Schulweisheit und ihren luftigen
Lehrsätzen.

Die Art und Weise, wie bäuerliche Abgeordnete meist ihren
Beruf in den Kammern auffaßten, zeigte uns, wie weit sie noch
entfernt waren, das Wesen der konstitutionellen Lehre zu begreifen.
Sie betrachteten sich fast durchgehends als eine ständische Körperschaft, berufen, vor allen Dingen die Sache der Bauern zu vertreten, und wo sie das auch nicht klar bewußt beabsichtigten,
handelten sie doch in der Regel demgemäß.

Die Bauern bildeten fast auf allen Landtagen eine fest
geschlossene Parteigruppe, die ganz fremdartig in die anderen
Parteigebilde hineinragte. Sie ließ sich nicht nach der gangbaren

Kammertopographie zur rechten oder linken Seite abteilen, denn sie ging gar nicht von allgemeinen Grundsätzen aus, sondern lediglich von praktischen Rücksichten. Soll der Bauer zu einer Volksvertretung wählen, dann denkt er gewiß zuerst an die Bauernvertretung. Die Hoffnung, welche er von der Wirkung eines Landtages hegt, mißt sich bei ihm unwillkürlich nach dem Zahlenverhältnis, in welchem sich die Ziffer der bäuerlichen Abgeordneten zu jener der übrigen darstellt. Von den Volksvertretern aus dem Gewerb- und Beamtenstande fürchtet er übervorteilt zu werden und traut überhaupt einem Manne, der nicht selber Grundbesitz hat, nicht leicht die rechte Einsicht in seine besondere Lage zu. Es gibt keinen schlagenderen Beweis für den außerordentlichen Einfluß, den der katholische Klerus in Westfalen übt, als die Thatsache, daß er dort bei den Parlamentswahlen in den bäuerlichen Wahlbezirken fast lauter Abgeordnete durchzusetzen wußte, die dem Landvolke bis dahin gewiß persönlich ganz unbekannt gewesen. In Tirol, wo die Bauernschaft seit dem Mittelalter einen ständischen Einfluß geübt und sich ihrer korporativen Macht noch gar wohl bewußt war und sicherlich auch ihre Vertreter in der Meinung nach Frankfurt geschickt hatte, daß dieselben dort vor allen Dingen für ihr Sonderinteresse zu wirken hätten: in Tirol kam der seltsame Fall vor, daß die meist bäuerlichen Wähler ihren Abgeordneten aus dem eigenen Säckel doppelte Taggelder zahlten, weil die aus der öffentlichen Kasse gereichten ihnen doch gar zu schmal dünkten. Anderwärts, wo der Bauer, durch allerlei fremde Wahleinflüsse verwirrt, den beruhigenden Gedanken keineswegs hegt, daß sein ständisches Interesse mit Erfolg durchgefochten werde, betrachtet er die Kammern meist mit Mißtrauen, führt Klage über die großen Taggelder und wäre weit eher geneigt, jeden Antrag auf deren Minderung zu befürworten, als selber noch etwas daraufzulegen. Der ganze Begriff des konstitutionellen Staatswesens ist ihm ein verschlossenes Buch mit sieben Siegeln. Er kann in seinen eigenen Zuständen so wenig als in seinen geschichtlichen Ueberlieferungen irgend eine

Analogie dafür finden, woran sein Urteil einen Anhaltspunkt gewönne. Die ständische Gliederung dagegen stimmt vortrefflich zu seinem Sondergeiste und liegt seinem ganzen politischen Sinnen seit alten Tagen zu Grund. Unter der Republik denkt er sich wenigstens irgend etwas, wenn auch etwas ganz Verkehrtes; unter dem Konstitutionalismus denkt er sich gar nichts. Es liegt übrigens ein bedeutsames Zeichen darin, daß der Bauersmann nicht aus klarer staatswissenschaftlicher Erkenntnis, sondern nur ahnend die Vertretung des Volkes nach ständischen Gruppen begreift und schätzt, während er für die gerade bei den niederen Klassen des Stadtvolkes so populäre Vertretung nach der Kopfzahl keinen Sinn hat. Das kommt daher, weil dem Bauern das Bewußt= sein seiner ständischen Körperschaft noch wie ein Naturgefühl ein= wohnt. Das Bauerntum ist in der modernen Welt „der Stand" als solcher, denn die Gemeinsamkeit eigener Sitte, Sprache, Tracht, eigenen Berufes fällt bei ihm noch vollkommen zusammen mit dem Begriffe der sozialen Gruppe, der politischen Korporation. In ihm finden wir das einzige noch vollständige Probestück der alten Stände. Dieser Stand wohnt selbst jetzt noch am ent= schiedensten abgesondert, wie früher auch die anderen Stände, Adel und Bürgertum, je ihre gesonderten Sitze hatten.

Politische Gebilde, welche das Ergebnis des Gedankens, der Schulweisheit, des Systems sind, lassen sich gar schwer bei den Bauern verwirklichen. Leider beschränkte sich aber der größte Teil der politischen Versuche von 1848 auf dergleichen der Studier= stube abgesessene Dinge, daher die Teilnahmlosigkeit der Bauern für dieselben. Obgleich z. B. der Bauersmann sicherlich am schwersten durch die Wehrpflicht gedrückt wird und am ersten Ur= sache hätte, die stehenden Heere abgeschafft zu wünschen, so sperrte er sich doch hartnäckig gegen das Phantasiebild einer allgemeinen Volksbewaffnung. Durch den praktischen Blick, mit welchem er von vornherein die Unausführbarkeit dieses auf dem Papier so herrlichen Instituts durchschaute, beschämte er unzählige Gebildete. Er nahm die Muskete des Bürgerwehrmannes zuletzt an und legte sie zuerst wieder ab, zerstörte überhaupt durch seinen zähen passiven Widerstand gar schnell den Traum von der Ausführbarkeit einer solchen Volksbewaffnung. Für die Spielerei, wie sie dann noch eine Weile in den Städten fortgesetzt wurde, hatte er vollends gar keinen Sinn. Als Erzherzog Karl im Herbste 1799 eine allgemeine Volksbewaffnung in deutschen Landen einrichten wollte und bereits in der Gegend von Mainz den Anfang eines Landsturmes nicht ohne Erfolg zu stande gebracht hatte, widerstrebte doch die Mehrzahl des Landvolkes, und der Plan scheiterte neben dem Widerwillen der Fürsten an der Zähigkeit der Bauern, obgleich doch damals die Not des Vaterlandes ganz anders drängte und ein begeisternder Held an der Spitze stand. Der deutsche Bauer ist ein tüchtiger Soldat, wenn man ihn ganz zum Soldaten macht, aber die Zeit ist längst vorüber, wo er noch Bauer und Soldat in einem Stück sein, wo (im 13. Jahrhundert) jener Landgraf von Hessen jeden Mann, der ein Schwert oder auch nur einen Stecken zu tragen vermochte, mit glänzendem Erfolge zum Kampfe auffordern konnte.

Und dennoch bildet der Bauer den Grundstock der deutschen Heere und schlägt sich vortrefflich, wo ihn der Kriegsherr zu den Fahnen ruft. Er ist von dem Augenblick an ein guter Soldat, wo er die gebietende Notwendigkeit mit Händen greift, daß er ein Soldat sein muß. Und was würde in den Revolutionsjahren aus uns geworden sein, wenn der Grundstock und die überwiegende Masse der deutschen Heere aus anderen Bestandteilen als gerade aus bäuerlichen gebildet gewesen wäre?

Als man im Jahre 1848 die politischen Neubildungen in Gesetzesformen goß und dabei überall auf das Wahlsystem zurückgriff, erschrak man zuletzt über die Unmasse der Wahlakte, an welchen sich in Parlamentswahlen, Landtagswahlen, Geschwornenwahlen, Bürgermeister-, Gemeinderats-, Bürgerausschuß-, Kreisbezirksrats- 2c. Wahlen der einzelne Bürger zu beteiligen hatte. Es schien fast, als ob auf jeden Tag im Kalender ein Wahltag herauskäme. Die Männer des Fortschrittes aber behaupteten, das sei gerade gut, namentlich um des Bauern willen; durch das immerwährende Wählen werde derselbe „munter erhalten". Sie kannten den Bauer schlecht. Er wurde vielmehr zuallererst des vielen Wählens überdrüssig, und seine ganze politische Teilnahme erschlaffte aus Aerger über die unaufhörliche Wahlquälerei. Die Sache war seinem praktischen Geiste viel zu weitschweifig und langweilig. Wenn dann mehrere Odenwälder Dorfgemeinden er= klärten, daß sie überhaupt nicht mehr wählen wollten, vielmehr die Sache dem Großherzog von Hessen ganz anheimgeben, der ja vor der Wahlmode viel besser zurechtgekommen sei als jetzt, so lag in diesem offenherzigen Geständnis der beste Beweis, wie weit man mit dem Bauern kommt, wenn man ihn durch unab= lässiges Antreiben in eine Sache eingewöhnen will, deren inneren Zusammenhang er nicht begreift. Nirgends wurde zuletzt leicht= sinniger gewählt als bei den Bauern, die doch von Natur gar nicht leichtsinnig sind; nirgends war es leichter, Wahlumtriebe zu machen, da doch sonst der Bauer so mißtrauisch ist. Aber gerade aus Mißtrauen wurde er schlaff und gleichgültig, denn wo man ihn so gewaltig drängte, schöpfte er Verdacht, daß man ihn gewiß ins Bockshorn jagen wolle. Der Bauer läßt sich eine Neuerung durchaus nicht jählings aufladen, er will sich bedächtig in dieselbe einleben, und wenn man ihn für das konstitutionelle Staatswesen reif machen will, dann muß man Sorge tragen, daß dessen Formen nach und nach in seine Sitte übergehen und so ihm schließlich selber zur Sitte werden.

Als die Zehnten und andere Lasten beseitigt, die Forst= und Jagdverhältnisse geregelt, das Gemeindewesen neu geordnet war, kurzum, nachdem der Bauer Abrechnung gehalten über den materiellen Gewinn, hörte für ihn die Zeit der Bewegung auf. Dadurch stellte er freilich seiner politischen Reife im höheren Sinn kein glänzendes Zeugnis aus. Die Ruhe, die gänzliche Abspannung und Erschlaffung kehrte auf dem Lande viel früher ein als in den Städten. Es ist sogar vorgekommen, daß Bauern den Städtern drohten, wenn sie nicht bald selber bei sich Ruhe schafften, dann würde die ganze Bauernschaft hineinkommen, ihnen das Geschäft abzunehmen. Es war ein sinniges Wahrzeichen des Zufalls, daß gerade Erzherzog Johann, der erzherzogliche Bauersmann aus Steiermark, es sein mußte, der den ersten wildesten Akt der Revolution abschloß. An den Bauern scheiterten seit der zweiten Hälfte des Jahres 1848 fast alle größer angelegten Aufruhrpläne. Immer blieb, um einen Kunstausdruck jener Tage zu gebrauchen, der „entferntere Zuzug" aus, d. h. die Bauern.

Die Demokratie verfuhr ganz wie der Polizeistaat, sie berechnete die Bauern und deren eigentümliches Wesen nicht, sie sprach so viel vom Volk und vergaß, daß darunter die Bauern doch beiläufig auch mit einbegriffen sind. Ueber dem Rückschlag in den Palästen übersah sie den viel gefährlicheren Rückschlag in den Hütten. Die Bauern, namentlich des deutschen Nordens und Südostens, blickten zuerst gleichgültig, ja mißtrauisch auf den deutschen Reichstag. Je mehr sich derselbe in die Verfassungsfrage vertiefte, um so weniger vermochte der Bauer zu folgen; so mußte die Teilnahme für jene ganze Körperschaft bei ihm einschlummern. Den deutschen Bauer aber verkannte man von Grund aus, indem man glaubte, derselbe werde sich für die Prinzipienfragen der Reichsverfassung oder auch nur für diese Verfassung als solche begeistern. Für ein geschriebenes Gesetz hat sich der Bauer noch nie begeistert, oft genug aber ein geheimes Grauen vor all dergleichen empfunden; er begeistert sich nur für das lebendige Gesetz, für sein Herkommen, seine Sitte und seinen Glauben. Wäre die „Erhebung zur Durchführung der Reichsverfassung" auch auf gar kein anderes Hindernis gestoßen, so würde sie doch an den gleichgültigen Bauern gescheitert sein. Die äußere Autorität, welche sich die Revolutionspartei in Baden und der Pfalz allmählich erworben, war es, was dort die Bauern fortriß in den unglückseligen Kampf — und doch verhältnismäßig nur einen sehr kleinen Teil des Bauernvolkes. Als Hecker den ersten Putsch vollführte, gaben ihm bekanntlich

die oberländischen Bauern, zum Mitziehen aufgefordert, die klaſ=
ſiſche Antwort, ſie hätten jetzt keine Zeit, ſie müßten ihre Felder
beſtellen. Hecker hatte noch keine Autorität bei den Bauern, der
Bauer aber iſt Autoritätsmenſch. Zur Zeit des ſogenannten
Kampfes für die Reichsverfaſſung ſtand es gar eigen in Baden.
Jetzt hatten die alten Gewalthaber keine Autorität mehr. Nicht
um der Reichsverfaſſung, auch nicht um der Republik willen nahm
der Bauer an dem Kampfe teil, ſondern weil ſich die Revo=
lutionsmänner binnen Jahresfriſt ſo tief bei ihm eingeniſtet hatten,
daß ſie angeſichts der gänzlich verſchollenen Regierung ihm nun
wieder als die einzige Autorität im Lande erſchienen. Daß die
Pfälzer Bauern im Durchſchnitt nicht allzu heftig ſich zum Ge=
fechte drängten, iſt bekannt. Durch ihr träges Zuſehen hatten
ſie den Ausbruch des Aufruhrs befördert, durch ihr träges Zu=
ſehen beförderten ſie wieder ebenſoſehr das Niederſchlagen des=
ſelben.

Suchen wir, gleichſam in runder Summe, einen Ausdruck
für die Wirkungen, welche die jüngſte politiſche Kriſis auf den
Bauer geübt, dann begegnen uns zwei ganz entgegengeſetzte
Thatſachen. Das geſunde, naturwüchſige Bauerntum vom alten
Schrot und Korn hat ſich unverkennbar wieder gekräftigt, der
verdorbene, verſtädtelte und proletariſche Bauer iſt nur um ſo
tiefer geſunken. Die Bauern berührten ſich nun auf einmal auf
gleichem Boden und in gleicher Sache mit den „Herren". Wo
ſie noch den echten Standesgeiſt hatten, wo ihnen noch die
ureigene politiſche Bedeutung einwohnte, da iſt dieſer Geiſt er=
ſtarkt, da haben ſie dieſe Bedeutung beſſer als zuvor begriffen,
während der verdorbene Bauer weit mehr das Gemeinſame heraus=
kehren lernte, welches ihn mit der großen Heerſchar der ver=
dorbenen Leute aus allen Geſellſchaftsſchichten verbindet. Das
ſonſt ſo originelle Bauernproletariat beginnt mehr und mehr in
den allgemeinen Begriff des Proletariers aufzugehen, d. h. zu
dem Charakter des wirtſchaftlichen Verfalls auch noch die ſoziale
Verneinung zu fügen. So drängte die Revolution das Bauern=

tum auf der einen Seite in seine Schranke zurück und verschmolz es andererseits verwandten Gesellschaftskreisen. In demselben Maße, als die freie Gemeindeverfassung den soliden Bauers= mann mehr zu sich selber bringt und ihn in seiner eckigen Eigen= art trägt und fördert, führt sie die verderbten Gemeinden ihrer vollständigen Auflösung entgegen. Das ist kein Unglück, denn die Zukunft unseres Bauernproletariats liegt doch nur in Amerika. Es hat sich jetzt wieder einmal erprobt, welch ein ungeheurer Widerhalt in der Sitte des Bauern liegt, aber wo diese bereits zur Unsitte entartet war, da kehrte sie auch ihre schroffe Seite heraus. Der entsittete Bauernschlag zeigte sich jetzt auch erst recht als der entsittlichte; bei ihm mehrte sich in den letzten Jahren (um 1850) die Zahl der Morde und solcher Verbrechen, die eine völlige sittliche Fäulnis voraussetzen, in schreckenerregender Weise. Nie ist wohl Kirchenraub, Leichenraub, Brandstiftung auf dem Lande so gemein gewesen. In den Gegenden, wo ein entarteter, verstädtelter Bauernstand seine Sitze hat, wurden meist die Kirchen leer, dagegen ist das Saufen und Lärmen am Sonntage während des Gottesdienstes zur Sitte geworden. Mißhandlung der obrig= keitlichen Personen, namentlich der Vollziehungsbeamten, heim= tückische Verwüstung fremden Eigentums aus Neid, aus Rach= sucht oder Raubsucht waren in den Tagen der Anarchie an der Tagesordnung. Und neben die Kriminalstatistik der entarteten Bauern reiht sich meist — im Verhältnisse wie Ursache und Wir= kung — die Kriminalstatistik der Dorfschullehrer. Der prole= tarische, verschrobene Schulmeister ist gar oft der böse Dämon, der Mephisto des heruntergekommenen Bauern gewesen. Er hat seiner Bestialität Ziel und Bahnen gewiesen, er hat zumeist die Rolle übernommen, welche der aufhetzende verkommene Litterat in den Städten gespielt. Die Wirksamkeit einer großen Zahl badischer Dorfschullehrer beim Einfädeln und Durchführen des badischen Aufruhrs ist bekannt. Lehrreich dürfte es sein, ein Fragment aus der Kriminalstatistik des Herzogtums Nassau da= neben zu stellen. In diesem Ländchen saßen im Sommer 1850

acht Schullehrer — d. h. beinahe ein Prozent der ge=
samten Lehrerschaft —, gemeiner Verbrechen angeklagt, in
den Kriminalgefängnissen. Auf fünf derselben lastete die Anklage
des Meineids und Betruges, darunter der unerhörte Fall, daß
einer ein förmliches Institut zum Ausschwören falscher Eide er=
richtet hatte und arme verführte Landleute für diesen Zweck gegen
ein Billiges vermietete; der sechste war des Versuches der Un=
zucht gegen seine eigenen Schulkinder angeklagt, der siebente des
Mordes eines von ihm geschwängerten Bauernmädchens, der
achte der Urkundenfälschung. Würde die gesamte erwachsene Be=
völkerung Nassaus ein gleiches Prozent wie damals der Lehrer=
stand in die Kriminalgefängnisse geliefert haben, so hätten die=
selben beiläufig zweitausend Insassen beherbergen müssen; die
Zahl der Kriminalgefangenen soll aber nie über hundert ge=
stiegen sein; von sämtlichen Kriminalgefangenen des Landes fielen
also acht Prozent auf den Lehrerstand. Von der großen Zahl
politischer und religiöser Wühler unter den Schulmeistern, die
teilweise durch Dienstentsetzung bestraft wurden, will ich hier nicht
reden, da mir keine Zahlenangaben zu Gebote stehen. Jeden=
falls würde sich hier das Verhältnis noch auffallender heraus=
stellen. Aber nicht der an sich so ehrenwerte und schlecht
gelohnte Lehrerstand als solcher trägt die Schuld an alle
dem, sondern fast lediglich die verkehrte Politik, welche den
Lehrer, der unter Bauern wirken soll, zu einem in Halbbildung
überbildeten Proletarier der Geistesarbeit erzieht und dadurch mit
dem Volkslehrer zugleich den jungen Nachwuchs der Bauernschaft
aus allen natürlichen Bahnen reißt. Ich glaube aber nicht zu
weit zu gehen, wenn ich behaupte, daß die sittlichen Zustände des
Lehrerproletariats so ziemlich Hand in Hand gehen mit den Zu=
ständen des modernisierten, verstädtelten, proletarischen Bauern
überhaupt. Hierin liegt ein beherzigenswerter Fingerzeig!

Nicht durch eine positive That, sondern lediglich durch sein
zähes Beharren, durch seinen passiven Widerstand hat der deutsche
Bauer den vollständigen Sieg einer an der Theorie entzündeten

und genährten Revolutionsbegeisterung verhindert. Die moderne Demokratie geht nicht sowohl von gegebenen Thatsachen als von gegebenen Lehrsätzen aus, und eben darum ist der Bauer in seinem derben Realismus, in seinem historischen Eigensinn ihr gefährlichster Gegner gewesen, ohne daß sie es selber recht merkte. Das städtische Proletariat vertritt bei uns nicht wie in Frankreich die Masse; die Masse in diesem Sinne ist bei uns der Bauer. Dieser einzige Umstand verbürgt die Zukunft des deutschen Volkes. Aber wehe uns, wenn die Entartung, welche die Masse bereits von außen angefressen, auch den guten inneren Kern derselben erreichte!

## Viertes Kapitel

# Resultate.

Eine konservative Politik, die Bestand haben will in Deutschland, muß sich auf die Bauern stützen. Ein Ministerium, welches
wahrhaft volkstümlich werden will, muß damit anfangen, bauern-
tümlich zu sein. Alle Maßregeln zur Sicherung des gesellschaftlichen Friedens, zur Kräftigung der Staatsgewalt halten nur für
den Augenblick wider, sofern sie nicht von dem Grundsatz ausgehen, daß der Bauer die konservative Macht im Staate sei,
daß darum vor allen Dingen seine Wucht erhöht, seines Charakters Eigenart gefestigt, seine Bedürfnisse beachtet werden müssen.
Er stellt das in Ueberfeinerung verschobene Gleichgewicht in der
Gesellschaft wieder her; den Sozialismus kann man nicht mehr
durch die Presse, nicht mehr durch Regierungsmaßregeln erfolgreich bekämpfen, man kann das aber durch die Bauern, durch
die Pflege ihrer zähen Sitte. In den Bauern kann der praktische Staatsmann die leibhaftige Geschichte gegen die Geschichts-
losigkeit unserer gebildeten Jugend aufmarschieren lassen, den leibhaftigen Realismus gegen die Ideale des Schreibtisches, das letzte
Stück einer „Natur" gegen eine gemachte Welt; er kann in den
Bauern die Macht der Gruppen und Massen wirken lassen gegen
die ins Endlose zerfahrende und persönlich verflachte, gebildete
Gesellschaft.

Und doch haben unsere neuesten Gesetzgeber und Staatsmänner durchschnittlich fast ebensowenig Notiz von dem Bauern

in seiner Eigentümlichkeit genommen, wie nur immerhin die alte Bureaukratie.

Es gilt vorab, den Bauernstand zu reinigen. Wir haben zwei Hauptarten von verdorbenen Bauern. Die eine bilden jene oben bereits hinreichend gezeichneten Entarteten, bei welchen sich der sittliche Ruin zu dem ökonomischen gesellt. Von ihnen kann die Gesellschaft nur auf chirurgischem Wege befreit werden, nämlich durch eine möglichst umfassende Amputation. Hier bleibt nichts übrig, als die Auswanderung ganzer derart verkommener Gemeinden wie von Einzelnen möglichst rasch und kräftig zu befördern. Eine Prämie, auf die Auswanderung solcher Leute gesetzt, wäre ein gefundenes Kapital, das dem Lande hundertfältige Zinsen trüge. Dagegen gibt es noch eine glücklicherweise weit größere Klasse höchst ehrenwerter bäuerlicher Proletarier, Leute, welche durch die Ungunst ihrer Gegend, ihres Kulturzweiges, durch die überhand genommene Güterzersplitterung u. dgl. ins tiefste Elend gestürzt worden sind, die sich aber mit einer unendlichen Geduld und Langmut, welche zuletzt in völlige Stumpfheit ausartet, immerfort schinden und plagen. Sie werden nicht entsittlicht durch das Elend, denn dieses ist ja schon ihr väterliches, ihr großväterliches Erbe gewesen, es ist historisch bei ihnen, sie wissen es nicht besser. Die Generation verkümmert selbst körperlich immer mehr von einem Menschenalter zum anderen, und dennoch wird sie der väterlichen Sitte nicht untreu. Es ist mir ein solcher Bauernschlag bekannt, in öder Gebirgsgegend seßhaft, wo der ganze Stamm bereits dergestalt kränkelt, daß kaum ein Kind mehr vor dem dritten Jahre die Kraft zum Stehen, geschweige zum Laufen erhält, und doch tragen diese Menschen ihr Kreuz in Geduld; ganze Gemeinden siechen wie an einer langsamen Schwindsucht hin. Diese ausgemergelten deutschen Hungerbauern suchen in der Größe des Entsagens ihresgleichen. Wie ihnen geholfen werden könne, ist eine nationalökonomische Frage, die schon sehr oft und mitunter trefflich erörtert wurde, gediegener und praktischer wohl kaum, als es Friedrich List in dem Aufsatze „Die Ackerverfassung, die Zwergwirtschaft und die Auswanderung"[1] gethan. Er stellt die Arrondierung der Güter mit Recht als oberstes Heilmittel voran. Allein die Praxis ist hier gar langsam den Wünschen und Begehren der Schriftsteller nachgekommen. Nur eines kleinen Versuches möge statt mehrerer gedacht werden. Eine fürstliche Frau verwandte viele Jahre einen Teil ihres Ueberflusses in wahrhaft fürstlicher Weise dergestalt, daß sie verkommenen Bauersleuten Ackerstücke zur Vergrößerung und Abrundung ihres Gütchens ankaufte, zur Erweiterung ihres Viehstandes beisteuerte und durch das Schenken von Saatfrüchten u. dgl. so lange nachhalf, bis in wenigen Jahren aus dem proletarischen Bauern ein ordentlicher Bauer geworden war. Es war mir gestattet, genauere Einsicht vom Gang dieses Verfahrens und seinen Erfolgen zu nehmen, und ich muß gestehen, daß letztere wahrhaft überraschend waren, namentlich im Verhältnis zu den aufgewandten Mitteln. Eine solche Art der Wohlthätigkeit überragt um deswillen jede andere, weil nicht bloß einem Einzelnen augenblicklich geholfen wird, sondern ganze Familien gediegen gemacht werden und Kindern und Enkeln, soweit es menschenmöglich, ein festerer Bestand gesichert wird. Wenn durch den Staat, wie durch Vereine eine Unterstützung der verkommenen Bauern auf diese Weise umfassender ausgebildet würde, dann wäre das nicht nur ein Akt der Menschlichkeit, sondern auch einer sehr gesunden Politik.

Dem Bauern seinen festen Besitzstand zu sichern, diesen da, wo er sich bereits zersplittert hat, wieder auszurunden, ist eine der ersten Aufgaben nicht bloß für den Nationalökonomen, sondern geradezu für den konservativen Staatsmann.

Aber der Besitz allein genügt nicht, den Bauer zufrieden zu halten und ihn in seinem angeborenen konservativen Charakter zu festigen. Der Bauer ist in seiner Gemeinde zu Haus, und hier muß er sich behaglich fühlen. Es ist sehr verkehrt, zu glauben,

---

[1] Friedrich Lists gesammelte Schriften, Bd. II.

die Gemeindeverfassung für Stadt und Dorf müsse nach der gleichen Schnur geregelt werden. In einem größeren Lande wird nicht einmal die nämliche Dorfgemeindeverfassung für alle Gegenden gleich praktisch sein. Da das Gemeindewesen möglichst auf Sitte und Herkommen gegründet sein soll, so muß man hier schon den Sondergeist des Bauern, soweit er höheren Interessen nicht zuwiderläuft, ein wenig walten lassen. Wo aber der moderne Staat sämtliche Gemeinden rechtlich bereits in einen Topf geworfen, da lasse man wenigstens die Sitte, welche so häufig das Recht ersetzt, eigenartig sich gestalten.

Der Bauer ist mißtrauisch gegen die „Herren", selbst wenn er mit ihnen auf der nämlichen Bank im Landtage sitzt. Er wird aber auch oft mißtrauisch gegen den ganzen Landtag, weil er so viele seinem beschränkten Gesichtskreis ganz fremde Interessen überwiegend dort vertreten findet. Die Idee des ganzen und einheitlichen Volkes, wie sie der konstitutionelle Staat richtig erfaßt, ist ihm überhaupt noch etwas dunkel. Er sieht Bauern und Nichtbauern, Freunde und Fremde, und wie er über der Gemeinde oft den Staat nicht sieht, so sieht er über den Bauern das Volk nicht. Nun können wir aber doch den Bauern zuliebe die alten Ständetage nicht wiederherstellen. Allein wir können den Bauer erziehen für die Idee des Volkes und der einheitlichen, vollen Volksvertretung. Dies geschieht, wenn wir die Bauern und die andern natürlichen Stände als solche wählen lassen zum Landtage, den Landtag selber aber als eine Vertretung des Volkes, nicht der Stände fassen. Es ist hier nicht der Ort, diesen Gedanken weiter auszuführen, es ist auch jetzt nicht an der Zeit, ihn zu verwirklichen. Wann aber einmal der blinde Haß, gegen alles, was nur von ferne wie ein Stand aussieht, einem ruhigen und objektiven Einblick in die natürliche Gliederung des Volkes gewichen sein wird, dann wird man auch erkennen, daß eine aus ständischer Wahl hervorgegangene allgemeine Volksvertretung nicht bloß das richtigste und vollständigste verjüngte Abbild des ganzen Volkes geben, sondern auch das Mißtrauen des Bauern gegen die Landtage brechen wird, die ihm jetzt noch gar oft als von den Städtern einseitig beherrscht erscheinen.

Man läßt unsere jungen Beamten erstaunlich viel studieren. Daß sie auch die Bauern studieren möchten, daran denkt kein Mensch. Ein so tief eingreifender Verkehr mit den Bauern, wie er dem richterlichen und Verwaltungsbeamten meist zufällt, erfordert aber sein eigenes Studium. Die bureaukratische Zumutung, daß umgekehrt der Bauer den Beamten studieren müsse, ist ganz verkehrt. Wüßten unsere Beamten durchschnittlich sich besser in das Wesen des Bauern zu finden, so wäre der Haß des letzteren auf die „Schreiber" nicht so gewaltig geworden. Ueber das Wesen des Bauern kann man freilich auf Hochschulen keine Kollegien hören. Der Staat mißt und belohnt seine Beamten nach dem Normalmaß der Kenntnisse und der technischen Fertigkeit. Ob der Beamte die rechte Persönlichkeit besitzt, ob er sich einzuleben versteht in Sitte und Charakter des Volksschlages, mit welchem er zu verkehren hat, das ist für den modernen Staat eine unwägbare Größe. Der feindselige Gegensatz des Bauern zum Beamten wird aber so lange fortbestehen, als dem Beamten das Studium des Bauern gleichgültig ist. Es wird damit gar nicht behauptet, daß er gerade artiger gegen den Bauer sein müsse. Die alten Amtleute zu unserer Großväter Zeit, von denen fast überall die Sage geht, daß sie die Bauern gar erbärmlich geschunden und geplagt, trafen bei aller Grobheit doch Charakter und Art des Bauern, sie zeigten ihm den Mann, wovor er allein Respekt hat, sie waren im Verkehr mit dem Landvolke und nicht am Schreibtisch aufgewachsen und kamen daher trotz ihren Gewaltstreichen besser mit dem Bauersmann zurecht als unsere modernen Beamten, die ihm heute zu grob und morgen zu artig sind.

Will der richterliche Beamte sein Studium des Bauern recht fruchtbar machen, dann lege er sich eifrigst darauf, der Prozeßkrämerei unter den Bauern zu steuern. Durch allgemeine

Satzungen läßt sich hier nichts ausrichten. Die Krankheit sitzt den Bauern im Blut. Nur die Persönlichkeit des Beamten, nur seine gründliche Erkenntnis der Eigenart des Landvolkes kann, mit ganz bescheidener Einwirkung auf den Einzelnen beginnend, allmählich eine ganze Gegend in diesem Betracht wieder vernünftig und unbefangen machen. Hohes Verdienst läßt sich dabei durch die Einführung freiwilliger Schiedsgerichte erwerben. Der Bauernstand nimmt nun gleichsam seine eigene Kur selber in die Hand, und zwar eine Radikalkur von innen heraus. In verschiedenen Ländern haben die Bauern bereits gute Anfänge mit freiwilligen Schiedsgerichten gemacht. Durch die freie Gemeindeverfassung wird solchen Bauerngerichten am besten vorgearbeitet, und merkwürdig genug begegnen wir den gedachten guten Anfängen gerade an Orten, wo die Selbstverwaltung der Gemeinden altes Herkommen war. Nicht bloß aus Gründen der Sittlichkeit, sondern auch um seiner politischen Grundsätze willen muß der konservative Staatsmann die freiwilligen Schiedsgerichte fördern, denn sie sind wiederum ein mächtiges Hilfsmittel, das Volk in seinem individuellen Leben stark und selbstbewußt zu machen, und wenn irgendwo, so wurzelt gerade bei uns Deutschen in dem kräftigen Sondertum der Gaue und Stände die Macht der Nation.

Der Staat kann überhaupt viel mehr durch Staatsdiener, welche Persönlichkeiten sind, den Bauernstand veredeln und tragen und in sein Interesse ziehen, als durch allgemeine Gesetze. Es gehört ein eigentümliches Genie dazu, die Art des Landvolkes zu ergründen und mit ihm in seiner Art zu verkehren, ein Genie, welches himmelweit von dem entfernt ist, was man in neuerer Zeit „volkstümliche Wesen" nannte, wie denn auch gerade unsere sogenannten Volksmänner bei den Bauern am allerwenigsten ausgerichtet haben. Solche Genies muß man hervorziehen und an den rechten Platz zu stellen verstehen. Darin unterscheidet sich gerade unsere Bauernpolitik von der bureaukratischen, daß wir das Landvolk durch die Hingabe an seine

Eigenart zu uns heranziehen wollen, während die Bureaukratie das Bauernwesen durch Zustutzen und Ausrecken, durch Bleilot und Winkelmaß in die geraden Linien einer nivellierten Gesellschaft einzuzwängen trachtete.

Die Landgemeinde kann von dem konservativen Staatsmanne nicht scharf genug ins Auge gefaßt werden. Im Gemeindeleben gewinnt der Bauer erst ein warmes Interesse für den Staat, der ihm sonst eine kahle, inhaltsleere Formel bleibt. Er begreift den Staat nur durch die Gemeinde. Das Gemeindeleben ist der Punkt, wo selbst der Bauer zum politischen Mann wird. Bei dem zentralisierten, von der Schreibstube abhängenden Gemeindewesen des Polizeistaates war der Bauer nur durch seine Trägheit eine erhaltende Macht im Staate. Bei erhöhter Selbständigkeit der Gemeinde wird er erst recht auch. handelnd zur erhaltenden Macht. Wo das deutsche Bauerntum sich je zur höchsten Kraft, zur wirklichen Thatkraft entwickelt hat, wie etwa bei den Dithmarsen des Mittelalters, da war auch ein streng gegliedertes, freies genossenschaftliches Leben vorhanden, das sich auch ohne die Stütze kaiserlicher Freibriefe durch seine eigene Tüchtigkeit lange Zeit zu behaupten vermochte. Setzen wir zum Vergleich ein anderes Bauernland dagegen: Polen! Man sagt, das Polen des achtzehnten Jahrhunderts mußte zu Grunde gehen, weil es keine Industrie, weil es kein Meer hatte, weil es ein bloßer Ackerbaustaat war. Es ist aber auch nicht einmal ein ordentlicher Ackerbaustaat gewesen, ja zu den Ursachen seines unvermeidlichen Ruins gehörte mit, daß es kein Ackerbaustaat war, daß ihm die in der modernen Welt durchaus geforderte breite Staatsgrundlage eines selbständigen Bauerntumes abging. Der polnische Bauer ist frei, aber nur persönlich frei, nicht genossenschaftlich selbständig, er ist frei wie ein Proletarier. Darum ist er elender wie der russische leibeigene Bauer und eine soziale Null, wo dieser eine vollwichtige zukunftsreiche Gesellschaftsmacht ist. Polen besitzt Bauern, aber kein Bauerntum, Dörfer, aber keine Gemeinden. Ein Staat, in welchem

der Bauer nur nach Köpfen zählt, ohne eine selbständige soziale
Gruppe zu bilden, hat heutzutage kein Recht des selbständigen
politischen Bestandes. Auch der polnische Bauer hängt zäh am
Alten, aber durchschnittlich nur am schlechten Alten, das gute
Alte hat er vergessen. Der Gutsherr hält ihn in Elend und
Dummheit zurück, damit der Bauer von „guter Art" bleibe.
Wo er es wagt, sich einen Obstbaum zu ziehen, da haut der Guts=
herr diesen nieder, weil Gott die Obstbäume nur für die Aecker
der Edelleute geschaffen hat. Die Herrschaft sieht es gern, wenn
sich der Bauersmann im Schnapstrinken ruiniert; denn je mehr
Schnaps getrunken wird, desto bessere Einnahmen haben die
herrschaftlichen Brennereien. Das alles ist auch „Bauernpolitik",
aber eine verdammt einfältige und nichts weniger als eine kon=
servative.

Selbst bei den äußerlichen Formen der Verwaltung sollte
man auf die Natur des Landvolkes Rücksicht nehmen und das=
selbe nicht mit Schnörkeln und Schreibereien verwirren, die es
nicht versteht, ja die seinem Wesen geradezu zuwider laufen. Es
wird dadurch nicht nur ein Mißtrauen gegen den amtlichen Me=
chanismus erzeugt, sondern oft werden den Bauern geradezu die
Köpfe verschroben. Nur allzu häufig findet man jene „studierten"
Bauern, die mit allen Griffen und Geheimnissen des Amtierens
vertraut sein wollen, die das juristische Kauderwelsch der Reskripte,
Vorladungen, Verträge, Verfügungen ꝛc. genau ausbeuten zu
können vorgeben und dadurch ganz wie die Goldmacher, wie die
Leute, welche des Zirkels Viereck suchen, einen gehörigen Sparren
in den Kopf bekommen. Diese Verschrobenheit kann bedenklich
um sich greifen, wenn man erwägt, wie oft der Bauer mit dem
Amte zu schaffen hat und wie oft er sich über die juristischen
Hieroglyphen den Kopf zerbrechen muß, an deren Enträtselung
ihm wohl gar Hab und Gut, Ehre und Freiheit hängt.

Wie der Beamte sich in den Charakter des Bauern einleben
müßte, so noch viel mehr der Schullehrer. Unsere Lehrerpflanz=
schulen reißen den Zögling, der doch meist ein Bauernjunge ist,

künstlich aus dem Bauernstande. Statt dessen sollten sie ihn, nur in erhöhtem Grade, erst recht in dessen eigenstes Wesen ein=führen. Die allgemeine Volksbildung, für welche man den an=gehenden Dorfschulmeister erzieht, ist eine Phantasterei, ein Erb=stück aus dem Nachlaß der alten ausebnenden Rationalisten. Es gibt gar keine allgemeine Volksbildung, je tiefer vielmehr die Bildung in das eigentliche Volk geht, um so schärfer spaltet, gliedert, besondert sie sich. Der Dorfschulmeister ist nicht da, um ein pädagogisches System zu verwirklichen, sondern um den Bauersmann in seiner echten Art verwirklichen zu helfen. Die meisten Dorflehrer fühlen sich darüber unglücklich, daß sie in ihrer Umgebung auf dem Lande keinen Menschen finden, mit dem sie sich „auf ihrem Bildungsstandpunkte" geistig austauschen könnten. Dies ist die sicherste Probe, daß ihr Bildungsstandpunkt für ihren Beruf der verfehlteste ist; denn wäre er das nicht, so müßten sie gerade in der frischen Natur des Bauern das beste Element zum Austausch ihrer Gedanken finden. Die Dorfschulmeister und die Pfarrer bilden aber das eigentliche verbindende Mittel=glied zwischen der verfeinerten Gesellschaftsschicht und dem Natur=stamm der Bauern. Sie sind, wo sie überhaupt die rechten sind, das einzige Organ, durch welches der Gebildete, durch welches der Staatsmann durchgreifend und unmittelbar auf den Bauern einwirken kann. Die Volksverführer ahnten das recht wohl, als sie zuerst die Schulmeister zu gewinnen suchten. Desto schwächer scheinen die gesetzlichen Staatsgewalten diese Thatsache zu ahnen, sonst würde man sich's weit eifriger angelegen sein lassen, die Schullehrer und die Pfarrer in das Interesse einer konservativen Politik zu ziehen. In dem Maße aber, als beide, Lehrer und Geistliche, aus ihrem naturgemäßen Mittleramte zwischen dem Bauern und dem Gebildeten heraustreten, bricht sich ihr Einfluß oder verkehrt sich in einen verderblichen. Das sahen wir in der Blütezeit der rationalistischen protestantischen Konsistorien, wo der Pfarrer zum reinen Beamten verfälscht wurde, dem die Kirchenbuchführung ein wichtigeres Anliegen sein mußte als der

Gottesdienst; das sehen wir jetzt, wo der Lehrer, den örtlichen Boden seiner Macht und Ehre vergessend, das höchste Ziel des Ehrgeizes darein setzt, Staatsdiener zu werden.

Man hat die Frage aufgeworfen, wie lange wohl unser Ackerbau noch derart bleiben werde, daß ein Stand der kleinen, freien Grundbesitzer, der hier geschilderte Bauernstand, möglich sei? Denn das Unvollkommene, Mühselige und wenig Ausgiebige der Wirtschaftsart, wie sie von der ungeheuren Mehrzahl der kleinen Bauern jetzt noch nach rohem altem Herkommen betrieben wird, muß doch bei den riesigen Fortschritten der Agrikulturchemie, des rationellen Landbaues und beim Wachstume der Bevölkerung, welche den Boden durchtriebener auszunützen drängt, über kurz oder lang einem gleichsam fabrikmäßigen, ins Große gearbeiteten Landbau weichen, der alsdann den kleinen Bauernstand in derselben Weise trocken legen würde, wie das industrielle Fabrikwesen den kleinen Gewerbestand bereits großenteils trocken gelegt hat. Daß diese Thatsache einmal eintreten mag, bezweifle ich durchaus nicht, überlasse aber die Erörterung der weiteren Folgen getrost unseren Urenkeln, falls dieselben finden sollten, daß die Frage bis dahin bereits eine „brennende" geworden ist.

Einstweilen halten wir an dem gegebenen Zustande, als dem für unsere Sozialpolitik vorerst noch allein praktischen, fest. Mag die Naturwissenschaft noch so gründlich — und sie hat ein Recht dazu — das alte Bauerntum unterwühlen, so taste wenigstens der Staat die ureigene Sitte des Bauern vorerst nicht geflissentlich an. Je weniger er sich um dergleichen bekümmert, desto besser für beide Teile. Man kann jene naturwüchsige Sitte so wenig künstlich erhalten und weiterbilden, als man sie künstlich ausrotten kann. Das Volk selber sorgt schon dafür, daß sie erhalten und weitergebildet werde. Wer sich, wenn auch in bester Absicht, in diesen als des Volkes eigensten Beruf einmischt, der macht sich im günstigsten Falle nur lächerlich und verhaßt. Ebenso sollte man den Wahn aufgeben, als ob durch

das Aufdrängen fremdartiger Bildungsstoffe in sogenannten Volks=
schriften, die gemeiniglich vom Volke weiter nichts haben, als daß
sie die Naivetät seiner Ausdrucksweise erkünsteln, beim Bauern
irgend etwas auszurichten wäre.

Selbst sehr entschiedene Gegner des kirchlichen Lebens geben
doch zu, daß die Kirche für den gemeinen Mann und namentlich
für den Bauer, mindestens ein zur Zeit noch unentbehrliches
„Polizei=Institut" sei. Aber gerade in diesem Beruf, den jene
nicht ohne besonderes Behagen betonen, finden sie dann auch
die Würde der Kirche auf ihr gebührendes Kleinmaß herabgesetzt.
Für den jedoch, der unseren Bauersmann kennt, ist der Beruf
dieser Kirche als einer Zuchtmeisterin des Geistes und der Ge=
sittung nichts weniger als ein kleiner oder gar unwürdiger. Die
geistige und gemütliche Anregung des Bauern beschränkt sich auf
einen ganz engen Kreis. Die höheren läuternden Genüsse der
Kunst sind ihm fast ganz verschlossen, für ihn ist eine deutsche
Nationallitteratur noch nicht geschrieben, sein Geist kann sich
nicht erquicken in dem Stahlbad wissenschaftlicher Studien. Nicht
bloß die religiösen Bedürfnisse muß ihm die Religion und der
Kultus befriedigen, sondern auch für jene ganze Summe geistiger
Anregungen des Gebildeten einen Ersatz bieten. Die Dorfkirche
ist nebenbei auch des Bauern einziger Kunsttempel. Wenn ihm
jenes die Sitten mildernde, sittigende Element, welches der Ge=
bildete in tausend Gebilden des künstlerischen und wissenschaft=
lichen Lebens findet, in religiösen Formen nicht dargeboten wird,
wo soll es ihm dann zu teil werden? In solchem Sinne könnte
man auch Litteratur und Kunst ein unentbehrliches Polizei=
Institut nennen, um den Gebildeten in den Schranken eines
edlen Tones und feiner Sitten zu halten. Für das Landvolk
fällt derselbe Beruf gleichsam als ein Nebengeschäft auch noch
der Kirche zu.

Bei den Bauern wird der große Gedanke der Gegenwart,
daß die Kirche vor allen Mächten das Geschlecht aus der sozialen
Verwirrung zu erlösen berufen sei, am leichtesten zu fruchtbarem

Wirken gedeihen. Denn der Bauer fühlt sich der Zucht der Kirche noch nicht entwachsen. Bei ihm geht die Kirchenlosigkeit noch am sichtbarsten Hand in Hand mit der Gottlosigkeit und dem sittlichen und materiellen Verderb. Der Bauer, welcher neben die Kirche geht, wird in der Regel auch der sozial entartete Bauer sein. Aus dieser einfachen Thatsache können unsere kirchlichen Agitatoren eine Fülle praktischer Winke für ihr Amt der inneren Mission unter den Bauern ableiten.

Man hat neuerdings die volksbildende Kraft der Volksfeste wieder erkannt, und dies ist ein gutes Vorzeichen. Der konservative Staat soll die echten Volksfeste, namentlich die Bauernfeste, nicht unterdrücken, sondern vielmehr pflegen und fördern; denn in ihnen erfrischt und verjüngt sich die Volkssitte, in ihnen fühlt sich der Bauer so recht in dem vollen Behagen seines Standes, sie mehren und stärken den genossenschaftlichen Geist im Volke. Der ausebnende Polizeistaat legte in manchen Gegenden höchst sinnreich alle Kirmessen des Landstriches auf einen und denselben Tag, damit es ja keinem Bauern möglich wäre, vielleicht zwei oder drei Kirmessen in einem Jahre zu besuchen und solchergestalt gar viel Geld zu verthun! Mit derlei polizeilicher Kinderzucht wird die echte Bauernsitte, deren Bestand dem konservativen Staate so unschätzbar sein muß, geradezu vergiftet. Etlichemal im Jahre sich gründlich auszutoben, ist dem Bauersmann ebenso nötig zur Pflege seiner körperlichen und geistigen Gesundheit, wie den vornehmen Leute eine Badereise. Sehr treffend sagt Justus Möser von den durch die zärtliche Besorgnis des Polizeistaates längst unterdrückten periodischen Tollheiten des Bauernvolkes: „Die vormalige Ausgelassenheit zu gewissen Jahreszeiten glich einem Donnerwetter mit Schloßen, das zwar da, wo es hinfällt, Schaden thut, im ganzen aber die Fruchtbarkeit vermehrt."

Will sich's der Staat angelegen sein lassen, daß der deutsche Bauer in seinem historischen Charakter auch künftigen Geschlechtern erhalten bleibe, dann kann er weiter nichts thun, als daß er

störende und zersetzende Einflüsse von dem Bauernstande fern
hält, seinen Sitten und Bräuchen nicht feindselig in den Weg
tritt, seine ökonomische Lage bessert und ihn mehr und mehr
zum festen, wohlabgerundeten Grundbesitz wieder zurückführt, den
Dorfbauer wieder zum Hofbauer zu erheben hilft, bei Verfassungs-
und Gesetzgebungsarbeiten aber niemals über die eigentümlichen
Bedürfnisse des Bauern hinwegsieht, vielmehr diesen gemäß das
ganze Staatswesen zu individualisieren sich bestrebt. Dadurch
allein kann die Kluft zwischen dem Bauern und dem Gebildeten
ausgeglichen werden, ohne daß jener von seiner Eigenart etwas
verloren gibt. Der Bauer wird dann mit der zähesten Liebe
an der bestehenden Staatseinrichtung hängen, er wird zwar
immer noch murren und brummen, weil er das überhaupt nicht
lassen kann, und es gehört ja wohl auch zum Wesen des besten
Staates, daß darin immer etwas gemurrt werde: aber zu mut-
willigem, bübischem Aufruhr wider die Staatsgewalt, zum Zertrümmern der Grundpfeiler der Gesellschaft wird es der Bauer
dann nie und nimmer kommen lassen.

Der Bauer ist die erhaltende Macht im deutschen
Volke: so suche man denn auch sich diese Macht zu
erhalten!

# II. Die Aristokratie.

## Erstes Kapitel.

## Der soziale Beruf der Aristokratie.

Die Aristokratie ist die einzige unter den vier großen Gruppen der Gesellschaft, welcher das Recht, als ein besonderer Stand aufzutreten, oft genug von Leuten abgestritten wird, die keineswegs Sozialisten sind. Daß es Bürger, Bauern und Proletarier gebe, daß diese Unterscheidung keine zufällige und willkürliche, sondern in Sitte und Beruf gewurzelte, der Gesellschaft durch ihre ganze Geschichte aufs tiefste eingeprägte sei, leugnet niemand. Wegtilgen möchte der ausebnende Geist freilich diese dreifache Gliederung, aber zugestehen muß er doch, daß sie noch sehr augenfällig bestehe. Eine aristokratische Sitte soll allenfalls noch vorhanden sein — und wäre es auch nur eine Unsitte —, vom aristokratischen Beruf dagegen lasse sich in unseren Tagen nichts mehr verspüren. Die Ansicht ist leidlich populär geworden, daß die Aristokratie in gar nichts weiter beruhe als in der Einbildung, im Vorurteil. Wenn man etwa das Bauerntum als einen wirklichen Stand gelten läßt, dessen Realität freilich jeder mit Händen greifen muß, der nur einen Kittel von einem Rock unterscheiden kann, dann soll dagegen der Adel nur die Anmaßung eines besonderen Standes sein.

Man gesteht wohl zu, daß es vor Zeiten einmal einen Adel als einen in sich berechtigten und lebenskräftigen Stand gegeben habe. Aber jetzt sei derselbe ganz gewiß eine bloße historische

Versteinerung geworden, ein antiquarisches Kabinettsstück, ehr=
würdig, weil grau vor Alter. Auch der Klerus hat ja im Mittel=
alter eine selbständige Gesellschaftsgruppe in sich beschlossen; die
Priesterschaft als Stand, als Kaste bildet den ältesten Adel in
der Weltgeschichte und dennoch hat der Klerus jetzt seine soziale
Selbständigkeit verloren und ist aufgegangen in die übrigen
Gruppen der Gesellschaft.

Man fragt, worin denn noch der eigentümliche, der unter=
scheidende Beruf des Adels sitze, seitdem ihm das Monopol des
großen freien Grundbesitzes, das Monopol des höheren Kriegs=
dienstes, der Staatsleitung, des oberen Richteramtes aus den
Händen gewunden ist, und der höhere Hofdienst, dessen Monopol
der Adel allenfalls noch innehält, seinen früheren politischen
Charakter verloren hat? Bei dem vierten Stande steht die Frage
obenan, wie derselbe sozial zu organisieren, bei den Bauern,
wie ihre im Sturme der Zeiten so wunderbar fest gebliebene
soziale Organisation politisch zu benutzen sei, bei der Aristokratie
dagegen, worin denn eigentlich überhaupt ihr sozialer Beruf be=
stehe und ob sie einen solchen wirklich aufzuweisen habe?

In bewegten Tagen ist von den Fortschrittsmännern mehr
denn einmal und in verschiedenen Ländern förmlich die Ab=
schaffung des Adels dekretiert worden. Merkwürdigerweise ist
aber der Adel immer wieder gekommen. Man hielt den Adel
schon gar nicht mehr für einen wirklichen Stand, denn die Ab=
schaffung eines Standes durch Dekrete wäre an sich ein Unsinn.
Das Bürgertum, das Bauerntum zu Grunde zu richten, im sozia=
listischen Sinne zur Selbstauflösung führen, das kann man wohl
beabsichtigen, aber kein vernünftiger Mensch wird stracks eine
„Abschaffung“ des Bürger= und Bauerntums dekretieren wollen.
Jene Dekretierenden bekannten also durch ihr Dekret, daß sie den
Adel vorweg gar nicht als einen eigentlichen Stand ansahen.
Es war ihnen ein Kropf am Körper der Gesellschaft, ein Aus=
wuchs, den man chirurgisch wegschneiden müsse. Die Führung des
Adelstitels insbesondere erschien ihnen nicht als eine geschichtlich

erwachsene Sitte, die nur auf dem geschichtlichen Wege der inneren Notwendigkeit wieder erlöschen könnte, wie sie gekommen, sondern als der privilegierte Mißbrauch eines willkürlichen Schnör= kels, den man nur durch ein einfaches Verbot auf dem Wege der polizeilichen Sprachreinigung wegzustreichen brauche.

Man fragte sich, worin denn der eigentümliche und unter= scheidende Beruf der Aristokratie als Stand liege, und konnte keine Antwort darauf finden. Aber seltsam stach dagegen freilich wiederum ab, daß man die oft so bestrittene Existenz der Aristo= kratie nicht nur von außen her niemals hatte vernichten können, sondern daß auch die Aristokratie in eigener Person, als sie im achtzehnten Jahrhundert das Möglichste that, sich selber zu Grunde zu richten, dies dennoch nicht fertig gebracht hatte. Ein ganz berufloses, ganz zweckloses Leben kann so zäh nicht sein.

Selbst die Begriffsbestimmung dessen, was eigentlich Aristo= kratie sei, ist je mehr und mehr verschwommen und ins All= gemeine zerflossen. Nicht einmal im Mittelalter hatte man einen durchschlagenden Begriff fest in der Hand, geschweige denn in der neueren Zeit. Er erweiterte und verengerte sich nach ört= licher Auffassung selbst damals, als die äußeren Wahrzeichen des adeligen Standes und Berufes noch das bestimmteste Ge= präge trugen. Der Adel spaltete sich in alten Tagen in eine Masse vielgliederiger Gebilde: die verwirrend ineinander über= springenden Grenzlinien des hohen und niederen Adels lassen sich durchaus nicht allgemein, sondern immer nur in kleinen zeitlichen und örtlichen Kreisen ziehen, sie sind ein rechtes Kreuz der Historiker. Der Adel entwickelte in diesem Sinn ein ähnliches Bild des Sondertums wie die Bauern. Aber es war doch der einigende Ge= danke des allgemeinen sozialen Berufes im Mittelalter aufs klarste und bestimmteste vorhanden, und eben dieser soll — so wird be= hauptet — in neuerer Zeit dem Adel abhanden gekommen sein.

Und in der That liegt etwas Wahres darin und ist es charakteristisch für die gegenwärtigen reformbedürftigen Zustände der Aristokratie, daß sie nach dem genauen Begriffe ihrer selbst sucht, daß sie schwankend geworden, wie weit sie die Grenzen der eigenen Körperschaft erstrecken soll, daß sie sich in entscheidenden Stunden oftmals nicht einig wußte über die notwendig einzunehmende Stellung in den gesellschaftlichen Kämpfen dieser Tage. Schon in dem einfachen Sprachgebrauch ist eine verdächtige Verwirrung eingerissen. Man hat eine Redefigur aus dem Wort „Aristokratie" gemacht und spricht von Geldaristokratie, Beamtenaristokratie, Gelehrtenaristokratie 2c. Und zwar hat sich dieser Sprachgebrauch in einer Weise eingebürgert, daß es oftmals schwer hält, den Punkt zu finden, wo sich die Redefigur vom Wortsinne scheidet.

Sind überhaupt „Aristokratie" und „Adel" gleichbedeutende Begriffe? Man nimmt gewöhnlich den ersteren Begriff für einen weiteren als den letzteren. Ich glaube dagegen, daß in der Gesellschaftskunde der Begriff der Aristokratie als der engere zu fassen sei. Meine Ausführung über die soziale Bedeutung der Aristokratie wird darthun, daß keineswegs der gesamte Adel zur Aristokratie gehört, wohl aber daß der Geburtsadel eine wesentliche, wenn auch keineswegs die einzige Eigenschaft des sozialen Aristokraten sei. In früherer Zeit hat man den Begriff der Aristokratie zu äußerlich beschränkt, indem man ihn für gleichbedeutend mit dem des Adels nahm; gegenwärtig erweitert man ihn übermäßig in ebenfalls äußerlicher Weise. Es entspricht ganz dem Geiste unserer gebildeten Gesellschaft, der ein hoffärtiger, aber nicht ein stolzer Geist ist, daß die Spitzen des Bürgertums auch mitzählen wollen zur Aristokratie, während doch der echte Bürger viel zu stolz sein muß, um irgend etwas anderes sein zu wollen als ein Bürger. Nur der selbständige, unabhängige, grundbesitzende Adel gehört zur sozialen Aristokratie, nicht aber der besitzlose, unabhängige Titularadel. Es zählt auch der Fürst zur sozialen Aristokratie, während er den politischen Ständen neutral gegenübersteht. In dem Sinn jenes eigentlichen, unabhängigen Adels habe ich wohl auch die Ausdrücke Adel und Aristokratie hier und da abwechselnd füreinander gebraucht.

Die Weltanschauung der Voltaire'schen Zeit, welche in den meisten Dingen doch so ziemlich vergessen ist und selbst durch die eifrigsten Bemühungen einer Seitenlinie der absoluten Philosophenschule neuerdings im Volksbewußtsein nicht wieder aufgefrischt werden konnte, ist in betreff der Aristokratie merkwürdigerweise am dauerndsten volkstümlich geblieben. Der deutsche Philister kehrt leichter zu dem Glauben an die Vernunftmäßigkeit des leibhaftigen Teufels als an die Vernunftmäßigkeit des Geburtsadels zurück. Die Sache ist leicht erklärlich. Der religiöse Rationalismus kam am frühesten, er ist auch am frühesten gebrochen worden. Der soziale Rationalismus ist viel neueren Datums, er wird noch eine gute Weile brauchen, um sich abzuleben. Durch jenes äußerste, welches der soziale Rationalismus in der Aufstellung der modernen sozialistischen Systeme theoretisch gewagt, ist im Kampfe jener gegnerische Standpunkt erst zum wissenschaftlichen Bewußtsein gekommen, der die gesellschaftlichen Zustände lediglich aus der historischen Entwickelung der Gesellschaft selber beurteilt. Nach fünfzig Jahren wollen wir wieder nachfragen, ob dieser Standpunkt auch bei dem deutschen Philister zur Geltung durchgedrungen ist.

Kant bezeichnet den Adel als einen Rang, der dem Verdienste vorhergeht, dieses aber keineswegs zur notwendigen, nicht einmal zur gewöhnlichen Folge hat. Der Begriff des Adels hat aber einen weit reicheren Inhalt als den, einen bloßen Rang zu bezeichnen, der Rang ist vielmehr etwas ganz untergeordnetes bei demselben. Kant würde zu dieser sehr äußerlichen und mageren Bestimmung nicht gekommen sein, wenn er das gesellschaftliche Phänomen des Adels nicht mit abstrakt philosophischem Maßstabe gemessen hätte. Hätte die damalige Zeit ein Organ gehabt für die historisch-soziale Auffassung, so würde der große Philosoph von Königsberg in dem Adel eine eigentümliche Entwickelungsform des sozialen Lebens erkannt haben, die nicht fehlen darf, wo die europäische Gesellschaft, wie sie nun einmal historisch geworden ist, in ihrer Gesamtheit dastehen soll. Ob das einzelne Glied eines solchen Standes diejenigen Verdienste entfaltet oder nicht, welche von der Würde des Standes geheischt werden, ist für den allgemeinen Begriff desselben ganz gleichgiltig. Die große Masse hängt aber heute noch an jener Kantischen Ansicht fest, weil sie gleichfalls noch nicht weiß, soziale Thatsachen aus der Gesamtheit des sozialen Lebens zu beurteilen.

Merkwürdig genug hat der Sprachgebrauch seit geraumer Zeit das Wort „Aristokratie“ weit häufiger zur Bezeichnung einer Partei als eines Standes gestempelt. Beim Bürgertum hat man viel später erst den Stand als „Bourgeoisie“ in die Partei übersetzt. Darin bekundet sich wiederum der Drang, den sozialen Bestand der Aristokratie wegzuleugnen und nur den politischen als einen usurpierten stehen zu lassen. Man darf dabei nicht vergessen, daß die Sucht, den Begriff der Aristokratie zu dem einer Partei zu verflüchtigen, wesentlich der ersten französischen Revolution angehört, die entsprechende Travestierung des Bürgernamens aber der Februarrevolution.

Und doch liegt diesem Mißbrauch insofern wieder etwas Wahres zu Grunde, als in den sozialen Gebilden unzweifelhaft ein dreifach verschiedener politischer Grundton sympathetisch anklingt. Die Aristokratie und die Bauern sind auf den ständisch-konservativen Accord gestimmt, die Stadtbürger auf den konstitutionellen, die Proletarier auf den sozialdemokratischen. Diese annähernde Stimmung — in der schwebenden Temperatur — erfüllt freilich das Wesen der einzelnen Stände nicht. Darum steigen aber doch und fallen mit den Wogen der sozialen Kämpfe ebenmäßig die politischen Wogen. Das Proletariat, die Ausgleichung aller ständischen Unterschiede begehrend, sucht den nackten Menschen; die Aristokratie, welche den Gedanken der ständischen Gruppen greifbar verkörpert darstellt, setzt den Gesellschaftsbürger im historischen Kostüm dagegen; das Bürgertum vermittelt, indem es das Zauberwort vom Staatsbürger in den Streit wirft: und diese rastlose politische Fehde der gesellschaftlichen Kräfte bewahrt uns, daß ein äußeres politisches Prinzip jemals einseitig auf die Dauer alleinherrschend werde.

Indem so jeder Stand nebenbei von einem eigenen, gleich= sam eingeborenen politischen Gedanken erfüllt ist, gestaltet er sich zu der materiellen Unterlage, in welche der Staatsmann die Grundpfeiler seines politischen Baues eingräbt. Oder richtiger: das ständische Volksleben selber ist der rohe Stoff für den Politiker, woran er sein Talent als ein formbildendes erprobt. Aber alle= zeit wird ihm je nach seiner politischen Doktrin nicht das ganze Volk, sondern je eine bestimmte Gesellschaftsgruppe vorwiegend der weiche bildsame Stoff sein, woran er formend Hand legt. Ich meine also, der ständisch konservative Staatsmann sieht vor allen Dingen zu, daß er sich eine Adels= und Bauernpolitik schaffe, der konstitutionelle, daß er auf eine Bürgerpolitik, der Demokrat, daß er auf eine Politik des vierten Standes gestützt sei.

Aus diesem Gesichtspunkte wird erst der staatsmännisch prak= tische Wert klar, welchen eine solche naturgeschichtliche Untersuchung der Stände, wie ich sie geben möchte, haben kann. An politischen Formen ist die Gegenwart ja überreich; ich möchte gerne den entsprechenden Stoff für diese Formen aufzeigen. Indem die Demokratie den vierten Stand zu ihrer heiligen Schar machte, ihn zu organisieren suchte, den vierten Stand für das Volk er= klärte, lediglich auf den vierten Stand ihre Politik baute, bewies sie staatsmännischen Instinkt. Daß sie auf dieser untersten Stufe stehen blieb, daß die Proletarier ihrerseits sich zwar totschießen ließen, aber doch nicht sich zu organisieren verstanden, geht uns hier nichts an. Aber der Konstitutionalismus stützte sich lieber auf Gelehrte und Journalisten, als auf das Bürgertum, der Konservatismus auf die Soldaten und nicht auf die Aristokratie und die Bauern. Daher die andauernde Ohnmacht gegenüber der Demokratie! eine Ohnmacht, die erst aufhörte als die Demokratie sich selber zu Grunde gerichtet hatte. Nur die soziale Politik macht heutzutage unüberwindlich.

Nach diesen abschweifenden Zeilen kehre ich zum Thema zurück: zur Kritik der Verneinung des aristokratischen Berufes.

Der Gedanke, den Adel, wie er geschichtlich erwachsen, als

etwas willkürlich Gemachtes hinzustellen, konnte erst dann auf=
treten, als man überhaupt die uralte innere Mannigfaltigkeit
der Gesellschaft für ganz zufällig, von barbarischen Zeiten er=
sonnen, der Menschheit unwürdig fassen zu müssen glaubte. Den
Geburtsadel hielt man so recht für die breite Bresche, durch
welche ein „philosophisches Zeitalter" erobernd in die Zwingburg
des Ständewesens einziehen könne. So wie man überhaupt keine
geschichtliche Notwendigkeit mehr erkennen wollte, so konnte man
am wenigsten begreifen, wie es von rechtswegen irgend bestim=
mende Einflüsse auf eines Menschen ganzes Lebensgeschick haben
dürfe, daß dieser oder jener sein Vorfahr gewesen.

Bei dem Genius hat man längst die Wucht des „Angeborenen"
eingesehen. Gerade zu einer Zeit, wo man am meisten über den
Geburtsadel spottete, hat man den Stammbaum Sebastian Bachs
mühsam aufgeforscht; eine lange, stolze Ahnenreihe der kern=
haftesten Kunstmeister kam zu Tage, und mit Recht schrieb man
diesem künstlerischen Geburtsadel ein gut Teil der auszeichnenden
Eigentümlichkeiten des seltenen Mannes zu. Bei Goethe sind
nicht bloß Vater und Mutter, sondern auch in aufsteigender Linie
die entfernteren Vorfahren in den Kreis des Nachforschens ge=
zogen worden. So wohl begriff man, wie oft der Genius unter
die eherne Notwendigkeit der Geburt und Abstammung gestellt ist.
Auch die ideelle Aristokratie des Talents ist eine Geburtsaristo=
kratie. Die Sozialisten steuern darum ganz folgerecht darauf hin,
selbst diese Aristokratie des Talents hinwegzutilgen. Aber wenn
man gleich die ganze Welt zu einem großen Findelhaus herrichtete,
würde doch wenigstens diese Bevorzugung der Geburt nicht aus=
zurotten sein.

Die Geburt bestimmt ja auch in der Regel unwiderruflich,
ob einer Bürger oder Bauer oder Proletarier werde, warum soll
sie nicht bestimmen, daß einer Baron sei? Dieser Gedanke, daß
die Geburt — zumeist — die historische Schranke für die ganze
spätere gesellschaftliche Stellung des Menschen bilde, hat sich in
der Theorie des Geburtsadels gleichsam verdichtet, seinen per=

fönlichen Leib gefunden, mindestens sein Wahrzeichen. Die Ari=
stokratie ist der Stand der sozialen Schranke, wie der vierte
Stand der sozialen Schrankenlosigkeit; beide Extreme haben ihr
Recht nebeneinander, weil die Gesellschaft nur in ihrer Viel=
gestalt ein organisches Leben entfalten kann. Ein Proletariat mit
Stammbäumen und Hausgesetzen wäre ebenso widersinnig als
eine Aristokratie ohne Geburtsadel. Die Basis aller sozialen
Schranken und Gliederungen ist die Familie. Darum ist es
ganz naturnotwendig, daß das Bewußtsein der Familie in
der Aristokratie am schärfsten ausgeprägt, am lebendigsten durch=
geführt sei. Die Familie im Aufsteigen zu ihren historischen
Wurzeln gedacht, entfaltet sich zum Stammbaum. Das Ge=
schlechtswappen ist das äußerliche Wahrzeichen dafür, daß das
Familienbewußtsein historisch geworden ist, und die Seitenzweige
finden ihre Familiengemeinsamkeit in dieser Wappensymbolik ur=
kundlich wieder. Auch bei dem Bürger und Bauern wurzelt die
ganze soziale Persönlichkeit in dem Begriff der Familie. Aber
beide führen nicht notwendig Wappen. Das historische Bewußt=
sein der Familie reicht nicht so weit hinauf, die Gemeinsamkeit
der Familie verzweigt sich nicht so breit und reich auch in die
Seitenäste, daß ein solches Symbol als Erkennungszeichen gefordert
wäre. Wir kommen hier wieder um einen Schritt weiter in der
Begriffsbestimmung der Aristokratie. Sie ist der Stand der
sozialen Schranke, das Fundament aber dieser Schranke,
dieses Prinzips der Gliederung findet sie in dem histori=
schen Familienbewußtsein.

In dem Abschnitt vom deutschen Bauern bezeichnete ich den
Bauer als ein leibhaftiges Stück Geschichte, das in unsere Zeit
hereinrage. Ich wies nach, wie der historische Sinn der Bauern
schlummert, wie der Bauer von dem Instinkt der historischen Sitte
geleitet wird, keineswegs aber die bestimmte, bewußte Absicht
hat, das Geschichtliche an sich und seiner Umgebung zu hegen
und zu pflegen. Nun ist auch der Adel, gleich dem Bauern,
ein Stück leibhaftiger Geschichte, das in die moderne Welt ragt.

Als unterscheidendes Merkmal tritt jedoch hinzu, daß der Adel über den in seiner Körperschaft webenden geschichtlichen Geist sich auch klar und bewußt Nachweis gibt, daß er sich als den Bewahrer des historischen Zuges im sozialen Leben wissen und erkennen muß. Er ist im eigenen Standesinteresse auf die Geschichtsforschung hingewiesen, während sich der Bauer um solche Forschung gar nicht kümmert. Der Bauer weiß nicht, wer seine Vorfahren waren, aber ihre Sitten leben in ihm. Der Adel kennt und findet sich in seiner sozialen Geschichte — und wenn es auch nur die ganz trockene Familienchronik eines Stammbaumes wäre; — der Bauer steckt in seiner Geschichte und weiß es selbst nicht. Der Adel ist aus diesem Gesichtspunkt ein Bauerntum auf erhöhter Stufe, er ist der große Grundbesitzer, welcher sich seines geschichtlich erwachsenen Familienlebens seit alter Zeit bewußt geblieben ist. Aber der dunkle Trieb des Instinktes, der unbewußt gehegten Sitte ist fast immer gewaltiger, spröder und ausschließender als das bewußte Begreifen. Darum ward der Bauer doch in strengerem und einseitigerem Sinne der „historische Stand" als der Adel, der seine Geschichte kennt und urkundlich aufzeichnet, aber keineswegs mehr mit der Einfalt des Bauern in dem engen Bann der geschichtlichen Sitte lebt. Der Stammbaum hat in der sozialen Wissenschaft eine theoretische Bedeutung; den praktischen Wert erhält er erst da, wo sich auch die Ueberlieferung der historischen adeligen Sitte an die Stufenfolge der Ahnenreihe kettet.

Ich nannte den Adel ein potenziertes Bauerntum, sofern ich das letztere im modernen Sinn des freien kleinen Grundbesitzes fasse. Der weiteren Anhaltspunkte zur fortgeführten Parallele bieten sich hier erstaunlich viele. In beiden Ständen ruht hauptsächlich die erhaltende, hemmende und dämmende Kraft für die Gesellschaft wie für den Staat; in dem Bürgertum und dem vierten Stand die fortbewegende, vorwärtsdrängende. Dem Adel schwindet gleich dem Bauern der historische Boden unter den Füßen, sowie ihm die Basis des Grundbesitzes abhanden kommt.

Der echte Adel und der echte Bauer verstehen sich auch gegenseitig am besten, kommen am leichtesten miteinander aus. Es
ist dies eine ganz merkwürdige Thatsache. Die Geschichtssagen
der Bauern über ihre früheren Verhältnisse zu ihrem Gutsherrn
klingen gemeiniglich gar nicht darnach, als ob sie eine sonderliche
Vorliebe für deren Stand und Familie erwecken könnten. Es
wird da von wenig anderen Dingen die Rede sein als von Zinsen
und Lasten, Frohnden und Leistungen. Und dennoch blickt der
Bauer weit seltener mit Neid auf den adeligen Grundherrn als
der Bürger auf den Baron. Das macht, sie fühlen sich wahlverwandt, sie wissen, daß ihr Interesse im großen und ganzen
auf eines hinausläuft. Auch im geschichtlichen Verlauf läßt sich's,
wie wir weiter unten sehen werden, nachweisen, daß der Edelmann dem Bauern weit näher gestanden hat als dem Bürger.
Darin liegt ein bedeutsamer Fingerzeig für die Aristokratie. Wenn
dieselbe ihren eigenen Vorteil wahren will, dann muß sie sich
als die Schirmerin der Interessen des kleinen Grundbesitzes erweisen, die selbständig kräftige Blüte des Bauerntums fordern.
Dagegen wird der begüterte Adel gewiß seinen Bestand nicht
festigen, wenn er seinen Grundbesitz dadurch vermehrt, daß er
die kleinen Bauern systematisch auskauft und dieselben so aus
freien Grundeigentümern zu seinen Taglöhnern macht. Was
er dadurch materiell gewinnt, büßt er moralisch ein. Die selbständigen Gutsbesitzer waren seine natürlichen Bundesgenossen;
die Tagelöhner, und wenn sie auch sein Brot essen, sind eben
Proletarier, d. h. die natürlichen Gegner der Aristokratie.

Im früheren Mittelalter durfte gemeiniglich nur der hohe
Adel, der mit seinem Burgsitz ansehnlich Land und Leute vereinigt hatte, Graben und Zugbrücken derart an seiner Burg an-
bringen, daß er sich und das umliegende Land damit absperren
konnte. Dieses „Recht der Zugbrücke" war ein politisches,
ein militärisches Recht, aber es liegt auch eine tiefe soziale Bedeutung darin. Der hohe Adel nur durfte eine kleine Welt für
sich bilden, das Recht der Zugbrücke war das Wahrzeichen seiner

sozialen Selbständigkeit und ist es im Grunde geblieben bis auf
diesen Tag. Der hohe Adel mit dem Klerus bildete damals noch
allein die „Gesellschaft". Später erweiterte sich diese. Merkwürdig
genug erwarb auch der niedere Adel ungefähr zu derselben Zeit
das Recht der Zugbrücke, da er sich zur sozialen Selbständigkeit,
zum Eintritt in die Gesellschaft aufzuringen begann. Er erwarb
das Recht, weil er beim Aussterben und Verderben so vieler
Geschlechter des ältesten hohen Adels die Burgen erworben hatte,
an denen es haftete, ganz wie jetzt so mancher reiche Bürger
durch Gütererwerb das Recht der Zugbrücke im modernen Sinne
gewinnt. Dazu kam, daß er nun auch seiner Familiengeschichte
sich bewußt ward. Erst mit dem Rechte der Abschließung bilden
sich überall soziale Gruppen. So hatte das Bürgertum des
Mittelalters mit dem Korporationswesen auch für sich das soziale
Recht der Zugbrücke erobert; als die Städte zu großen Burgen
geworden waren, die man „beschließen" konnte, begann das
Bürgertum als ein organisches Glied in die Gesellschaft einzutreten. Die Abgeschlossenheit des Bauern in Sitte, Sprache und
Lebensart ist ein soziales Recht der Zugbrücke, durch welches er
sich als Stand gefestet erhält. Das Proletariat hat dieses Recht
der Zugbrücke noch nicht gefunden, und eben darum ist es auch
noch kein fertiges, sondern erst ein in der Bildung begriffenes
Glied der Gesellschaft.

Der Adel unserer Tage hat keine festen Burgsitze mehr, er
braucht auch keinen Graben und keine Zugbrücke. Aber indem
er großen Grundbesitz im Verbande mit einer individuellen Familiengeschichte fordert, stellt er das soziale Recht der Zugbrücke
als die Grundbedingung der gesellschaftlichen Gliederung überhaupt dar. Es ist des Adels eigenster Lebensberuf, diese Gliederung auszudrücken und zu bewahren, wie der Lebensberuf des
Bürgertums, vermittelnd und ausgleichend das Verknöchern der
historischen Unterschiede zu verhüten. Wenn man in der modernen Umgangsprache die „Gesellschaft" als gleichbedeutend
mit der Aristokratie gebraucht, so ist dies zwar ein verkehrter

und anstößiger Sprachgebrauch, der aber doch ein kleines Körnchen Wahrheit in sich schließt. Denn die Aufgabe der Aristokratie wäre es allerdings, das Urbild der bestimmtesten und abgerundetsten Gesellschaftsgruppe darzustellen. Der politische Beruf der Aristokratie ist nur noch ein abgeleiteter, er quillt aus dem bezeichneten sozialen Berufe. Darum ist dies die einzige wahre und tief greifende Bedeutung der ersten Kammern, das historische Prinzip der gesellschaftlichen Gliederung politisch zu vertreten, zu machen, daß das Staatsleben seine soziale Grundlage nicht verlasse, nicht aber einseitig das Sonderinteresse des Adels zu fördern.

Wie die Beamtenwelt im kleinen Kreise die Lebensthätigkeit des Staates nach allen Seiten darstellt, während darum doch erst die Gesamtheit aller Staatsbürger den Staat ausmacht, so ist die Aristokratie berufen, die ständische Bildungsform der Gesellschaft in ihren klarsten Grundgedanken zu verwirklichen, während darum doch erst die Gesamtheit aller Stände die Gesellschaft bildet.

Halten wir dieses als das Ideal des Berufes der Aristokratie fest, dann ergibt sich's von selbst, daß dieselbe etwas ganz anderes als einen bloßen Rang ausdrückt. Der höchste Rang macht noch keinen Aristokraten; auch der ausgedehnteste Besitz allein nicht, noch der historische Name allein. Die durch die Fülle des festen Besitzes gewährleistete unabhängige und selbständige Stellung, verbunden mit dem bereits historisch gewordenen Bewußtsein der Familien- und Standesgemeinschaft, befähigt erst zu dem sozialen Berufe der Aristokratie. Darum kann man dieselbe so wenig machen als man sie wegdekretieren kann. Und darum ist es auch widersinnig, einen Adeligen, der sich seines Standes unwürdig gezeigt hat, zur Strafe in den Bürgerstand versetzen zu wollen. Der Bürgerstand hat einen gleich hohen, gleich ehrwürdigen, nur von anderen Grundlagen ausgehenden, in anderer Art zu verwirklichenden sozialen Beruf wie die Aristokratie, und wer sich zur Erfüllung des aristokratischen Berufes unfähig gemacht hat, der ist damit wahrhaftig nicht befähigt zu dem Berufe der anderen Stände; er ist und bleibt eben ein verdorbener, nichtsnußiger Aristokrat, wie jeder Stand seine Eiterbeulen und Geschwüre hat. Die Stände stehen überhaupt an sich zu einander in keiner Rang= ordnung, sie drücken nur verschiedene Seiten des allgemeinen Berufes der Gesellschaft aus. Der Accent, den man seit dem Mittelalter auf die Rangordnung der Stände gelegt, schuf gerade jenen Zopf des Ständewesens, der dasselbe leider um seinen Kredit gebracht hat. Von diesem Zopfe muß jeder absehen, dem es Ernst ist mit der sozialen Reform. Würde das Wesen der Stände als verschiedenartiger Formen des sozialen Berufes, die notwendig mit den geschäftlichen Formen des Berufes Hand in Hand gehen, allgemein erkannt, dann würde sich jeder in seinem eigenen Stande stolz und wohl fühlen und der unselige Drang, aus diesem heraus= zutreten und mit dem äußeren Abklatsch der Sitte sich die Pforten eines als höher beneideten Standes erschließen zu wollen, würde aufhören.

Je frischer, selbständiger und kräftiger das Bürgertum sich entfaltet, um so gediegener wird auch die Aristokratie sein, um so neidloser werden alle Stände zusammenwirken. Der deutsche Adel ist von demselben Augenblicke an zurückgegangen, wo das Bürgertum verfiel, und je mehr beide Stände sich verflachten, um so weiter wurde die trennende Kluft zwischen beiden. Wie die ständische Gliederung, deren festester materieller Rückhalt im Bürgertum sißt, sich auflöste, schwand der Aristokratie mehr und mehr ihr eigentlicher Beruf, diese Gliederung auch formell selbstbewußt zu erhalten. In der sozialistischen Welt, die kein Bürgertum mehr kennt, schafft sich der Adel von selber ab; denn nur in der historisch gegliederten Gesellschaft hat er überhaupt einen Beruf, einen Sinn. Das Geheimnis der Kraft und Un= verwüstlichkeit der englischen Pairie liegt darin, daß in England auch die Bürger sich noch als feste, wohlgegliederte Körperschaft wissen und fühlen, daß die Organisation der Gesellschaft sich noch ihren inneren historischen Bestand gerettet hat. Mit diesem gegenseitigen Kraftbewußtsein der verschiedenen Gruppen hängt es aufs innigste zusammen, daß, wie Montesquieu sagt, Mäßigung die Kardinaltugend der englischen Aristokratie ist. In Deutschland hat sich das Bürgertum seit dem unseligen dreißigjährigen Kriege mehrfach veräußerlicht und verflacht, naturnotwendig also auch der Adel; der Stoff zu einer vollwichtigen deutschen Pairie wird sich erst dann wiederfinden, wenn sich der Stoff zu einem vollwichtigen deutschen Bürgertum wieder gefunden hat. In Frankreich, wo der ständische Geist im Bürgertum am meisten erloschen ist, wo das geschichtsfeindliche Proletariat seine entscheidendsten Siege feiert, ist auch der Adel am meisten verblaßt. In Spanien, wo sich umgekehrt der Ehrgeiz der Standeserhöhung zur Donquichotterie überhoben hat, will jeder Bürger ein Hidalgo sein.

## Zweites Kapitel

# Die mittelalterige Aristokratie als der Mikrokosmus der Gesellschaft.

Zum Verständnis des Bauerntums nahm ich im vorigen Ab=
schnitt zunächst die Zeichnung einer Masse kleiner Einzelzüge aus
dem gegenwärtigen Bauernleben zur Hilfe. Zum Verständnis
der Aristokratie greife ich dagegen in die Geschichte zurück. In
dieser verschiedenartigen Methode ist bereits stillschweigend ein
Grundunterschied beider Gruppen ausgesprochen. Der Schwer=
punkt der Aristokratie liegt in dem, was sie gewesen, der
Schwerpunkt des Bauerntums in dem, was es eben jetzt erst ist
oder wird. Für den kulturgeschichtlichen Forscher erscheinen die
Adelszustände des Mittelalters als das feinste Miniaturbild einer
praktisch durchgeführten „Organisation der Gesellschaft". Nicht
nur die ganze soziale Frage, welche die Gegenwart so stürmisch
bewegt, zeigt sich hier in tausend kleinen Einzelzügen angedeutet
und in verjüngtem Maßstabe vorgebildet, sondern auch die Ant=
wort darauf.

Es ist ein scheinbar gewagtes und dennoch äußerst dankbares
Beginnen, diese alte Aristokratie unter den modernen Gesichts=
punkt des sozialen Lebens zu bringen, die alten Ritter herauf=
zubeschwören, daß sie uns Rede stehen über ihre Ansicht von der
Lösung der Gesellschaftsprobleme. Vielleicht erweist sich's, daß
sie gerade in dem Punkte des sozialen Lebens, in welchem man
sie am meisten verketzert, für ihre Zeit die echten „Ritter
vom Geist" gewesen sind. Man hat seit Jahrhunderten ein

unendliches Material zusammengeforscht zur Erkenntnis der mittel=
alterigen Aristokratie. Man hat dieselbe im Lichte der Staats=
und Rechtskunde, der Kriegswissenschaft oder im magischen Halb=
schimmer der poetischen Romantik abgeschildert — warum sollte
man nicht auch einmal ein Streiflicht der modern sozialen Kritik
auf dieselbe fallen lassen?

Der Grundgedanke des genossenschaftlichen Lebens, der Ge=
samtverbindlichkeit strebt bei dem mittelalterigen Adel mit einer
Triebkraft hervor, daß selbst unsere heutigen Sozialisten ihre
Freude daran haben müßten. Es ist eine sehr verkehrte Ansicht,
wenn man im allgemeinen wähnt, in seiner Burg habe sich der
Edelmann vereinzelt, von der Gesellschaft abgelöst und in dem
stolzen Gedanken: „eigener Schutz, eigene Wehr" ein selbstherr=
liches Leben geführt. Die „Burg" drückt, wie schon oben be=
merkt, die soziale Beschlossenheit des Adels weit mehr als des
einzelnen Edelmannes aus.

In dem Burgwesen steckt eine Ausbildung der freien Ge=
nossenschaft, die himmelweit entfernt ist von der Vereinsamung
des modernen Individuums und prächtige Ansätze enthält zu
einem darauf gegründeten korporativen Gebilde der Gesellschaft
im kleinen. Der einfache Landedelmann saß als Burggraf, Vogt,
Erbamtmann, Burgmann, Pfandbesitzer des hohen Adels meist
auf fremden Burgen; oft genug trat eine ganze Gesellschaft von
Edelleuten zusammen, die eine Burg gemeinsam erkauft, erbaut,
ererbt hatte, und setzte sich auf derselben fest unter dem Sammel=
begriff der Ganerbschaft. In diesen Ganerbschaften und Burg=
mannschaften liegt ein wirkliches sozialistisches Element, wie es
die neuere Zeit in solcher Ausdehnung noch nicht wieder zu ver=
wirklichen vermocht hat. Man könnte dieses Gemeinleben ganzer
Adelssippen mit der Phalanstère, mit den Humanitätskasernen
der modernen Theoretiker vergleichen, wenn nicht ein gewaltiger
Unterschied sofort hervorspränge: die Basis des Familienlebens,
auf welcher das ganze mittelalterliche Verhältnis fußte, und —
das Recht der Zugbrücke, die ständische Abgeschlossenheit.

Gewiß ist, daß die Analogie des alten Bürgertums in Zunft- und Gildewesen den modernen Begriffen der gesellschaftlichen Gesamtverbindlichkeit bei weitem nicht so entschieden aus- spricht und durchführt, wie es so mancherlei Arten von Adels- verbindungen gethan. Nur das Klosterleben mag in der Schärfe des sozialen oder, wenn mag lieber will, sozialistischen Gedankens den Ganerbschaften zur Seite und über dieselben gestellt werden. Und merkwürdig genug finden sich meist da auch viele Klöster, wo viele Burgen waren, in burgarmen Gegenden sind meist auch die Klöster rar. Ja die Adelsgenossenschaft selber stand zu den Klöstern wieder oft genug in einem Verhältnis der sozialen Ge- samtverbindlichkeit. Die Adelsgeschlechter stifteten Klöster, nicht bloß angetrieben durch die Frömmigkeit, sondern auch aus Gründen einer wohlberechneten sozialen Politik. Wenn die Stammburg nicht mehr Raum genug bot, um die sich weiter verästelnden Nebenzweige, wie es vielfach alte Adelssitte war, allesamt zu beherbergen und im großen Familienbunde festzuhalten, dann nahm das Kloster gegen geringe Mitgift oder auch ohne alle Mitgift die Ueberzahl der Sprößlinge vom Geschlechte der Stifter ab. So blieben sie auch in der neuen klösterlichen Körperschaft durch das geistige Band der Stiftung doch mit der ursprüng- lichen Sippe verknüpft. Die adeligen Töchter schickte man zur Erziehung ins Kloster, nicht bloß, daß sie die religiöse Aus- bildung daselbst gewönnen, sondern auch die soziale Zucht und Sitte. Gleichzeitig mit dem sozialen Verfall der Adelsgenossen- schaften ist auch das Gesellschaftsleben der Klöster entartet und zerfallen. Es lag das bei letzteren keineswegs bloß in der reli- giösen Umstimmung der Zeit. Auch die soziale Umstimmung forderte ihr Recht. Der sozialistische Gedanke, der in den Adels- genossenschaften und dem Klosterwesen sich eingelebt hatte, trat zurück, aber er war bloß eingeschlummert und ist in unseren Tagen, nur in neuem Gewande, wieder aufgewacht.

Wo nun vollends das Mönchwesen mit dem Ritterwesen zusammentraf, in den geistlichen Ritterorden, da entfaltete sich auch der ausgeprägteste Sozialismus des Mittelalters. Jenes bekannte ritterliche Ordenssymbol, welches zwei Ritter auf einem Rosse sitzend darstellt, könnte sich wohl gar ein moderner Kommunist ohne Skrupel als Siegel stechen lassen.

Nicht bloß das Fördernde und Treffliche, auch das Gefährliche des genossenschaftlichen Lebens zeigte sich bei der engen Verbrüderung der Ganerbschaften. Meutereien waren in den ganerbschaftlichen Burgen so häufig, wie sie es jetzt immerhin bei den Probestücken von sozialistischen Kolonien in Nordamerika sein mögen. Jene Räubereien, welche an dem friedlichen Kaufmanne verübt, so oft den Glanz des mittelalterigen Adels verdunkelten, gingen häufig von den ganerbschaftlichen Burgen aus, und zwar sollen gerade die Burgen in der Regel die gefürchtetsten gewesen sein, wo am meisten kleine Teilhaber beisammen saßen.

Das Mittelalter erweist sich überall feinfühlig in sozialen Dingen, wenn es ihm auch sehr fern lag, in wissenschaftlicher Erkenntnis darüber zu reden. Als die Fürsten die Verfolgung der Tempelherren mit Folter und Scheiterhaufen begannen, da lag neben den anderen Motiven gewiß auch die dunkle Ahnung von der sozialen Gefährlichkeit einer Adelsgenossenschaft zu Grunde, in welcher die Tendenz der Gesamtverbindlichkeit aufs schärfste ausgesprochen, dabei aber die Verbindung mit dem historischen Familienleben außerhalb des Ordenshauses abgebrochen war. Die „Gesellschaft" geht dem Templer im Orden auf, der einzelne darf selbst kein Privateigentum mehr besitzen. So würde im stets weiter greifenden Wachstum dieser geistlichen Rittergenossenschaft zuletzt die mittelalterige Aristokratie aus ihrer eigenen Mitte her vernichtet worden sein, ganz wie in dem modernen Sozialismus die Gesellschaft durch sich selbst vernichtet werden würde. Unter den Vorwürfen, die man seiner Zeit dem Tempelorden gemacht, findet sich auch der, daß er die Herstellung einer allgemeinen europäischen Adelsrepublik beabsichtige. In diesem Vorwurfe liegt wieder die dämmernde Erkenntnis der ungeheueren sozialen Revolutionskraft, die in dem Orden schlummerte. Die Ausrottung dieses Ordens war wahrlich ein furchtbarer Akt, aber es war ein Akt der sozialen Notwehr seitens der Fürsten. Es lohnte wohl der Mühe, die Akten des Prozesses, den man den Templern gemacht, einmal unter dem Gesichtspunkte des modernen Sozialismus und Kommunismus durchzusehen. Die gesellschaftlich ausebnende Philanthropie des achtzehnten Jahrhunderts hat das tragische Ende der Tempelherren als einen willkommenen Stoff hervorgezogen und ausgebeutet. Auch ist es bemerkenswert, daß eine Zweigschule des St. Simonismus in Paris den Tempelorden wieder hat erneuern wollen, wobei sie es freilich nicht weiter brachte, als man's auf jedem Maskenball bringen kann, nämlich bloß bis zu den weißen Mänteln mit roten Kreuzen.

Für unseren Zweck genügt es, auch hier die Thatsache zu erkennen, daß in der Aristokratie des Mittelalters der ganze Reichtum unseres sozialen Lebens vorgebildet war, selbst in jenen Auswüchsen und Krankheitsformen, welche man so leicht als etwas ganz Neues, nur der modernen Welt Eigentümliches ansieht.

Familieneigentum, Korporationsbesitz; Gemeindeeigentum und Gemeindewirtschaft spielte die größte Rolle bei den Mächten des Beharrens im Mittelalter, bei dem Adel und den Bauern; der Bürger dagegen, der Mann der Bewegung, ergriff nachgehends die Idee des freien Privatbesitzes am tiefsten und folgerechtesten und eroberte mit ihr eine neue soziale Welt.

Kehren wir zu dem gesunden, genossenschaftlichen Triebe in der mittelalterigen Aristokratie zurück. Auch die Burggenossenschaften, von denen ich oben geredet, standen nicht als in sich vereinzelt da. In geschlossenen Länderbezirken scharten sich diese kleineren Gruppen wiederum zu größeren Massen. Da entstehen Reichsvereine, Ritterkreise, Kantone, adelige Gelöbde, Tafelrunden, Gesellschaften und Bündnisse mit allerlei symbolischen

Namen, sogenannte Trinkstuben unter dem Patriziat der großen Reichsstädte u. s. w. Der eine Verein mochte mit dem anderen nicht „zum Spiele reiten"; diese Gruppen als solche sonderten sich streng ab, und doch war es dem Einzelnen keineswegs verwehrt, persönlich an den anderen „Verstrickungen" teilzunehmen, um so wieder eine Brücke zu schlagen, sofern diese Teilnahme nur den Grundsätzen der eigenen Genossenschaft nicht zuwiderlief.

Wir sehen hier überall Ansätze zu einem organischen Gruppensystem der Gesellschaft aus dem Boden aufschießen, aber die Ueberkraft des Triebes läßt oft den einen Keim durch den anderen ersticken. Ueberblickt man die deutschen Adelsgenossenschaften in ihrer Gesamtheit, so entrollt sich das Bild einer wahrhaft genialen Unordnung; aber einer Unordnung, die merkwürdig genug hervorgerufen ist durch den übergewaltigen Drang nach Ordnung, und darum eben recht naturwüchsig. Das schafft ja auch den wundersamen Charakter so vieler gotischen Architekturen, daß das gesamte Kunstwerk die leibhaftige Unordnung darstellt, erwachsen aus dem übermächtigen, weil dazu individuellen Trieb der Ordnung im einzelnen. Für das Korporationswesen des mittelalterigen Adels gibt es in der That kein anschaulicheres Bild als jenes einer solcher gotischen Architektur.

Die Erkenntnis des bezeichneten naturkräftigen Geistes der freien Association ist für die soziale Würdigung der Aristokratie im Mittelalter äußerst wichtig. Der Adel war damals der wahre Mikrokosmus der Gesellschaft, ja er war bis zur vollen Durchbildung des Städtewesens die Gesellschaft als solche, und diese läßt sich nicht nach einem äußeren Systeme aufbauen und abteilen, sie wird und wächst frei, oft unstät und scheinbar willkürlich. Aber neben der freien Vereinigung der großen und kleinen Adelsgenossenschaften lief doch wieder eine sehr bestimmte Stufenleiter des adeligen Berufes von der Grafschaft abwärts zur freien Herrlichkeit (Dynastie), zur allodialen Herrlichkeit, zur Unterherrlichkeit, zur Vogtei u. s. w. Die strengen Turniergesetze waren zugleich Disziplinar= und Sittengesetze. Der Geist einer strengen Zucht und Ordnung fehlte dem Stande keineswegs, aber es war eine Zucht, die sich frei von innen heraus aus den In= stitutionen des Adels selber entwickelte, nicht eine von außen festgesetzte Polizei. Zucht und Sitte im Inneren zu üben, war Pflicht und Recht des gesellschaftlichen Verbandes, nicht des Staates. Die Rechte des hohen und niederen Adels waren genau gesondert. Es fiel dem niederen Adel nicht ein, das Gleiche zu begehren, was dem hohen Adel zukam. Erst als er, dies be= gehrend, aus seinem eigensten Kreise heraustrat, begann eine Periode des Verfalls für die gesamte Aristokratie. Der Geist der freiwilligen körperschaftlichen Gliederung war erstorben, das Zwangsmittel äußerlicher Rangordnungen konnte ihn nicht wieder lebendig machen.

In diesem Umstande, daß die Gesellschaft vordem in der alten Aristokratie, als ihrer fast ausschließlichen Vertreterin, reich und breit in wahrhaft großartigem Naturwuchse organisiert war, liegt eben die geschichtliche Berechtigung der modernen Aristokratie zu ihrem Beruf, den Organismus der Gesellschaft, so wie er ge= schichtlich erwachsen ist, wenigstens zu hüten und zu wahren.

Man muß aber nicht glauben, daß dieser so streng körper= schaftlich organisierte Adel des Mittelalters, dieser Adel, der das soziale Recht der Zugbrücke obenan stellte, darum von den an= deren, zu jener Zeit noch in viel jüngeren Tagen der Organisation und also der Machtentwickelung, stehenden Ständen sich überall eigensinnig getrennt, sich hoffärtig des gemeinsamen Wirkens mit denselben überhoben hätte. Gerade darin erprobt sich das Natur= gemäße der alten Adelsgenossenschaft, daß sie dem Bürger= und Bauerntume weit näher stand als mehrenteils die moderne Aristokratie. Indem der adelige Beruf gar nicht anders gedacht wurde, als in einem bestimmten Grund und Boden, in einer Heimat im engsten Sinne wurzelnd, ging der Edelmann selbst= verständlich mit den in seinem kleinen örtlichen Kreise seßhaften Bürgern und Bauern Hand in Hand. In freien Gemeinden

wird von den Edlen und Bürgern gemeinsam beraten und vollzogen. „Wir Edle und Burger", heißt es oft genug im Ein-
gange der Urkunden, oder „Wir Edelleute, Geschworene und
Gemeynde gemeynlich" (bekunden u. s. w.). Nach moderner
Anschauung mag uns diese Zusammenstellung der Edelleute und
Bürger ziemlich bedeutungslos erscheinen, im Lichte der mittelalterlichen Sitte aber ist sie das redende Zeugnis eines sehr
innigen Verkehrs der Aristokratie mit dem Bürgertum, die sich
auf dem neutralen Boden des Gemeindelebens begegnen, freundschaftlich, einträchtig und ohne Ueberhebung oder
Neid. Die alten Stände waren samt und sonders unterschiedene
Rechtskreise; dennoch griffen sie verbindend ineinander über.
Die modernen Stände sind bloß noch unterschiedene Kreise der
Arbeit und Sitte. Wie viel weniger sollte man also von
ihnen ein kastenmäßiges Zerbröckeln des Gemeinlebens befürchten!
Freilich war das Zusammenstoßen von Adel oder Bürgertum, wo
sie in feindseliger Rivalität sich trafen, im Mittelalter nichts
weniger als freundschaftlich. Der Ritter warf dann wohl den
fahrenden Kaufmann nieder, und wenn die Nürnberger, die bekanntlich keinen henken, bevor sie ihn haben, einen solchen Ritter
erst einmal wirklich hatten, dann henkten sie ihn auch mit kurzem
Prozeß vor den Stadtthoren auf. Dergleichen soziale Berüh-
rungen nehmen sich im Spiegel unserer modernen Politur allerdings etwas unhöflich aus. Aber auch im Innern der Stände
selbst, des Bürgertums so gut wie der Aristokratie, traten sie
nicht minder grell hervor. Die Zeit war in allen Stücken roher
und gewaltsamer, die Leute konnten noch Blut sehen, ohne
Kölnisches Wasser zu Hilfe nehmen zu müssen, die Stände schlugen
sich demgemäß, wo Eigensucht und Haß entzündet war, gegenseitig auf die Köpfe, und faßten dennoch die sozialen Stellungen
im Prinzip neidloser auf als wir.

Im kurmainzischen Rheingau erhielt der Edelmann, welcher
bloß Besitz im Lande erwarb, ohne zugleich persönlich Einwohner
daselbst zu werden, der Regel nach dadurch noch keinen Anspruch

auf die persönlichen Rechte mit Realfreiheiten, die ihm mit jenem
Besitztum würden zugefallen sein, sofern er sich sogleich persön=
lich im Gau niedergelassen hätte. „Frei Mann, frei Gut," hieß
es nur, wenn der Edelmann, an den ein bis dahin mit Ab=
gaben belastetes Gut überging, seinen Sitz im Lande hatte oder
nahm. Und diese solchergestalt sehr nachdrücklich betonte Seß=
haftigkeit des Adels war es, die der allzu schroffen Scheidung
der Stände wehrte, die dem Adel die Uebung seines sozialen
Berufes erst möglich machte. Mit Recht wurde darum so großes
Gewicht auf dieselbe gelegt. Als ein starker Teil des Adels im
sechzehnten Jahrhundert den örtlichen Boden verlor, und im
siebzehnten vollends auch der Sitte nach weltbürgerlich wurde,
da erst bildete sich die trennende Kluft zwischen dem Bürgertum
und der Aristokratie. Vorzugsweise bei dem Landadel, der mitten
unter seinen Bauern sitzen geblieben ist, hat sich dagegen, wie
schon oben bemerkt, ein höchst wohlthätiger gegenseitiger Verkehr
mit dem Bauernstande erhalten, gegründet auf die Gemeinsamkeit
der Interessen.

Will man einen recht freundlichen, herzerwärmenden Eindruck
gewinnen von der Art und Weise, wie der Adel im Mittelalter
seinen sozialen Beruf auch in politischen Dingen übte, dann muß
man die Mitteilungen über so manche Landesversammlungen,
Dingtage und Landgerichte durchstudieren, wie sie wenigstens in
einigen der glücklicheren, d. h. freien Gaue Deutschlands ab=
gehalten wurden. Es liegen mir insbesondere Nachrichten vor
über die mittelalterigen Landversammlungen des Rheingaues auf
der Lützelau. Aus ihnen mögen wir heute noch ein rechtes Muster=
bild nehmen für die Uebung der Landesvertretung durch die Aristo=
kratie, und wir würden uns glücklich preisen können, wenn wir
heutigen Tages solche erste Kammern hätten, wie sie bis ins
fünfzehnte Jahrhundert auf jener Insel von dem Rheingauer
Adel nicht zwar dem Namen, aber der Sache nach gebildet wurden.
Natürlich muß man diese Dinge aus dem Geiste des
Mittelalters in den Geist unserer Zeit übersetzen,

nicht aber sie buchstäblich anwenden wollen auf die grundverschie=
denen neuen Zustände.

Die Adeligen des Landes nahmen als geborene Beisitzer an
diesen jugendlichen Anfängen einer ständischen Volksvertretung
teil, und es wird ausdrücklich bemerkt, daß ihnen zwar allmählich
das Amt einer formellen Obmannschaft zugestanden worden sei,
daß sie aber thatsächlich das der Vermittler gewählt hätten.
Der Adel erschien nicht, um die besonderen Interessen seiner
Körperschaft als solcher zu wahren, sondern lediglich als begüterter
Rheingauer Landesgenosse und Landesbürger, als das natür=
liche Mittelglied zwischen den erzstiftlichen Delegierten und den
Bürgern, als selbständiger, freier Mann, der weder der parla=
mentarischen Freiheit der bürgerlichen Landräte einen Zaum an=
legen konnte, noch anderseits irgendwie gehalten oder gesonnen
war, der Sache der erzstiftlichen Regierung seine freie Ueber=
zeugung zu opfern. Das eigene Interesse seines großen Grund=
besitzes brachte ihn dazu, in die Streitigkeiten des Erzstiftes
und der Bürger schlichtend und ausgleichend einzutreten. Seine
Einzelstimme wog gleich schwer mit der Stimme des Bürgers,
nur das erbliche Recht des Beisitzers unterschied ihn von den
bürgerlichen Landräten. Aber dieses Recht war wieder nicht
bloß durch den Grundbesitz, sondern auch durch den festen Wohn=
sitz im Gau bedingt. So war dem echten sozialen Beruf der
Aristokratie ein volles Genüge gethan, und ihr diejenige politische
Rolle zugewiesen, die ihr zu allen Zeiten am besten angestanden
hat, die Rolle der Vermittelung und Versöhnung im
ständischen Leben. Während in den nächsten Jahrhunderten
die immer mehr bevorrechtete Stellung des Adels auf den Land=
tagen und endlich im siebzehnten und achtzehnten Jahrhundert
die Abhängigkeit des Standes von den Regierungen dazu führte,
dem Bürger diese politische Wirksamkeit der Aristokratie allmählich
verdächtig zu machen, hatten jene alten Landversammlungen in
ihrem versöhnenden und einigenden Ziel dem Bürger gerade den
rechten Respekt vor der Aristokratie erweckt. Wie der einzelne

Ritter seinen Bauern im gemeinsam tagenden Gemeinderat, so
trat hier die ganze Ritterschaft dem gesamten Bürgertum im
Landesrate erst recht nahe. Und in dieser Eintracht ruhte die
Stärke der uralten Landversammlungen, eine Stärke, die sich fast
wie Demagogie unserem erschlafften ständischen Bewußtsein gegenüber ausnimmt. Denn die Landversammlungen, wie sie, von den
grünen Wogen des Rheins umrauscht, auf jener Insel gehalten
wurden, waren nicht bloß gutachtliche, unmaßgebliche Beratungen,
nein, sie faßten Beschlüsse, schlichteten und entschieden, und dem
Geiste des früheren Mittelalters gemäß lag es außer aller Berechnung, daß es dem Fürsten hätte beifallen können, sich über
solche gemeinsame verfassungsmäßige Beschlüsse des Adels und
der bürgerlichen Landräte hinwegzusetzen. Das war die Macht
ständischer Volksvertretungen!

Die Lützelau ist vom Rheine weggespült, man weiß nicht
mehr genau, wo sie eigentlich gelegen war; auch die Herrlichkeit
der alten Landversammlungen ist im Strom versunken. Die
Lützelau mit ihren stolzen Dingtagen in den Fluten eingesargt
als ein Nibelungenhort des deutschen Volks- und Staatslebens
— ein Poet könnte einen Vers daraus machen!

Zu dem Bindeglied der Landesvertretung war für Bürgertum und Aristokratie ein weiteres durch die „Schöppenbarkeit"
des Adels gegeben. Nicht bloß bei den allgemeinen Landgerichten,
sondern gar häufig auch bei den Dorfgerichten übte der Adel
das Amt der Schöppen und Schultheißen. Die Rechtskenntnis
galt fast als eine dem adeligen und rittermäßigen Manne an-
geborene Eigenschaft. Die vaterländische Rechtssitte — nicht das
gelehrte Recht — mochte sich mit den anderen Sitten in den edlen
Geschlechtern forterben. So ließ sich in einer noch so naiven
Zeit wohl mit Fug annehmen, daß mit dem historischen Familienbewußtsein auch das historische Bewußtsein vom vaterländischen
Rechte Hand in Hand gehen müsse. Aus dem sozialen Charakter
der Aristokratie — so wunderlich uns dies heutzutage klingen
mag — quoll naturgemäß das gute Vorurteil, daß sie Rechts-

kenntnis besitze, daß jeder Baron gleichsam ein geborener doctor
juris sei. Die Seßhaftigkeit der Edelleute mochte dazu ebensogut für eine Gewähr ihrer richterlichen Unabhängigkeit gelten,
wie in der modernen Bureaukratie die Unabsetzbarkeit der richterlichen Beamten auf dem bloßen Verwaltungsweg. Als bestehend
aus „ehrbaren und vesten Leuten", dazu aus „biderben, strengen
und weisen Leuten" wird dieser ritterschaftliche Richterstand häufig
in alten Urkunden bezeichnet. Der adelige Schöppe aber saß als
ein gleicher unter seinen bürgerlichen und bäuerlichen Mitschöppen.
Das Gericht war die höchste Ehre des Ritters wie der Gemeinde.
Vor dem Rechte waren die Stände leider noch nicht gleich, aber
sie rangen doch oft erfolgreich nach Gleichheit in dem höchsten
Ehrenamte des Rechtfindens. Wie die Handhabung der Gemeinde-
und Landesverfassung, so wurde auch die Handhabung des Rechtes
der neutrale Boden, auf welchem die sozial so scharf geschiedenen
Stände wiederum zusammentrafen.

Noch mehr. Die Glieder des niederen Adels betrachteten
das Schöppenamt nicht selten als einen öffentlichen Dienst, in
welchem sie ihr Brot suchten. Der niedere Adel des Mittelalters
war im Durchschnitt nicht sonderlich reich, das Ritterhandwerk
war kostspielig, die Gutsrente stand gar oft in höchst bedenklichem
Verhältnis zu der Lust an Prunk und Aufwand. Das Schöppenamt konnte unter Umständen erkleckliche Gerichtsgebühren abwerfen. So fand der Richter Broterwerb in einem Beruf, der
ebensogut bürgerlich als ritterlich war. Und während ihm das
gesellschaftliche Vorurteil verbot, ein bürgerliches Gewerbe zu
treiben, begegneten sich beide Stände auch von dieser Seite in
dem ehrenvollen Richteramte. Man kann damit zusammenhalten,
wie später die ärmere Aristokratie den höheren und niederen
Staatsdienst als Erwerbsquelle aufsuchte. Aber gerade weil diese
Staatsdienste kein unabhängiges Amt waren, gleich den alten
Schöppenämtern, trug das Rennen und Jagen nach denselben
nicht wenig dazu bei, die Selbständigkeit des kleinen Adels zu
brechen und im Verein mit dem Buhlen um glänzende Hofstellen

den bevorzugten Stand dem Bürgertum immer mehr zu ent=
fremden. Ja, während das Schöppenamt selber gehoben worden
war durch den Adel, wurde der Staatsdienst da heruntergedrückt,
wo er vordem zeitweilig das Ansehen einer Versorgungsanstalt
für das aristokratische Proletariat erhalten hatte. Die Mini=
sterialen, die adeligen Dienstmannen des Mittelalters, widmeten
sich auch oft, unbeschadet ihrer Freistandschaft, sogar erblich und
„ewig" dem fürstlichen Dienst. Aber gerade indem sie solcher=
gestalt ihr ganzes Haus der großen Familie der fürstlichen Dienst=
mannen einverleibten, entsprach die Dauer und Festigkeit des
Verhältnisses dem sozialen Charakter der Aristokratie weit mehr,
als die Abhängigkeit von dem Paragraphen einer modernen Staats=
dienerpragmatik. — Die unmittelbare Teilnahme des Ritter=
standes hatte den Gerichten, auch den kleinsten Dorfgerichten,
eine soziale Würde gegeben, die später durch die gelehrte Würde
der Rechtsdoktoren nicht ganz weiter bewahrt werden konnte.
Namentlich auf dem Lande half der Adel in einer noch so rohen
Zeit den Respekt vor der Rechtspflege gründen. So ward diese,
mitunter wohl sehr bescheidene Berufsthätigkeit zum Segen für
beide Teile.

Die Grenzlinien des adeligen Standes waren im Mittel=
alter gewiß scharf genug gezogen. Und dennoch gingen Seiten=
sprößlinge der adeligen Hauptstämme, um die Unteilbarkeit des
Stammgutes zu wahren, viel häufiger vom hohen zum niederen
Adel, von diesem zum Bürger= und Bauernstande über, als
heutzutage. Dadurch wurde nicht nur die Aristokratie in sich
fest und stark erhalten, sondern auch die Wechselbeziehung zum
freien Bürgerstand vermittelter und inniger wie in unseren Zeiten.
Wenn wir so häufig altadelige Namen zugleich als bürgerliche
wiederfinden, so rühren sie gewiß sehr oft von Seitensprößlingen
des gleichnamigen Geschlechtes her, die in früheren Jahrhunderten,
weil ihnen der aristokratische Besitz, diese Vorbedingung der Selb=
ständigkeit, fehlte, vernünftigerweise auch den aristokratischen
Stand aufgegeben haben. Anderseits war ein großer Teil des

niederen Adels nachweislich den bürgerlichen und bäuerlichen
Kreisen entsprossen. Er schloß sich nicht durch Ebenbürtigkeits=
gesetze vom freien Bürger ab und vermittelte so zwischen diesem
und dem hohen Adel.

Auch den Privilegien des mittelalterlichen Adels läßt sich eine
soziale Seite abgewinnen. Eines seiner kostbarsten Vorrechte be=
stand in dem uralten Rechtskanon: „Ein Unedler mag nicht weisen
über einen Edelmann." — „Kein Schultheiß, der nicht edel ist,
mag einen edlen Mann bannen, noch gegen ihn Wahrheit sagen,"
heißt es erläuternd in einer Urkunde aus der Mitte des dreizehnten
Jahrhunderts. Daran reihte sich das nicht minder gewichtige
Vorrecht, daß der Edelmann nativi juris war, daß der Adelige
in dem Lande, wo er saß, seinen Richter fand und nicht vor ein
fremdes Gericht berufen werden konnte.

Betrachten wir diese Privilegien mit modernen Augen, so
erscheinen sie uns als eine gehässige Uebervorteilung des ganzen
nichtaristokratischen Teiles der Gesellschaft. Denn der Edle, der
von den Unedlen nicht gerichtet werden konnte, richtete ja doch
gegenteils über den Unedlen. Der Satz, daß nur der Gleiche
vom Gleichen gerichtet werden könnte, kam also bloß dem einen
Teil zu gute. Im Lichte der alten Zeit angeschaut, nimmt sich
aber doch die Sache ganz anders aus. — Die Aristokratie re=
präsentierte die Gesellschaft. Indem sie die oben bezeichneten
Rechtsgrundsätze vorläufig für sich allein — als Privilegium der
Gesellschaft — in Anspruch nahm, that sie nichts Geringeres als
daß sie im mittelalterlichen Stil gewichtige Bruchstücke der
„allgemeinen Menschenrechte" proklamierte. Sowie der Adel poli=
tische Vorrechte für sich als soziale Rechte heischte, gab er
dem Bürgertum, dem Bauerntum, ohne es selber zu ahnen, die
Anwartschaft auf die gleichen Vorrechte, sobald diese Stände ihren
damaligen sozialen Bildungsprozeß vollendet haben, sobald sie
als selbständig geschlossene Glieder eingetreten sein würden in
den immer mehr sich erweiternden Ring der Gesellschaft. Der
Adel hatte die uralte Priesterschaft beerbt, Bürger und Bauern

beerben den Adel, die Proletarier das Bürgertum. Die ganze
Summe der Rechte, in welchen nachgehends auch die Macht des
freien Bürgers wurzelte, die wir heute noch als die wahren
Grundmauern unseres Rechtsstaates ansehen, war vorgebildet und
als ein kostbares Kleinod bewahrt in den Vorrechten der alten
Aristokratie. Und weit entfernt, daß der mittelalterliche Adel
durch den Besitz dieser Vorrechte ein Unterdrücker der Zivilisation
geworden wäre, mußte er gerade durch dieselben die Leuchte der
Zivilisation in trüber, stürmischer Zeit bewahren. Aus der
Gleichheit uralter Barbarei erwuchs die Ungleich-
heit der mittelalterlichen Gesittung, aus dieser aber
wiederum die soziale Gleichheit im Sonnenscheine
der modernen Kultur.

Zu einer Zeit, wo die Gemeinden, als die geordnete Bürger-
freiheit, dem absoluten fürstlichen Regiment nur noch schwache
Schranken entgegenstellen konnten, übernahm die Aristokratie dieses
Amt, auf ihre alten Vorrechte trotzend. In den geistlichen Ländern
spielte nicht der Adel als solcher, sondern die aus aristokratischen
Elementen zusammengesetzten Domkapitel, die Klöster und Stifter
als moralische Personen diese Rolle der Aristokratie. Die Macht
der geistlichen Adelskörperschaften reicht sogar in eine Zeit herüber,
in welcher die politische Macht der einzelnen Edelleute längst gebrochen war. Bernhard in seiner interessanten Monographie des
Würzburger Fürstbischofs Franz Ludwig von Erthal zeichnet hierzu
denkwürdige Belege auf. So trat z. B. noch im siebzehnten Jahrhundert das Bamberger Domkapitel mit dem Rechte der Steuerverweigerung den Fürstbischöfen so nachdrücklich gegenüber,
wie es kaum je einem modernen Landtage in den Sinn kommen
könnte. In der Wahlkapitulation von 1693 war bestimmt, daß,
wenn der Fürst dieselbe übertrete, so solle er vom Kapitel ver-
mahnt werden, und wenn er nicht abstehe, solle es dem Steuer-
beamten so lange verboten sein, ihm seine Renten zu bezahlen,
bis der Fürst dem Kapitel volle Genüge gethan. Ja es war
noch dazu bestimmt, daß der Fürst über solche Steuerverweigerung

niemanden „Widerwillen, Ungnade, Gehässigkeit" verspüren lassen, sondern dieselbe gutwillig aufnehmen solle, und daß er sich von seinem Kapitulationseid weder vom Papst noch Kaiser dis- pensieren lassen, noch einen obersten Schutz suchen dürfe, den Eid vielmehr geheim halten müsse.

Um die wichtigsten Regierungsrechte wurde damals zwischen den mächtigeren Klöstern und den Fürstbischöfen ganz derselbe Streit geführt wie seit der ersten französischen Revolution wieder- holt zwischen Volk und Fürst. Solche Klöster machten ihre Selbst- herrlichkeit verschiedenemale sogar in der Weise politisch geltend, daß sie die Einzahlung der von den Fürstbischöfen ausgeschriebenen Kriegssteuerbeiträge verweigerten. Sie waren noch bis ins acht- zehnte Jahrhundert in der That und Wahrheit geistliche Ritter- burgen. Die Abtswohnung in solchen mächtigen Abteien nannte man den „Hof", und die Mönche, welche eine besondere Stelle begleiteten, hießen „Hofherren". Als der gelehrte Abt Söllner von Ebrach 1738 in einer eigenen Abhandlung die Reichsunmittel- barkeit seines Klosters zu beweisen suchte, ließ der Fürstbischof von Würzburg dieselbe unter Trommelschlag verbieten und öffent- lich zerreißen. Sie wurde aber doch noch zweimal aufgelegt, und zwar erschien eine dieser neuen Ausgaben in Rom. Als in der- selben Epoche, in dem zentralisierenden Zeitalter Ludwigs XIV., der Fürstbischof von Bamberg seine Stände nicht mehr berufen wollte, ließen die Aebte der Klöster Michelsberg, Banz und Lang- heim ihrerseits wenigstens ihre Landstände zusammenkommen. Der Fürstbischof konnte diesen Trotz gegen seine landesherrliche Gewalt nicht anders brechen als, indem er die Aebte verhaften und ihre Klöster so lange besetzen ließ, bis gehörige Bürgschaft geleistet war, daß diese ständische Berufung nicht mehr versucht werden würde.

Die aristokratische Körperschaft des Domkapitels griff weit entschiedener beschränkend in die fürstliche Gewalt der geistlichen Fürstentümer ein als heutzutage ein Landtag samt verantwort- lichem Ministerium. Das Domkapitel wählte den Regenten, und dieser durfte nur aus der Mitte des Kapitels die Pröbste der

Kollegialstifte, die Präsidenten der Gerichtshöfe und die Ober=
pfarrer ernennen. Die innere Organisation dieser Domkapitel ist
für die soziale Geschichte der Aristokratie vom höchsten Interesse.
In Würzburg bestand dasselbe aus 24 Kapitularen und 30 Domi=
cellaren, in Bamberg aus 20 Kapitularen und 14 Domicellaren.
Um in diese Körperschaft aufgenommen zu werden, mußte der
Kandidat väterlicher= und mütterlicherseits 8, im ganzen also
16 Ahnen darthun und nachweisen, daß seine Familie schon über
hundert Jahre in einem unmittelbaren Ritterkanton begütert sei.
Es ist übrigens bekannt, daß die Ahnenprobe des deutschen Adels
den Nebenzweck hatte, römische Eindringlinge aus den deutschen
Stiften und von ihren Fürstenstühlen entfernt zu halten, welche
einzuschieben von Rom aus stets versucht wurde.

Diese geistlichen Fürstentümer waren also weit mehr ein ge=
meinsames Minorat für den landsässigen und benachbarten katho=
lischen reichsunmittelbaren Adel als ein Eigentum der Kirche.
Von diesem Adel stammten aber auch weitaus die meisten Stif=
tungen, obgleich der Grundstock von den alten Kaisern herkam.
Nicht eigentlich die Kirche besaß hier ein fürstliches Eigentum,
sondern der Adel hatte einen Teil seines gemeinsamen Standes=
vermögens als ein riesiges Standesfideikommiß unter den Schutz
der Kirche gestellt. Daher war auch die Aufhebung der geist=
lichen Fürstentümer ein viel härterer Schlag für den Adel, ein
größeres Unrecht gegen ihn als gegen die Kirche. Der Einfluß
Roms in Deutschland ist nicht gemindert, sondern gemehrt
worden dadurch, daß es Rom mit keinen Bischöfen und Dom=
kapiteln mehr zu thun hat, welche sich in einer vollständig selb=
ständigen politischen Stellung fühlen.

Außer den Zufluchtsstätten, welche die aristokratischen geist=
lichen Körperschaften den nachgeborenen Söhnen des Adels boten,
waren noch acht sogenannte Erbämter am würzburgischen Hofe im
Besitz reichsgräflicher und ritterschaftlicher Familien; desgleichen
waren am Bamberger Hofe vier fränkische Adelsgeschlechter mit
Erbunterämtern belehnt. Durch alles dies wurde der aristokratische

Einfluß dem Fürsten gegenüber so bedeutend, daß der Fürstbischof von Würzburg 1722 ein Verbot erließ, um die übermäßige Vergrößerung sowohl des Adels als der Stifte und Klöster zu verhindern, kraft dessen an jene ohne seine besondere Erlaubnis bürgerliche Güter nicht verkauft werden durften. Ja derselbe Bischof sah sich genötigt, dem mächtigen Adelsbund mit einem Fürstenbund gegenüberzutreten, indem er zur gemeinsamen Behauptung seiner Hoheitsrechte gegen die vom Domkapitel unterstützte Ritterschaft ein Bündnis mit dem Kurfürsten von Sachsen, dem Markgrafen von Brandenburg und Baden, dem Landgrafen von Hessen und dem Herzog von Sachsen-Gotha einging.

Das Verhältnis der Ordensmeister zu ihren Kapiteln nimmt sich nicht selten wie die flüchtig entworfene Farbenskizze für das ausgeführte Bild des modernen Ideals von konstitutionellen Repräsentationsrechten und Ministerverantwortlichkeit aus. In der Ständevertretung des Mittelalters schlummern die Keime der modernen Volksvertretung. Das Bürgertum griff später die Keime gar vieler solcher freisinniger Institutionen auf, welche die frühere mittelalterige Aristokratie zuerst aus Licht gelockt hatte. Staatsrechtliche Grundsätze, welche die Aristokratie zuerst eigennützig zum Frommen ihres engen Kreises ausgebildet, wurden zum Segen der ganzen Gesellschaft, indem sie unvermerkt zu allgemeinen Rechtsgrundsätzen sich erweiterten. Der Hochmeister des Deutschen Ordens stand wie ein verantwortlicher Minister dem Kapitel gegenüber, überwacht und beschränkt durch dasselbe. Was es nicht bloß mit dem Raten, sondern auch mit dem Thaten dieser überwachenden ritterlichen Versammlung auf sich habe, das erfuhr gerade ein sehr kräftiger Hochmeister, ein Mann der „rettenden That", Heinrich Reuß von Plauen. Die gegen ihn erhobene „Ministeranklage" ging im Generalkapitel durch und der Hochmeister ward in ewiges unterirdisches Gefängnis gestürzt. Ein solcher Ministersturz schmeckt wenigstens nicht nach „Scheinkonstitutionalismus".

Der altgermanische Gedanke des Schwurgerichtes ist, da er

bereits im Volksbewußtsein zu verbleichen begann, durch Jahrhunderte lebendig gehalten worden in den Privilegien der Aristokratie. Wenn dieselbe damals im kleinen Kreise die soziale Selbständigkeit, das Recht der Zugbrücke für die ganze Gesellschaft
vorbildete, so ist sie auch die historische Vermittlerin der daran
geknüpften Rechte und Freiheiten gewesen.

Als den Bauern im sechzehnten Jahrhundert der Gedanke
aufblitzte, daß auch sie zur Gesellschaft gehörten, da wollten sie
auch den Mitgenuß an diesen Rechten sich nehmen, die bis dahin
nur der Aristokratie und später dem Bürgertum, als der bevor-
rechtigten mittelalterlichen Gesellschaft eigen gewesen waren. Der
Gedanke war ganz vernünftig und billig und an sich weder sozialistisch noch kommunistisch, aber die Ausführung war verkehrt.
Die aufständischen Bauern wollten die Gesellschaft nicht zerstören,
wie die modernen Proletarier, sie wollten nur eintreten in die
Gesellschaft. Mit Aufruhr und Gewaltthat die Pforten zu
öffnen, mißlang ihnen, aber auf dem Wege friedlichen Fortschreitens
hat sich ihnen nachgehends die Pforte von selber aufgethan. Diese
Erfahrung möge die Revolutionslust unseres heutigen vierten
Standes sich zu Herzen nehmen.

Die Wohnung des Edelmanns war ein Heiligtum, eine Frei-
statt, woraus weder der Besitzer noch seine Angehörigen mittelst
Eindringens gewaltsam herausgeschleppt werden durften. Wenn
unsere modernen Gesetze nicht dulden, daß der Polizeidiener ohne
weiteres den Frieden des Privathauses brechen, wenn er ohne
richterlichen Befehl Verhaftungen nicht vornehmen darf, so besagt
dies nichts anderes, als daß der Burgfrieden zu dem allgemeinen
Frieden des Hauses erweitert werden soll, wie sich die Burg als
sozialer Begriff erweitert hat zu Stadt und Dorf. Es gibt
wenig freisinnige politische Grundsätze, die nicht
altaristokratischen Ursprungs wären.

Wir finden aber auch noch eine andere Art von Vorrechten
der mittelalterlichen Aristokratie — freilich nur scheinbare Vorrechte. Indem sich eine große Zahl der freien, der unabhängigen

Gutsbesitzer auf eigene Faust und aus eigenen Mitteln dem Kriegs=
dienst gewidmet und auf die einträglicheren und bequemeren Er=
werbsquellen ihrer bürgerlichen Genossen in den Städten verzichtet
hatte, bildete sich erst im zwölften Jahrhundert die große Masse
des niederen Adels heraus. Diese Kriegsmänner dienten der
Landesverteidigung, dem Staate, und stellten so von vornherein
einen politischen Beruf des Adels neben den sozialen. Dem Rechte
und der Pflicht, das Vaterland zu schirmen, stand die Abgaben=
freiheit zur Seite. Nicht in der Weise, als ob diese ein Sold
für den Kriegsdienst gewesen wäre, sondern der Ritter leistete
seine Abgaben thatsächlich dadurch, daß er Leib und Leben, und
obendrein auf eigene Kosten, an die Verteidigung des Vaterlandes
setzte. Er genoß also thatsächlich gar keine Abgabenfreiheit, er
zahlte seine Steuern im buchstäblichen Sinne in natura, nämlich
in der Hingabe seiner eigenen Person. Darum war es gar nicht
so schreiend ungerecht, daß ein bis dahin mit Abgaben belastetes
Gut sofort steuerfrei wurde, sowie es in den Besitz eines solchen
Kriegsmannes kam. Derselbe zahlte jetzt die Abgaben durch sein
ritterliches Tagewerk. Erschien der ritterliche Dienstmann nicht
bei dem „Landgeschrei" und „Wappenrufe", um sich in die Reihe
der Streiter zu stellen, so konnte er darüber zu schwerer Strafe
gezogen werden. Er war dann eben ein Steuerverweigerer
im mittelalterlichen Stile gewesen. Diese Art der Naturalsteuer
hörte aber von selber auf, als die besoldeten Milizen eingeführt
wurden und das Kriegshandwerk durchaus nicht mehr das not=
wendige Amt eines solchen Gutsbesitzers war. Nun erst trat die
eigentliche Steuerfreiheit, das wirkliche Vorrecht ein, wenn etwa
diese Güter fort und fort von dem Beitrag zu den öffentlichen
Lasten ausgenommen blieben. Die politischen Rechte des Adels
haben vielfach länger bestanden als seine politischen Pflichten,
nicht zum Segen für den Stand.

Indem die Aristokratie namentlich des früheren Mittelalters
die glückliche Mitte hielt zwischen allzu festem und allzu lockerem
Abschluß des Standes, war sie mächtig und selbständig. Der

feine Takt für diese richtige Mitte ging bei dem Ausgang jener Periode allen Ständen verloren. Die Stände veräußerlichten sich, entarteten, sie brachen zusammen. Die Fluten der Jahrhunderte sind über jene Trümmer hingegangen, es haben sich neue umfassendere Gruppen der Gesellschaft entwickelt, die nur noch Schattenbilder der alten Stände sind. Aber indem uns die Aufgabe geworden ist, eine moderne Aristokratie, ein modernes Bürger- und Bauerntum, einen vierten Stand neu zu organisieren und namentlich diesen sozialen Gebilden in der Politik gerecht zu werden, finden wir kein praktischeres Vorbild im kleinen als eben jene alten Stände des Mittelalters.

Ich habe nur vereinzelte Züge aus dem Leben der alten Aristokratie vorgeführt und, dem hier vorliegenden Zwecke gemäß, mehr ihren idealen Kern als ihre wirkliche Erscheinung gezeichnet; aber schon an diesem lückenhaften Bilde zeigt sich's klar genug, wie der Gedanke, die Gesellschaft als solche in allen ihren Mächten im verjüngten Maßstabe darzustellen, der eigenste Beruf dieser Aristokratie war. Diese Thatsache ist der soziale Adelsbrief für die moderne Aristokratie. Ihr Beruf, das ganze Gesellschaftsleben als ein ständisch frei gegliedertes, nicht als ein kastenmäßig mechanisch abgesperrtes zu erfassen, zu fördern und zu schirmen, findet darin seine historische Weihe. Alle Reform an der modernen Aristokratie wird auf diesen Grundgedanken zurücklaufen müssen.

Es ist höchst bedeutsam und ein rechtes historisches Wahrzeichen, daß Luther, dieser großartigste Vertreter der geistigen Thatkraft des deutschen Bürgertumes, seine zumeist entscheidende Streitschrift, in welcher zuerst der Gedanke einer nationalen deutschen Kirche offen verkündigt war, „an den christlichen Adel deutscher Nation" überschrieben hat. Dies geschah gerade in dem großen weltgeschichtlichen Wendepunkt, wo die soziale Macht des mittelalterlichen Adels zusammenbrach, wo durch die religiösen Kämpfe das Bürgertum als eine soziale Macht im Geistesleben der Nation auftrat, wie nie zuvor. Und ein deutscher Edelmann, Ulrich von Hutten, hingerissen durch die gewaltige kirchliche Be-

wegung im Schoße des Bürgertums, erkannte sofort das Entscheidende des Augenblicks, schleuderte seine wilden Büchlein in
die Welt und zog als ein Prediger von Burg zu Burg, um die
Ritterschaft an ihre Standespflichten, oder modern gesprochen,
an ihren sozialen Beruf zu erinnern. Dabei erprobte sich Huttens
genialer Scharfblick, daß er sofort erkannte, welch ungeheures Gewicht eben damals die soziale Erstarkung der Aristokratie in die
Wagschale geworfen haben würde. Unsere Demokratie feiert diesen
Ritter jetzt als einen großen Volksmann. Wohl; er war es.
Aber man möge doch nicht vergessen, daß Hutten in seinen Zu-
schriften an Karl V. und dessen Bruder Ferdinand diese Herren
aufs nachdrücklichste aufgefordert hat, dem Adel wieder zu
seiner korporativen Selbständigkeit gegenüber den
Landesherren zu verhelfen, daß er durch die Reform des
Rittertumes den Grund legen wollte zur Reform des gesamten
deutschen Volkstumes. Aber die damalige Aristokratie in ihrer
Mehrzahl hat Hutten so wenig verstanden als ihn die moderne
Demokratie versteht.

## Drittes Kapitel

# Der Verfall der mittelalterigen Aristokratie.

Mit dem sechzehnten Jahrhundert gerät das Gebilde des mittelalterigen Adels in eine von innen heraus drängende Bewegung, die zuletzt den ganzen Organismus zu zersprengen droht. Unscheinbar in ihren ersten Anzeichen, gewaltig in ihren Folgen. Wir sehen Verschwörungen und blutige Fehden des niederen Adels gegen den hohen, Bündnisse des hohen Adels gegen Kaiser und Reich. Der Landesadel strebt zum Reichsadel aufzusteigen, „die Ritterschaft will eigenherrisch sein", der beschränkt privilegierte Edle will ein Reichsfreier werden, das Institut der ritterlichen Dienstmannschaft beginnt abzusterben; aber auch die Fürsten sammeln ihre Macht, mit den neu erfundenen Kanonen wird als mit dem „letzten Wort der Könige" gegen die Burgen einer auf ihre alte oder neue Selbständigkeit sich steifenden Vasallenschaft sehr vernehmlich argumentiert. In einzelnen großen Heldengestalten geht der Freiheitsdrang des mittelalterigen Adels tragisch unter.

Es waren das mehr als bloße politische Fehden: es war eine soziale Revolution, die im Schoße der Aristokratie ausgebrochen. Die Fürsten merkten solches wohl. In der Wahlkapitulation Karls V. werden die Bündnisse der Reichsritterschaft auf gleiche Stufe der Staatsgefährlichkeit gestellt mit den Geheimbünden der unzufriedenen Bauern.

Die Gesellschaft strebte sich auszuebnen, die Vielgestalt des alten Ständelebens zu vereinfachen, und dieses Streben, welches zuletzt in der französischen Revolution sich gipfelte, gärte zuerst

auf bei dem Adel. Die tausend kleinen Gruppen der Aristokratie
zogen sich in diesem Krampf der sozialen Revolution zusammen
zu größeren Gebilden. Die Fürsten, deren soziale Stellung bis
dahin recht im Herzpunkte des Adels gewesen, stellten sich
demselben jetzt als etwas Fremdes, Außenstehendes gegenüber,
mindestens als eine höchste Aristokratie über der hohen Aristokratie. Sie hielten das Ziel der Souveränetät fest im Auge,
diese aber konnte nur durch ein Beugen des kleineren Adels
durchgeführt werden. Aber auch ein großer Teil des hohen
Adels rang sich jetzt mit den Landesherren zu einer halbfürst-
lichen Stellung empor, zu einem, wenn auch noch so kleinen
Bruchteil von Souveränetät. Die reiche, breit entfaltete Adels-
gliederung des Mittelalters ballte sich zusammen in zwei große
Massen, in eine reichsunmittelbare halbsouveräne Aristokratie,
die später in den Hoch- und Domstiftern und den geistlichen Kurfürsten und Reichsfürsten ihre Spitze fand, und in den großen
Schwarm des Hofadels, des niederen Landadels, des bloßen
Titularadels 2c.

Die Unterschiede, welche diese zwei Hauptgruppen durchkreuzten, hatten teils eine bloß politische, teils aber auch eine
soziale Wichtigkeit. Der so kunstvoll gefügte, so fein durch-
gearbeitete korporative Bau der alten Aristokratie war verändert.
Das Patriziat der großen Reichsstädte, welches als ein so eigenartiges Gebilde in dem Gesamtverbande der Aristokratie sich entwickelt und Ursache genug hatte, mit Stolz seinen besonderen
Charakter festzuhalten, suchte allmählich seine Ehre darin, einem
farblosen allgemeinen Adelsbegriff jenen historischen Charakter zu
opfern. Es schlug meist nicht zum Heile dieser Patrizierfamilien
aus. Anderseits sahen viele vom ritterbürtigen Adel, bevor jene
Metamorphose des Patriziates eingetreten war, mit sträflichem
Hochmut auf dasselbe herab. Sie erklärten das Patriziat wohl
gar der Gemeinschaft mit dem ritterbürtigen Adel nicht mehr für
fähig, weil es den Zünften Anteil an der städtischen Regierung
gewährt hätte! So schwer begann jetzt bereits ein Teil der

Aristokratie die Bedeutung des Bürgertums wie der Glieder seiner eigenen Korporation zu verkennen.

Scheinbar und äußerlich gewann die Aristokratie einen weit glänzenderen Rang, in der That aber hatte sie sich selber um das beste Teil ihrer alten Macht betrogen. Der nicht fürstliche Teil des Adels hatte seinen besonderen politischen Beruf aufgegeben. Gegenüber dem zur Verteidigung des Vaterlandes durch die Geburt berechtigten und verpflichteten Ritter stand jetzt der Edelmann, der sich um ein Offizierspatent bewerben mußte; gegenüber dem erblich und auf ewig dem Fürsten verpflichteten, darum aber auch zu der großen sozialen Familie desselben gehörigen Dienstmann stand der ganz auf die Persönlichkeit seines Souveräns angewiesene Kammerherr, dem nur der Zufall einen politischen Beruf an die Hand gab.

Die Vorrechte des Adels in Sachen der Landesvertretung waren oft scheinbar und dem Wortlaute nach größer geworden, in der That und Wahrheit aber kümmerten sich die meisten Fürsten blutwenig mehr um ein ritterschaftliches Votum. Die Macht der adeligen Vertreter war gebrochen, weil ihre Stütze in der alten Gemeinsamkeit mit den bürgerlichen Landräten längst morsch geworden war. Mit der sozialen Selbständigkeit war auch der stolze politische Unabhängigkeitssinn bei vielen Adeligen erloschen, sie verzichteten von selber auf eine Opposition gegen den fürstlichen Willen. Wo nicht, so wußte die neue Macht der Fürsten schon ein Wort mit ihnen zu reden. Der große Kurfürst von Brandenburg ließ den Führer der Adelsopposition bei den Cleveschen Ständen, Baron von Wylich, kurzweg nach Spandau führen, dieser gerade für das vorliegende Kapitel klassischen Feste, in welcher so manche durch die Allmacht des Hofes gestürzte aristokratische Größe Herberge gefunden hat. Den Obristen von Kalkstein, der sich's hatte beikommen lassen, „starke Sachen" gegen den Kurfürsten zu äußern, ließ er enthaupten, den Vorsitzer des Schöppenstuhles zu Königsberg in ewiges Gefängnis stecken. Wäre ein Fürst des Mittelalters in solcher Weise verfahren, so

würde das ganze Land — und nicht bloß die unmittelbar be=
troffene Adelsgenossenschaft — wider ihn aufgestanden sein. Aber
die Kluft zwischen dem Bürgertume, ja zwischen den Bauern
und dem Adel, hatte sich in der Mitte des siebzehnten Jahr=
hunderts schon so weit geöffnet, daß der Kurfürst vielmehr durch
solche Gewaltthat Volksgunst gewann. Die märkischen Bauern
schrieben damals auf ihre Fahne:

> „Wir sind Bauern von geringem Gut
> Und dienen unserem gnädigsten Kurfürsten mit unserem Blut."

Dieser merkwürdige Spruch verkündet eine neue Welt. Die
adeligen Grundherren hatten in jener Gegend aufgehört, das
natürliche Patronat über die Bauern zu üben, sie waren nicht
mehr das notwendige Mittelglied zwischen dem Bauern und dem
Fürsten, dem Bauern und dem Staat, und der Bauer richtet sich
jetzt unmittelbar an seinen „gnädigsten Kurfürsten", und wenn
auch sein Spruchvers darüber in allen Gliedmaßen krumm und
buckelig werden sollte.

Preußen ist diejenige deutsche Macht, welche die moderne
Thatsache der politischen Zentralisation durch zwei Jahrhunderte
am entschiedensten vertreten und damit, ohne es zu wollen und
zu ahnen, der jetzt in so dämonischer Gestalt aufsteigenden sozialen
Zentralisation die Wege geebnet hat. Schon vor der Reforma=
tionszeit brach der erste Kurfürst aus der hohenzollerschen Dynastie
die Burgen der Herren von Rochow, von Putlitz, von Quitzow re.
Mit einem wahren Seherblick erkannten die Hohenzollern, daß
durch die Beugung der Adelsherrschaft die neue Fürstenherrschaft
begründet werden müsse und gaben solchergestalt in Branden=
burg das Musterbild der Gründung der modernen Landeshoheit.
Schon in der Mitte des siebzehnten Jahrhunderts wurde von
den Brandenburgern der Adel zu den Staatslasten beigezogen.
England, welches trotz seiner inneren Umwälzungen lange nicht so
gewaltsam sozial und politisch ausgeebnet hat wie Preußen, wurde
groß durch seine Aristokratie im Verein mit seinem Bürgertum.

Seine politische Bedeutung ruht auf sozialer Basis. Preußen wurde groß durch die Persönlichkeit seiner Fürsten, durch sein Heer und durch seine Diplomatie. Es brach die gesellschaftlichen Mächte, indem es die Idee des Staates überall dem sozialen Leben überordnete. Man nannte das einen „intelligenten Absolutismus", und der modern bureaufratische Staat ist aus demselben hervorgewachsen. Und die Kommunisten und Sozialisten mußten kommen, damit die Bureaukratie sich halbwegs wieder entsinne, daß es beiläufig auch „gesellschaftliche Mächte" in der Welt gebe. Die Geschichte des preußischen Adels seit dem siebzehnten Jahrhundert fällt zusammen mit der Geschichte des preußischen Hofes. Aber, wie gesagt, nicht bloß die genossenschaftliche Selbständigkeit der Aristokratie, sondern folgerecht der ständische Geist überhaupt ist in Preußen gebrochen worden durch die auf das Heer und die Diplomaten gestützte Autonomie bedeutender fürstlicher Charaktere.

Der Vollzug dieser weltgeschichtlichen Sendung Preußens, welches die Gesellschaft in dem Staate aufgehen ließ, während im Mittelalter der Staat in der Gesellschaft aufgegangen war, hat uns befreit von der Verknöcherung, worin zuletzt das mittelalterliche Ständeleben stecken geblieben ist. Das deutet der „deutsche Theolog", der in seinem prächtigen Buche vom „deutschen Protestantismus" auch so viel gute politische Winke gibt, treffend an, indem er sagt: „Der alte Fritz lebt in ganz Deutschland in begeisterter Volkserinnerung nicht ungeachtet, sondern wegen des in seiner Hand ruhenden Krückenstocks, denn mit diesem Krückenstock schlug er die Philister!" Aber mit dieser bloß verneinenden That ist es doch noch nicht gethan. Die Reste einer ständischen Volksvertretung, welche sich bis auf unsere Zeit in Preußen kümmerlich fortgeschleppt haben, waren in sich mark- und haltlos. Die Stütze einer kräftigen Aristokratie, eines ständisch selbständig entwickelten Volkslebens ist jetzt für das preußische Königtum unentbehrlich geworden. Der Krückenstock des alten Fritz reicht nicht mehr aus. Dem Andrängen der sozialen Revolution, die gewaltiger ist als die politische, kann nur gewehrt werden durch die soziale Reformation, durch den Neubau echt moderner Stände und Gesellschaftsgruppen. Preußen sucht jetzt (1851) nach einer Pairie, nachdem eine ganze Reihe staatskluger und vom nächsten Erfolge gerechtfertigter Fürsten nichts Klügeres zu thun gewußt, als den Stoff zu dieser Pairie wegzuräumen. So spottet die Geschichte der politischen Weisheit, und der Erfolg in der Nähe ist oft nichts weiter als ein in die Ferne geschobenes Mißlingen.

Der politische Beruf der Aristokratie war früher auf die ganze Genossenschaft verteilt gewesen: jetzt hatte sich die aus derselben hervorgegangene Unzahl der kleinen Halbsouveränetäten ein Uebermaß politischer Befugnisse zugelegt, und der andere Teil war leer ausgegangen. Das rächte sich. Im südlichen Deutschland konnte die Reichsunmittelbarkeit dauernd auf so viele Häupter nicht ausgedehnt bleiben, mit dem Anbruch der neuen Zeit folgten die Mediatisierungen naturnotwendig, und somit war also auch der hohe Adel mit Ausnahme der wenigen übrig bleibenden Landesherren seines unmittelbaren politischen Berufes verlustig geworden. Die Zentralisierung der politischen Rechte des Adels hat die Vernichtung dieser Rechte größtenteils herbei= geführt. Gleichwie aus den mittelalterigen Adelszuständen auf fast allen Punkten zu lernen ist, wie die Aristokratie am lebens= kräftigsten neu zu organisieren wäre, so tritt uns bei den Zuständen des siebzehnten und achtzehnten Jahrhunderts das negative Exempel nicht minder beharrlich entgegen, wie der Adel nicht organisiert werden soll.

Folgerechter ist die Vernichtung der mittelalterigen Aristo= kratie nirgends durchgeführt worden als in Frankreich. Ludwig XI., Richelieu und Ludwig XIV. wußten die Aristokratie so gründlich zu zentralisieren, daß ihr ganzer politischer und sozialer Beruf zuletzt in einem einzigen Manne gesammelt erschien, in der Person des Königs. Wäre dem letztgenannten Herrscher der moderne Begriff der Gesellschaft geläufig gewesen, er hätte nicht

bloß sagen mögen: der Staat bin ich, sondern auch): die Gesell=
schaft bin ich.

Darum erscheint uns aber die gänzliche Verkennung der
eigenen Bedeutung und Macht, in welcher der deutsche Adel
während des goldenen Zeitalters der französischen Fürstenallmacht
großenteils befangen war, nirgends in grellerem Lichte, als
wenn wir sehen, wie er sich damals in allen Stücken den fran=
zösischen Hofadel zum Muster nahm. Am Hofe jenes Ludwig
konnte man höchstens lernen, was und wie die Aristokratie nicht
sein soll. Waren doch selbst unsere Pagerien, welche die alten
„höfischen Sittenschulen" verdrängt hatten, leider nach fran=
zösischem Muster zugeschnitten. Wie zu einer Hochschule aristo=
kratischer Seite strömte die Jugend des deutschen Adels nach
Paris. Diese sogenannte „Kavalierstour" mußte vorweg jeden
Gedanken an den höheren Beruf der Aristokratie in dem jugend=
lichen Gemüt ersticken. Und wenn die schlechte Schule trotzdem
nicht überall durchgriff, so bezeugt das eben, wie lebhaft die Ge=
danken und Träume von dem selbständigen ehemaligen Berufe
in dem ganzen Stande noch geraume Zeit nachklangen.

Ein gewiß unparteiisches und eben darum in desto brennen=
deren Farben leuchtendes Bild jener höfischen Sittenschule an
der Seine entwirft die damalige Herzogin von Orleans, Schwä=
gerin Ludwigs XIV., eine geborene Pfalzgräfin, in Briefen an
ihre Schwestern in Deutschland. Es heißt darin unter anderem:
„Die Leute von Qualität sind in diesem Lande viel ärger de=
bauchiert als die gemeinen Leute. Die Franzosen halten sich's
vor eine rechte Ehre, debauchiert zu sein, und wer sich pikieren
wollte, seine Frau allein zu lieben, würde für einen Sot passiren
und würde von jedermann verspottet und verachtet werden, so
ist's hier beschaffen. Muß nur noch sagen, daß man sich hier
vor eine Ehre hält, keine Verwandte zu lieben. Die es
thun, sagt man, seien bürgerlich." Während das historische
Bewußtsein der Familie gerade den Kerngedanken des Adels
bildet, während die hohe soziale Bedeutung des Familienlebens

ihr Symbol in dem Institut des Geburtsadels gefunden hat, während die Ehrenfestigkeit und Reinheit des Familienlebens im Mittelalter als der höchste Glanz und Stolz der Aristokratie erschienen war, galt die Zucht des Familienlebens dem französischen Hofadel jetzt für „bürgerlich". Dieser einzige Umstand beweist schon, daß er geradezu sich selbst verloren hatte, daß es eine echte, sozial berechtigte Aristokratie in Frankreich nicht mehr gab, oder, wo das Trümmerstück einer solchen sich noch lebendig erhalten, im eigenen Lande wie im Exil lebte. Es liegt nach zwei Seiten für jene Zeit eine tiefe Wahrheit in der Bemerkung, daß für „bürgerlich" gelte seine Verwandten zu lieben. Denn gerade in diesen frivolen Tagen, wo auch die „freier" gebildeten, d. h. von dem alten ehrenfesten Bürgertum bereits emanzipierten Glieder des Bürgerstandes mit der Pariser Aristokratie in einer auf der Familienlosigkeit ruhenden Sittenverderbnis wetteiferten, hielt der gemeine Mann, der geringere, bildungsarme Bürger und der Bauer das alte deutsche Familienleben um so strenger fest, und sorgte solchergestalt dafür, daß die Zucht des Familienlebens und der ernste Sinn für dieselbe späteren Zeiten nicht verloren ging, daß sich späterhin die höheren Stände an denselben wieder kräftigen und ermannen konnten.

Der französische Hofadel bezeichnete sich selber freilich auch jetzt als die „Gesellschaft" an sich, er wollte ebensogut den Mikrokosmus der Gesellschaft darstellen wie die deutsche Aristokratie im Mittelalter. Aber unter dem gesellschaftlichen Leben verstand er eben nur eine fein abgeglättete Müßiggängerei, die Spiel-, Tanz- und Zechgesellschaft, nicht die Gesellschaft, welche sich's im Schweiße ihres Angesichts sauer werden läßt, ein großes Bruchstück aus dem Gesamtberuf des Menschendaseins menschenwürdig zu erfüllen.

Der deutsche Landadel, der auf seinen Gütern sitzend der alten Sitte treu blieb, war zu selbiger Zeit ein höchst beliebtes Ziel wohlfeilen Spottes. Niemals sind die „Krautjunker" so allgemein als komische Figuren behandelt worden, wie in den

Tagen, wo sie zumeist die Ehre der deutschen Aristokratie retteten. Der Sinn für das unschätzbare Gut der festen Seßhaftigkeit auf eigenem Grund und Boden war dieser ganzen Periode fast verloren gegangen. Viele adelige Güter sind damals ohne Not zersplittert und verkauft worden zum großen Nachteil der Nachkommen. Erst gegen die neuere Zeit hin, als überhaupt dem Adel wieder mehr und mehr ein Licht aufzugehen begann über seinen wahren Beruf und seine wahren Standesinteressen, wurde auch der Wert des großen Grundbesitzes für die Festigung des ganzen Standes und für den Staat wieder einmütiger erkannt. Man kann wohl sagen, das Gewicht, welches die Aristokratie selber jeweilig auf den Grundbesitz, auf die Bedeutung des Landadels gelegt, sei allezeit ein wahrer Barometer gewesen, daran man ihre Blüte und Kraftentfaltung messen konnte.

Der Landadel blieb im siebzehnten und achtzehnten Jahrhundert beschränkt und abgeschlossen, aber in seiner Beschränkung war er national, ganz wie die Bauern; der deutsche Hofadel hingegen war dazumal mehrenteils verwälscht und kosmopolitisch. Während unsere ältere Aristokratie oftmals eine Wächterin des Deutschtums gewesen ist, führte der Hofadel jener in Rede stehenden traurigen Periode fremdländisches Wesen ein. — Die französische Sprache ward die Sprache der höheren Stände. Wer „zur Gesellschaft" zählen wollte, mußte ihrer mächtig sein. Das pflanzte sich dann im zweiten und dritten Menschenalter auch auf den höheren Bürgerstand fort.

In dem Landadel allein hat sich noch so etwas von einer „Charakterfigur" des deutschen Barons erhalten. Die Aristokratie der Stadt und des Hofes hat die Eigentümlichkeiten der äußeren Standessitte so ziemlich aufgehen lassen in dem allgemeinen Typus der gebildeten feinen Gesellschaft. Gerade der feinste Ton duldet am wenigsten Originale der äußeren Sitte. Bei den Bauern ist der ganze Stand ein solches Original; bei dem Adel nur noch ein ganz kleiner Rest. In den unteren Schichten der Gesellschaft, wo noch die meiste ursprüngliche Natur ist, herrſcht noch das derb Charakteriſtiſche der äußeren Sitte vor; je höher wir hinaufſteigen, deſto mehr ſcheint dieſelbe ausgeglichen und abgeſchliffen. Dies beweiſt, daß der ſoziale Lebensnerv hier weit ſtumpfer geworden iſt. Die Energie des geſellſchaftlichen Lebens hat ſich hier viel mehr aufgerieben und verbraucht. Durch die Wechſelbeziehung des Adels, als Gutsbeſitzer, zum Bauern=ſtande kann und ſoll er in dieſem Betracht neue Kraft in ſich aufnehmen. Man ſagt, in England blühe der Landbau teilweiſe auch deswegen ſo üppig, weil es die ariſtokratiſche Sitte dort mit ſich bringt, daß der Grundherr einen großen Teil des Jahres auf ſeinem Gute ſitzt und mit ſeiner höheren Bildung, mit ſeinem Unternehmungsgeiſt die grob materielle Arbeit des Pächters in höhere Bahnen leiten hilft. Allein der Adel ſelber gewinnt bei dieſer unſchätzbaren Sitte mindeſtens ebenſoviel als die Land=wirtſchaft. Darum lebt in England noch weit mehr eine eigentliche Charakterfigur des Ariſtokraten als in Deutſchland und vollends in Frankreich.

Gegenwärtig entſchließen ſich in Deutſchland wieder immer mehr Edelleute zur Selbſtbewirtſchaftung ihrer Güter. Man nimmt wahr, daß der vor fünfzig Jahren noch ſo zahlreiche Stand der Verwalter und Gutspächter auszugehen drohe. Es iſt dies ein Zeugnis für die Ermannung des begüterten Adels.

Das Rittertum des Mittelalters hatte ſeine ſtrengen Geſetze der äußeren ariſtokratiſchen Sitte. Die formelle Ausſpitzung des Begriffs der Ehre verklärte einigermaßen die natürliche Rohheit des Fehdelebens. Die alte Ritterſitte ſchwächte ſich in den ſpäteren Jahrhunderten zu einem verallgemeinerten äußerlichen Dekorum des Standes ab. Immerhin hat dieſes Feſthalten am äußeren Anſtande, die Selbſtgewißheit, im Beſitze eines feineren Tones zu ſein, die Ariſtokratie zu einer Lehrmeiſterin des Bürgerſtandes gemacht, der im ſiebzehnten und achtzehnten Jahrhundert auf=fallend plump und unbehilflich in der formellen Haltung des Einzelnen, im äußeren Benehmen zu werden drohte. So iſt die jetzt ſo allgemeine Glätte des geſelligen Verkehrs unſtreitig großen=

teils den Einflüssen der Aristokratie gutzuschreiben. Aber was früher das Monopol des Adels war, ist jetzt das Gemeingut der gesamten gebildeten Welt geworden.

Manche echt deutsche Unsitte erbte sich auch aus dem Mittelalter zu dem Adel der nachfolgenden Jahrhunderte herauf, die dort in der Umgebung so vieler guten Sitten schon erträglich gewesen war. Allein jene guten Sitten wurden meist nicht mitgeerbt. Im Mittelalter hieß nobiliter bibere, zu deutsch adelig zechen, unverblümt soviel als sich volltrinken. Das hatte bei dem rauhen Waffenhandwerk der alten Degen und der unbeschränkten Gastfreundschaft auf den abgelegenen Burgen allenfalls seinen guten Humor. Wenn aber im siebzehnten Jahrhundert noch fürstliche Hofkavaliere sich was darauf zu gut thaten, an der herrschaftlichen Tafel die Maß Wein auf einen Zug ohne Atemholen hinunterzugießen, wenn ein kurbrandenburgischer Oberkämmerer sich berühmt, 18 Maß Wein bei einer Mahlzeit zu trinken, so nimmt sich das in der Umgebung ganz veränderter Sitten eher viehisch als ritterlich aus. Und doch gehörte so etwas zu selbiger Zeit auch noch zum aristokratischen Ton. Nicht als ob ich glaubte, die ganze Aristokratie habe eine so glatte Gurgel gehabt. Nicht als ob ich überhaupt der Ansicht wäre, alle diese schlimmen Seiten, welche ich hier in ihrer ganzen Schroffheit nebeneinander stelle, seien überall das charakteristische Merkmal eines Aristokraten des siebzehnten und achtzehnten Jahrhunderts gewesen. Es gilt mir nur, die schlimmen Folgen, welche für die Aristokratie aus dem Zerbrechen ihrer alten Standesformen erwachsen sind, hier zu einem recht kräftigen Schattenbilde zu vereinigen, wie ich die Vorzüge der mittelalterigen Aristokratie zu einem recht derben Lichtbilde ausgemalt habe. Ich schreibe keine Geschichte des Adels. Nur die Wirkungen der verschiedenen Entwickelungsstufen der Aristokratie sollen — hell und dunkel — gegeneinander gestellt und daraus für die Gegenwart ein Resultat gezogen werden, wo und wie man für die Reform dieses Standes die Hebel anzusetzen habe.

Die Verflachung und Entartung des sozialen Lebens traf in dem Zeitraum, von welchem ich rede, die ganze gebildete Gesellschaft. Nur der von der Kultur ganz unbeleckte gemeine Mann vegetierte in seiner ungebrochenen Natürlichkeit fort. Aber gerade weil die Aristokratie das Bild der Gesellschaft im Kleinen aufzustellen berufen ist, wurde sie um so empfindlicher und tiefer berührt von der krankhaften Erschütterung, die als natür= licher Rückschlag gegen das am Ausgange des Mittelalters ver= steifte und verknöcherte Korporationswesen alle Stände durch= zuckte. Die Aristokratie ist der empfindlichste Teil der Gesellschaft. Alle sozialen Bewegungen werden jederzeit am gewaltigsten und feindseligsten auf sie einstürmen, am frühesten an ihr selber wahrnehmbar werden. Darum zeigt sich's nirgends auffälliger als gerade bei der Aristokratie des siebzehnten und achtzehnten Jahrhunderts, wie tief damals alle soziale Lebenskraft ge= sunken war.

Der einheitliche Beruf dieses Standes im Mittelalter, ob= gleich der Adel damals so vielgliedrig gestaltet war, springt überall klar hervor, läßt sich ohne Mühe nachweisen, faßt sich von selber im allgemeinen Begriffe. In den nächstfolgenden Jahrhunderten dagegen vergißt die Aristokratie förmlich ihren sozialen Beruf, sie gerät ins Unklare über ihre eigene Aufgabe. Der Begriff des Standes blaßt wirklich auf eine Weile ab zu dem Be= griff des Ranges. Schon die Veränderung der aristokratischen Titel zeigt dies vielfach an. In den alten Titeln der großen Herren lag ein bestimmter Beruf ausgesprochen. Die Bezeich= nungen als Pfalzgrafen, Markgrafen, Herzoge, Kurfürsten 2c. deuteten auf ein bestimmtes Amt im Reiche. Gerade diese am meisten charakteristischen Titel kommen bei den neu entwickelten Landeshoheiten am frühesten ab, oder ihr alter Wortsinn wird wenigstens vergessen. Der Herzog unterschied sich etwa von dem Pfalzgrafen nicht mehr durch den Beruf, sondern nur noch durch den Rang. Ebenso drückten die alten Titel der Ritter, Dienst= mannen, Vögte 2c. einen Beruf, ein Amt aus, während sich der neue Freiherrntitel oder die einfache Adelsbezeichnung zu einem bloßen Rangzeichen innerhalb des aristokratischen Kreises zu verflüchtigen begann. Die Stellung der geistlichen Edelleute an den Hoch- und Domstiften war ursprünglich ein wirkliches Amt gewesen. In der Rokokozeit aber galt es mehr den Pfründen als dem Amt. Manchmal reichte der dritte Teil sämtlicher Einkünfte eines geistlichen Landes nicht mehr hin, um die adelige Versorgungsanstalt der Domkapitel auszustatten. Man kombinierte die Domherrnpfründen, nicht aber die Domherrnämter, und der nachgeborene Edelmann ließ sich häufig für die Arbeit von zwei bis drei Domherren bezahlen, während er nicht die Arbeit eines halben that. Aber mit dem amtlichen Beruf ging auch der soziale Beruf dieser Aristokratie verloren. Es zeigte sich zuletzt bei den Domkapiteln, daß vornehme Abkunft und reicher Besitz allein nicht genügen, um eine echt aristokratische Stellung in der Gesellschaft zu bedingen. Es fehlte den Domherren die Fesselung an Grund und Boden. Einige wenige peremtorische Tage ausgenommen, war gewöhnlich nur der vierte oder fünfte Teil der Domherren in den Stiftsstädten, wo sie präbendiert waren, gegenwärtig. Wenige unter den residierenden Domherren hielten selbst ein Haus. Vielmehr lebten die meisten als Gäste und Reisende, die wieder fortzogen, sobald es die Statuten erlaubten. Das Junggesellenleben verträgt sich überhaupt schwer mit dem sozialen aristokratischen Beruf. Hierin liegt ein weiterer Grund für die Nachahmungswürdigkeit des englischen Herkommens, daß eigentlich nur das Familienhaupt mit dem Beruf auch den Glanz des Adels repräsentieren soll.

Entsprechend dem zu bloßen Rangansprüchen verflüchtigten Begriffe des adeligen Berufs, kommt das leere Zeremoniell im siebzehnten Jahrhundert oben auf. Der bedeutendste Staatsmann, der mächtigste Hofbeamte stürzte sich selber, wenn er das Zeremoniell verachtete. Fürsten und Herren ringen um den Vortritt, nicht etwa figürlich in der Vertretung der höchsten gesellschaftlichen Interessen, sondern buchstäblich und mit der Kraft

des Armes um den Vortritt bei irgend einem festlichen Aufzug.
Im siebzehnten Jahrhundert hätte man in einem Lehrbuch der
Diplomatie ein eigenes Kapitel schreiben können über die Kunst,
wie man den Repräsentanten einer fremden Macht von strittigem
Range, falls er im feierlichen Aufzuge vor einem hergeht, mit
List und Gewalt hinter sich schieben kann. Das Mittelalter hatte
auch seine lächerlich spitzfindigen Hof- und Rittersitten, aber es
hatte daneben doch auch adelige Politik, höfische Kunst und ritterliche Waffentüchtigkeit.

Die Fürsten selber, denen die Macht einer selbständigen
Aristokratie im sechzehnten Jahrhundert freilich noch lästig genug
gewesen ist, unterstützten nach Kräften jenen unheilvollen Gedanken, der im Adel bloß den Rang erblickt. Ihre Nachfolger
adelten demgemäß eine Menge von Personen, denen alle Qualität
zum echten Aristokraten abging. Ein preußischer Tranchiermeister
wird beispielsweise in den Grafenstand erhoben, weil er sich, wie
es im Diplom heißt, „mit seinem sehr künstlichen Tranchieren
aller Orten beliebt gemacht". Kammerdiener werden geadelt. Das
ist in diesen Tagen auch in Frankreich wieder geschehen, wo man
freilich die Aristokratie in unserem Sinne nicht mehr zur sozialen
Macht werden lassen will.

Während der Eintritt in den Adel durch leichtsinniges Ver-
geben solchen Titularadels zum großen Ruin des Standes unmäßig
erleichtert wird, ist kaum ein Motiv mehr vorhanden, andererseits
den Titel aufzugeben, auch wenn jede Voraussetzung des aristokratischen Berufes längst geschwunden ist. Denn einen Rang, der
keinen besonderen Beruf heischt, mag jeder geltend machen, so
lange es ihm beliebt und andere ihn darin anerkennen wollen.
Im Mittelalter war es umgekehrt. Der Eintritt in die Aristokratie war erschwert, der Austritt erleichtert, und in der That
kann sich nur bei diesem Verhältnis der ganze Stand blühend
erhalten. Die Vorurteile des Bürgers gegen den Adel datieren
fast sämtlich aus der besprochenen Periode, namentlich das oberste
und gefährlichste dieser Vorurteile, daß der Adel gar keinen be-

sonderen gesellschaftlichen Beruf mehr habe, daß er einen bloßen Rang bezeichne. Wenn die Väter saure Trauben essen, werden den Söhnen die Zähne stumpf. Die Urteile des großen Publikums hinken meist nicht nur hinter den Thatsachen drein, sondern sie halten auch in der Regel Thatsachen noch fest, wenn dieselben bereits hinter uns liegen. So geht es auch mit der noch immer landläufigen Auffassung und Beurteilung des Adels, die wesentlich auf Zustände des siebzehnten und achtzehnten Jahrhunderts zurück datiert. Die Kanonen, mit welchen die Fürsten die Burgen des Adels zerstörten, sind keine so furchtbare Waffe der Zerstörung gegen diesen Stand gewesen als der Briefadel und der maßlose Gebrauch, der von demselben gemacht wurde. Es ist charakteristisch, daß es wiederum die Zeit Karls V. war, in welcher der Briefadel recht in Schwung kam. In der unsinnigen Verschleuderung desselben wurde dem Vorurteil, daß der Adel bloß einen Rang bezeichne, recht eigentlich der Stempel landesherrlicher Autorität aufgedrückt.

Indem ich dem unabhängigen Adel des Mittelalters den Hofadel der späteren Jahrhunderte in seinen Schattenseiten gegenüberstelle, will ich damit keineswegs ausdrücken, daß es an sich unzulässig, dem aristokratischen Berufe widersprechend sei, daß der Adel Hof- oder Staatsdienste nehme. Auch im Mittelalter gab es einen sehr berechtigten Hofadel. Ja es ist an sich nichts natürlicher als daß die Aristokratie des Landes durch den Glanz ihrer gesellschaftlichen Stellung den Glanz des Thrones mehren helfe. Nur soll sie sich nicht in ihren sozialen und vollends gar materiellen Stellung von dem Hof- und Staatsdienst abhängig machen. Und letzteres war vielfach und selbst bei den stolzesten Geschlechtern im siebzehnten und achtzehnten Jahrhundert eingerissen. Ein selbständiger Adel, der dem Throne nahe steht, ist eine Bürgschaft für die Freiheit und Selbständigkeit der gesamten Volksentwickelung. Wo dagegen irgendwann zentralisierende und nivellierende Fürstenallmacht durchgebrochen ist, da wurde auch fast immer der Adel zu der abhängigsten und unselbständigsten Stellung im Hof- und Staatsdienste zurückgetrieben. Die Blüte des deutschen Bürgertumes im Mittelalter lief parallel mit der Selbständigkeit des Adels. Vom Verfall der Aristokratie nach der Reformation hat das Bürgertum wenig Nutzen gehabt, es hat vielmehr selbst mitleiden müssen. In Rußland erlischt der Erbadel sofort, wenn je bis zur dritten Generation kein Glied der Familie in den Staatsdienst getreten ist. Der Begriff des Adels an sich ist hier gefesselt an den Begriff des kaiserlichen Dienstes. Dadurch ist jede auch nur annähernde Selbständigkeit der Aristokratie zum Schaden des Landes unmöglich gemacht. Viel eher verträgt sich noch eine korporative Selbständigkeit des Bauernstandes mit der absoluten Regierungsform als das gleiche Zugeständnis an die Aristokratie. Auch dafür liefert Rußland den Beleg. Wäre die Gegnerschaft des Liberalismus wider die Aristokratie eine rein politische, so wäre sie widersinnig; denn eine kräftige Aristokratie ist zu allen Zeiten eine Stütze der politischen Freiheit gewesen. Um das einzusehen, braucht man nur England mit seiner großartig entfalteten Pairie gegen Rußland mit seinem Adel zu halten, dessen ganzer Bestand in dem Gedanken des fürstlichen Dienstes aufgeht, die deutsche Aristokratie des Mittelalters gegen die deutsche Aristokratie der Zopfzeit. Aber jene Gegnerschaft des Liberalismus ist auch keine rein politische, sie ist vielmehr eine wesentlich soziale.

Kein Stand hat solche gleichsam bis auf Mark und Bein eindringende soziale Prozesse durchgemacht, wie die deutsche Aristokratie. Die Uebergänge von der Aristokratie des früheren Mittelalters zu der des späteren, von diesem wieder zu dem Adelswesen der Rokokozeit und von da endlich zu den neuen Ansätzen einer modernen Aristokratie sind so gewaltsam, so durchgreifend gewesen, der Begriff der Aristokratie ist scheinbar jedesmal so von Grund aus umgesprungen und trotz seiner unendlich verschiedenen Erscheinungsformen doch immer wesentlich derselbe geblieben, daß hieraus recht klar die unverwüstliche Zähigkeit des aristokratischen Prinzips in die Augen springt. So weit unser zerfahrenes

modernes Bürgertum auch abstehen mag von dem Bürgertum des
Mittelalters, ist es doch in der zwischen inne liegenden Periode
lange nicht so gründlich umgewandelt worden, wie die gleichzeitige Aristokratie. Die Trümmer der alten Pracht in unseren
großen Reichsstädten heimeln uns an durch den wahlver-
wandten Geist, der immer noch jene verblichene Handels- und
Gewerbsgröße mit unserer modernen Industriegröße verbindet.
Die gebrochenen Burgen des Rittertums, einsam auf pfadlos ver-
wachsenen Berghöhen gelagert, bergen im Gegensatz die Poesie
des Rätsels für uns, und gerade das Fremdartige an diesen
Stein gewordenen „Märchen aus alten Zeiten" ist es, was als
ein so wunderbarer Laut dichterischer Romantik in unserer Seele
widertönt. Und doch liegt für den geschichtlichen Forscher das
Fesselnde unserer vielverschlungenen Adelsgeschichte wieder darin,
daß bei allen ihren schroffen Uebergängen durchweg ein historischer
Faden bleibt, der diese lange Reihe von Gegensätzen zur geschlossenen Kette ineinander fügt.

Wunderbar genug hat die Natur selber dies angedeutet in
dem wechselnden Auftreten und Abgehen der großen Adelsgeschlechter. Jeder Ring der Kette schließt sich ab, aber jeder
greift auch ein in einen neuen Ring. Die ältesten Urgeschlechter
des hohen Adels sind gegen das Ende des Mittelalters fast alle
ausgestorben. Die aus den gewaltigen Umwandlungen der Aristokratie im Mittelalter hervorgegangenen Geschlechter treten mehrenteils in ihre Stelle; in der Erbschaft ihres Besitztumes finden
die alten darauf haftenden Pflichten und Rechte, oft auch der
alte Name, einen neuen Herrn. Und wiederum ist von diesen
aus dem Mittelalter hervorgegangenen Geschlechtern eine auffallend starke Zahl wenigstens in den Hauptstämmen gegen das
Ende des achtzehnten Jahrhunderts erloschen. Aeußerst wenigen
Familien war es vergönnt, durch alle diese großen Perioden im
Urstamme kräftig fortzutreiben auf ihren Stammgütern, die Einheit auch in diesem Wandel versinnbildend. Wie der einzelne
Mensch von hinnen geht, wann er seine Sendung erfüllt hat, so

treten auch die Geschlechter und Familien ab, wenn das Maß ihres Wirkens voll ist. Das stolzeste Haus, dem zahlreiche Spröß= linge noch eine vielhundertjährige Dauer zu verheißen scheinen, erlischt oft plötzlich. Es ist, als ob ein Verhängnis ihm keinen längeren Bestand gönnen wolle als eben für die geschichtliche Periode, für welche es berufen war. Das Alter des Menschen zählt nach Jahren, das Alter der Geschlechter nach Jahrhunderten, der Völker nach Jahrtausenden, der Menschheit vielleicht nach Hunderttausenden. Und sollte es darum, wo ein ehernes Gesetz der Natur und der Weltgeschichte dieses geheimnisvolle Maß, diese Schranken vorgezeichnet hat, so ganz kindisch sein, das historische Bewußtsein der Geschlechter in einem besonders be= rufenen Stande wach zu erhalten und in Familiengeschichte und Stammbäumen von dem geschichtlichen Berufe und dem Lebens= alter der Geschlechter sich selber und andern Kunde zu bewahren?

## Viertes Kapitel

# Resultate für die Gegenwart.

Die erste französische Revolution wollte den Adel vernichten. Sie vollführte aber das Gegenteil von dem, was sie gewollt. Sie brachte ihn nach dem Taumel des achtzehnten Jahrhunderts erst wieder recht zum klaren Selbstbewußtsein, und, was viel wichtiger noch, zur Selbsterkenntnis. Angesichts des Kerkers, des Blutgerüstes und der Verbannung mochte es wohl einleuchtend werden, daß die Stände, und die Aristokratie voran, nach einem tieferen Inhalt für sich selber suchen mußten, als nach dem einer bloßen Rangordnung im Staatskalender. Die Revolution hatte den handgreiflichen Beweis geführt, daß die Aristokratie entweder ihren sozialen Beruf wiedererkennen, daß sie umbildend und organisierend auf die ganze ausgeebnete Gesellschaft einwirken, daß sie an die Spitze einer neuen Gliederung derselben treten oder — zu Grunde gehen müsse.

Die im Schoße der Aristokratie selbst solchergestalt wachgerufene Erkenntnis der Reformbedürftigkeit des ganzen Standes erscheint mir so wichtig, daß ich in ihr geradezu das charakteristische Unterscheidungsmerkmal der Aristokratie des neunzehnten Jahrhunderts von jener des achtzehnten finde. Es muß dabei zugleich angemerkt werden, daß weder bei den Bürgern, noch bei den Bauern der Gedanke, den Stand als solchen neu zu organisieren, so früh und so lebendig erwacht ist als bei dem Adel. Würde der Adel sich ermannen, eine solche Reform an sich selbst auch praktisch und folgerecht durchzuführen, so wären die anderen Stände gezwungen, die ähnliche Reform auch in sich zu vollziehen. In diesem Betracht hat die Frage von der Reinigung und Läuterung der Aristokratie, von der Umwandlung des alten Adelstandes in einen echt modernen eine unermeßliche soziale Tragweite. Hier stände dann der weltgeschichtliche Beruf vor der Aristokratie, den Neubau der modernen Gesellschaft im engeren Kreise vorzubilden, wie sie es weiland bei dem Bau der mittelalterigen Gesellschaft gethan.

In der Ausführung scheiterten aber die Reformversuche des Adels vielfältig daran, daß sie im Äeußerlichen stecken blieben. Ich erinnere an die Zeit der Befreiungskriege. Die Gelegenheit war günstig. Allein wie viele der besten Kräfte des Adels gingen sofort verloren in dem fruchtlosen Bemühen, mit dem Wiederauffrischen rittertümlicher Romantik dem Adel ein neues ideales Leben einzuhauchen, ehe noch der reale Boden für dasselbe gegründet war! Es hat freilich etwas Blendendes, denn es ist einzig in seiner Art, daß bei der Aristokratie vor Zeiten einmal im Rittertum die Standessitte als solche zur unmittelbarsten Poesie des Lebens verklärt erschienen ist. Wenn man sich aber bemüht hat, vorerst dieses ideale Kolorit dem modernen Adel wiederzugewinnen, noch ehe die dringendsten praktischen Reformen durchgeführt waren, so konnte dies die letzteren selber nur in ein falsches Licht setzen und den ganzen Gedanken einer veredelten Erneuerung des Adels als das Erzeugnis einer krankhaften, überreizten Phantasie erscheinen lassen. Derlei kokette Schwärmereien im Fouquéschen Stile haben der Sache des Adels in den Augen des nüchternen, mit gehörigem Mutterwitz begabten Bürgers außerordentlich geschadet. Es kam wohl vor, daß ein Freiherr, der doch sein lebenlang nur einen friedlichen Tuchrock getragen, sich im stahlblinkenden Helm und Harnisch zu seinen Ahnenbildern malen ließ, um den ritterlichen Geist in der Familie wieder aufzufrischen. Andere glaubten durch die Restauration erloschener Adelsvorrechte dem Stande seinen früheren Glanz wiedergeben zu können. Das aber war keine Frucht der Selbsterkenntnis, und um

diesen Gedanken zu wecken, hätte es nicht die Lehre einer blut=
getränkten Revolution bedurft.

Anderseits gestehen selbst die Gegner des Adels zu, daß
seit dem Anbruch der neuen Zeit von Jahrzehnt zu Jahrzehnt
die Schar trefflicher Männer im Schoße dieses Standes selber
sich vergrößerte, welche das auf soziale Selbsterkenntnis gegründete
Begehren der zeitgemäßen Veredelung des Adels obenan stellen,
welche namentlich den Grundgedanken und Grundrechten des
modernen Staates gegenüber die gepriesene Kardinaltugend der
englischen Aristokratie — Mäßigung — auch für Deutschland
erringen möchten, und statt der Schattenseiten des mittelalter=
lichen Adelswesens lieber jene Lichtseiten aufzufrischen trachten,
welche die Aristokratie als den vermittelnden Stand, als den
besten Freund und die natürliche Stütze eines freien Bürgertums
erscheinen läßt. Zu diesem Bund frei gesinnter und darum doch
echt aristokratischer Männer zählen viele Namen, die unter den
besten der Nation genannt werden und überall im Vaterlande
einen guten Klang haben.

Kein Adeliger ragte in diesem Sinne wohl größer über seine
Zeitgenossen hervor, als der Freiherr vom Stein. Es ist mir
immer als ein herrliches Wahrzeichen der angebahnten Versöh=
nung alten nichtsnutzigen Ständehasses erschienen, daß das tüch=
tige deutsche Bürgertum und der edelste Kern der Aristokratie sich
gleicherweise um den Ruhm streiten, die Ideen dieses großen Staats=
mannes je für sich in Anspruch nehmen zu dürfen. Pertz sagt
in seinem „Leben Steins": „Er wollte Verbesserung, nicht Ab=
schaffung des Adels; er hatte ein lebhaftes Gefühl für wirkliches
Recht und insbesondere auch für die äußere Unabhängigkeit und
sittliche Haltung, welche bedeutendes Grundeigentum und ein
durch edeln Familiengeist verknüpftes verdienstvolles, durch Ver=
bindungen einflußreiches Geschlecht gewähren kann. Nachdem
Stein selbst die früheren Vorrechte des Adels auf größeres Grund=
eigentum und den höheren Staatsdienst sowie des Adels Aus=
schluß von den Gewerben abgeschafft, und die freien nichtadeligen

Grundbesitzer in die Ständeversammlungen aufgenommen hatte, war die bisherige staatsrechtliche Stellung des Adels als eines hochbevorrechteten Standes verschwunden, und er mußte auf seine alte Grundlage zurückgeführt werden, wenn er als Stand eine wahre Bedeutung erhalten sollte. Ein Verein von Geschlechtern, welche sich durch erblichen großen Landbesitz und Verdienst um den Staat auszeichnen, wird stets eine bedeutende und wohlthätige Stellung gegen die anderen Stände behaupten können. Daß Stein großes Landeigentum für das Grunderforderniß des Adels hielt, hat er in Denkschriften und mündlich bestimmt erklärt. — — Ebenso sicher ist es aus sonstigen Aeußerungen, daß er den Adel als eine Auszeichnung für Verdienste betrachtete, den Auszeichnungen Pflichten entsprechend hielt, und daß er nicht kastenmäßige Scheidung, sondern eine Verbindung der verschiedenen Stände für zweckmäßig erachtete."

Die Akten, welche Stein im Jahre 1807 über die Umbildung des Adels und eine dem preußischen Adel zu gebende neue Verfassung zusammenstellte, sind verloren gegangen. Steins Biograph gibt uns aber die Hauptzüge seiner Reformgedanken, die sich freilich von der jener bureaukratischen Zeit so nahe liegenden Voraussetzung nicht losmachen können, daß das öffentliche Verdienst wesentlich nur im unmittelbaren Staatsdienste errungen werden könne und darum einigermaßen an das Prinzip des russischen Adels erinnern. Ebenso äußerlich ist die von Stein beabsichtigte Klassifizierung des Adels nach seinem Einkommen. Um so bedeutsamer aber erscheinen die Ansichten dieses Staatsmannes über die Stellung der nachgeborenen Söhne. Seine Reformgedanken waren im allgemeinen folgende: „Der Adel gründe sich auf großen, die Unabhängigkeit gewährenden Grundbesitz und damit verbundenes Verdienst um den Staat. Adeliges Gut kann nicht unter ein bestimmtes Maß geteilt werden. Das Verdienst um den Staat kann sowohl das der Vorfahren als eigenes sein. Das Verdienst der Vorfahren erhellt, wenn jemand einem Geschlechte des bisherigen Adels angehört. Das eigene

Verdienst wird an einer höheren Stellung im Staatsdienste erkannt, welche dem Inhaber im regelmäßigen Laufe des Dienstes
als gerechte Anerkennung seiner Leistungen zu teil geworden,
und deren Verwaltung ein gewisses höheres Ansehen gibt. Der
Adel ist nach Verschiedenheit des Einkommens in verschiedene
Klassen abgestuft. Er vererbt mit dem unverminderten Landeigentum: die Kinder, welche dessen entbehren, sowie alle zum
Eintritt in den neuen Adel nicht geeigneten Mitglieder des bisherigen Adels behalten zwar die Adelsfähigkeit, können jedoch
keine bevorzugte Stellung in Anspruch nehmen. Der Adel wird,
als erster Stand, persönlich zu den Provinziallandtagen, und
teils persönlich, teils durch Abgeordnete aus seiner Mitte zu den
Reichsständen berufen."

Hierzu kommt noch, daß Stein auch Standesgerichte zu
gründen beabsichtigte, welche unwürdige Genossen auszustoßen
berechtigt sein sollten.

Pertz bemerkt, der Satz, welcher das nicht notwendige
Vererben des Adels auf alle Kinder statuiert, würde in der Ausführung die größten Schwierigkeiten geboten haben. „Aber die
Not der Zeit," fügt er hinzu, „war so groß, daß man noch
zu schwereren Opfern entschlossen gewesen wäre." Dem füge ich
weiter hinzu: die Not der Zeit ist für den deutschen Adel als
sozialen Körper heute noch ebenso groß als damals für den
preußischen, wo die Schlacht von Jena eben erst geschlagen
worden war. Eine Satzung, welche den nachgeborenen Söhnen
nicht den Adelstitel, sondern nur die ruhende Befähigung für
denselben zuspräche, ist seit Steins Zeiten von Unzähligen als
oberste Vorbedingung zur Reform des deutschen Adels erkannt
worden, aber nirgends noch hat man diesen Gedanken zu verwirklichen gewagt.

In einigen Gegenden erhielt sich das Herkommen, daß nur
der Stammesherr, das Haupt der begüterten Adelsfamilie, „Baron"
genannt wird, nicht aber seine sämtlichen Söhne und Vettern 2c.,
überhaupt nicht der bloße Titularadel. Im deutschen Süden,

wo man einen jeden, der einen saubern Rock trägt, als „Herr von" anredet, wird freilich jeder Adelige selbstverständlich zum Baron. Bei den reichsgräflichen Familien kommt nur dem Haupte des Hauses das Prädikat „Erlaucht" zu, und bei den fürstlichen Häusern gibt es bekanntlich nur einen Fürsten, die übrigen sind Prinzen. In alledem liegt noch die Ahnung versteckt, daß der adelige Beruf eigentlich nur in dem Haupte der Familie vollauf lebendig sei, daß die andern Mitglieder derselben dagegen nur a d e l s f ä h i g sind. Dieser Gedanke ist für Reform und Fort= bestand des Adels in sozialer Beziehung ebenso wichtig, wie das Majorat in ökonomischer. Die Edelleute sollten den Mut fassen, in diesem Punkte nicht mehr bloß von der Vortrefflichkeit der englischen Einrichtung zu reden, sondern dieselbe auch thatsäch= lich auf deutschen Boden zu verpflanzen. Als der uralt deutsche Unterschied zwischen dem Junker und dem Ritter erlosch, schwand auch die Macht des Adels.

Freilich hat es die neuere Zeit an v e r e i n z e l t e n Versuchen, den Adel aus sich selber heraus zu verjüngen, durchaus nicht fehlen lassen. Aber an durchgreifenden Maßregeln f ü r d e n g e s a m t e n A d e l d e u t s c h e r N a t i o n fehlt es. So hat z. B. die schwäbische Ritterschaft im Jahre 1793 durch Kaiser Franz II. erneuerte und verbesserte Statuten erhalten, welche, in wahrhaft trefflichen Grundzügen entworfen, überall die innere Tüchtigkeit des Standes voranstellen und demselben moralische Pflichten auf= erlegen, welche der Bedeutsamkeit seiner Rechte vollkommen ent= sprechen. Namentlich finden wir hier eine Analogie zu dem von Stein beabsichtigten „Standesgericht" bereits vorgezeichnet, indem für diejenigen, welche den gewichtigen sittlichen und sozialen Verpflichtungen des Ordenstatuts entgegenhandeln, Verwarnung und eventuell Ausschluß aus dem Orden durch die Spezialkapitel angedroht ist.

Das Auszeichnende des wirklichen Aristokraten von dem durch die Fülle seines Besitzes gleich unabhängigen Bürger liegt in dem h i s t o r i s c h e n Bewußtsein seiner Familie. Die Familie ist bei der Aristokratie eine so entscheidende Macht wie bei keinem andern Stande. Alle Reform der Aristokratie wird daher vorzugsweise in der Familie beginnen, die ebenso den bewußten historischen Charakter haben soll, wie die des Bauern den instinktiven. Zur Zeit der Entartung des Adels achtete man die Familienüberlieferungen für alten Plunder. Die Urkunden der Familienarchive waren gerade gut genug, um Feuerwerke aus denselben zu bereiten, und alte Ahnherren ließen sich für die jungen Herren bequem als Zielscheibe beim Pistolenschießen benutzen. Die Gegenwart stellt aber ganz andere Anforderungen an den Familiensinn der Edelleute. In der Wahrung des bewußten geschichtlichen Zusammenhalts der Familie soll die Aristokratie den übrigen Ständen als Muster voranleuchten. Sie soll die überlieferte Sitte des Hauses festigen und läutern, während man dem Bürgerstande hier gern freieren Spielraum zugesteht. Der hohe Adel allein hat Hausgesetze, die er nicht leichtsinnig zerreißen, sondern, wenn es not thut, verbessern, dann aber auch festhalten soll. Nur als Wahrzeichen des historischen Familienbewußtseins hat der Stammbaum einen Wert; bei einem abgeschwächten oder frivol zerrütteten Familiengeiste hat der Stolz auf den Stammbaum gar keinen Sinn.

Die Revolution von 1848 wiederholte ganz dasselbe Mahnwort an die Aristokratie wie die erste von 1789, nur noch vernehmlicher und bestimmter gefaßt. Entweder der Sozialismus oder die historische Gesellschaft. Ein drittes gibt es nicht. Die historische Gesellschaft aber ist nicht anders denkbar als in ihren geschichtlich gewordenen Gruppen, nicht denkbar ohne eine Aristokratie. Die vier Stände, wie ich sie auffasse, sind freilich dem neunzehnten Jahrhundert eigentümlich angehörende Gebilde, aber sie ruhen auf der deutschen Nationalentwickelung eines Jahrtausends. Die moderne Aristokratie bildet nicht mehr die Gesellschaft an sich, wie die des früheren Mittelalters. Aber als dem freiesten, selbständigsten und begütertsten Stand, als dem Stande der geschichtlichen Ueberlieferung, als dem Stande des Erbrechtes liegt es ihr am nächsten, die Errungenschaften einer historischen Civilisation zu wahren gegen die Barbarei der Zerstörung alles Individuellen, alles Geschichtlichen in der Gesellschaft. Die übrigen Stände können, sollen, wollen denselben Beruf üben, die Aristokratie muß. Sie hat für sich selber dabei das meiste zu beschützen — oder alles zu verlieren.

In ihren Standesvorrechten barg die mittelalterige Aristokratie eine Leuchte der Civilisation für kommende Jahrhunderte. In dem einzigen großen Vorrecht des historischen Standes- und Familienbewußtseins, welches der modernen Aristokratie unbestritten bleiben wird, soll sie auch uns eine Leuchte der Civilisation sicherstellen. Organische Gliederung der Gesellschaft ist Civilisation.

Dagegen haben Privilegien im eigentlichen Sinn, Standesvorrechte auf Kosten dritter, in neuerer Zeit der Aristokratie niemals etwas Gutes gebracht. Der scheinbare Nutzen, den sie etwa eintragen, wiegt federleicht neben dem Haß, der sich seitens der Nichtprivilegierten daran heftet, neben der Schwächung der moralischen Macht des Standes, welche immer eine Begleiterin dieses Hasses sein wird. Welches Unheil sind nicht die frühern Jagdprivilegien adeliger Grundbesitzer für den ganzen Stand gewesen? Dem Bauern wurden nur zeitweilig die Saatfelder ruiniert, der Gutsbesitzer aber erntete die dauernde, zähe Feindschaft des Bauern. Das kümmerte ihn in früheren Zeitläuften vielleicht wenig. Aber mit jedem Tage wird es für den Staat und die Gesellschaft wichtiger, daß der Bauer und der Baron gute Freunde seien. Und der Bauer ist so gut ein Mann des Erbrechts wie der Baron, und wo sich solche bittere Stimmungen einmal bei ihm eingelebt haben, da werden sie in Menschenaltern noch nicht wegzutilgen sein. So ist der Adel bei diesem Privileg sicher am schlimmsten gefahren. Es erschien unstreitig als eine sehr beneidenswerte Bevorzugung, wenn der deutsche Adel vordem an jeder Zollstätte vorbeiziehen durfte, ohne daß seine Habe vom Zöllner durchsucht wurde. Aber dieses Vorrecht machte es dem

Adel zum Ehrenpunkte, daß er keinen Handel treibe, es ver-
hinderte die nachgeborenen Söhne, wo sie kein Vermögen besaßen,
zum Gewerbestande überzugehen; es trieb unmittelbar unstreitig
viele derselben dem adeligen Proletariat in die Arme; es wirkte
mit, daß jene verderbliche Verachtung des Handels und höheren
Gewerbebetriebes bei dem deutschen Adel Wurzel faßte. Und
doch hatten die Mediceer noch Handel getrieben, da sie schon
Fürsten waren! Wer fuhr also am schlimmsten bei dem gedachten, dem Adel scheinbar so günstigen, dem Bürger so ge-
hässigen Vorrecht?

Aus dem Mißverständnis, als ob die zufälligen Privilegien
des Adels zum sozialen Wesen desselben gehörten, als ob derselbe nicht sowohl einen Stand als einen Rang bezeichne, ging
das sogenannte „Junkertum" hervor. Der Junker macht aus
dem berechtigten Korporationsgeist des Standes einen Egoismus
des Standes; er veräußerlicht die Standessitten zum Zerrbild.
Dadurch ist die ganze Stellung des Adels auf lange Zeit so
erschwert worden, daß noch immer Mut dazu gehört, das soziale
Recht der Geburtsaristokratie überhaupt anzuerkennen. Gar viele
Gegner der ständischen Gliederung sind dies nur um deswillen,
weil sie mit den Ständen auch die Aristokratie anerkennen müßten.
Würde man ihnen eine Gruppierung ohne diesen Stand vor-
schlagen, so würden sie zustimmen. Es ist aber ein Akt der Gerechtigkeit, daß man dem ganzen Stand nicht aufbürde, was ein
Teil seiner Glieder gesündigt hat, und der selbständige Mann
wird sich dabei durch das Geschrei der Masse, die „nicht dem
Urteil folgt, sondern dem Vorurteil", nicht irre machen lassen.

Der politische Beruf der modernen Aristokratie ist kein
unmittelbarer mehr wie vordem, da sie noch das Monopol
der Waffenehre, der überlieferten Rechtsweisheit ꝛc. besaß. Aber
er wächst unmittelbar hervor aus ihrem sozialen Beruf. Der moderne Staat, der bureaukratische Staat, wie er aus der Mischehe
der aufgeklärten Staatsallmacht des achtzehnten Jahrhunderts mit
der Revolution entsproßt ist, hat keinen Sinn für diesen sozialen

Beruf gehabt, weil ihm überhaupt die Gesellschaft im Staats=
mechanismus aufging. Je mehr die leibhafte, lebenswarme
Gestalt des Bauern, des Bürgers, des Edelmannes in der Ab=
straktion des Staatsbürgers zum Schatten wurde, um so weiter
glaubte er politisch vorgeschritten zu sein. Wenn wir aber wollen,
daß der Staat dem Bauern Raum lasse, sich in seiner sozialen
Persönlichkeit als Bauer zu entwickeln, so fordern wir das
Gleiche für den Adel, wir fordern es für jeden Stand. Es
gilt, jenen mittelalterigen Zustand, wo der Staat in der Gesell=
schaft aufging, zu vermitteln mit der Idee des achtzehnten
Jahrhunderts, welche die Gesellschaft im Staate aufgehen läßt.
Beide sollen als gleichberechtigte Lebensmächte ergänzend inein=
ander greifen.

Läßt man die natürlichen Gruppen der Gesellschaft zu selb=
ständigerem Leben sich von innen heraus entwickeln, dann wird
dies keinen Krieg der Stände geben, wie man wohl befürchtet.
Der Krieg der Stände besteht vielmehr eben jetzt und hat be=
standen seit dem sechzehnten Jahrhundert, seitdem eine einseitige
politische Gewalt das ständische Leben unterdrückt und dadurch
gegenseitigen Neid, Haß und Argwohn unter den Ständen gesäet
hat. Dem Mittelalter lag ein Krieg der Stände viel ferner als
der späteren Zeit.

Die politische Vertretung der ständischen Lebensmächte steht
auch keineswegs in unlösbarem Widerspruch mit der höheren
Einheit des Staatsbürgertums, worin sich die Genossen aller
Stände als auf gemeinsamen Eigentum wieder begegnen. In
England waltet ein recht kräftiges Bewußtsein der staatsbürger=
lichen Einheit, und doch besitzt England zugleich eine sehr selb=
ständige Pairie.

Nur muß man nicht glauben, als ob so manche bisher miß=
glückte Versuche ständischer Volksvertretung in Deutschland, die
den modernen Begriff der Stände durchaus nicht beachteten,
sondern an etlichen herausgerissenen Fetzen der längst abgestorbenen
mittelalterigen Standesgliederung festhielten, einen Beweis gegen

die Durchführbarkeit des Instituts überhaupt geliefert hätten. Es ist dem deutschen Adel nie ein gefährlicheres Geschenk gemacht worden, als indem man in der vormärzlichen Zeit solchen zweiten Kammern, die gar nicht oder nur sehr annäherungsweise als Volkvertretung gelten konnten, Adelskammern zur Seite stellte, welche ihrerseits wesentlich einen Stand vertraten. In solchem Mischwerk waren durch die ersten Kammern gesellschaftliche Rechte vollgültig dargestellt, durch die zweiten Kammern politische in höchst dürftiger Weise. Eine Politik, welche bloß bei e i n e m Stand die Bedeutung der sozialen Mächte für das Staatsleben praktisch anerkennt, bei den andern aber nicht oder nur halbwegs, muß allmählich am subtilen Selbstmord sterben. Bürger und Bauern würden kein gehässiges Privileg der Aristokratie in den Adelskammern erblickt haben, wenn sie sich ihrerseits ebenso entschieden in den Volkskammern vertreten gewußt hätten.

Ständewahlen können zu einer sehr wohl proportionierten und vollständigen Vertretung des Volkes in einem konstitutionellen Landtage führen, der dann keineswegs ein Ständetag ist. Aber auch in anderer Weise läßt sich der konstitutionelle Faktor mit dem ständischen verbinden. Der Landtag, welchem die Vertretung der politischen Gesamtinteressen, die Kontrolle der Staatsverwaltung zukäme, würde dann n i c h t das ständische Sondertum, sondern das ganze Volk einheitlich darstellen. Dagegen würde in den Provinzialtagen, Kreistagen, Bezirksräten oder wie man sie sonst nennen mag, und denen die Wahrung der örtlichen, materiellen und sozialen Interessen zufiele, das Recht der ständischen Gliederung seinen Ausdruck finden. Eine konstitutionelle Vertretung der allgemeinen Staatsinteressen ist recht wohl mit der Monarchie vereinbar; eine Vertretung der sozialen Interessen auf dem Grundgedanken des allgemeinen Staatsbürgertums paßt dagegen nur für die soziale Republik. Eine ständische Vertretung der allgemeinen Staatsinteressen widerspricht dem Begriffe der m o d e r n e n Stände nicht weniger als dem Begriffe des modernen Staates. Eine konstitutionelle Vertretung der gesellschaftlichen Interessen, ein Aufgehen derselben in den politischen, widerspricht dem Rechte, welches sich die Gesellschaftsidee neben der Staatsidee errungen. Wir wollen, daß sich beide Mächte des öffentlichen Lebens in selbständiger Vertretung kräftiger weiterbilden. Einer muß das letzte Wort haben, und dies gehört in vorliegendem Falle dem Staat, als dem Repräsentanten der Allgemeinheit, aber es sei nicht das letzte Wort des Despoten.

Ich habe die Geschichte reden lassen, indem ich dem Leser die Periode der höchsten Macht des deutschen Adels und die Periode seiner äußersten Machtlosigkeit nebeneinander stellte. Und damit ist, dünkt mir, deutlich genug ausgesprochen, worin der soziale Beruf der Aristokratie, worin das Recht ihrer Existenz ruhe, und in welcher Art dieselbe ihre Sendung zu erfüllen habe. Wo die Thatsachen Beweise sind, braucht die Lehre nicht beweisführend hinterdrein zu hinken.

Es gilt nicht, die mittelalterige Blüte des Adels Zug um Zug zu kopieren, aber es gilt, die großen Grundgedanken derselben auf die Potenz der neuen Zeit zu erheben. Die Aristokratie muß vor allen anderen Ständen sich als Körperschaft reformieren. Das gab der mittelalterigen Aristokratie ein gut Teil ihrer sozialen Macht, daß sie in sich selbst ein verkleinertes Abbild der wohlgegliederten Gesellschaft darstellte. Wie diese Ausführung ins Moderne zu übersetzen sei, das läßt sich nicht in Paragraphen fassen, und jede allgemeine Theorie würde bei einer so rein praktischen Frage doch nur auf den Holzweg kommen. Die Genossenschaft selber muß von innen heraus Hand anlegen, wiederum nicht, um heute oder morgen ein Schema der Organisation aufzustellen und den Stand hineinzuzwängen, sondern indem sie auf der Wache steht und jeden günstigen Augenblick der Zeitgeschichte ergreift, um einen Ansatz zur körperschaftlichen Gliederung wieder zu erobern. Die Kirche hat uns am anschaulichsten gelehrt, wie dergleichen auszuführen sei. Ihre kluge Benützung des günstigen Augenblickes im Jahre 1848, um zu einer größeren genossenschaftlichen Selbständigkeit und einer freieren inneren Organisierung der eigenen Körperschaft zu kommen, ist ein wahres Meister= und Musterstück gewesen.

Der feste Grundbesitz ist der Eckstein der Gediegenheit der Aristokratie. An ihm haftet die aristokratische Selbständigkeit. Durch diese ist wiederum der aristokratische Beruf großenteils bedingt. Durch den Grundbesitz wird der Adel der nächste Bundes= genosse, der natürliche Schirmherr des kleinen Grundbesitzers, des Bauern. Dem Landadel ist ein gar weites Feld eröffnet, fördernd auf die Blüte des Bauernstandes einzuwirken, denselben in seiner alten Gediegenheit, in der historischen Zucht seiner Sitte, gegenüber den ausebnenden Einflüssen der Zeit, bewahren zu helfen. Die Seßhaftigkeit hat den Adel des Mittelalters national gemacht, sie hat ihn eng mit den andern Ständen verknüpft. Sie wird ihn allezeit am meisten vor kastenmäßiger Absperrung bewahren.

Der grundbesitzende Adel soll den Vorsprung, welchen ihm in landwirtschaftlichem Betracht sein geschlossenes Gut vor den immer mehr zurückgehenden kleinen Bauern mit ihren zersplitter= ten Äckerchen gewährt, nicht dahin ausbeuten, daß er in über= mächtigem Wettkampf den Wohlstand des kleinen Bauern vollends totschlägt. Das ist nicht edelmännisch gehandelt. Durch seine Landwirtschaft im großen soll er vielmehr darauf bedacht sein, die umwohnenden Bauern, vielleicht vor Zeiten seine Hintersassen, aus ihrer Hilflosigkeit, aus ihrem technischen Ungeschick heraus= zuziehen. Ein Rittergut muß für die umliegende Gegend einen ganzen landwirtschaftlichen Hilfsverein ersetzen. Dieses Privileg des Vortrittes in der ökonomischen und sozialen Reform sollte sich die Aristokratie durchaus nicht rauben lassen. Sie kann dann um so leichteren Herzens auf nutzlose politische Privilegien ver= zichten. Der Landadel soll den Bauern zeigen, was die Macht der Intelligenz im Ackerbau auf sich hat, er soll auch für sie experimentieren mit der Einführung wirtschaftlicher Verbesserungen. Der kleine Bauer läßt dergleichen beiseite liegen, weil er das Wagnis des Versuches nicht auf sich nehmen kann. Edelmännisch dagegen ist es, den Geldbeutel zu ziehen und das Opfer des Versuches nicht anzusehen, damit das Allgemeine gewinne. Auf dem Rittergute seien Fruchtvorräte gespeichert, damit der Edel- mann einzelnen Bedürftigen zur Notzeit unter die Arme greifen könne, wie es die Städte mit ihren Magazinen im großen thun sollten. Auch dies heischt Opfer, allein dieselben sind von der sozialen Würde der Aristokratie gefordert. Bei der Gründung gemeinnütziger Anstalten sollte der Name des Edelmannes immer obenan stehen, und als ein kostbares Standesvorrecht sollte er darauf halten, sich in den zu solchen Zwecken gezeichneten Summen von keinem bürgerlichen Gutsbesitzer übertreffen zu lassen.

Zu dem Grundbesitz gesellt sich in neuerer Zeit die große Industrie. Sie öffnet dem begüterten Adel ein neues Feld des unabhängigen Besitzes, der beneidenswertesten sozialen Wirk- samkeit. Und wie das Ackergut ihn dem Bauern nahe bringen sollte, so sollte er hier durch gemeinsame Interessen der natür- liche Patron des kleinen Gewerbsmannes werden und des tage- löhnernden Arbeiters im Kittel, des Mannes vom vierten Stande. Man hat sich vielfach gewöhnt, in den Reichtümern des Bürger- standes mehr das flüssige Kapital, in denen des Adels mehr das ruhende zu sehen; dort die Thätigkeit des Erwerbes als das Charakteristische zu erfassen, hier die Wahrung des Erworbenen, des festen Grundstockes. Die Sache hat bedingungsweise eine tiefe Wahrheit. Auf jedem größeren Besitz haftet gleichsam die moralische Pflicht, einen Teil desselben neben dem egoistischen eigenen Genusse zum Besten der Gesamtheit, der Gesellschaft in Umlauf zu setzen. Kein Gesetz zwingt den Reichen dazu, wohl aber eine sittliche Forderung. Wenn der Kaufmann, der Gewerbetreibende im Wetten und Jagen von Gewinn und Verlust den zeitweiligen Ueberschuß egoistisch zurückhält, so hat er doch schon in dem steten Prozeß des Kapitalumschlages seinen Tribut an die Ge- samtheit abgetragen und jener Eigennutz ist damit wirtschaft- lich wenigstens entschuldigt. Wenn aber der Aristokrat als

Wahrer des ererbten festen Besitzes nur in der Weise auftritt, daß er seine Rente lediglich im Interesse persönlicher Genußsucht verzehrt, so ist das durchaus nicht edelmännisch gehandelt. Mit Recht fordert die Sitte vom Edelmann, daß er über den Privatgenuß hinaus zum gemeinen Besten in gewissem Grade dependiere. Es liegt dieser Sitte mehr als die Verschwenderlaune der Hoffart zu Grunde, es steckt der würdige Gedanke darin, daß es sich nicht zieme, einen festen Besitz tot liegen zu lassen, ohne zum Frommen der Gesamtheit einen steten Zins abzutragen. Der Adel des achtzehnten Jahrhunderts, so entartet er großenteils gewesen, hat doch hierin vielfach den modernen Adel übertroffen. Diese im guten Sinne „noble" Verschwendung, welche damals mehr denn jetzt als ein Ehrenpunkt der Aristokratie galt, sicherte sogar manchem Kunstzweig, manchem Gewerbe des Luxus sein Gedeihen. Beispielsweise führe ich nur die Kabinettsmalerei, die Kammermusik des siebzehnten und achtzehnten Jahrhunderts an, welche ihre materielle Basis wesentlich dem Prunksinne der höheren Aristokratie dankten. Dadurch wird der natürliche Neid, wie ihn immer der mühselig Erwerbende dem bereits im Behagen des ruhigen Besitzes Gebetteten nachträgt, versöhnt und entkräftet. Es ist durchaus nicht aristokratisch, wenn so mancher deutsche Baron sich in Leihbibliotheken abonniert, statt den Luxus einer recht reichen Privatbibliothek als eine standesmäßige Ehrensache aufzufassen. Der englischen Aristokratie rühmt man durchschnittlich feineren Takt in diesem Punkte nach. Wenn knickerige Oekonomie wohl gar als ein Mittel angeführt wird, um dem Ansehen des Adels wieder aufzuhelfen, so zeugt dies für ein gänzliches Verkennen des aristokratischen sozialen Berufes. Im Jahre 1848 kam es oft vor, daß der begüterte Adel sich mit Ostentation der äußersten Sparsamkeit befleißigte, aus Furcht vor dem Neide des Proletariats. Das war höchst verkehrt. Die rechte Politik des Standes hätte es gefordert, daß die Aristokratie damals trotz so mancher materieller Einbußen erst recht jeden Ueberfluß flüssig gemacht hätte, erst recht mit einer würdigen Verschwendung hervorgetreten wäre, um dem Arbeitervolk zu zeigen, daß sie sich ihrer sozialen Verpflichtung wohl bewußt sei, dem gemeinen Besten jenen Tribut des festen Besitzes reichlich und freiwillig und in wahrhaft edelmännischem Stile abzutragen.

Uebrigens hat der Adel des achtzehnten Jahrhunderts in der Art, wie er „depensierte", oft auch eine Schuld auf den Stand geladen, welche der Adel des neunzehnten Jahrhunderts wieder wett machen muß. Die Aristokratie war es vorzugsweise, welche es vordem als ein Zeichen des „guten Tones" eingeführt hat, daß Produkt des inländischen Gewerbfleißes geringzuschätzen und nur mit ausländischem Gerät, mit ausländischem Schmuck, mit ausländischem Kleide zu prunken. Für die Aristokratie der Gegenwart ist es darum eine förmliche Gewissenspflicht geworden, diese Scharte auszuwetzen, um im Gegenteil jetzt als den besten Ton einzuführen, daß das kostbarste und vornehmste Gewerbserzeugnis immer dasjenige sei, welches von der Hand der vaterländischen Arbeit geweiht ist.

Aus demselben Grunde sollte es auch der Adel, als durchaus nicht aristokratisch, den Börsenjuden überlassen, massenhafte Kapitalien in Papierspekulationen anzulegen und seine verfügbaren Gelder schon aus sozialen Gründen der nationalen Industrie und Kunst zuzuwenden. Vielleicht fallen dabei die Zinsen für den Einzelnen nicht immer so reichlich aus, als sie bei einer Anlage anderer Art ausgefallen wären, aber die Zinsen, welche ein solches Verfahren der Ehre, der Macht und dem Gedeihen des ganzen Standes abwirft, werden wahre Apothekerzinsen sein.

Das Ringen nach politischer Macht liegt dem Adel näher als irgend einem anderen Stande, denn er sucht nach neuen Berufen und war als Stand durch so viele Jahrhunderte die ausgeprägteste politische Körperschaft. Aber er möge stets eingedenk bleiben, daß selbst einzelne Landesversammlungen des Mittelalters nur darum so mächtig gewesen sind, weil der Adel nicht lediglich auf das Seine sah, sondern vielmehr die Vermittlerrolle zwischen dem Fürsten und dem Bürger durchführte, weil in der Volksvertretung, ob sie schon auf das Einzelleben der Stände gebaut war, dennoch die Absperrung der Stände sich ausglich.

Die Aristokratie wird zerfallen, sobald der Austritt aus diesem empfindlichsten Stand unmäßig erschwert, der Eintritt in denselben unmäßig erleichtert wird. Das Herkommen beim englischen Adel ist hier so oft auch für den deutschen als Musterbild aufgestellt worden. Die Sitte, daß der Adelstitel auf alle Söhne forterbt, hat nicht wenig dazu beigetragen, das adelige Proletariat zu er= zeugen; denn sie wehrt solchen Seitensprößlingen, denen jede materielle Grundlage des aristokratischen Berufes fehlt, den Ueber= gang zu einem bürgerlichen Berufe. Eine Sitte läßt sich aber nicht wegschulmeistern, sie muß sich selber ableben.

Der Staat kann wohl das Recht der Majorate und Fidei= kommisse überwachen; wollte er es dem Adel aber ganz abschneiden, so würde er damit die Axt an den sozialen und politischen Beruf der Aristokratie überhaupt legen. Denn ohne die erbrechtliche Bindung des Familiengutes ist kein Adelsgeschlecht im stande, sich diejenige Basis der Unabhängigkeit und Selbständigkeit zu er= halten, mit welcher der ganze Stand steht und fällt.

Macht und Unabhängigkeit ist heutzutage aber nicht allein im materiellen Besitz gegeben. Sie liegt gleicherweise in der Geistesbildung. Im Mittelalter bezeichnet man eine ganze Litte= raturperiode als die der ritterlichen Dichtung. In Frankreich hat sich selbst im siebzehnten Jahrhundert noch die National= litteratur unter dem Schutz und der Mitarbeit der so entarteten Aristokratie entwickelt. In Deutschland hat dagegen die neuere Nationallitteratur im achtzehnten Jahrhundert ohne die Förde= rung durch die Aristokratie, ja teilweise trotz der Aristokratie, ihren ersten stürmischen Aufschwung nehmen müssen. Es bezeichnet die nach der ersten französischen Revolution und infolge derselben eingetretene Reform der deutschen Aristokratie, daß sie von da an wieder ein Herz gewann für die höhere Nationalbildung, und in hervorragenden Gliedern ihres Standes jetzt wieder bedeutend, thatkräftig auf dieselbe einwirken half. Wie das Mittelalter von dem Adel nicht nur den festen Besitz, sondern auch die Kraft des Armes im Turnier und in der Fehde forderte, so fordert die moderne Zeit neben dem festen Besitze auch starke Arme und Kräfte in dem großen geistigen Turnier.

Als die Summe aber von alledem steht obenan, daß die Aristokratie an der wiedergefundenen Erkenntnis ihres sozialen Berufes festhalte, der ihr aufgibt, die Entwickelung der Gesell= schaft in ihrer historischen Gliederung als eigenste Angelegen= heit ins Auge zu fassen. Ein starker, wohlorganisierter Bürger= stand, ein kräftiges, naturwüchsiges Bauerntum macht eine tüchtige Aristokratie ebensowohl erst möglich, als beide dieselbe voraus= setzen. Wer den Adel abschaffen will, der muß damit anfangen, daß er das Bürgertum auflöst; wer aber das Bürgertum auflösen wollte, der müßte vorerst den Adel abschaffen. Die Gebilde der modernen Stände beruhen nicht auf politischen Vorrechten, wie im Mittelalter, noch viel weniger auf einem naturgeschichtlichen Rassenunterschied des edlen oder unedlen Blutes. Der letztere Gedanke schleicht sich manchmal immer noch in die Auffassung des Geburtsadels ein, eine richtige Würdigung des Instituts nach beiden Seiten beeinträchtigend. Gäbe es einen naturgeschichtlichen Vorzug der Reinheit des Blutes in diesem roh materialistischen Sinne, dann wäre auch der adelige Proletarier immer noch etwas Besseres als der mittellose, zum bürgerlichen Erwerb und Namen zurückkehrende nachgeborene Sohn des Edelmannes. Die Brücke zwischen Adel und Bürgertum wäre geradezu abgebrochen, der Adel kein Stand mehr, sondern eine Kaste. Es ist aber diese dem Adel selbst am meisten verderbliche Auffassung eines gleichsam naturgeschichtlichen Vorzugs des Adels vor dem Bürgerlichen, wenn auch nur dunkel und halbbewußt, doch noch in gar manchen Köpfen vorhanden. Der Volkswitz hat dieselbe seit alter Zeit mit sehr derber Satire in Sprichwörtern und Redebildern gegeißelt. Die modernen Stände unterscheiden sich unmittelbar lediglich durch ihren sozialen Beruf, durch Arbeit und Sitte, mittelbar auch durch ihren politischen. Sie bezeichnen die Teilung der Arbeit, wie solche bei den unermeßlichen Aufgaben der gesamten Gesellschaft nach geschichtlichen Vorbedingungen den einzelnen Gruppen zugefallen ist, und die aus jener Teilung hervorwachsenden Unterschiede der ideellen Kultur. So ist mit dem Unterscheidungspunkt zugleich auch der Einigungspunkt aller Stände gegeben.

Die Sozialisten sind noch nicht gestorben, aber doch haben sie uns bereits dieses köstliche Erbteil hinterlassen, uns durch ihre Gegnerschaft zu der Erkenntnis zu zwingen, daß die Stände solidarisch haftbar sind, und daß ein Stand neidlos die selbständige Entwickelung des anderen fördern solle, weil so nur alle mächtig werden und alle gleich gut gewappnet wider den gemeinsamen Feind, der jegliche Gliederung der Gesellschaft zertrümmern, der dem „historischen Recht" ein „Recht des Geistes" gegenübersetzen will, nicht erkennend, daß aller Geist doch immer wieder nur ein historischer ist und sogar der Sozialismus nur eine historische Erscheinungsform jenes ewig historisch bedingten Menschengeistes; eine historische Erscheinungsform nämlich, die in ihrer eigentlichen Wurzel hervorgerufen worden ist durch die Erschlaffung und Entnervung aller ständischen Individualität in der traurigsten Zeit, in der Zopfzeit.

# Zweites Buch.

# Die Mächte der Bewegung.

# I. Das Bürgertum.

## Erstes Kapitel

## Der Bürger von guter Art.

Der Bürgerstand ist seit alten Tagen der oberste Träger der berechtigten sozialen Bewegung gewesen, der sozialen Reform. Er ist darum — namentlich in seiner modernen Erscheinung — das Gegenteil des Bauern. Das Bürgertum strebt dem Allgemeinen, das Bauerntum dem Besonderen zu. Die Besonderungen sind aber in der Gesellschaft das alte Vorhandene, die Allgemeinheit wird erst geschaffen. Dem Bauern sieht man's gleich am Rock und an der Nase an, aus welchem Winkel des Landes er stammt, das Bürgertum hat seine gleichmäßige äußere Physiognomie der „gebildeten Gesellschaft" bereits über ganz Europa ausgebreitet. Aber indem es die schroffen Unterschiede der historischen Gesellschaft zu überbrücken trachtet, will es dieselben doch andererseits nicht auflösen und von Grund aus zerstören, wie der vierte Stand.

Das Bürgertum ist unstreitig in unseren Tagen im Besitze der überwiegenden materiellen und moralischen Macht. Unsere ganze Zeit trägt einen bürgerlichen Charakter. Die politische Mündigsprechung des Bürgertumes durch die erste französische Revolution hat die Pforten der Gegenwart erschlossen. Man nannte darum in jener Krise jedes Glied der Gesellschaft bedeutungsvoll „Bürger". Seitdem drückt das Bürgertum den Universalismus des modernen gesellschaftlichen Lebens am ent-

schiedenſten aus. Viele nehmen Bürgertum und moderne Geſell=
ſchaft für gleichbedeutend. Sie betrachten den Bürgerſtand als
die Regel, die anderen Stände nur noch als Ausnahmen, als
Trümmer der alten Geſellſchaft, die noch ſo beiläufig an der
modernen hängen geblieben ſind. Wir ſelber folgen einem auf
dieſe Gedanken zurückgehenden Sprachgebrauch, der in unſerer
vorwiegend bürgerlichen Zeit mindeſtens das Recht des Charakte=
riſtiſchen hat, indem wir von einer „bürgerlichen Geſellſchaft“
reden im Gegenſaß zu einer „politiſchen“, ohne darum die anderen
Stände von der Geſellſchaft ausſchließen oder ihnen ein gleiches
Recht der Exiſtenz mit dem Bürgerſtand abſtreiten zu wollen.
Hundertfältig klingt das Bewußtſein der Univerſalität des Bürger=
tumes bereits aus dem Sprachgebrauche hervor. Man nennt den
oberſten Gemeindebeamten des Dorfes heutzutage vielfach ſchon
Bürgermeiſter, obgleich er doch lediglich über Bauern Meiſter iſt.
Die frühere Zeit, welche unſeren Univerſalismus des Bürger=
tumes noch nicht kannte, ſchied dagegen bei Stadt und Land
ſtrenge zwiſchen dem Bürgermeiſter und dem Schultheißen. Man
ſpricht von bürgerlicher Ehre, bürgerlichem Tod, wo man doch
weit allgemeiner von geſellſchaftlicher Ehre, geſellſchaftlichem und
politiſchem Tode ſprechen ſollte. Statt von Staatsgenoſſen zu
reden, nimmt der Sprachgebrauch den bedeutſamſten Teil für das
Ganze und redet von Staatsbürgern.

Wie die Ariſtokratie im Mittelalter der Mikrokosmus der
Geſellſchaft war, ſo iſt es das Bürgertum in der Gegenwart.
Das moderne Bürgertum ließe ſich weit bequemer als irgend
ein anderer Stand wiederum gliedern in ein ariſtokratiſches, ein
ſpezifiſch bürgerliches, ein bäuerliches und ein proletariſches Bürger=
tum. Wichtiger aber erſcheint, daß bei allen Ständen der uni=
verſaliſtiſche, ausebnende Geiſt des Bürgertumes jeßt ebenſo ent=
ſchieden ſeine Spuren zeigt, wie im Mittelalter der körperſchaftlich
abſchließende Geiſt der Ariſtokratie ſich bei allen anderen Ständen
im kleinen wiederholt hat. Und wie damals die Ariſtokratie überall
in ihrem engen Kreiſe jene Reformen vorbildete, welche ſpäter

Reformen für die ganze Gesellschaft geworden sind, so geschah das Gleiche namentlich seit dem sechzehnten Jahrhundert im Schoße des Bürgertumes.

Wo unsere sozialen Kämpfe jetzt zu blutigem Entscheid führen, da geschieht dies fast immer auf den Straßen der Städte, nicht in Dörfern und Feldern, nicht mehr vor ritterlichen Burgen. Die Stadt ist weit mehr als irgendwann zuvor der Ausgangs- und Mittelpunkt aller großen sozialen und politischen Lebens- regungen geworden. Das Städteleben des Mittelalters stand origineller da in dem Bildungsprozeß der damaligen Zustände, das moderne Städteleben wirkt aber weit massenhafter entschei- dend, ja fast ausschließlich entscheidend auf den Gang der mo- dernen Gesittung. Der große Gegensatz von Mächten des sozialen Beharrens und der sozialen Bewegung stellt sich zugleich dar als ein Gegensatz von Land und Stadt, dort die großen und kleinen Gutsbesitzer, hier die wohlhabenden und die verhungernden Leute des bürgerlichen Erwerbes. Der Bauer und der Adel bürgt uns dafür, daß das Gute des früheren Ständewesens nicht ganz ver- loren gehe, der Bürger und der Proletarier, daß das Erstarrte und Abgestorbene daran nicht künstlich wieder ins Leben zurück- geführt werde.

Der deutsche Bürgerstand hat heutzutage keine feste, durch- greifende Standessitte mehr, wie der Bauer. Im Gegenteil nennt man häufig farbloses, allgemeines, mittelschlächtiges Her- kommen „bürgerlich“. Entsprechend bezeichnet der Sprachgebrauch den Bürgerstand als den „Mittelstand“. Dieser Ausdruck ist in mehrfachem Betracht trefflich, und wir möchten ihn namentlich auch in dem höheren und stolzeren Sinne fassen, daß das Bürger- tum den Mittelpunkt, den eigentlichen Herzpunkt der modernen Gesellschaft bildet. Die Bauernsitte trägt in starken Farben auf, sie haut wohl auch gerne über die Schnur. Unter bürgerlicher Sitte denkt man sich im Gegenteil das Gemäßigte, Knappe, Haus- backene. Der Sprachgebrauch nimmt „bürgerlich“ und „schlicht“ häufig als gleichbedeutend. Bei einem echten Bauernschmaus müssen die Tische brechen unter der Wucht der Speisen, ein „bürgerliches Mahl" bezeichnet ein einfaches, bescheidenes Mahl, Hausmannskost. Die Polizei hat sich's seit mehreren Jahrhunderten — ob mit Recht oder Unrecht, ist hier nicht zu erörtern — saure Mühe kosten lassen, den Geist des Uebermaßes in der Bauernsitte einzudämmen, sie erließ Verordnungen zur Steuer des Aufwandes bei Kirmessen, Leichenschmäusen, Hochzeiten, Kindtaufen ꝛc. Bei dem Bürgerstand hat wenigstens seit dem dreißigjährigen Kriege solcherlei Uebermaß der Polizei nicht viel Sorge gemacht. In dem Punkte der „standesmäßigen Depense" steht der moderne Bauer, wie in so vielen anderen Stücken, der Aristokratie weit näher als der Bürgersmann.

Nur karge Bruchstücke und Ruinen der mittelalterlichen originellen Bürgersitte existieren noch. Sie sind in Deutschland die Ausnahmen geworden, während beim Bauernstande derlei Eigenart die Regel geblieben ist. In oberdeutschen Landstrichen ist seit mehreren Menschenaltern bei bürgerlichen Frauen zuletzt noch das schwer mit Silber ausgezierte Mieder in Abnahme gekommen, die letzte Nachbildung desselben wird nur noch von geringeren Leuten getragen, während in den reicheren Familien das silberne Mieder der Großmutter allenfalls noch als Kuriosität aufbewahrt wird. Die Münchener Riegelhauben sind ein ähnlicher kümmerlicher Rest bürgerlicher Originaltracht.

Merkwürdig genug ist im achtzehnten Jahrhundert die bürgerliche Tracht allmählich aus der Hoftracht hervorgewachsen. Darin liegt eine bittere Ironie auf den falschen Universalismus des modernen Bürgertumes. In der neueren Zeit dagegen wirkt umgekehrt die nivellierte bürgerliche Mode auf die Hoftracht zurück. Die langen Hosen mit Stiefeln haben selbst an den Höfen die kurzen Hosen mit Schnallenschuhen und Strümpfen zu verdrängen begonnen, und Ludwig Philipp kokettierte mit dem bürgerlichen Oberrock und dem unvermeidlichen Regenschirme, damit bei seinem „Bürgerkönigtume" auch das Tüpfelchen auf dem J nicht fehle. Ludwig Napoleon dagegen, dessen Politik sich gewiß nicht auf das Bürgertum stützt, führte kurze Hosen und seidene Strümpfe wieder in den Hofsaal zurück. Die Gleichheit beginnt der Freiheit über den Kopf zu wachsen, also ist es ganz naturgemäß, daß die Bürger nicht mehr die kurzen Hosen vom Hofe borgen, sondern umgekehrt der Hof die langen Hosen von den Bürgern. Im Mittelalter bestand die bürgerliche Tracht vielfach aus einem Mittelding der höfischen und der bäuerlichen, dem sozialen Charakter des „Mittelstandes" treffend entsprechend.

Auch die örtliche Vielfarbigkeit der Mundarten ist beim Bürgerstande mehr und mehr verwischt worden. Während die Volkssprache bei den Bauern überall noch kräftig blüht, sind nur noch karge Ueberbleibsel original bürgerlicher, städtischer Dialekte vorhanden. Augsburg z. B. hatte früher einen eigenen Stadtdialekt, der jetzt nur noch in vereinzelten Trümmern fortlebt. Ja es gab sogar in dieser durch ihr zähes Korporationswesen ausgezeichneten Stadt wieder scharf geschiedene Stufen des Dialekts für die einzelnen Stadtquartiere. Das alles ist fast ganz erloschen. Die Frankfurter dagegen haben den Ruhm, in ihrer „borjerlichen" Sprechweise ein Stück alten Bürgerdialektes lebendig erhalten zu haben, welches lediglich der Stadt als ursprüngliches Eigentum gehört und wohl zu unterscheiden ist von der Lokalfarbe, die anderwärts aus dem Urquell des umgebenden ländlichen Idioms auch in die städtische Rede einfließt. Im Gegensatz zu original bürgerlichen Sonderdialekten ist es vielmehr nur durch den universalistischen Geist des deutschen Bürgertumes möglich geworden, daß sich ein allgemeines sogenanntes reines Deutsch als die möglichst dialektfreie Aussprache aller Gebildeten niedergeschlagen hat. In den größeren deutschen Städten hat sich eine eigene Art poetischer Lokallitteratur an den städtischen Dialekt geheftet. Aber diese bürgerliche Dialektpoesie, welche von Nante Strumpf, Hampelmann und Genossen singt, trägt so sehr den Stempel des Gemachten, dichterisch Nichtigen, daß sie, dem poesiegetränkten, recht aus dem Genius der eigentümlichen Sprachbildung herausgewachsenen Volkslied der Bauern gegenüber, die

Geringfügigkeit der städtischen Dialekttrümmer erst vollauf ins
klarste Licht setzt. Das Dialektlied des Landvolkes schlägt neben
den Tönen der Freude auch die des Schmerzes und der Wehmut
an, es steigt in die Tiefen des Gemütes hinab, es spiegelt uns
den Mann des Volkes in seiner gesunden, kräftigen Natur; die
nach der Apfelwein= oder Weißbierschenke duftenden Volksdich=
tungen der städtischen Dialekte bewegen sich fast immer in dem
Kreise der Posse, der schlechten Satire, sie malen uns den ent=
arteten Bürger, die Jammergestalt des Philisters. Die Wiener
Volksposse, welche sich an kulturgeschichtlicher und kunstgeschicht=
licher Bedeutung weit über Nante, Hampelmann und die anderen
erhebt, tritt nicht in Widerspruch zu unseren Behauptungen. Wie
die Musik derselben den steierischen und Tiroler Volksweisen ab=
gelauscht ist, so ist weder der Hanswurst, noch Wastel, noch der
Kasperl der Wiener Vorstadtbühne ein geborenes Wiener Stadt=
kind, sondern alle diese Gesellen sind historisch nachweisbar aus den
steierischen und Tiroler Gebirgen in die Kaiserstadt eingewandert.

Was die Bewahrung eigentümlich bürgerlicher Sitten be=
trifft, so ist allerdings immer noch ein großer Unterschied zwischen
den Städten, deren reichste Blüte wesentlich in eine frühere
Vergangenheit fiel, und jenen, deren eigentlicher Aufschwung erst
der neueren Zeit angehört. In den ersteren, namentlich in den
ehemaligen Reichsstädten, tönen uns freilich auch heute Nach=
klänge jenes alten Bürgertumes entgegen, welches an seiner
individuell charakteristischen Standessitte nicht minder treu fest=
hielt als der moderne Bauer. Aber diese Erscheinungen haben
eben immer nur ein wesentlich antiquarisches Interesse. Die
Selbstherrlichkeit des alten Innungsgeistes spricht sich da oft
kaum noch in etwas anderem aus, als daß etwa die Metzger
und Bäcker durch allerlei überlieferte Bequemlichkeit im Gewerbe=
betrieb das kaufende Publikum molestieren u. dgl. mehr. Sie
verhält sich zu der Selbstherrlichkeit der Innungen von ehedem,
wie ungefähr die Macht einer modernen städtischen Schützengilde
zur Kriegsmacht des alten Hansabundes. Der Bürger einer

solchen Stadt schlägt freilich sein Bürgerrecht immer noch unendlich höher an, als der Bürger eines rein modernen Gemein-
wesens. Er fühlt seine persönliche Existenz gesicherter durch den
Fortbestand von trefflichen alten Bürgerpfründen und Stiftungen,
und es ist noch nicht lange her, daß in Frankfurt der Bankerott
eines Bürgers im Grunde nichts anderes war, als die Vertau-
schung des mühseligen und gewagten Handelserwerbs mit irgend
einem ruhigen städtischen Amtspöstchen.

Diese Sicherheit und Abgeschlossenheit der bürgerlichen Existenz kann aber, wie gesagt, nur noch als ganz vereinzelte Thatsache gelten. Das Bürgertum „von echtem Schrot und Korn"
ist nicht, wie man wohl meint, von ausschließlich konservativem
Geist durchdrungen, gleichsam ein verfeinertes Bauerntum. Es
ist von Grund aus von letzterem unterschieden. In der mittelalterlichen Gesellschaft, wo ein Bauernstand im modernen Sinne
noch nicht vorhanden war, spielte das Bürgertum als eine Macht
des sozialen Beharrens wohl teilweise eine Rolle, wie sie jetzt
dem Bauerntume zugefallen ist. Und doch gilt auch dies nur
mit großen Einschränkungen. In den Kämpfen zwischen den
Zünften und Geschlechtern, die das mittelalterige Städteleben
so lebendig charakterisieren, sind alle Elemente der großen modernen Kämpfe zwischen den verschiedenen Schichten der Gesamt-
gesellschaft bereits im engeren Raume aufeinander gestoßen. Nur
die Namen wurden gewechselt. Was damals Geschlechter und
Zünfte hieß, das heißt jetzt historisch gegliederte und ausgeebnete
Gesellschaft. Dergleichen Bewegungen im Innern des Bauerntumes sind bis jetzt noch unerhört.

Die Geschichte keines anderen Standes ist so reich an inne-
rem Leben, an kräftigen Gegensätzen und deren unverhohlenem
Widerstreit als die Geschichte des Bürgertumes. Da gilt es nicht,
wie bei den Bauern, einfache ruhende Zustände zu beobachten,
sondern ein bewegtes Handeln, ein stetes Schaffen und Zerstören.
Die echt dramatischen sozialen Konflikte sind das Wichtigste in
der Städtegeschichte des Mittelalters. Darum schüttelt sich unser

historisches Gefühl vor der Unnatur, mit welcher ein schwächlicher Seitenzweig der romantischen Schule vor einiger Zeit in Dichtung und Bildwerk das alte Bürgertum als ein mattherziges Stillleben von zahmen biderben Handwerksmeistern und blondhaarigen Goldschmiedstöchterlein darzustellen sich befliß. Die derben thatkräftigen Männer und unruhigen Köpfe der alten streitbaren Städte haben sicherlich ganz anders dreingeschaut. Und doch gibt auch diese Auffassung des massiven Bürgers kein volles und getreues Bild. Der Bürger — um es vorweg zu sagen — ist ein Charakter von doppelseitiger Natur. Diese streitsüchtigen alten Zünfte, die sich wohl das ganze Jahr hindurch in den Haaren lagen, diese kriegsgewaltigen Bürger, die, wie weiland die Kölner gegen ihren Erzbischof Konrad von Hochstetten, sich oft aufs tapferste mit Rittern und Knechten im Felde schlugen, waren doch nebenbei auch wieder Spießbürger, die ihre Ruhe liebten und denen man oft viel bieten mußte, bis ihnen der Geduldsaden riß, und bis sie dann aber auch um so ingrimmiger ihre Schläge austeilten. Darum ist jener Wahlspruch, welcher „Ruhe" als die „erste Bürgerpflicht" bezeichnet, ganz aus der Seele des Bürgertumes gesprochen, und ist doch dasselbe Bürgertum die Seele aller großartigen Bewegung, des mächtigsten sozialen und politischen Fortschrittes in Staat und Gesellschaft gewesen. Beiläufig bemerkt, der Kölner Reimchronist vom Jahre 1490, welcher die eben erwähnten blutigen Kämpfe zwischen den Kölner Bürgern und Konrad von Hochstetten beschreibt, nennt — ob er selber gleich unter den Augen des erzbischöflichen Stuhles schrieb — die Schöffen, welche jener frühere Erzbischof den Kölnern aufgedrungen, in bürgerlich bündigem Deutsch kurzweg Esel, welche, ob man sie auch in eines Löwen Haut stecke, dennoch, sowie sie nur das Maul aufthäten, sich sofort als Esel ausweisen würden. In diesem einzigen Zuge malt sich mehr echte Charakteristik mittelalterlichen Bürgertumes als in ganzen Dutzenden von romantisch lackierten Poesien und Gemälden aus der Zeit der älteren Düsseldorfer Schule.

Friedrich List stellt in seinem „System der politischen Oeko=
nomie" den „Manufakturisten" und den „Agrikulturisten" in schnei=
dend scharfen Gegensätzen nebeneinander. Er sagt: „Beim rohen
Ackerbau herrscht Geistesträgheit, körperliche Unbeholfenheit, Fest=
halten an alten Begriffen, Gewohnheiten, Gebräuchen und Ver=
fahrungsweisen, Mangel an Bildung, Wohlstand und Freiheit.
Der Geist des Strebens nach steter Vermehrung der geistigen
und materiellen Güter, des Wetteifers und der Freiheit charak=
terisiert dagegen den Manufaktur= und Handelsstaat."

In diesem harten Ausspruch, den List weiterhin freilich
noch aufs geistvollste ausgeführt und begründet hat, liegt als=
dann volle Wahrheit, wenn wir den rohen Kleinbauern dem
höheren Industriellen gegenüber stellen; diese Wahrheit wird aber
zunehmend bedingter und eingeschränkter, je mehr wir bei den
Agrikulturisten zu dem größeren Gutsbesitzer aufsteigen, bei den
Manufakturisten zu dem eigentlichen Kleingewerbe zurückgehen.
Wir stoßen hier wieder auf die bereits angedeutete zwiespältige
Natur des Bürgertumes. Der kleine Handwerker, namentlich in
Landstädten, ist fast ebenso beharrend in Begriff und Rede, in
Arbeit und Sitte, wie der Bauersmann. Er spielt auch in
sozialem und politischem Betracht eine ganz ähnliche duldende
und schweigende Rolle. Nur mit dem großen Unterschied, daß
er mehrenteils darum duldet und schweigt, weil er so gedrückt
und verkommen ist, weil er stumm entsagen muß, während das
stille Beharren des Bauern sich als das Produkt eines naiven
Naturlebens darstellt. Der stabile Bauer ist gesund, der stabile
Bürger ist krank. Der einsichtsvolle Staatsmann wird daher
auf den duldenden, notgedrungenen Konservatismus des Klein=
bürgers durchaus nicht das Gewicht legen, welches er dem
natürlichen, angestammten Konservatismus des Bauern bei=
messen muß.

Die idealere Natur des Bürgertumes weiß nichts von solcher
Entsagung. Ihr rechtes Lebenselement ist das Wetten und Jagen
nach Erfindung, Vervollkommnung, Verbesserung. Die „Kon=

furrenz" ist ein echt bürgerlicher Begriff; dem Stockbauer liegt
er sehr fern. Der Bürgerstand alter und neuer Zeit in seiner
großartigeren Erscheinung ist der zur Thatsache gewordene Be=
weis des Satzes, daß „die Kraft, Reichtümer zu schaffen, un=
endlich wichtiger sei als der Reichtum selbst" (List). Darum
liegt die Gründung von Majoraten und Fideikommissen nicht
im Geiste des Bürgertumes, so sehr sie im Geiste der Aristokratie
und des Bauerntumes liegen mag. Das beste bürgerliche Erbe
ist die Kraft und gegebene äußere Möglichkeit, Reichtum zu er=
werben, nicht der feste Besitz. Jener höchste Stolz starker Geister,
alles durch sich selbst geworden zu sein, ist ein echt bürgerlicher,
im Gegensatz zu dem aristokratischen Stolz auf historischen Ruhm
und ererbtes Gut. In Altbayern kann man Bauern sehen, die
von ihrer Konfirmation bis zum Tode ein Barkapital von acht
Gulden auf ihrer Sonntagsweste tragen. Die Weste hat nämlich
normalmäßig zwanzig Knöpfe und jeder Knopf wird durch einen
vollwichtigen Sechsbätzner gebildet. Der Schweizer Bauer sagt
entsprechend von einer bodenlosen Weingurgel: sie säuft sich alle
Knöpfe vom Rock ab. Diese Sitte, ein Barkapital auf Rock
oder Weste ruhen zu lassen, ist nur bei Bauern möglich, die
überhaupt an dem Besitz des toten Kapitals eine seltsam kindische
Freude haben. Ein echter Bürger würde die zwanzig Sechsbätzner
umschlagen, bis mit der Zeit zwanzig Louisdor daraus geworden
wären, und dann würde er sich doch noch lange keine goldenen
Knöpfe auf die Weste setzen lassen.

Von den Heroen der neueren deutschen Nationallitteratur hat
wohl keiner den gesunden, praktischen Mutterwitz, das scharfe Ur=
teil und die glühende Reformbegeisterung des deutschen Bürger=
tumes in großartigerem Verein persönlich dargestellt als Lessing.
Und gerade Lessing war es, der den bekannten Ausspruch gethan,
daß er, wo ihm Gott die Wahl ließe zwischen der Wahrheit
selber und dem Streben nach Wahrheit, nach dem letzteren
greifen würde. Das ist ein Wort voll stolzer, wahrhaft bürger=
licher Gesinnung! Nebenbei gesagt, Doktor Faust, der alte

Schwarzkünstler sowohl als der Goethesche, ist auch ein Bürgersmann gewesen. Der oben zitierte Ausspruch Lists, daß die Kraft,
Reichtümer zu schaffen, unendlich wichtiger sei als der Reichtum
selbst, ist die Uebertragung des allgemeinen Lessingschen Satzes
auf das besondere ökonomische Gebiet. Und in den beiden Aussprüchen liegt das Geheimnis, durch welches das Bürgertum die
oberste Macht der sozialen Bewegung wird. Das Bürgertum
setzt die Zauberkraft dieser beiden Sätze als Hebel an, hier in
dem Reiche des Geistes, dort in dem Reiche des materiellen Er-
werbens, und so hat es sich mit diesen Sätzen die Uebermacht
in der modernen Gesellschaft erobert.

Eine Grundursache des steten Drängens und Bewegens im
Innern des Bürgerstandes ist schon darin gegeben, daß derselbe
die verschiedensten Berufsarten umschließt, während die Bauern
wie der Grundadel wesentlich auf einen einzigen Beruf angewiesen
sind. Bei den Mächten der sozialen Bewegung, dem Bürgertum
wie dem vierten Stand, fällt der Beruf nicht mit dem Stand
zusammen, bei den Mächten des sozialen Beharrens deckt der
Beruf den Stand. Darum sind die letzteren auch viel bestimmter
abgegrenzt, viel leichter begrifflich zu bestimmen. Es gibt keine
größeren Gegensätze des Berufes, wie zwischen dem Kleingewerbe
und jener höchsten Geistesarbeit des wissenschaftlichen und künstlerischen Schaffens, und doch umschließt beide das Bürgertum.
Aehnliche Gegensätze wiederholen sich in anderen bürgerlichen
Kreisen: der Kleinstädter, der Residenzstädter, der Reichsstädter,
der Bürger einer großen Welthandelsstadt sind grundverschiedene
Charaktere, und dennoch fühlen und wissen sie sich einig im
Geiste des Bürgertumes. Das geht dem Bauern ab. Gleich
unterschiedlich in Gruppen gesondert, hat er sich zu dem Gesamtbewußtsein eines allgemeinen deutschen Bauerntumes noch nicht
aufschwingen können.

Jene gleichzeitige Ausprägung des Sondergeistes und des
Einigungstriebes, welche ich in der Einleitung als ein wesent-
liches Merkmal unseres gesamten modernen Gesellschaftslebens

nachwies, erscheint nirgends so auffällig bei einem einzelnen
Stande im kleinen nachgebildet als gerade beim Bürgerstand.
Der Korporationsgeist ist bei unseren Gewerben immer noch am
meisten rege, und seine Wiederbelebung im höheren Sinne wird
nur vom Bürgertume ausgehen. Und doch ist dasselbe Bürgertum zugleich die Mutter jener konstitutionellen Staatsidee, welche
die Macht der Korporation aufs kleinste Maß zurückführen
will. Die ersten Vorzeichen der werdenden Selbständigkeit des
mittelalterigen Städtewesens kündigten sich darin an, daß die
Bürger die Verwaltung des Gemeindeguts, die Handwerks- und
Marktpolizei in ihre Hände nahmen. Und wie sonderlich
hat sich diese Selbständigkeit in der Verwaltung des städtischen
Gemeindewesens dann weiter entwickelt! Und dennoch ist es
wieder dasselbe Bürgertum, durch dessen nicht minder dem Allgemeinen zustrebenden Geist nachgehends die Zentralisierung des
Gemeindelebens durch den Polizeistaat erst möglich wurde. Also
auch in dieser zwiespältigen Natur zeigt sich das moderne Bürgertum wieder recht als der Mikrokosmus unserer gegenwärtigen
Gesellschaft.

Bauernstand und Aristokratie, die Mächte des sozialen Beharrens, sind einfache Gebilde; Bürgertum und Arbeiter, die
Mächte der sozialen Bewegung, aus mannigfachen Gegensätzen
in eins geschmolzene. Auch um dieser im Bürgerstande vermittelten
Gegensätze willen mag man ihn den „Mittelstand" nennen.

Namentlich ist es der deutsche Mittelstand, bei welchem
der Trieb vorwärts zu dringen und die Lust am ruhigen Beharren sich fortwährend befehden. So schreitet das Genie des
deutschen Gewerbfleißes rastlos zu neuen Erfindungen vor, über-
läßt es aber dann, in träge Ruhe wieder zurücksinkend, anderen
Völkern, das Gefundene auszubeuten. Es ist ein idealistischer
Zug im Charakterkopfe des deutschen Bürgers, daß er sich zur
Ehre, aber anderen zum Nutzen schafft, verwandt jenem echt
bürgerlichen Selbstbekenntnis, welches die Kraft zum Erwerben
höher anschlägt als den Erwerb selber.

Die geschilderte Doppelart des Bürgertums bewirkt, daß jede der beiden äußersten politischen Parteien einen Groll auf dasselbe hat. Den Revolutionären ist das Bürgertum die Wurzel alles Stillstandes und Rückschrittes, den Absolutisten der Urquell aller Empörung und Ueberstürzung. Aber merkwürdig genug ist dabei die Scheu, welche beide Parteien zeigen, bei dieser Feindschaft das Bürgertum direkt beim Namen zu nennen. Die Demokratie hat es nicht gewagt, den ehrwürdigen deutschen Namen des Bürgers zu entweihen als Parteischimpfwort, weil sie gar wohl weiß, wie volkstümlich der Klang desselben ist. Und wie man so oft die französische Sprache gebraucht, um wenigstens den Gedanken zu geben, wo man sich vor dem Worte fürchtet, hat sie sich das Bürgertum als „Bourgeoisie" erst ins Französische übersetzt, um dann, ohne zu erröten, den Kampf gegen dasselbe beginnen zu können. Ebensowenig will es der Absolutismus Wort haben, daß er dem „eigentlichen" Bürgertume zu nahe trete. Er schiebt darum das erdichtete Phantom eines „echten" Bürgertumes unter, welches als eine Art städtisches Bauerntum lediglich Ruhe und Beharren im politischen und sozialen Leben darstellen soll, in der That aber gar nicht existiert. Diesem sogenannten „echten" Bürgertum wollen die Männer der politischen Erstarrung um so geflissentlicher befreundet sein, als sie damit das Gehässige einer Polemik gegen das wirkliche Bürgertum als die entscheidende Macht der berechtigten sozialen Bewegung von sich abzuwenden wähnen. Daraus erkennen wir aber erst vollauf, wie groß die bürgerliche Herrschergewalt in der modernen Welt sein muß, da Alle wenigstens vermeiden möchten, sich an dem Namen des Bürgertumes zu vergreifen!

Der Grund zu der gegenwärtigen imposanten Stellung des Bürgertumes wurde merkwürdigerweise in der Zeit gelegt, wo der Wohlstand des mittelalterigen Städtewesens, die alte Blüte von Gewerbe und Handel bereits zu sinken begann. Ich meine die Reformationszeit. Diese ungeheure kirchlich-soziale Krisis hat für das geistige Uebergewicht des deutschen Bürgertumes auf Jahrhunderte dieselbe Bedeutung gehabt, wie sie die nicht minder riesige industrielle Krisis der modernen Maschinenerfindungen für das materielle Uebergewicht desselben haben wird. In diesen beiden Thatsachen, die für uns durchaus nicht so grundverschieden sind, als es manchem bedünken mag, zeigt sich aufs wunderbarste die Kraft der sozialen Bewegung im Bürgertume. In den Reformationskämpfen rang sich der bürgerliche Geist zur Selbstherrlichkeit auf im kirchlichen und wissenschaftlichen Leben. Dieses einseitige spiritualistische Vorwärtsdringen erzeugte einen Gegenschlag, der auf die materielle Existenz zurückfiel: der dreißigjährige Krieg vernichtete den bürgerlichen Wohlstand, und die arme und armselige Zeit nach demselben schuf aus dem stolzen mittelalterigen Handwerker und Kaufmann — den demütigen deutschen Philister. Aber die große Reformation der modernen Industrie wird auch dem bürgerlichen Gewerbe die verlorene Autonomie wiedergewinnen, sie wird ein neues soziales Gebilde des Bürgertumes nicht minder erzeugen, wie die kirchliche Reformation vor dreihundert Jahren ein solches erzeugt hat.

Nur bei den germanischen Völkerfamilien im europäischen Nordwesten existiert noch ein vollwichtiger, geschlossener Bürgerstand, und nur diese germanischen Völker haben die kirchlichen Reformationskämpfe nach ihrer ganzen Tiefe durchgefochten.

Schon bei den Vorspielen der Reformation war es das deutsche Bürgertum, welches die Kraft der geistigen Bewegung für sich erprobte. Der Historiker Heinrich Rückert sagt in seinen „Annalen der deutschen Geschichte": „Es war etwas Bürgerliches in all den deutschen Mystikern seit der Mitte des dreizehnten Jahrhunderts, aber der von allen Schlacken gereinigte, tiefste Gehalt dieses bürgerlichen Geistes. Nichts mehr von dem phantastischen Schwunge der ritterlichen geistigen Poesie, dafür aber desto mehr Zurückgehen auf die Wirklichkeit in den innerlichsten Zuständen des Menschen, über welche dort eine Art von religiösem Rausche hinweggeführt hatte, und das Bemühen, sich nicht bloß augenblicklich über sich selbst zu erheben, sondern das Christentum als ein stets wirkendes Lebensprinzip eins mit ihnen zu machen und eine Gesinnungserneuerung hervorzubringen, aus welcher dann die Bethätigung dieses neuen Geistes im Leben von selbst folgte. Dieses große, echt praktische Element war der Grund, warum die Richtung in der Nation fortwährend größeren Anklang fand . . . . ."

Das Eindringen der klassischen Litteraturstudien, welches der Reformation die Wege ebnete, fand seine obersten Vertreter im Bürgerstande. Die satirischen Vorboten und Begleiter der großen Bewegung, Sebastian Brandt, Heinrich von Alkmar, Thomas Murner u. a., stellen eine ganz entschieden soziale Agitation aus dem Schoße des Bürgertumes dar.

Deutsche Reichsstädte waren es, welche die Reformation unter den ersten in bürgerlicher Kühnheit und mit bürgerlichem Trotz in Schutz nahmen.

Luther selber in seiner zwiespaltigen Natur ist ein wahres Urbild eines deutschen Bürgers. Der Drang, eine verrottete Welt aus ihren Angeln zu heben und zugleich das Bewußtsein, daß nur in dem Anklammern an das Beharrende und Bestehende die wilden Schwarmgeister gebannt werden könnten, kämpfte unablässig in seiner Brust. Daher so manche Widersprüche in seinem Leben, die nicht aus mattherzigem Verzagen, sondern aus der Tiefe des Kampfes selber quollen. Es sind die Widersprüche des deutschen Bürgertumes.

„Warum thut man nicht, wie im Volke Israel geschah, da nur einer König blieb? Seinen Brüdern gab man etwas und ließ sie den anderen im Volke gleich sein. Müssen's denn alle Fürsten und Edle bleiben, die fürstlich und edel geboren sind? Was schadet es, ein Fürst nehme eine Bürgerin und ließe ihm begnügen an eines Bürgers Gut? Wiederum eine edle Magd nehme auch einen Bürger? Es wird doch die Länge nicht tragen, daß eitel Adel mit Adel heirate. Ob wir vor der Welt ungleich sind, so sind wir doch vor Gott alle gleich, Adams Kinder,

Gottes Kreatur, und ist je ein Mensch des anderen wert." Spricht aus diesen Worten Luthers nicht bereits jener Gleichheitsgedanke, mit welchem das moderne Bürgertum die letzten Bollwerke des mittelalterigen Ständewesens in die Luft sprengte, um aus ihren Trümmern der politischen Freiheit eine neue soziale Basis zu bauen? Man hat in unsern Tagen in einem deutschen protestantischen Staate eine Zusammenstellung sozial und politisch radikaler Stellen aus Luthers Schriften polizeilich konfisziert. Ebensogut könnte aber auch eine demokratische Regierung eine Blumenlese von Aussprüchen aus des Reformators Werken konfiszieren, weil sie zu „reaktionär" seien. Das ist nicht bloß Luthers, sondern des ganzen deutschen Bürgertumes zwiespältige Natur.

Neuere Schriftsteller haben mit Recht hervorgehoben, wie die erschütternden Erfolge Luthers aufs engste damit zusammenhingen, daß er seine Predigt an das deutsche Volk gerichtet habe. Allein ein Volkstum im modernen Sinne bestand damals noch nicht. Durch seine Stellung inmitten des Bürgertums ist Luther erst in zweiter Linie volkstümlich geworden. Die damaligen Bauern wußten bekanntlich dem sozialen Demagogen und Wühler Karlstadt viel mehr Geschmack abzugewinnen als dem bürgerlichen Reformator Luther. Karlstadt und Luther verhalten sich in sozialem Betracht zu einander wie die Ausgleichungswut des vierten Standes zu den versöhnenden und vermittelnden gesellschaftlichen Tendenzen des Bürgertumes.

Jener oberste sittliche Grundsatz des Protestantismus, der den Kampf um die Gottseligkeit von dem Felde der äußeren Werke in die Tiefe des inwendigen Menschen zurückversetzt, entspricht dem Geiste des Bürgertumes, welchem das Ringen nach Erwerb höhere Kraft und mächtigeren Reiz birgt als der Besitz des Erworbenen selber. Die katholische Kirche besitzt — aristokratisch — ein liegendes, in seinem Grundstock unveräußerliches Kapital von Gnadenmitteln, der Protestantismus kennt — bürgerlich — nur das Ringen nach dem Erwerb der Gnade durch den

Glauben, und seine Dogmatik gibt der Kirche nirgends einen rechtlichen Besitztitel für das feste, ruhende Kapital eines eigentlichen Gnadenschatzes.

Gerade dieser bürgerlichen Richtung im Protestantismus konnte sich auch der Katholizismus auf die Dauer nicht entziehen, er ist in Messe und Predigt und allerlei anderen Kultusformen, in der Zugänglichkeit der verdeutschten heiligen Schrift für die ganze Gemeinde und in vielen weiteren Stücken bürgerlicher geworden, während hier früher der priesterlich aristokratische Charakter vorwaltete. Darin zeigt sich eine der entscheidenden sozialen Folgen der Reformation.

Der protestantische Kultus, der Kirchenbau und was damit zusammenhängt, ist bis zum Uebermaß bürgerlich, d. h. schlicht, nüchtern, verständig, praktisch, aber auch ungemütlich und poesielos. Ganz ebenso zeichnete ich oben die neuere Bürgersitte. Der Prunk der katholischen Kirchengebräuche läßt sich bald als aristokratisch, bald als volkstümlich bäuerisch bezeichnen. Die Bauern katholischer Landstriche schmücken ihre Kirchen und Heiligenhäuschen in der Regel weit lebhafter als selbst die reichsten städtischen Gemeinden. Das ist eine ganz natürliche Konsequenz ihrer bunten Röcke und ihrer riesenmäßigen Hochzeitsschmäuse.

Der protestantische Choral in schwerem Gleichschritt, ernst, schmucklos, in den einfachsten Urformen der Melodie und Harmonie sich bewegend, dabei aber von der ganzen Gemeinde gesungen, ist bürgerlichen Gepräges. Die katholischen Kirchengesänge sind dagegen entweder vorwiegend kontrapunktisch-aristokratisch, oder bei den allgemeinen Chorgesängen an das bewegliche Volkslied, an den sinnig gemütlichen Bauerngesang anschließend. Es ist eine merkwürdige soziale Thatsache, daß der Protestantismus das eigentliche neuere Volkslied, das Bauernlied, welches die Einfalt des religiösen Gefühles oft so ergreifend ausspricht, von seinem Kultus streng fern gehalten hat.

Ohne Luthers deutsche Bibel, ohne die durch dieses Werk festgestellte allgemein deutsche Sprechart und Schreibart wäre der

moderne Universalismus des Bürgertumes gar nicht möglich ge=
wesen. Denn seine oberste Voraussetzung ist, daß die Scheidungen
der Stände gekreuzt werden durch die große Querlinie, welche
lediglich eine gebildete und eine ungebildete Gesellschaft
abteilt. Diese „gebildete Gesellschaft" ist aber im Gegensatz zur
gelehrten Welt nur möglich geworden durch Luthers Zentrali=
sierung der deutschen Schriftsprache.

Man hat aber die Reformation in neuerer Zeit häufig
genug, ganz im Gegensatz zum eben durchgeführten Gedanken=
gang, als den wahren Ruin des deutschen Bürgertumes hin=
gestellt. Es wird niemand leugnen, daß infolge des religiösen
Zwiespaltes und der daraus erwachsenen Bürgerkriege der Wohl=
stand der deutschen Städte fast gänzlich zerstört worden ist, daß
nach dem dreißigjährigen Kriege auch aller geistige Aufschwung
gebrochen erscheint und der lederne deutsche Philister neben dem
echten Bürger Platz gewinnt. Und dennoch ist seit der Refor=
mation die ideelle Macht des Bürgertumes gegenüber den anderen
Ständen stetig gewachsen, in dem Maße gewachsen, daß viele
heutzutage mit einem Scheine von Recht der Ansicht sind, es
gebe gar keinen berechtigten Stand mehr als den Bürgerstand.
Dergleichen zu behaupten, wäre im Mittelalter, wo das Bürger=
tum angeblich in höherer Blüte gestanden haben soll, barer
Unsinn gewesen. Das Bürgertum mußte freilich auch seinen
Teil von der allgemeinen sozialen Erschlaffung des
siebzehnten und achtzehnten Jahrhunderts hinnehmen, allein auch
diese allgemeine Erschlaffung darf vom weltgeschichtlichen Stand=
punkte nur als ein rasch vorübergegangenes Zwischenspiel an=
gesehen werden. In der Reformation, als in der eigensten That
des deutschen Bürgergeistes, ist demselben erst recht seine neue
Sendung in der gesellschaftlichen Welt aufgegangen, nämlich die
entscheidende Macht der sozialen Bewegung zu sein. Und in der
Erkenntnis und Erfassung dieses Berufes war der Keim einer
neuen, vorher nicht geahnten sozialen Machtvollkommenheit des
Bürgertumes gegeben.

Der Bürgerstand der Perücken- und Zopfzeit erscheint freilich in keinem besonders vorteilhaften Lichte, wenn man ihn für
sich allein betrachtet. Er hebt sich aber um so glänzender ab,
sowie wir ihn mit der gleichzeitigen Gesunkenheit der höheren
Stände zusammenhalten. Gerade in diesen trübseligen Tagen
bewährte sich das konservative Element, welches namentlich dem
kleineren Gewerbestande einwohnt. Er blieb wenigstens sittlich
sich selber treu, während die Aristokratie in sittlicher Auflösung
unterzugehen drohte. In entsagender stiller Arbeit, im ehrenfesten frommen Familienleben war und blieb der deutsche Handwerker damals national, ob ihm gleich das klare nationale Bewußtsein erloschen war. Politisch war er eben nicht mehr und
nicht minder auf dem Hund wie alle anderen Stände. Aber
sozial war er, aus dessen Schoße eben erst die gewaltigste Bewegung hervorgegangen, in selbiger Zeit fast die einzige erhaltende
Macht im Staate, welche verhütete, daß die Gesellschaft nicht in
sittlicher Fäulnis auseinander fiel. Der Bauer war noch fast eine
soziale Null. Die unverdrossene zähe Arbeit des kleinen Gewerbes
in einer Zeit, wo das große in Deutschland beinahe zerstört war,
bildet die Brücke zu der modernen industriellen Herrlichkeit. Ohne
die kummervolle Ausdauer jener Kleinbürger würde die rasche
Blüte des modernen Industrialismus nicht möglich gewesen sein,
ohne ihre Pietät für die Reste des alten Innungswesens, in
welche erst der Polizeistaat des neunzehnten Jahrhunderts mit
harter Hand eingriff, würde das deutsche Bürgertum sich heute
bereits in ein bürgerliches Proletariat aufgelöst haben.

Das siebzehnte und achtzehnte Jahrhundert zeigte den Sondergeist des deutschen Bürgerstandes inmitten trostloser Gesamt-
zustände in seiner größten Glorie. Daß uns heute noch die
Begriffe des „Bürgerlichen" und des „Ehrbaren" als sehr nahe
verwandt, wohl gar als gleichbedeutend gelten, datiert von daher.
In Frankreich, wo gerade in jenen Jahrhunderten das große
Werk der Zentralisation vollzogen wurde, wo der Kleinbürger
nicht die Kraft hatte, sich angesichts der nivellierenden Sitten-

verderbnis in sein Sondertum einzuspinnen, wo das Städtewesen gleichbedeutend wurde mit dem Wesen der einen großen Haupt= stadt, nahm der Bürger auch viel mehr Gutes und Böses der höheren Stände zu sich herüber. In Deutschland braucht man einen Schuster oder Schneider auch nur von hinten zu sehen, so steht es ihm doch schon auf dem Rücken geschrieben, daß er ein Schuster oder Schneider ist. In Paris soll das nicht der Fall sein. Aber wir beneiden den französischen Bürger nicht um diese allgemeine Glätte der äußeren Haltung und Manier. Denn diesem deutschen Schuster, dem seine Schusterschaft sogar auf dem Rücken lesbar geschrieben steht, steht auch das gute Vorurteil daneben geschrieben, daß er ein ehrbarer, ganzer Schuster sei, und kein Windbeutel.

Ein französischer Schriftsteller, Charles Nodier, zeichnet für die soziale Verderbnis von Paris, wo der bürgerliche Sondergeist keine rettende Macht mehr ist, wo die politische Zentralisation die guten Grundstoffe so innig mit den schlechten zusammen= geschmolzen hat, daß auch das ursprüngliche Gute vergiftet werden muß, eine furchtbare ernste Parallele:

„Sobald eine ungeheure Stadt alle Verirrungen des Menschen= geistes, alle Thorheiten der falschen Politik, die Verachtung der heiligen Wahrheiten, die Wut schimmernder Neuerungen, den nackten Egoismus und mehr Sophisten, Dichter und Seiltänzer vereinigt, als für zehn verdorbene Generationen hinreichte, dann wird sie notwendig die unbedingte Königin der Städte. Rom hatte bei den häufigen Einbrüchen des Nordens seine Konsuln, seinen Senat, seine Redner, seine Krieger nicht mehr, es stellte den Barbaren nur noch Schauspieler, Freudenmädchen und Gla= diatoren entgegen, die schmachvollen Reste einer übertriebenen und entsittlichten Zivilisation, die aus allen Mistpfützen hervortrat, und Rom blieb die Hauptstadt der Welt!"

So viele studierte Leute, die, von ihrer eigenen Abstraktion geblendet, in der Wirklichkeit nur noch eine flach ausgeebnete Gesellschaft vorhanden finden, dagegen keinen nennenswerten

Rest mehr von all dem Korporationstrieb, dem Sondergeist, dessen Spuren wir so emsig aufsuchen, möchten wir doch nur ganz einfach an ihre Studentenjahre erinnern. Die deutschen Universitäten sind eines der merkwürdigsten Denkmale historischer „Gliederung der Gesellschaft". In ihnen webt der alte Geist des deutschen Bürgertumes, welches sich in dem engeren Banne der Korporation erst recht stark und frei weiß. Der Student, wann er zur Hochschule kommt, hat nichts Eiligeres zu thun, als sich nach streng geschiedenen Gruppen, in Burschenschaften, Landsmannschaften ꝛc. zu sondern. Er thut dies nicht um irgend einer Reaktion willen, sondern kraft seiner akademischen Freiheit und zur vollsten Ausbeutung derselben. Die Naivetät des jugend= lichen Geistes sucht die soziale Gliederung auf, das abgelebte Alter zerfließt in der Allgemeinheit. Den Studenten, der keiner besonderen Körperschaft angehören, der nur als Student in ab= stracto leben will, nennt die sinnreiche deutsche Burschensprache ein „Kamel". Sie verbindet mit diesem nicht schmeichelhaften Titel vorab den Begriff des altklugen, ledernen Egoismus, der eine kahle Allgemeinheit nur darum ausschließlich gelten lassen möchte, damit er sich recht ungestört in seine persönlichen Launen und Grillen einpuppen kann. Solche soziale Kamele sind nun auch jene „allgemeinen Staatsbürger", welche bei sich fertig ge= worden sind mit allen geschichtlichen Gliederungen und berechtigten Einzelgruppen der Gesellschaft.

Der unschätzbare Gesamtbau des deutschen Universitätswesens ist überhaupt nichts anderes als ein Ausfluß des bürgerlichen Korporationsgeistes im Mittelalter. Es lebt in den Universi= täten noch die genossenschaftlich gebundene Freiheit alten Stiles; Zunftgeist und ständischer Sondertrieb lugt aus allen Fenstern, und doch weht auf der Zinne dieser alten Burgen das Banner der freien Wissenschaft!

In Deutschland, wo jedem Schuster seine Schusterschaft auf dem Rücken geschrieben steht, wurde Jakob Böhme geboren, der Fürst aller Schuster, der philosophus teutonicus, Hans Sachs,

„Schuhmacher und Poet dazu", Winckelmann, des armen Schu=
sters von Stendal Sohn. Und Goethe, das Frankfurter Bürger=
kind, achtete es seiner Dichterherrlichkeit nicht zu gering, den
Reimen des alten Nürnberger Poeten und Schuhmachers, sie
nachbildend, erneuten Glanz zu schaffen. Nur Völker, bei denen
das Bürgertum sich so ständisch ausgeprägt erhielt, wie bei den
Deutschen und Engländern, haben in der Uebergangsperiode vom
Mittelalter zur modernen Zeit drei so wunderbare Genies als
wildwüchsige Natursöhne dieses Bürgertumes besitzen können, wie
das Kleeblatt: Luther, Shakespeare und Jakob Böhme.

Der ganze Aufschwung der deutschen Nationallitteratur im
achtzehnten Jahrhundert ist durchdrungen und getragen von
bürgerlichem Geiste. Es ist die bewegende, vorwärts treibende,
nivellierende Charakterseite des deutschen Bürgers, die hier in
einseitig ursprünglicher Gewalt zu Tage bricht. Die Franzosen
haben sich die Anerkennung des dritten Standes mit dem Schwerte
des Bürgerkrieges und der Revolution erfochten, wir haben uns
dieselbe erdacht, erschrieben und ersungen. Und unmittelbar an
den sozialen Sieg des deutschen Bürgertumes, das man bereits
versunken und tot gesagt, an seinen Sieg durch die Reformation
der Kirche, der Kunst und der Wissenschaft, knüpft sich der neue
Anlauf des modernen Industrialismus, dessen soziale Folgen
noch Keiner absehen kann.

Jene Zweiglinie der streng katholisch=konservativen Richtung,
welche für den wieder aufgefrischten alten Glanz ihrer Kirche auch
die Restauration des mittelalterlichen Ständewesens fordert,
durchschaute am frühesten die soziale Folgereihe der bezeichneten
Geisteskämpfe. Sie verdammte die ganze Entwickelungsgeschichte
des Bürgertumes seit dem sechzehnten Jahrhundert als eine That=
sache des Protestantismus. Unsere ganze neuere Nationallit=
teratur, Lessing, Klopstock, Herder, Goethe, Schiller, war ihr zu
„protestantisch", und sie faßte dieses Wort nicht bloß in seinem
religiösen, sondern auch in seinem sozialen Sinne. Der Kultus
des Genius, welcher sich an jene großen Namen heftete, mußte

dieser Partei ein Greuel sein, denn sie fühlte wohl heraus, daß die neuere Nationallitteratur der Zertrümmerung der alten Stände ebensogut in die Hände gearbeitet hatte, als dies die Revolution gethan. Es ist oft genug hervorgehoben und bis ins einzelnste durchgeführt worden, wie gerade die Helden unseres klassischen Schrifttums sich nicht frei machen konnten von weltbürgerlicher Schwärmerei, und ob sie gleich ihre Nation warm im Herzen trugen, doch das Nationalitätsbewußtsein vorwiegend als hemmende Fessel und Schranke ansahen auf dem Pfade der allgemeinen Humanität. Man legte mit philologischer Pedanterie den modern nationalen Maßstab an die Worte Lessings, Herders, Goethes, und die alten Meister bestanden schlecht in diesem Examen. Hätte aber die gleiche Pedanterie obendrein unseren Standpunkt einer geschichtlichen Organisation der Gesellschaft zum Maßstabe des Urteils über jene Litteraturfürsten genommen, so würden dieselben vollends gar nicht bestanden haben. Die streng katholische Seite fühlt recht gut, daß Schiller und Goethe weit gefährlichere Träger und Verbreiter des protestantisch-bürgerlichen Geistes waren als ganze Dutzende berühmter Theologen. Denn der Vollgehalt des modernen Geistes, insofern er in Gegensatz zu dem Mittelalter tritt, ist ihr gleichbedeutend mit dem protestantischen Geiste. Sie fühlt, daß Schillers und Goethes weltbürgerliche Philanthropie, der alle gesellschaftliche Unterschiede überbrückende, dichterische und philosophische Universalismus dieser Poeten, der gebildeten Schicht des Bürgertumes erst recht das Bewußtsein geweckt hat, daß der Bürger die Macht der sozialen Bewegung sei. Täuschen wir uns nicht: diese Dichterfürsten waren die Apostel des in seinem Bewegungs- und Ausgleichungsdrange mächtigen Bürgertumes, ja wohl noch mehr: die Propheten des vierten Standes.

Der deutsche Bürger ist einer politischen und sozialen Schwärmerei, die sich ihm als System und Lehre aufdrängt, unzugänglich, aber in Versen mag er gerne mitschwärmen für Weltbürgertum und Sturz aller Standesunterschiede, für den nackten

Menschen; und der stockreaktionäre Philister, der in der That alle Freiheit und Gleichheit zum Teufel wünscht, klascht sich die Hände wund, wenn Don Juan singt: „Hier gilt kein Stand, kein Name," und dann das Tutti in hell schmetternden Trompetentönen aufjubelt: „Hoch soll die Freiheit leben!"

Sind aber die edelsten Geister der Nation wirklich Apostel des Bürgertumes als des Standes der reformatorischen sozialen Bewegung, ja wohl gar Propheten des vierten Standes gewesen, dann ist uns dies eben nur eine Bürgschaft mehr für das innere Recht dieser bewegenden Mächte neben denen des Beharrens, und wenn etwa der vierte Stand dermalen noch im Schlamm der Zerfahrenheit und Nichtsnutzigkeit steckt, so sind wir darum so wenig befugt, ihm seine Zukunft abzusprechen, als wir's dem Bürgertume werden absprechen können, daß ihm die Gegenwart gehört.

## Zweites Kapitel

# Der soziale Philister.

Eine eigentümliche soziale Krankheitsform ist in dem modernen Bürgerstande zum Ausbruch und zu wahrhaft epidemischer Verbreitung gekommen. Es ist der Stumpfsinn gegen jegliches soziale Interesse, die gewissenlose Gleichgültigkeit gegen alles öffentliche Leben überhaupt. Ein großer Teil des modernen Bürgerstandes ist förmlich ausgeschieden aus der Gesellschaft, der Einzelne zieht sich in die vier Wände seines Privatlebens zurück. Die Schicksale des Staates und der Gesellschaft wecken nur noch insoweit seine Teilnahme, als ihm ein persönlicher Vorteil dabei ins Auge springt, als sie ihm Stoff zur Unterhaltung oder wohl gar Anlaß zu gelegentlicher Prahlerei bieten. Man faßt diese ganze große Sippe unter dem Namen der Philister zusammen.

Der politische Philister fällt keinem einzelnen Stande besonders zu, er stellt sich dar als eine Entartung des Staatsbürgers, nicht des Gesellschaftsbürgers; der soziale Philister dagegen gehört wesentlich dem Bürgerstande an. Wenn das gesunde Bürgertum gerade durch die in ihm stets flüssigen Gegensätze des Sondergeistes und Einigungstriebes eines aristokratischen und demokratischen Prinzips, erst recht sein originelles Gepräge erhält und zur Macht der sozialen Bewegung wird, dann heben sich diese Gegensätze im Philister zur Indifferenz auf, und er vertritt uns die soziale Stagnation. Auch im Philistertum freilich ist Leben und Bewegung, aber es ist jenes schauerliche Leben, welches in dem verwesenden Leichnam gärt und wühlt.

Der Philister erkennt wohl auch gleich uns in dem Bürger=
stande den „Mittelstand", aber nicht, weil er in ihm den bewegen=
den Mittelpunkt gefunden, darin alle Radien des gesellschaftlichen
Lebens zusammenlaufen, sondern weil s e i n Bürgertum der Aus=
bund sozialer Mittelschlächtigkeit ist, ein nichtsnutziges, lauwarmes
triste-milieu.

Nicht der ökonomisch zerrüttete Bürger wird am leichtesten
zum Philister; das Philistertum setzt eher ein gewisses Wohl=
befinden, und sei es auch nur ein ganz erbärmliches, kleinliches,
voraus; es ist ein ins Kraut geschossenes Bürgertum, von seiner
Idee abgefallen, aber äußerlich um so üppiger fortvegetierend:

> „Zum Teufel ist der Spiritus,
> Das Phlegma ist geblieben."

Hier zeigt sich sogleich ein merkwürdiger Gegensatz zwischen
Bauerntum, Aristokratie und Bürgertum. Der in der Selbst=
genügsamkeit seines äußerlichen Standesbewußtseins entartete
Baron verjunkert, der Bauer verhärtet zu einem knorrigen Stock=
bauern, d. h. beide blieben in dem Extrem ständischer Abgeschlossen=
heit stecken. Der zum Philister verkrüppelte Bauer dagegen
verliert alles ständische Gemeinbewußtsein, und die völlige soziale
Gleichgültigkeit ist es gerade, die ihn zumeist charakterisiert. Dem
verjunkerten Edelmann würde nicht der Philister, sondern der
S p i e ß b ü r g e r entsprechen, welcher sich als der in ständischer
Einseitigkeit eingeschrumpfte Bürger darstellt. Und dies ist wieder=
um ein bemerkenswerter Unterschied der alten und neuen Zeit,
daß vordem der Spießbürger vorherrschend der entartete Bürger
gewesen ist, während jetzt der Philister den Spießbürger großen=
teils verdrängt hat. Der sozialistisch=kommunistische Proletarier
und der Philister arbeiten gleicherweise an der Auflösung der
gegliederten Gesellschaft: der eine, indem er angreifend verfährt,
der andere indem er stumpf und teilnahmslos diese Angriffe ge=
schehen läßt; jener demonstriert uns die geschichtliche Gesellschaft
theoretisch weg, dieser steckt wie der Vogel Strauß den Kopf

in die Ecke, und glaubt dann, es gebe keine historische Gesell=
schaft mehr.

Der Philister ist ein betrogener Bürger, der Genoppte und
Geprellte aller Parteien, ohne daß er selber dies merkt. Ein
soziales Glaubensbekenntnis besitzt er so wenig als ein politisches,
er hält es immer mit derjenigen Partei, welche das für den
Augenblick bequemste Bekenntnis formuliert hat. Darum ver=
fälscht er allen Maßstab für die wirkliche Bedeutung der Parteien.
Seit der Philister eine förmliche soziale Gruppe bildet, ist der
Begriff der „öffentlichen Meinung" ein leerer Schall geworden.
Denn wo der Philister den Ansatz zur Bildung einer Mehrheit
wahrnimmt, da tritt er sofort gedankenlos hinzu und erweckt, da
er sich überall den Massen nachdrängt, vorweg den Verdacht, daß
die Stimme der Masse die Stimme der Unvernunft sei. So
hat der Philister auch in künstlerischen und litterarischen Dingen
den Gedanken eines urteilenden und richtenden „Publikums" zu
einem gefährlichen Wahnbild werden lassen. Es brauchen nur
ein paar vorwitzige Bursche recht lauten Beifall zu spenden, gleich
läuft ein ganzes Rudel von Philistern als hundertfältiges Echo
hintendrein.

Einzelne Philister hat es gegeben seit es einen Staat und
eine Gesellschaft gibt, aber das Philistertum als eigene um=
fassende soziale Gruppe ist eine durchaus moderne Erscheinung.
Dem Geiste des klassischen Altertums würde es entsprochen haben,
den Philister mit Verbannung und bürgerlichem Tode zu be=
strafen. Es ist ein trauriges Zeichen von der inneren Hohlheit
des modernen Polizei= und Beamtenstaates, daß derselbe die Ge=
sellschafts= und Staatsgefährlichkeit des Philisters gar nicht er=
kennt, oder, wo dies geschehen sollte, demselben durchaus nicht
beizukommen weiß. Der Grundgedanke des Philistertums ist
eine tiefe politische Unsittlichkeit, welche Staat und Gesellschaft
langsam vergiftet, und doch kann zugleich der Philister nach
polizeistaatlicher Auffassung der politisch, d. h. polizeilich, loyalste
Bürger sein. Welch erschreckender Widerspruch! Politisch und

sozial nichts zu thun und nichts zu sein ist kein Verbrechen, sondern eine Tugend im modernen Staate! Aber man übersehe doch auch nicht: dieser Zug im Gesichte des modernen Staates ist der wahrhaft hippokratische, der todverkündende. Wir haben schon bei den Bauern wahrgenommen, wie unsere Regierungen fast nur verneinend und austilgend einzugreifen wissen in das soziale Leben, nicht aber positiv aus dem Individuellen entwickelnd und weiterbildend. Dem sozialen Philister, welcher der Gesell= schaft gefährlicher ist als der kommunistische Proletarier, kann man nicht mit Haussuchungen, Ausweisungen und Arretierungen zu Leibe gehen, man kann nur mittelbar durch Schutz und Pflege eines kräftigen und gesunden Gemeingeistes im Bürgertume das Aussterben dieser Gruppe des entarteten Bürgertumes anbahnen. Hier aber stoßen wir zum andernmal auf einen Widerspruch; der Polizei= und Beamtenstaat möchte recht gern einen Rückhalt in den sozialen Mächten gewinnen, und dennoch fürchtet er sich zugleich vor denselben! Er will durchaus nur schwache Bundes= genossen, aber ein schwacher Bundesgenosse ist hier nichts anderes als — ein Gegner.

Die prächtige sprachliche Bezeichnung des „Philisters" haben wir dem Burschenleben zu danken. Was dem Burschen das „Kamel" im engeren Kreise des Studententums, das ist ihm der Philister in dem weiteren Bereich der ganzen Gesellschaft. Im Uebermut des Korporationsgeistes erkennt der Student gleichsam nur die Hochschule und was dazu gehört, als die berechtigte Ge= sellschaft an. Alles, was draußen steht, ist Philister. So sollen der bürgerlichen Gesellschaft selber alle die, welche draußen stehen, weil sie in dem Eigennutz ihres Privatlebens keinen Raum mehr übrig haben für das soziale Leben, Philister heißen. Nach dieser Herkunft trifft das Wort im Doppelsinne, es trifft wie eine Peitsche; denn es zeichnet den Philister als den wirklichen und verdienten Paria der Gesellschaft. Keines sozialen Gebildes hat sich gegenwärtig der Humor so eifrig bemächtigt als des Philisters. Die in dem Sondertum ihres Standes versteiften

Edelleute, Bürger und Bauern, die zopfigen Bürgermeister samt Baron Pappendeckel und Pachter Feldkümmel sind längst verbrauchte Karrikaturen. Die Karrikaturen des Philistertums dagegen, die Hampelmänner, Staatshämorrhoidarier und Piepmeyer gehören recht eigentlich der modernen Zeit an. Das in Nichtsnutzigkeit entartete Proletariat sämtlicher Stände ist zu erschreckend ernst für die Satire. Der Philister ist unsere einzige ausgiebige soziale Originalkarrikatur. Aber man müßte ihn nicht zu kleinlichem Spaß ausbeuten, sondern zu aristophanischem Spott mit großartigem sittlichem Hintergrunde. Hampelmann, der auch die höchsten Interessen des öffentlichen Lebens mit der Elle des „baumwollenen und wollenen Warenhändlers" mißt, dessen ganze soziale Politik im Geldsacke sitzt, der sich über alle Parteien erhaben dünkt, weil alle ihm gleicherweise eine Nase drehen, als das Urbild des bornierten stumpfsinnigen Egoismus in der philisterhaften Entartung des Bürgertumes; Piepmeyer, der seine Fühlhörner ausstreckt, um zu beschließen, ob er wieder etwas weiter nach rechts oder links rücken solle, als der Ahnherr jener stark verzweigten Linie der Philister, die in regster Teilnahme an allem Außenwerk des öffentlichen Lebens nur Stoff für das Bramarbasieren mit ihrer winzigen Person suchen: — das sind lustige Bilder und doch zugleich die schwärzesten Nachtstücke aus unseren sozialen Zuständen.

Der verdorbene proletarische Bauer hat seinen Hauptsitz nicht auf den Hofgütern und Weilern, sondern in den großen, stadtähnlichen Dörfern. Der Fundort des zum sozialen Philister entarteten Bürgers ist umgekehrt weit weniger in den größeren, vollgültigen, als in den kleinen, dorfähnlichen Städten. Die Kraft des Bürgertumes hat sich allezeit mehr im umfassenderen Zusammenleben und Zusammenwirken, die Kraft des Bauerntumes mehr in der Vereinzelung geltend gemacht. Der Sprachgebrauch nimmt wohl gar einen „Kleinstädter" für gleichbedeutend mit einem Philister. Als die Städtebündnisse des Mittelalters sich aufgelöst hatten und die selbständigen Städte

Provinzialstädte wurden, war dem Philister eigentlich erst das Land geöffnet. Die vielen halbwüchsigen, zwitterhaften Städte, an denen wir ebensosehr Ueberfluß haben wie an überwüchsigen Dörfern, sind allmählich wahre Brutöfen des Philistertums geworden. Es ist darum erfreulich, wahrzunehmen, daß seit der Auflösung des alten deutschen Reiches die Zentralisierung des deutschen Städtewesens so mächtig vorschreitet. Von Jahr zu Jahr verwandeln sich die kleinen in den Ecken gelegenen Landstädte mehr und mehr in wirkliche Dörfer, sie verbauern, sie werden mit der Zeit auch wieder Dörfer heißen. Die berechtigten Städte dagegen nehmen in demselben Maße zu und gewinnen an selbständiger Physiognomie. Wir haben aus dem vielgliederigen, individualisierten Mittelalter eine Unzahl kleiner Städte geerbt, welche bei den damaligen Zuständen des Bürgertums sich ganz gut selbständig hatten behaupten können, aber unser Bürgertum ist ein ganz anderes geworden und viele dieser kleinen Städte sind trotzdem geblieben. Nun entstanden aber auch noch obendrein in den beiden letzten Jahrhunderten eine Menge künstlicher durch Fürstenlaune und andere zufällige Motive hervorgerufene Städte, namentlich kleine Residenzen, die den berechtigten größeren Städten viele Lebenselemente eines gesunden Bürgertumes abführten, ohne doch selber bedeutend genug zu sein, ein solches neu aus sich zu schaffen. Dieses Unmaß von zersplitternder Individualisierung des Städtewesens hatte im vorigen Jahrhundert in Deutschland seinen Höhepunkt erreicht. Die kleinen Residenzen haben sich seitdem von etlichen Hunderten wieder auf etliche Dutzend verringert. In den Jahren von 1803—1817 wurde eine große Zahl von Städtegerechtsamen, die in früherer Zeit wahrhaft gewissenlos verliehen worden waren, wieder aufgehoben und die Duodezstädtchen, welche oft genug keine 500 Einwohner zählten, wieder in Dörfer verwandelt. Der Verfasser kennt viele solcher erst zu jener Zeit degradierte Städte und hat die Umwandlung in Bauerndörfer bereits überall wieder so gründlich durchgeführt gefunden, daß auch fast nirgends mehr die Physiognomie des Ortes, Sitte und Beruf der Bewohner die ehemalige Stadt erraten läßt. Ein Beweis, wie heilsam und gerechtfertigt die Umwandlung war. Dagegen kann man auch in Gegenden, wo bei den kleinsten Nestern der alte Städte= charakter aufrecht erhalten wurde — wie z. B. in Kurhessen —, sich anschaulich genug von der sozialen Gefährlichkeit einer solchen Zwitterexistenz überzeugen.

Die deutschen Kleinstaaten sind es vorzugsweise, welche sich durch den Ueberfluß an allzukleinen und durch den Mangel an größeren Städten auszeichnen. Darum kennt man in vielen dieser Ländchen kaum ein Bürgertum im vollen, stolzen Sinne des Wortes, desto besser aber das Philistertum. Namentlich war es hier eine der verkehrtesten Maßregeln, durch Gründung recht zahlreicher Sitze von Staatsbehörden in den bauernmäßigen kleinen Städten diesen einen gewissen politischen Charakter und dadurch eine erkünstelte Bedeutung zu schaffen. Nirgends wächst der Zopf des Philistertums länger als in solchen Beamtenstädtchen, nirgends ist der Bureaukratie, der geschworenen Gegnerin eines freien, großen und selbständigen Bürgertumes, eine wärmere Hegungsstätte bereitet worden. Dieser kunstreich durchgebildeten Kleinstädterei in kleinen Ländern mag wohl oft die Eitelkeit zu Grunde gelegen haben, durch die möglichst große Zahl selbständig individualisierter Städte dem Lande den Schein eines größeren Staates zu geben, wie etwa, wenn man die Quadratmeilen immer kleiner annahm, damit allmählich in friedlicher Eroberung der Flächenraum des Landes zu immer größerer Quadratmeilenzahl sich ausrecken möge. Aber solche Eitelkeit strafte sich hart, denn in der Stunde der Gefahr zeigte es sich, daß nur noch die aus= einanderfallenden äußersten Stände vorhanden waren und nicht mehr der verbindende Mittelstand.

Eine eigene Geschichte der Kinder= und Flegeljahre des sozialen Philistertums in den letzten drei Jahrhunderten würde äußerst lehrreich sein. Die Staatsgewalt wußte alle diejenigen bürgerlichen Korporationsrechte illusorisch zu machen, welche eine

selbständigere Lebensregung des Standes voraussetzten. Dagegen
ließ man wohlweislich all den äußerlichen Schnack des Korporationswesens bestehen, der nur dienen konnte, dasselbe lächerlich
und lästig zu machen. Der Zopf an den Zünften z. B. hat
noch lange ungestört sein Recht behauptet, während der tüchtige
selbständige Geist der Innungen längst von staatswegen aus-
getrieben worden war. An manchen Orten dauerten die lieder-
lichen Zunftschmäuse länger als die Zünfte selber. Die zentralisierende Staatsgewalt glaubte abstrakte Unterthanen schaffen zu
können und schuf doch lediglich höchst konkrete Philister. Der
soziale Beruf des guten Staatsbürgers sollte darin bestehen, die
Gesellschaft zu vergessen. Indem die Behörden bald alle freie
soziale Bewegung niederschlugen, bald wieder, wo es zweckdienlich
erschien, auf einen kurzen Augenblick zu derselben kitzelten und
anspornten, lockten sie recht wie mit künstlichen Reizmitteln den
sozialen Philister hervor. Er ist in seiner halbschlächtigen Gleichgültigkeit, in seinem heimtückisch charakterlosen Wesen augenfällig
aus der Dressur jener Politik hervorgegangen, die gleichzeitig
mit den Füßen spornt und mit den Händen die Zügel zurückzieht.
Der Adel, so tief er in dieser Periode der Knabenjahre des
Philistertums gesunken war, wurde im schlimmsten Falle doch
zusammengehalten durch den äußeren Kitt von Standesrechten
und Standesvorurteilen. Der Bauer stand als soziale Gruppe
der Staatsgewalt ganz indifferent gegenüber. Er hatte nur erst
einen sozialen Instinkt, kein soziales Selbstbewußtsein und der
Träger dieses Bewußtseins war und ist seine Sitte. Bei dem
Bürger quillt umgekehrt erst aus dem sozialen Bewußtsein eine
eigentümliche Standessitte hervor. Der aus dem Bürgertum
herausgetriebene Philister konnte sich also nicht einmal gleich
dem Bauern hinter seine Standessitte verschanzen, denn diese
liegt bei ihm weit seitab. Der Bürger war von allen Ständen
am schutzlosesten der nivellierenden Staatsgewalt preisgegeben.
Erwägen wir dies alles, dann wird es uns nicht mehr wunder-
nehmen, daß ein so großer Teil des Bürgerstandes zum sozialen

Philistertum entartet ist. Erstaunen müssen wir vielmehr, daß über=
haupt noch ein echtes, gesundes Bürgertum neben den Philistern
übrig geblieben, und die hierdurch bewährte sittliche Kraft im
Bürgerstande anerkennen.

Es ist eines der bemerkenswertesten Lebenszeichen des sozialen
Philistertums, daß viele Handwerksleute sich ihres Berufes als
Arbeiter schämen, daß sie Fabrikanten, Kaufleute u. dgl. sein
wollen, daß sie die Würde ihres Berufes nicht mehr messen nach
dem Talente und der Arbeitskraft, sondern nach der Größe des
im Geschäfte steckenden Kapitales. Darin bekundet sich der Abfall
des Bürgertumes von sich selbst. Ihr schimpft den Schneider,
wenn ihr ihn einen Schneider nennt. Der soziale Philister in
ihm fühlt sich dadurch gekränkt. Er ist ein Kleidermacher, ein
Kleiderfabrikant. Er weiß gar nicht mehr, daß das Wort
„Schneider" schon seiner Abstammung nach etwas weit Höheres
bezeichnet als ein Kleidermacher. Der „Schneider" ist der Mann
von Genie, der Meister, der den Plan zum Rock entwirft und
mit der Schere zurecht „schneidet", die Gesellen und Lehrjungen
dagegen, die das Vorgeschnittene zusammen nähen, sie sind die
eigentlichen „Kleidermacher". Aber in aufsteigender Linie schimpft
ihr den großstädtischen Schneider selbst dann noch, wenn ihr ihn
einen „Kleidermacher" nennt: — er ist Kaufmann, er hält ein
„Magazin von Kleidern". So ganz und gar ist hier der alte
Stolz auf die Kunstfertigkeit als den höchsten Ruhm des
Bürgertumes verloren gegangen, und der Philister schätzt nur
noch das Kapital im Geschäft, nicht den Beruf als solchen! Als
ob nicht ein ganz anderer Mann dazu gehörte, einen Rock eigen=
händig zu machen, als gefertigte Röcke zum Verkaufe auszubieten,
was doch der letzte Trödeljude gemeiniglich am allerbesten ver=
steht! Spottnamen für die einzelnen Gewerbe gab es wohl, so=
lange es Gewerbe gibt, und Meister Geißbock und Pechdraht sind
viel älter als der soziale Philister. Aber daß der echte ehrenhafte
Name eines Gewerbes als solcher, wie jetzt z. B. Schneider
und Schuster, schier als ein Spottname gilt, dies ist eines

der bedenklichsten Symptome bei der Seuche des sozialen Phi=
listertums.

Doch noch mehr. Der Philister bleibt nicht bloß dabei stehen,
den Namen des Berufes zu fälschen, auch in jeglichen Geschäfts=
betrieb selber bringt er fälschend und verderbend ein. Ich will
ein Exempel für hunderte hervorheben: den Bürger Kaufmann
und den Philister Krämer. Es ist noch gar nicht lange her, daß
der höher Gebildete, wenn er von „kaufmännischem Geiste" sprach,
an einen Geist der Barbarei dachte, der Talent und Bildung
nach Thalern und Groschen abschätzt und dessen ganze Genialität
darin besteht, Ware in Zentnern einzukaufen, um sie nach Pfunden
wieder auszuwägen. Welch ein Kontrast gegen die bürgerlichen
Ehren des Kaufmannsberufes in früheren Jahrhunderten! Es
ist aber der Philister gewesen, welcher mittlerweile in den deutschen
Kaufmann gefahren war und ihn in der That großenteils zu
einem solchen Krämer gemacht, der nichts weiteres nötig hatte
als etwas gesunden Menschenverstand, die vier Spezies und ein
Betriebskapital. Wer viele Tausende im Handel jährlich umsetzt,
den nennt man gewöhnlich einen Kaufmann, und wer es nur
mit wenigen Hunderten kann, einen Krämer. Das ist eine geist=
lose Unterscheidung. Es gibt Krämer, die einen umfassenden
Großhandel treiben und Kaufleute, die nur einen kleinen Kram
besitzen. Es kommt lediglich darauf an, ob der soziale Philister
in den Kaufmann gefahren ist oder nicht. Der Krämer kauft
und verkauft für seinen Vorteil, der Kaufmann thut das nicht
minder, aber er sucht seinen Vorteil nur da, wo dieser zugleich
ein Vorteil der Korporation, des Standes, der Nation wird.
Er hat ein soziales Interesse sogar am Geschäft. Die national=
ökonomisch ganz richtigen Grundsätze der Freihändler, daß der
Kaufmann immer da einkaufen müsse, wo er den billigsten Markt
finde, daß bei Geldsachen die Gemütlichkeit aufhöre 2c. sind, wenn
man sie so ganz nackt hinstellt, in sittlichem Betracht Grundsätze
der Krämer, nicht der Kaufleute. Es wird dem echten Kaufmanne
gegen das Gewissen laufen, aus Privateigennutz den Gewerbfleiß

des Auslandes zum Nachteil der heimischen industriellen Arbeit zu fördern, wie es einem rechtschaffenen Staatsmanne gegen das Gewissen läuft, das Interesse des eigenen Landes an ein fremdes Kabinett zu verraten. Darum fühlt sich aber auch der echte Kaufmann als Glied einer nationalökonomischen, einer politischen Macht. Gibt es doch Krämer, ich meine Krämer, welche viele Tausende jährlich umsetzen, die ihre Standesehre, ihren kauf= männischen Adel dadurch gekitzelt fühlen, daß sie nur ausländische Artikel feil bieten. Ich kenne ein Haus, welches in einer großen deutschen Handelsstadt zu den ersten zählt. Dasselbe würde sich schwer beleidigt fühlen, wenn man es mit anderen Häusern, die gleich ihm Geschäfte in Luxusartikeln und gewiß von gleichem Belang machen, auf eine Rangstufe stellte. Warum? Jenes Haus führt bloß englische Waren, die anderen aber haben sich herab= gelassen, auch einige deutsche Industrieartikel dazu zu nehmen, und der deutsche Philister bleibt mit dem Staunen der Ehrfurcht vor einem Geschäft stehen, in welchem alles original englisch ist.

Unsere Proletarier sind bekanntlich nicht gut zu sprechen auf die Kaufleute; reden sie von einseitig unverhältnismäßiger Anhäufung des Besitzes, dann meinen sie zuerst den Handels= stand. Der Reichtum des großen Kaufmannes, namentlich des Bankiers, deucht ihnen aber nur darum der ungerechteste, weil sie sich den Kaufmann als den sozialen Philister als solchen denken, als den Krämer, der Großhandel treibt, bei dem also der Auf= wand von geistiger Kraft und Thätigkeit in gar keinem Ver= hältnis zu dem reichen Erwerb steht, noch der Nutzen, der dem Gemeinwohl, der Gesellschaft, dem Staate, der Nation aus dieser nur für den Eigennutz gesegneten Thätigkeit zufließt. Ich habe wahrlich niemals den garstigen Neid der Proletarier gegen die „Geldsäcke" gebilligt, aber man möge doch auch nicht vergessen, daß der Scharfblick der hungernden Armut hier den Egoismus des sozialen Philisters erschaut hat und daß jener verwerfliche Haß mindestens von den Krämern, welche sich den Großhandel anmaßen, laut herbeigerufen ist.

Vergleicht man die sozialen und nationalen Verdienste der meisten unserer sogenannten „ersten Häuser" mit dem Wirken jener alten Handelsfürsten in den italienischen, deutschen und niederländischen Handelsstädten, dann merkt man erst, wie tief sich in der Zopfzeit der soziale Philister in unseren Kaufmannsstand eingewühlt hat. Die Gunst jener alten Kaufleute, wo sie sich der Kunst und Wissenschaft zuwandte, ward zu einem Ehrenzeichen für dieselbe; wenn dagegen der moderne reiche Krämer Talent und Bildung „protegiert", beleidigt er durch seine Gönnerschaft.

In alten Zeiten war in den meisten deutschen Städten eine strenge Scheidelinie festgehalten zwischen den Kaufleuten und den Krämern. Ein Krämer konnte jeder sein; die Kaufmannschaft forderte „gelernte Leute". Diese Scheidung war aber schon im vorigen Jahrhundert kaum mehr durchzuführen. Die Begriffe des Kaufmannes und des Krämers waren ja ganz andere geworden. Aus rein geschäftlichen Abstufungen begannen sie in soziale überzugehen. Der erläuternde Name des „Philisters", welcher Gold wert ist, war noch gar nicht entdeckt. Vor siebzig Jahren hat Justus Möser darauf gedrungen, daß man den Unterschied des Kaufmannes von dem Krämer nach Art der alten Gewerbeordnungen wieder ins Leben führen solle. Er fühlte wohl heraus, wie sehr durch die Verkennung und Mißachtung dieses Gegensatzes der Kredit des ganzen Kaufmannstandes gefährdet sei, aber er faßte den Gegensatz als einen vorwiegend gewerblichen, nicht als einen sozialen. Die Kaiserin Maria Theresia wurde dadurch veranlaßt, den Versuch einer streng gewerblichen Scheidung des Kaufmannes und Krämers in ihren Erblanden zu wagen. Ich weiß nicht, mit welchem Erfolg. Könnte man freilich den sozialen Philister in den Zaun einer besonderen Zunft einfangen, dann brauchte sich niemand mehr vor ihm zu fürchten! Denn das Furchtbare an ihm besteht, wie bei dem Proletariate, gerade darin, daß er ein wahrer Ueberall und Nirgends ist, den man nur im Begriff, nicht in der leibhaften Wirklichkeit beim Kragen fassen kann.

Das deutsche Philistertum hat sich sogar einen eigenen Litteraturzweig geschaffen, einer großen litterar-historischen Gruppe seinen Stempel aufgeprägt. Diese Litteratur des Philistertums blühte in der Zeit von der ersten französischen Revolution bis zu den Befreiungskriegen, also gerade damals, wo alles öffentliche Leben in Deutschland so elend daniederlag. Ein Nachfrühling stellte sich in der Restaurationsepoche der zwanziger Jahre ein. Die Kotzebue-Iffland-Lafontainesche Schriftstellerei zeigt uns überall den modernen Menschen losgelöst von seinen sozialen und politischen Banden, sie gibt uns langweilige allgemeine Menschen, die nur in ihren erbärmlichen Privatinteressen leben, unbekümmert um die gewaltigen Mächte des Staates und der Gesellschaft. Es ist der deutsche Philister, der aus diesen Werken spricht, und das Philistertum hat sein Bild jubelnd in ihnen wieder erkannt. Die Rührtragödien, welche der Deutsche den Franzosen abgelernt, aber zu eigentümlichster Philisterhaftigkeit weiter gebildet hatte, nannte man mit vorahnendem Scharfblick „bürgerliche“ Tragödien. Weil die darin auftretenden Personen nichts sind als nackte private Menschen, galten sie für „bürgerliche“ Personen. Was in der Stube spielte statt auf dem Markt, den Schlafrock trug statt der Toga, hieß „bürgerlich“. Ich meine, darin lag wenigstens die Ahnung, daß der soziale Urphilister dem Bürgertume angehöre. Es war der zuerst im Aesthetischen zum Bewußtsein gekommene soziale Instinkt, welcher den heißen Streit zwischen der echt bürgertümlichen Schiller-Goetheschen und jener philistrigen Richtung entzündete. Als Goethe am Abend seines Lebens zugab, daß man ihm gleich Blücher ein Denkmal setzen möge, machte er den gerade für unsere Anschauung so beziehungsreichen Vers darauf:

> „Ihr mögt mir immer ungescheut
> Gleich Blüchern Denkmal setzen;
> Von Franzosen hat er euch befreit,
> Ich von Philisternetzen.“

Man muß aber nicht glauben, daß die Litteratur des Philistertums mit ihren oben genannten Chorführern abgestorben sei.

Sie wuchert auch heute noch, nur nicht mehr als eine so fest=
geschlossene Gruppe. Und den Boden, welchen der Philister auf
der Bühne, in Romanen und Almanachen verlor, hat er in der
Journalistik reichlich wieder gewonnen. Es ist ein bemerkenswertes
Zusammentreffen, daß just in der Zeit, wo Kotzebue die deutsche
Bühne beherrschte, auch der Begriff des „Publikums", nicht mehr
als eines genießenden und lernenden, sondern als eines urteilenden
und belehrenden in Umlauf kam. Ich erwähnte schon oben, wie
eng der Begriff eines kritischen „Publikums" mit dem philister=
haften Geiste der Massen zusammenhängt. Der Philister weiß
alles, entscheidet über alles, denn da ihm die soziale Selbst=
beschränkung gebricht, so geht ihm auch gemeiniglich die Kraft ab,
sich in den engen Grenzen eigenster Berufstüchtigkeit zu bescheiden.
Der Dilettant und der Philister sind Geschwisterkinder. Darum
kannte das Mittelalter in seinen körperschaftlichen Schranken weder
den kritischen Dilettantismus des Einzelnen noch des Publikums.
Der politische Dilettantismus, den man neuerdings öfters als
Volksbildung und als die oberste Voraussetzung der Volkssou=
veränität bezeichnet hat, ist gar nichts weiter als ein Ausfluß
des sozialen Philistertums. Namentlich bricht dieser philisterhafte
Geist des Dilettantismus, dieser Fluch eines allweisen „Publi=
kums" immer da recht grell hervor, wo ganze Massen urteilend
und entscheidend auftreten. Man hat es in den letzten Jahren
oft genug erfahren müssen, daß hundert gescheite Leute, wo sie
sich im öffentlichen Leben als kritisches Publikum zusammenthaten,
recht als ein einziger Esel urteilten und handelten, während jeder
von ihnen einzeln vielleicht ein ganz vortreffliches Votum ab=
gegeben hätte. Will man diesen Fluch des „Publikums" von
den Massen nehmen, dann schaffe man wieder berufstüchtige und
sozial gerechtfertigte Gruppen und Genossenschaften, zunächst wider
den Dilettantismus der Massen und in oberster Instanz wider
den sozialen Philister.

## Drittes Kapitel

# Die unechten Stände.

Neben den gewordenen, natürlichen Ständen gibt es auch gemachte, künstliche, unechte. Wenn man jetzt vielfach die vier natürlichen Hauptgruppen der Gesellschaft nicht einmal mehr als Stände gelten lassen will, dann machte man früher alles zu „Ständen". Die Begriffe von Beruf und Stand wurden ganz willkürlich miteinander verwechselt. Man sprach von einem geist= lichen Stand, Gelehrtenstand, Beamtenstand, Richterstand, Sol= datenstand, Offizierstand, Handwerkerstand 2c. Folgerecht hätte man dann auch ins Unendliche weiter fort von einem Schneider= stand, Bürstenbinderstand, Steinklopferstand, Holzspalterstand 2c. reden müssen. Der Sprachgebrauch wurde in diesem Betracht ganz konfus, und wir behandeln die Worte „Stand" und „Beruf" noch immer als Synonyma. Das ist dann weiter ein Beweis von der Konfusion des ständischen und überhaupt des sozialen Bewußtseins selber in dieser Uebergangszeit.

Diese Verwechselung und Fälschung der Begriffe würde wenig zu sagen gehabt haben, wenn sie bloß theoretisch geblieben wäre. Aber einzelne dieser fälschlich sogenannten Stände wurden auch im Leben mit sozialen Vorrechten ausgestattet, die lediglich den natürlichen großen Gruppen der Gesellschaft hätten zukommen dürfen. Ja noch mehr, die Regierungsweisheit der Zopfzeit be= nützte diese gemachten Stände, um sie gleich Keilen zwischen die natürlichen Stände einzuschieben, und deren unbequeme Autonomie dadurch zu zersprengen. So wurde namentlich der Militärstand,

der Gelehrtenstand, der geistliche und der Beamtenstand in die
Fugen des Bürgerstandes eingetrieben. Mit dieser Verwirrung
der ständischen Begriffe ging die Macht, welche dieselben noch in
den Gemütern besaßen, verloren. Es war ein schlauer Kriegs-
plan, durch die Hegung und Bevorzugung der unechten Stände
die echten unschädlich zu machen. Wenig Gehässiges haftet gegenwärtig auf dem Ständewesen, was nicht durch die unechten
Stände demselben auf den Hals geladen worden wäre. Sie gaben
den Gegnern jeder sozialen Gliederung die besten Waffen in die
Hand, sie ließen die gesellschaftlichen Mächte gegenüber der Staatsgewalt so verdächtig werden, daß sie recht eigentlich als die Bahn-
brecher des ausebnenden Polizeistaates zu betrachten sind, der
dann nachgehends auch ihre Privilegien möglichst schonte, während
er das Recht der natürlichen Ständegruppen so wenig als möglich
gelten ließ.

Der Stoff zur Bildung der unechten Stände ist ausschließ-
lich aus dem Bürgerstande genommen worden. Die bezeichnete
Begriffsverwirrung konnte nur hier eintreten, weil sich bei diesem
Stande die Begriffe von Stand und Beruf nicht decken, wie
anderwärts, sondern der Stand eine Menge der verschiedenartigsten
Berufe in sich schließt.

Wir wollen die vier wichtigsten der unechten Stände einzeln
näher ins Auge fassen: geistlicher Stand, Gelehrtenstand, Beamtenstand, Soldatenstand.

Einen geistlichen Stand hat es vor alters wohl in
Deutschland gegeben, er war sogar schulgerecht der „erste Stand"
des späteren Mittelalters und besteht auch noch in katholischen
Ländern des romanischen Südens. Bei uns aber ist gegenwärtig kein eigener geistlicher Stand mehr vorhanden, und bei
der modernen Auffassung des Ständebegriffes auch gar nicht
mehr möglich. Wir haben nur noch einen geistlichen Beruf. Im
früheren Mittelalter, wo der Klerus bei weit schrofferer sozialer
Abgeschlossenheit zugleich ausschließlich die gebildete Schicht der
Gesellschaft vertrat, war das etwas anderes. Schon beim Aus-

gange des Mittelalters ist diese Absonderung geschwunden; der niedere Klerus gehörte in Abstammung, Denkart und Sitte wesentlich dem Bürger= und Bauernstande an, der höhere wesent= lich der Aristokratie. Die kirchlichen Vorrechte des katholischen Klerus vor dem Laien haben aufgehört zugleich auch bürgerliche zu sein. Jeder der vier natürlichen Stände hat einzelne Gruppen der Geistlichkeit, die ihm besonders angehören: die Aristokratie: Prälaten und Kirchenfürsten; das Bürgertum: die Hauptmasse des niederen Klerus; das Bauerntum: Klausner und koloni= sierende Mönchsorden; das Proletariat: die geistlichen Brüder= schaften mit dem Bettelsack. Im großen und ganzen zählt aber die Geistlichkeit zum Bürgertum. Die geistlichen Würden stehen jedem Stande offen. Gerade in der Zopfzeit, wo die Aristo= kratie die höheren geistlichen Stellen als eine Standespfründe in Anspruch nahm, es dagegen keineswegs für angemessen hielt, daß ihre Söhne zu dem Ende die Stufenreihe der Kirchen= ämter von unten herauf durchmachten, gerade in dieser Zeit faßte man den Klerus mit Vorliebe als einen eigenen sozialen Stand auf. Welch seltsame Verwirrung der Begriffe, welche Trübung des sozialen Bewußtseins ist darin ausgesprochen, daß diese beiden schnurstracks einander widersprechenden Ansichten gleich= zeitig bei denselben Leuten in Geltung standen! Man rühmt es im Gegensatz hierzu dem bekanntlich hochtoristischen west= fälischen Adel nach, daß er gegenwärtig seine nachgeborenen Söhne wieder häufig dem geistlichen Berufe zuführe, und zwar in der Art, daß sich diese jungen Männer, um zu den höheren Würden aufsteigen zu können, den Anfang mit einer bescheidenen Land= pfarrei nicht verdrießen lassen. Der dermalige Bischof von Mainz, Freiherr von Ketteler, hat in dieser Weise seine geistliche Lauf= bahn begonnen.

Der Klerus sollte schon um seiner kirchlichen Stellung willen, als einer über die sozialen Besonderheiten hinausgehenden, den Gedanken zurückweisen, daß er einen eigenen gesellschaftlichen Stand bilde.

Wahrhaft wunderbar fügt es sich, daß der katholische Klerus mit seiner festen, selbst über die Schranken der Nationalität hinwegspringenden körperschaftlichen Organisation, mit seinem abgeschlossenen Ordenswesen 2c., wo also alle Grundlagen eines sehr fest begrenzten Standes gegeben zu sein scheinen, dennoch in dieser Organisation selber wieder ein Element birgt, welches ihn niemals zum vollen Abschluß eines eigenen Standes kommen läßt. Ich meine das Cölibat. Denkt man sich bei dem merkwürdigen Organismus des katholischen Priestertums das Cölibat hinweg, so würde aus jenem längst eine geschlossene erbliche Priesterkaste geworden sein. Das Cölibat entrückt den einzelnen Priester beinahe ganz der bürgerlichen Gesellschaft, damit das Priestertum nicht ganz derselben entrückt werde. Die bürgerliche Familie ist eine der obersten Voraussetzungen des sozialen Standes. Eine gesellschaftliche Gruppe ohne dieses Familienleben kann ihr Korporationsbewußtsein niemals zu dem eines selbständigen Standes steigern. Vielleicht fehlt dem katholischen Klerus keine weitere Voraussetzung zu einem besonderen Stande als die Familie.

Bei der protestantischen Geistlichkeit ist hingegen diese Voraussetzung im reichsten Maße vorhanden. Namentlich bei den Landpfarrern erbt fast in der Regel der geistliche Beruf vom Vater auf den Sohn fort. Man spricht da wohl gar von „geistlichem Blute". Aber hier fehlt wieder die feste und ausschließende priesterliche Organisation der Genossenschaft, Papst und Ordenswesen. So ist von beiden Seiten bestens dafür gesorgt, daß die Bäume nicht in den Himmel wachsen und die Pfarrer im Bürgertume bleiben.

Der „Gelehrtenstand" hat für unsere Zwecke nur ein historisches Interesse. Denn den Beweis, daß ein solcher „Stand" ein sozialer Unsinn sei, wird uns nach dem bisher Gesagten wohl jeder Leser erlassen. Und dennoch haben sich in unseren Staaten bis auf die neueste Zeit Bestimmungen heraufgeerbt, welche gelehrten Korporationen (z. B. den Universitäten) sozial-

politische Rechte sichern. Wenn der Klerus fast alle Vorbedin=
gungen zu einem Stande bis auf eine einzige in sich trägt, so
fehlen dem sogenannten Gelehrtenstand geradezu alle diese Be=
dingungen bis auf die einzige, daß er einen Beruf darstellt.
Im siebzehnten und achtzehnten Jahrhundert bildeten sich noch
eigene gelehrte Standessitten heraus. Aber während die natür=
liche Standessitte überall das belebende, kräftigende, zusammen=
haltende Element der sozialen Gruppen ist, war diese Standes=
sitte das austrocknende, abzehrende, erschlaffende. Das war schon
die sicherste Probe, daß man sich mit dem Gelehrtenstande ver=
rechnet hatte. Die künstlich gemachte Gelehrtenzunft hat weit
mehr zu dem Mißkredit des Zunftwesens beigetragen als die
historisch gewordenen Gewerbeinnungen selbst in ihrem äußersten
Verfall. Die Gelehrtensitte der Zopfzeit war das Zerrbild einer
echten Standessitte. Selbst die einzelnen Berufszweige der Ge=
lehrsamkeit schlossen sich voneinander wieder standesmäßig ab,
setzten sich oft genug in Neid und Mißgunst gegenseitig her=
unter. Der „Klassenhaß", von dem uns die modernen Gleich=
macher so Schreckliches zu prophezeien wissen, war allerdings
zeitweilig im „Gelehrtenstande" vollauf verwirklicht. Der Klassen=
haß ist die alte Rokokokomödie vom Doktor und Apotheker, nicht
das moderne Drama von dem Ankämpfen der natürlichen sozialen
Gruppen wider die unnatürliche Ausgleichung der individuellen
gesellschaftlichen Lebensformen. Die natürlichen Stände sind
wahre Blitzableiter für den Klassenhaß. Wo man die bürger=
lichen Berufsarten, auch die Gewerbe widernatürlich zu Ständen
gestempelt, wo man unechte Gesellschaftsgruppen aufgezwungen
hat, da hat das Donnerwetter des Klassenhasses auch immer am
ärgsten eingeschlagen.

Eine höchst beachtenswerte Thatsache der sozialen Selbst=
erkenntnis sind für unseren Standpunkt die Gelehrtenkongresse
gewesen, welche in den vierziger Jahren eine so große Rolle
spielten. Da geschah es, daß wenigstens die bessere Mehrheit der
deutschen Gelehrten die freie Genossenschaft des wissenschaftlichen

Berufes an die Stelle einer falschen Standesabgeschlossenheit zu setzen wußte.

Was war es denn, was z. B. damals die Germanisten vereinigte, die doch Leute von allerlei gelehrter Zunft, Geschichtsforscher, Sprachforscher, Rechtsgelehrte und Fachphilosophen unter sich zählten? Vor fünfzig Jahren, wo der praktische Jurist ein Ding wie etwa „germanistische Sprachwissenschaft" für eine unnütze, brotlose Kunst ansehen mochte, und der Sprachforscher die Juristerei als ein Handwerk der Erfahrung und Ueberlieferung, als ein Gemisch von römischem Recht und Mutterwitz wohl gar nicht zu den „rechten" Wissenschaften gezählt hätte, vor fünfzig Jahren würden diese Elemente wie Wasser und Oel miteinander geschwommen sein. Und nun einigten sich Sprachforscher, Geschichtschreiber und Rechtsgelehrte, des Klassenhasses und des falschen Standesgeistes vergessend, in dem Gedanken, daß sie allesamt unser nationales Leben mit erforschen helfen, und nannten sich Germanisten! Diese Versammlungen waren eingegeben von dem vorwärtsstrebenden universalistischen Geiste des Bürgertumes im Gegensatz zu dem alten Sonderwesen des usurpierten Gelehrtenstandes. Man hat die Germanistenversammlungen mit Recht als Vorboten jenes berechtigten edleren Kernes der Bewegung von 1848 aufgefaßt, welcher hauptsächlich von dem deutschen Bürgerstande gehegt wurde. Ein bloß wissenschaftlicher Kongreß würde solche Bedeutung nicht gehabt haben, wenn derselbe nicht zugleich Form und Ausdruck für eine entscheidende sozial=politische Thatsache gewesen wäre.

Es war nicht erst seit gestern, daß die germanistischen Wissenschaften theoretisch zusammenwirkten, um den geschichtlichen Gang unseres Volkslebens zu ergründen und auf dieser sicheren Grundlage die nationale Zukunft erbauen zu helfen; aber daß sich die eifrigsten Förderer dieser Arbeit zu einer freien Genossenschaft zusammenthaten, sei es auch nur, um sich einmal im Jahr ein Stückchen der schönen Heimat gemeinsam anzusehen, gemeinsam zu beraten, gemeinsam zu tafeln und zu zechen, das war etwas ganz Neues und Entscheidendes.

In einem deutschen Kleinstaate wurde es selbst der harm-
losesten dieser gelehrten Genossenschaften, den deutschen Land-
und Forstwirten, verwehrt, ihre Versammlungen abzuhalten.
Der Polizeistaat hatte den sozialen Gehalt dieser Kongresse ge-
wittert. Aber die Vergeltung blieb nicht aus. Beiläufig fünf
Jahre später veranstalteten Raveaux und Genossen in demselben
Saale einen Kongreß ganz anderer Art, wo das Polizeiregiment
den friedlichen Land- und Forstwirten zu reden und zu zechen
verwehrt hatte.

Die Naturforscher, als der modernste Zweig des gelehrten
Berufes, hatten den Reigen der großen Versammlungen eröffnet.
Während es heute noch Zunftgelehrte gibt, die einen Denker und
Forscher ersten Ranges wie Liebig doch nur für einen geschickt
laborierenden Apotheker ansehen, rühmte man gerade den Natur-
forschern nach, daß ihre Zusammenkünfte die am freiesten gemischten gewesen und die scheinbar widerstrebendsten Richtungen
in guter Geselligkeit vereinigt hätten. Der Philolog, im vorigen
Jahrhundert noch die eigentliche Charakterfigur des standesmäßigen Gelehrten in Holzschnittmanier, brachte schon einen
kleinen Zopf zu der kollegialischen Versammlung mit, indem er
sie den Kongreß der „Philologen und Orientalisten" nannte.
Denn dieses Und ist das letzte Zunftzeichen des „klassischen"
Philologen, der den Mann des unklassischen orientalischen Sprach-
studiums doch gerne nur als einen Hintersassen ansehen möchte.
Die Feindschaft der klassischen Philologen und der Realisten
wurde auf den Versammlungen sofort durchgefochten. Das sind
solche Ansätze von „Klassenhaß", deucht mir, einem Haß, der
wohl über den Neid des Bürgers auf den Baron gehen mag,
ja wohl gar über Doktor und Apotheker.

Am unglücklichsten erging es den Philosophen. Sie konnten
über den engen Kreis der Schule hinaus gar nicht zum Zusammentritt der Genossenschaft kommen. Das soziale Interesse
fiel weg, höchstens stand wie weiland bei den Scholastikern ein
wissenschaftliches Turnier in Aussicht. So ist es denn auch

geschehen, daß sich deutsche Philosophen aller Farben regelmäßig bei der Versammlung der Naturforscher, oder der Germanisten, oder der Philologen, oder der Aerzte einfanden, nur auf ihre eigene sind sie nicht gekommen.

Wir gelangen zu dem Luftgebilde eines eigenen Beamten= standes. Es liegt in der Natur der Sache, daß Männer jedes bürgerlichen Standes berufen und befähigt sein können, ein öffentliches Amt zu bekleiden. Man spricht von der Gefährlich= keit eines Staates im Staate. Wohl. Der „Beamtenstand" ist ein Stand in den Ständen, und darin liegt wohl noch eine weit größere Gefahr.

Bei den natürlichen Ständen schließt ein Stand den anderen aus. Es kann niemand Edelmann, Bürger, Bauer und Prole= tarier zu gleicher Zeit sein. Bei den gemachten unechten Ständen ist das keineswegs der Fall. Der Gelehrte, Beamte, Geistliche, Soldat 2c. läßt sich recht gut gleichzeitig in derselben Person vereinigt denken. Ja manche dieser Berufsarten setzt wohl gar ausdrücklich das Vorhandensein einer anderen voraus.

Solange der Eintritt in ganze Klassen von Staatsämtern gewissen bürgerlichen Ständen ausschließend vorbehalten war, erschien hierin wenigstens ein Ansatz zur Bildung eines beson= deren Beamtenstandes gegeben, solange überhaupt die Gesellschaft das Höhere war und der Staat das Untergeordnetere. Mit unserem modernen Begriff von der Stellung der Gesellschaft zum Staate verträgt es sich aber durchaus nicht, daß der Beruf des Staatsdienstes zugleich eine soziale Besonderung darstelle. Daß aus jedem wirklichen Stand Leute in den sogenannten Beamten= stand treten, ist die Regel. Daß das Glied eines wirklichen Standes in einen anderen wirklichen Stand übertrete, ist eine sehr seltene Ausnahme. Ein Bürger kann sich adeln lassen, aber ein Edelmann im sozialen Sinne wird er darum noch lange nicht. Ein Bauer, der das große Los gewinnt und in die Stadt zieht, um von seinen Renten zu leben, mag wohl den ganzen Rest seines Lebens aufwenden, um den Bauernstand vollends von sich abzustreifen, und wird doch damit nicht fertig. Erst dem Sohne gelingt es in der Regel, den Uebergang von einem Stande zum anderen, worin der Vater stecken geblieben ist, zu vollenden. Noch schwieriger ist es aber für den Edelmann, ein Bürger zu werden, oder gar für beide, zu dem naiven Stande des Bauern zurückzukehren. Ackerbau treiben können beide wohl, verbauern können sie auch nicht unschwer, aber wirkliche, vollwichtige Bauern zu werden, wird ihnen in Europa niemals gelingen. Nur in den Urwäldern Amerikas ist es möglich, daß Edelmann und Bürger wieder ganze Bauern werden. Aber dort müssen sie auch vorerst Lesen und Schreiben, wohl gar ihre Muttersprache verlernt, sie müssen ihre ganze alte Gesittung untergeackert haben, ehe der neue Bauer aufkeimt. So tief sitzt der wirkliche Standes= unterschied in des Menschen innerster Natur! Nur zu einem Stande ist der Uebergang allen anderen Ständen gleich leicht gemacht, und sie brauchen deshalb nicht nach Amerika zu gehen: zum Proletariat! Proletarier kann jeder werden, noch leichter als Beamter. Aber das Proletariat ist auch noch kein fertiger, es ist erst ein werdender Stand: die Verneinung und Auflösung der Stände als positive soziale Thatsache. Der Uebergang von einer Form der gesellschaftlichen Gesittung zur anderen ist er= staunlich schwer, der Uebergang zur Vernichtung aller sozialen Kultur erstaunlich leicht. Weitab liegt ein Stand dem anderen, nur der Stand des Elendes liegt allen gleich nahe.

Durch die soziale Fiktion eines eigenen Beamtenstandes war das politische Phänomen der Bureaukratie erst möglich gemacht. „Bureaukratie" ist ein über die Maßen bezeichnendes Wort. Aus Französisch und Griechisch zu sprachlicher Krüppelbildung malerisch zusammengekuppelt, bedeutet es nicht einmal Schreiber= herrschaft, sondern „Schreibstubenherrschaft". Darin ist ihr ödes mechanisches Wesen vortrefflich erfaßt. Die politischen Thaten der Bureaukratie darzustellen ist ein um des Pikanten willen äußerst verführerisches Thema. Wir haben hier die Bureau= kratie bloß als soziale Erscheinung ins Auge zu fassen.

Wenn die Regierungen seit dem Anbruch der neueren Zeit ein zäh beharrliches Streben aufgeboten haben, um einen eigenen Beamtenstand und daneben einen eigenen Soldatenstand heraus- zubilden, so lag dieser Politik prinzipiell eine ganz richtige Vor- aussetzung zu Grunde, sie griff nur fehl in der Wahl des Gegenstandes und der Mittel. Richtig war der leitende Ge- danke, daß jede Regierungspolitik eine bestimmte soziale Macht herausgreifen müsse, um in derselben ihren besonderen materiellen Rückhalt zu finden. Verkehrt die Anwendung, daß man nun, statt sich auf die historisch gewordenen, natürlichen sozialen Gruppen zu stützen, die freilich unter Umständen etwas eigen- willig und widerspenstig sein mochten, soziale Gruppen künstlich machte, deren Willfährigkeit die Regierenden unter allen Um- ständen versichert zu sein glaubten. Es liegt etwas Kühnes in diesem Verfahren, aber eine Kühnheit, die über Naturgesetze hinausstrebt, ist Vermessenheit. So gemahnt der auf höheren Befehl gezeugte Beamten- und Soldatenstand an Wagners Ho- munculus:

> „Der zarte Punkt, aus dem das Leben sprang,
> Die holde Kraft, die aus dem Innern drang
> Und nahm und gab, bestimmt sich selbst zu zeichnen,
> Erst Nächstes, dann sich Fremdes anzueignen:
> Die ist von ihrer Würde nun entsetzt.‟

Der Beamten- und Soldatenstand ist von oben her künst- lich gelöst worden vom Gesellschaftsbürgertum, sorglich eingehegt als Stand in den natürlichen Ständen. Die Rangordnung des Offiziers zählt nach ganz anderen Normen als die der natür- lichen Rangstufen des übrigen gesellschaftlichen Lebens, und auch der jüngste bürgerliche Unterlieutenant und Fähnrich ist aus- nahmsweise hof- und tafelfähig. Bis auf unsere Tage nahm man in den Kadettenschulen hie und da nur die Söhne be- stimmter Rangklassen auf. Bürgerlichen Offizieren ist die Ehe mit allzubürgerlichen Bräuten geradezu verwehrt worden. Das geht über die „organische" Gliederung der Gesellschaft hinaus. Ausschließende Beamten- und Militärkasinos wurden von oben her aus sozial-politischen Rücksichten gerne gesehen. Nicht bloß die Offiziere, auch die Beamten sollten ihren Dienstrock zugleich als Standestracht tragen. Noch am Vorabend der Märzbewegung hat es der Regierung eines deutschen Kleinstaates großen Kummer gemacht, den sie in einem damals durch alle Blätter gehenden Reskripte niederlegte, daß die Staatsdiener den unmodisch ge- wordenen dreieckigen Diensthut nicht mehr tragen wollten, noch den Dienstdegen, der doch weder zum Hauen noch zum Stechen gut war.

Die menschliche Natur mußte eine ganz andere sein, wenn solche Aussaat überall hätte auf steinigen Boden fallen sollen. Der Begriff des Standes löste sich auf in den Begriff des Ranges. Jener rangsüchtige Kastengeist, den man den natür- lichen Ständen häufig mit Unrecht vorwirft, trat in diesen künst- lichen als die Regel zu Tage. Vornehme, standesstolze Leute und Beamte nimmt der Bauer noch vielfach als gleichbedeutend. Statt der historischen Gruppen zerfiel dem Beamten die ganze Gesellschaft in zwei große Halbschiede: „Dienerschaft" und „Bürger- schaft". Für die „Dienerschaft" ward dann auch die prächtige Bezeichnung der „Honoratioren" erfunden, ein Epigramm in einem einzigen Worte.

In der vormärzlichen Zeit brauchte der Beamte, welcher eine Familie gründen wollte, in vielen deutschen Staaten nicht einmal irgendwo Gemeindebürger zu sein, er war bloß Staats- bürger in abstracto, er nomadisierte unter dem Zelte des Staates und bedurfte des festen Daches in der Gemeinde nicht, während bei jedem Anderen das Staatsbürgerrecht erst einen Sinn, erst seine praktische Bedeutung dadurch bekam, daß das Gemeinde- bürgerrecht hinzutrat. Die Aufhebung dieses Mißverhältnisses ist ein großer sozialer Fortschritt gewesen.

Es galt vielfach für staatsklug, gerade die jüngeren, die ärmeren Beamten recht häufig zu versetzen, damit sie sich an

keinem Orte recht einbürgerten, damit sie, bürgerlich heimatlos,
bloß im Staate schlechthin sich seßhaft dächten. Aus demselben
Grunde liebte man es, katholische Beamte in protestantische Landstriche zu schicken und umgekehrt. Aber statt den mittelloseren
Beamten loyaler zu machen durch diese kostspielige Heimatlosigkeit, durch dieses unstäte Umherziehen, über welchem nur die
dunkle höhere Macht unberechenbarer Ministerialverfügungen ihre
regelnde Hand hielt, stempelte man ihn vielmehr zu einem Kandidaten des vierten Standes!

Diese Organisierung des Beamtentums als eines eigenen
Standes gemahnt auffallend an das Vorbild der kirchlichen
Hierarchie. Aber im Beamtenstande gilt kein Cölibat. Wenn
darum der Klerus nur als das unfertige Bruchstück eines besonderen Standes sich darstellt, so mag die Bureaukratie immerhin auch einen ganzen Stand bilden, aber es ist ein Stand, der
sich zu den natürlichen Ständen verhält, wie der Homunculus,
den Wagner in der Phiole destilliert, zu dem natürlich gezeugten
Menschen. Selbst der arme Beamte wendet in der Regel seinen
letzten Pfennig auf, um seinen Sohn wieder in den Staatsdienst
zu bringen. Das ist an sich nicht zu tadeln, aber zu tadeln ist
der dem Kastengeiste entspringende Gedanke, welcher im Staatsdienste lediglich eine privilegierte Versorgungsanstalt
sieht. Namentlich sind es die Mütter, die schon frühzeitig den
Söhnen den unsittlichen Gedanken einzuimpfen wissen, daß der
Staatsdienst ein Mittel zum Zweck — dem Zwecke der mit Pen-
sionen und Witwengehalten verbrieften Existenz sei. Diese durch
das wohlbestandene Examen für alle Zukunft kampflos gesicherte
Existenz ist recht eigentlich das goldene Kalb, um welches das
bureaukratische Philistertum anbetend tanzt.

In der römischen Kaiserzeit tauchte das Luftbild eines besonderen Staatsdienerstandes zum erstenmale auf. Unsere Geschichtschreiber finden dort in dieser Thatsache ein Wahrzeichen,
daß eine ganze Nationalentwickelung ihrem Bankerott entgegen-
ging. Und in der Gegenwart —?

Die gemachten unechten Stände und das ungeheure soziale
Wirrsal, welches sich an ihre Scheinexistenz knüpft, haben nicht
nur das Meiste dazu beigetragen, auch jedes Zurückgreifen auf
die natürliche Gruppenbildung unpopulär zu machen, sie haben
zugleich zu den zahllosen praktischen Verirrungen der sozialen
Reformversuche geführt. Wie man hier Standesgebilde vor
sich sah, bei denen willkürlich von außen das Krumme gerade
gereckt, das Ueberwüchsige zugestutzt werden konnte, so glaubte
man auch mit dem gleichen Verfahren den natürlichen Ständen sich nähern zu können, während dieselben doch höchstens
einen leisen Anstoß zur eigenen Entwickelung von innen heraus
dulden.

Um die alte edle Selbstbeschränkung der einzelnen Stände
in Bedürfnissen, Sitten und Bräuchen wieder zurückzuführen,
brachte im Jahre 1819 ein hochgestellter Redner in der ersten
badischen Kammer folgenden historisch merkwürdigen Antrag ein:

„Wenn ich auch die Einführung einer Nationaltracht hier
nicht in Vorschlag bringe, indem die hie und da schon angestellten
Versuche bis jetzt nicht geglückt sind, und wir auch nicht e i n e
Nation in dem Grade noch bilden, um eine derartige Einrichtung
für jetzt wenigstens mit Erfolg für ganz Deutschland hoffen zu
können, so dürften doch allgemeine Bestimmungen in jedem einzelnen Bundesstaate darüber notwendig werden: W e l c h e  A r t
v o n  K l e i d u n g  u n d  a u s  w e l c h e n  S t o f f e n  bestehend
j e d e m  S t a n d e  u n d  j e d e m  G e s c h l e c h t e  zu tragen erlaubt
sei? Wer berechtigt sei, W a g e n  u n d  P f e r d e  zu halten und
wer nicht, und welche Gattung von Möbeln sich j e d e  K l a s s e
bedienen dürfe, wobei immer eine billige Rücksicht bei der deshalb zu entwerfenden Klassifikation auf die vermögenderen nicht
Berechtigten zu nehmen, und bei diesen unter gehöriger Nach-
weisung ihrer guten Vermögensumstände eine Ausnahme von der
Regel zu machen sein würde."

Hier haben wir den ganzen Spuk der unechten Stände.
Was man dem „Beamtenstand" wohl vorschreiben mag, daß

er nämlich einen eigenen Standesfrack trägt, das wollte der Redner nun auch dem „Bürgerstande" vorschreiben. Warum auch nicht?

War es möglich, vor dreißig Jahren eine solche soziale Kur zur Zurückführung der alten Selbstbeschränkung der Stände im Ernste noch vorzuschlagen, dann können wir in der That stolz sein auf die großartigen Fortschritte, welche die Wissenschaft vom sozialen Leben inzwischen gemacht hat.

## Viertes Kapitel

# Das Bürgertum im politischen Leben.

Das politische Gebilde des konstitutionellen Staates ist hauptsächlich von dem Bürgertum herausgearbeitet und verfochten worden. Mag man sich Ursprung und Form des Konstitutionalismus noch so verschiedenartig denken, im Wesenhaften wird er immer auf den Gedanken zurücklaufen, daß im Staatsleben der Gesellschaftsbürger im Staatsbürger aufgehen müsse. Dem Bauer ist das sehr gleichgültig, dem Proletarier höchstens eine mißverstandene und mißbrauchte sozialistische Wahrheit, dem Aristokraten eine Irrlehre. Der Bürger dagegen, der sich als die zum politischen Bewußtsein gekommene überwiegende Masse der modernen Gesellschaft weiß, wird bei dem nivellierten Staatsbürgertum am besten seine Macht erproben. Jede politische Frage ist eine Machtfrage, dieweil wir nicht im tausendjährigen Reiche leben, wo alle Politik nach dem Naturrecht gemacht wird. Der Konstitutionalismus ist die Machtfrage des Bürgertums.

Das Aufleben des Konstitutionalismus und des modernen Bürgertums fällt historisch zusammen am Ausgange des achtzehnten Jahrhunderts. Von da an haben die konstitutionellen Ideen im Bürgerstande sich ununterbrochen fortgebildet, gemehrt, gezeitigt. Man mag über ihre Anwendung, mehr noch über ihre Alleinherrschaft verschieden gesinnt sein, das Recht sich geltend zu machen wird man diesen Ideen nicht mehr wegdisputieren können.

Der Konstitutionalismus, als die Lehre der politischen Mitte, der bewegenden Mitte, entspricht dem Bürgerstande als dem Mittelstand. Das gegenseitige Abwägen der Machtvollkommenheit der Staatsgewalten entspricht der Skrupulosität des Bürgers. Ein nie ganz zum Ziele führendes und doch auch nie ganz resultatloses Ringen um den Besitz der Macht liegt den verschiedenen konstitutionellen Gewalten gleich nahe; durch die flüssigen Gegensätze erhält sich der Staat lebendig, den ausschließenden Besitz der Macht hat niemand. Das ist bürgertümlich. Aber verhehlen wir es uns auch nicht, daß der Konstitutionalismus dem politischen Philistertum ebenso nahe steht als der Bürger dem sozialen Philister.

Ohne das Bürgertum würden dem großen Bilde der Gesellschaft die Mitteltinten fehlen. Die Maler wissen aber, daß nicht die ungebrochenen Farben, sondern gerade die Mitteltinten, welche immer die vorwiegende Masse bilden werden, zumeist entscheidend sind für den Ton des ganzen Gemäldes.

Rettende Thaten widersprechen dem Geiste des Bürgertums, namentlich, wenn sie statt der Ausnahmen zur Regel werden. Die Art des Erwerbes des politischen Rechtes steht dem echten Bürger höher als die Thatsachen des Erworbenen selber. Die bürgerlich liberale Partei ist schon oft darum erlegen, weil sie mit dem Verfolgen einer formellen Verfassungspolitik im entscheidenden Augenblick nicht abzubrechen wußte. Eine nicht unrühmliche Niederlage. Die Politik der Aristokratie ist gleichsam ein überliefertes historisches Besitztum; zur Bewahrung derselben angesichts der Revolution sind ihr die rettenden Thaten viel näher gelegt. Andererseits ist das demokratische Proletariat lediglich auf die rettenden Thaten angewiesen, denn es hat noch gar kein historisches Recht und nur was es sich nimmt, gehört ihm.

Die Stände sind nicht gleichbedeutend mit den politischen Parteien, darum ist es nicht gesagt, daß alle Bürger Scheu vor rettenden Thaten hätten oder überhaupt monarchisch-konstitutionell gesinnt seien. Ich spreche nur von der Mehrheit und dem, was sie vertritt, nämlich dem Geiste des Standes.

Aus dem Schoße des deutschen Bürgertums ging der ideelle Anstoß zu der Märzbewegung von 1848 als einer nationalen und konstitutionellen Reformbewegung hervor. Es waren die Chorführer der bürgerlich-freisinnigen Partei, welche an der Spitze standen, ja es waren vorzugsweise jene bürgertümlichen Germanisten, denen wir oben schon einmal begegnet sind. Erst als die aus dem Boden aufwachsenden, auf proletarischen Anhang gestützten Republikaner mit „rettenden Thaten" eingreifen wollten, ward aus der bürgerlichen Reformbewegung ein Stück Revolution. Auf den damaligen klassischen Listen der „Volksforderungen" standen an vielen Orten ursprünglich nur die gemäßigten Punkte von den Männern der bürgerlichen Partei bezeichnet; von den Führern des Proletariats wurden erst bei der Debatte die maßlosen hineinkorrigiert.

Während die Männer des Vorparlaments in der Paulskirche berieten, prügelten sich die Parteigänger auf den Gassen Frankfurts um zwei Fahnen, auf der einen stand „Republik", auf der anderen „Parlament". So hörte man damals überhaupt häufig die bange Frage aufwerfen, ob sich das Volk für Republik „oder" Parlament entscheiden werde. In dieser drolligen Gegenüberstellung lag ein tieferer Sinn. Unter dem Parlament dachte man sich die verfassungsmäßige Ordnung der öffentlichen Angelegenheiten im Anschluß an die bestehenden Rechtsverhältnisse und im Geiste eines freien Bürgertums, unter Republik die rettende That der sozialen Demokratie. In dem Stichwort des Parlaments zielte der Bürger ganz richtig auf ein konstitutionelles Verfassungsleben der Nation als die beste Verbriefung seiner ständischen Hegemonie.

Als das Bürgertum die Märzbewegung wenige Tage lang noch allein im Zügel hielt, trug dieselbe einen durchweg idealen Charakter, viele Neuerungen waren vortrefflich. Als der vierte Stand das Bürgertum in der Praxis überrumpelte, herrschte die gemütliche Anarchie. Weil Bürger, Bauern und Edelleute nicht vereint dem vierten Stande Widerpart hielten, kamen die Regierungen mit den Soldaten dazwischen. Durch das eigene Verschulden der Passivität wurden jene drei sozialen Mächte gezwungen, zurückzutreten und verloren die Früchte des Sieges. Aber auch erst als das Bürgertum zurückgetreten war, konnte die Restauration kommen.

Leuchtet da nicht die Bedeutsamkeit einer sozialen Politik, oder, um mißliebig zu sprechen, einer Standespolitik eindringlich genug hervor?

Der vielberufene Kammerliberalismus der vormärzlichen Zeit wurzelte im bürgerlichen Geiste, wohl auch etwas im Geiste des Philistertums. Nicht ohne Grund hat man ihn auch „Bourgeois-Liberalismus" genannt. Er trieb vorwärts, ohne selber von der Stelle zu kommen. Zu reden und zu raten lag ihm näher als zu thaten. Als parlamentarischer Heißsporn der formellen Verfassungspolitik unterschätzte er die sozialen Mächte, ja das Interesse der Partei ging ihm wohl gar über die Interessen der Nation. Trotzdem bekundete dieser phrasenreiche Freisinn, dessen ehemaligen Einfluß auf die Menge man heutzutage, wo das alles anders geworden, leicht vergißt, den Trieb der sozialen und politischen Bewegung im Bürgertum zu einer Zeit, wo alles öffentliche Leben versumpfte. Wenn uns die positiven Ergebnisse, welche diese Richtung erzielte, vielfach nicht behagen, so verkennen wir wenigstens keineswegs, daß sie sich durch das Aufrütteln der fast gänzlich eingeschlummerten sozialen Mächte ein großes mittelbares Verdienst erwarb.

In erhöhtem Grade setzte sich dieselbe Richtung mit all ihren Gebrechen und Vorzügen auch in den beiden Revolutionsjahren fort. Dieser konstitutionelle bürgerliche Liberalismus charakterisierte gerade in selbiger Zeit zu treffend den inneren Zwiespalt im deutschen Bürgertum, als daß ich mir versagen könnte, seinen damaligen politischen Ideenkreis in einigen drastischen Zügen anzudeuten.

Der bürgerliche Liberalismus wollte Fürsten — aber nicht von Gottes Gnaden. Konstitutionelle Monarchie, aber doch zugleich eine demokratische — „auf breitester demokratischer Grundlage". Einen König, der herrscht, aber nicht regiert. Der freisinnige Bürger war froh, daß es nebenbei noch Fürsten gab, er erschrak aber, als der König von Preußen beim Kölner Dombaufeste laut sagte, es gebe noch Fürsten. Er wollte eine Kammer, die den Minister in die Tasche stecken könne, aber darum doch nicht selber regiere. Politische Vertretung der Gesellschaft im allgemeinen — aber nicht im besonderen. Eine Republik in Frankreich, damit die deutschen Fürsten Respekt vor dem Konstitutionalismus behalten möchten. Deutsche Grundrechte — aber mit Ausnahmen. Religionsfreiheit, aber keine Jesuiten, Klöster und Freigemeindler. Volksbewegung, Volksforderungen, Sieg des Volkes — aber keine Revolution. Bürgerwehr, aber keine allgemeine Volksbewaffnung. Bürgerliche Ministerien. Als dieselben geschaffen waren, wurden sie übrigens von dem bürgerlichen Liberalismus im Stiche gelassen. Der Philister that dies aus Neid, aber viele gute Bürger aus ebenso ehrlichen als unpraktischen Zweifeln, aus kritischer Gewissenhaftigkeit. Beamte und Soldaten sollte es geben, aber keinen Beamten- und Soldatenstand. Man wollte, wie der beliebte Kunstausdruck lautete, gleich weit entfernt bleiben „von der Anarchie wie von der Reaktion". Dadurch verfiel man zuerst der Anarchie und nachher der Reaktion. Durch den Drang, nach beiden Seiten gerecht zu sein, durch die Konsequenz der Doktrin, wo doch die gegebenen Thatsachen keineswegs gleich konsequent blieben, ging alles Spiel verloren. Wer die Geschichte des deutschen Bürgertums auch in früheren Jahrhunderten nachschlägt, wird finden, daß es sich unzähligemal aus gleich edlen Motiven gleich tragische Schicksale bereitete. Der bürgerliche Liberalismus forderte die deutsche Einheit, aber unbeschadet des bestehenden Sondertums. Mediatisierungen, über deren Grenzlinien niemand einig werden konnte. Oder es war auch kleinstaatlicher Individualismus und

großstaatliche Centralisation einem und demselben Manne gleich
verhaßt. „Patrioten" wünschten die Niederlage der Deutschen
auf den Schlachtfeldern in Ungarn, damit die neue Verfassung
der Deutschen auf dem Papier keine Niederlage erleide.

Man muß nicht meinen, daß dieser stete Gegensatz von
Vorwärtsdrängen und Zurückhalten wie bei einem Divisions-
exempel mit gleichen Faktoren in Null aufgehe. Im einzelnen
mag die Bewegung resultatlos geblieben sein, aber die Thatsache,
daß die Bewegung überhaupt bestand, ist das wichtigste und un-
umstößliche Resultat.

Der echte Bürger blieb sich getreu in seinen Zweifeln, in
seiner theoretischen Gewissenhaftigkeit. Der Philister, auf Fall-
staffs Katechismus über die Ehre gestützt, konnte viel thatkräftiger
erscheinen, denn er lief überall der Macht nach und schlug los,
wo er sich sicher wußte.

Darum trat das Bürgertum in einer Bewegung, die es doch
selber großenteils hervorgerufen, dennoch keineswegs bedeutsam
in den Vordergrund. Das ist bei ihm allezeit nicht anders gewesen. Dem Bürgerstande, wo er als eine Macht der sozialen
und politischen Bewegung auftritt, fällt nicht die glänzende ritterliche Rolle der Aristokratie zu, nicht die abenteuerlich kecke des
Proletariats, nicht die gemütliche des Bauern. Er muß durch-
fechten und hat nicht Ehre noch Gewinn davon, vielmehr gar
häufig Spott und Hohn wegen seiner unpraktischen Gewissenhaftigkeit, seines linkischen, ungeschickten Anstellens. Zu einer
künstlerischen Figur taugt der in den Kämpfen des öffentlichen
Lebens sich abmühende Bürger fast gar nicht, Proletarier,
Bauer und Edelmann sind da dem Dichter und Maler zehnmal
ausgiebigere Gestalten. Der Bauer schiert sich in Revolutions-
zeiten den Teufel um Grundsätze; was ihm für seine Verhältnisse im kleinen und großen vorteilhaft scheint, sucht er sich
herauszuholen. Der liberale deutsche Bürger ficht so lange für
Grundsätze, bis alle Anderen sich hinter seinem Rücken in
den realen Nutzen geteilt haben. Er kann Staatsumwälzungen

anspinnen, aber er kann sie nicht ausbeuten, ganz wie die Männer des bürgerlichen Gewerbes in Deutschland industrielle Erfindungen machen, damit andere Nationen den Vorteil davon ziehen.

Im Mai 1849 trat in Frankfurt ein Kongreß der konstitutionellen und Bürgervereine Süddeutschlands zusammen, um über das Verhalten dieser zahlreichen Klubs des liberalen Bürgertums bei den damaligen „Reichsverfassungskämpfen" Rats zu pflegen. Als der Kongreß eben eröffnet werden sollte, platzte die Nachricht von dem Ausbruch der Empörung in Karlsruhe und Rastatt, von der Flucht des Großherzogs von Baden wie eine Bombe in die Versammlung und die badischen Mitglieder beschlossen, sofort wieder nach Hause zu gehen. Das war menschlich, denn die Leute besaßen Haus und Familie. Proletarier dagegen würden nun erst recht auf dem Kongreß geblieben sein. Bauern wären vermutlich auch abgezogen, hätten aber wohl lieber den ganzen Kongreß gleich mit nach Baden genommen, weil sich selb fünfzig jene knurrende Defensive, die oberste Bauerntaktik, sicherer durchführen läßt als selb zwei oder drei. So war also der Kongreß von vornherein gelähmt. Nun beriet man sich über einen Anschluß an die demokratischen Märzvereine „zur Durchführung der Reichsverfassung". Es gedenkt dem Verfasser noch sehr lebhaft, daß ein Redner auftrat, denn er selber war dieser unglückliche Redner, den man auslachte, weil er warnend darauf hinwies, daß bei ihm zu Lande die bürgerlich Konstitutionellen durch einen ähnlichen „Anschluß" erst kürzlich von der Demokratie ins Bockshorn gejagt worden seien. Es war sicherlich klug, zu lachen, denn warum hatten sich jene auch ins Bockshorn jagen lassen? Die also lachten, wünschten übrigens vielleicht in ihrem stillen Sinn die Reichsverfassung samt allen Märzvereinen dahin, wo der Pfeffer wächst. Sie beschlossen aber doch den „Anschluß an die Märzvereine zur Durchführung der Reichsverfassung". Denn um der Ehren- und Gewissensache der politischen Konsequenz willen mußten sie zu der Reichsverfassung halten, und an sich war gegen den Wortlaut der demokratischen Programme zur „Durchführung" dieser Verfassung durchaus nichts einzuwenden. Man sah, welchem Abgrund man zueilte, man wußte recht gut, daß hinterdrein lediglich die Demokraten lachen würden, blieb aber doch „bei den Grundsätzen" stehen. Das war bürgerlich. Tief bewegt verließen wir diesen Kongreß: er hatte im kleinen Raume das ganze Drama dargestellt, welches der bürgerliche Liberalismus während jener Jahre auf der großen Bühne der vaterländischen Geschichte abspielen sollte.

Um folgerecht in den Grundsätzen zu sein, spricht man auch in neuester Zeit (1851) immer wieder von einem Anschluß des Restes der konstitutionellen Partei an die Demokraten. Man sieht voraus, daß die konstitutionelle Partei ruiniert würde, falls ein solcher Bund zustande käme. Man unterschätzt nicht die Breite der Kluft, welche die soziale Frage zwischen beiden Parteien aufgerissen hat. Aber steif stehen bleiben bei schulgerechten Grundsätzen, das ist Bürgertrotz, steif stehen bleiben bei der Sitte Bauerntrotz, beim geschichtlich überlieferten Rechte Adelstrotz, und steif stehen bleiben bei der absoluten Majestät des Elends, welches Bürger, Bauern und Barone zusammen auffressen werde, der Trotz des vierten Standes.

Es ist dermalen sehr wohlfeil geworden, auf die „Professoren" zu schelten. Man versteht darunter jene Politiker der Schule, welche, statt von der Thatsache des Volkslebens auszugehen, wie es nun einmal historisch geworden vorliegt, und statt von der jeweils gegebenen politischen Weltlage, von den allgemeinen Sätzen ihrer meinetwegen vortrefflichen Lehre ausgehend, das kranke öffentliche Leben kurieren wollten. Man vergesse nicht, daß diese Professoren bei dem gebildeteren Bürgertum die Autorität ersten Ranges gewesen sind. Man vergesse auch nicht, daß fast alle die größten reformatorischen Geister des neueren Bürgertums von Luther bis auf Lessing und Goethe gar viel und just nicht das schlechteste von dieser Professorenart an sich gehabt haben. Nur vergaßen die „Professoren" der letzten Jahre über dem gebildeten Bürgertum die Gesamtheit der Gesellschaft; im Besitze so vieler Wissenschaften übersahen sie die „Wissenschaft vom Volke", sie vergaßen, daß es auch noch Proletarier, Bauern und Edelleute gibt, und es war kein König von Preußen da, der sie, wie die Demokraten an die Existenz der Fürsten, an die Existenz dieser Mächte erinnert hätte.

Nicht alle Bürger huldigten dem konstitutionellen Fortschritt dieser Schule. Aber echt bürgerlich ist es, daß keiner dem „Fortschritt" als solchem abhold sein will, nur denkt sich jeder bei diesem Fortschritt etwas anderes. Es gibt höchst konservative Bürger, nicht vereinzelt, sondern in großen Gruppen, die noch lange nicht bis zum Konstitutionalismus gekommen sind. Aber gleich mächtig ist im ganzen Bürgerstande das tiefgewurzelte politische Rechtsbewußtsein, welches sich weit eher mit einer mißlichen Politik der Verfassungstreue befreundet als mit einer noch so erfolggekrönten Politik der Gewalt. Wenn der französische Dichter seinen König als einen Bürgerkönig preist, der die Franzosen gezwungen habe, glücklich zu werden, so wird der deutsche Bürger schwerlich viel bürgerliches an solch sanftem Zwange finden. In der meisterlichen Szene im Egmont, wo der versoffene Schreiber Vansen, so ein Stück von einem litterarischen Proletarier alten Stiles, die Bürger aufstachelt, geht er von dem „Herkommen, den Rechten des Regenten und der Staaten und Provinzen" aus. Sowie er von den „Landrechten" und ihrer Verletzung spricht, werden die Bürger mißtrauisch, denn „die alten Fürsten haben's auch schon probiert", wie Soest, der Krämer, sagt. Die Exegese der alten gesetzlichen Freiheiten und Privilegien, welche Vansen zum besten gibt, wird mit den Ohren verschlungen von dem lauschenden Volk. Und als er endlich beteuert: „Ich will's euch geschrieben zeigen, von zwei-, dreihundert Jahren her" — da geht der Lärm los und die Bürger rufen: „Und wir leiden die neuen Bischöfe? Und wir lassen uns von der Inquisition ins Bockshorn jagen? Der Adel muß uns schützen, wir fangen Händel an!"

Die ganze Kraft, die ganze Schwäche des Bürgertums ist in dieser Szene unübertrefflich gezeichnet.

Möchten unsere Staatsmänner nicht vergessen, daß dieses zähe Festhalten des Bürgers am geschriebenen Recht, das vorzügliche Gewicht, welches er der formell exakten Fortbildung der formellen Politik beilegt, ganz derselbe ehrenfeste Charakterzug ist, der als die formellste Gewissenhaftigkeit in Handel und Wandel den Bürgerstand reich und stark gemacht hat. Die „rettende That" läßt sich der friedliebende Bürger in der höchsten Not, wenn es dem Staate und der Gesellschaft an Hals und Kragen geht, wohl auch einmal gefallen; aber in ruhigeren Zeiten tasten sie an das kaufmännische Rechtlichkeitsgefühl des Bürgers. Wenn man öffentliche Verträge so ohne weiteres einseitig auflösen kann, warum sollte man nicht auch unbequeme Privatverträge einseitig lösen dürfen? Das ist eine ganz einfache bürgerliche Frage.

Es ist dieses kaufmännische Rechtlichkeitsgefühl des Bürgertums in der Politik dafür gesetzt, daß die Wahrung der politischen Formen als ein Damm gegen allerlei Willkür feststehen bleibe, und wir sehen mit Freuden, wie diese bürgerliche Richtung mehr und mehr bei allen Ständen Eingang findet. Aber einseitig ist die Auffassung, daß mit diesen Formen nun auch schon irgend eine positive Politik geschaffen sei. Solche Einseitigkeit hängt vielen Konstitutionellen an.

Das Bürgertum sieht sich überall gesamthaftbar verbunden in dem Einstehen für die formelle Rechtlichkeit des Verfassungslebens. Der realistische Bauer weiß nichts von dergleichen einigenden politischen Kerngedanken des Standes. Bürger und Bauer sind überhaupt die entschiedensten sozialen Gegensätze. Wenn einmal die Ausebnung der Gesellschaft wiederum einen großen Ruck vorwärts machen würde, wenn die gegenwärtigen natürlichen Gruppen sich nochmals zusammenzögen, dann würden wohl immer noch zwei Hauptschichten übrig bleiben: Bürger und Bauern.

In dem Festhalten an dem Gedanken des Rechtsstaates mag ebensogut eine konservative als eine liberale Tendenz liegen. Der

Doppelnatur des Bürgertums ist hier wiederum der freieste Spielraum gelassen, und die aus dem Bürgerstande hervorgehende
Neuerung wird immer nur mäßigen Schrittes vorwärts schreiten.
Was das Bürgertum erringt, ist meist scheinbar gering, aber es
bleibt auch sitzen. Man mag z. B. die Reformen des Gerichts-
wesens aus den letzten Jahren (1848 und 1849) noch hie und
da beschneiden und verkürzen, ganz wegtilgen wird man sie niemals wieder. Darum ist es die größte Kunst des Staatsmannes,
der sozial und politisch bewegenden Kraft des Bürgertumes Zugeständnisse zu machen, nämlich die rechten Zugeständnisse und
zur rechten Zeit. Je genauer dieser Punkt getroffen wird, um
so konservativer wird das Bürgertum. Dem Philister aber, den
bald der Bewegungsschwindel, bald ein Stillstands- oder Rück-
schrittsgelüsten erfaßt, soll man niemals das mindeste Zugeständnis
machen, denn je mehr man ihm zugesteht, desto unverschämter
wird er. Hätten die Regierungen im Jahre 1848 in ihrer Herzens-
angst den Philistern nicht so viele Zugeständnisse gemacht, so
würden die Bürger vielleicht die Kraft und den Mut behalten
haben, die Bewegung, welche sie heraufbeschworen hatten, auch
wieder zu bannen.

## Fünftes Kapitel

# Resultate.

Als eine Ruine des alten Bürgertums ragt der Handwerkerstand in die moderne bürgerliche Welt. Ist der Bürgerstand das verkleinerte Abbild der modernen Gesellschaft, dann
fällt dem Handwerker darin die soziale Rolle zu, welche der
Bauer in dem großen Originalgemälde spielt. Der Handwerker
ist der konservative Mann als solcher unter den Stadtbürgern.
Er wird aber nicht konservativ bleiben, wenn er verarmt oder
verkommt. Gerade wegen der einflußreichen Stellung der Gewerbe im Bürgertum ist das materielle Gedeihen des Klein-
gewerbes eine Lebensfrage für die erhaltende Politik. Reichtum
hat noch keinen Bürger zum Demagogen gemacht, desto öfter die
Armut.

Aber für den sozialen Politiker hat der Gewerbestand noch
ein ungleich tieferes Interesse. Hier sind nicht bloß Trümmer
noch des alten Korporationswesens, an denen man studieren mag,
sondern auch viele kräftige, lebensfähige Triebe eines gesunden
Innungsgeistes, an welchen sich die pädagogische Kunst des Staatsmannes erproben kann.

Wo ist denn noch ein gleiches Genossenleben wie bei den
Handwerkern? Und doch, wie locker erscheint dasselbe gegen
früher! Aber die Innungen schließen sich unleugbar wieder fester
zusammen, die Gewerbevereine mehren sich. Es ist in diesen
Vereinen in Sachen der Reform des gewerbtreibenden Bürgertums schon manch ein Wort vom Stuhle des Handwerkers herab

gesprochen worden, welches die Weisheit der Katheder zu Schanden
machte. Lange Zeit unterschätzte man das soziale Gewicht der
Gewerbehallen, bis endlich die Londoner Weltindustrieausstel-
lung mit einem Male den Leuten eine turmhohe Leuchte darüber
aufsteckte. Bemerkenswert sind auch die jetzt so zahlreichen Versuche von Innungen oder auch nur von ganz losen gewerblichen
Privatvereinen, Handwerkserzeugnisse auf gemeinsamen Verkauf
zu fertigen. Die Kaufleute haben diesen Vorteil schon längst
gekannt; die meisten großen Häuser sind durch gemeinschaftliche
Unternehmungen das geworden, was sie sind. Die Handwerksmeister werden bald einen Schritt weiter thun, sie werden genossenschaftlich je für den gewerblichen Bestand des Einzelnen
einstehen müssen, wo jetzt einer des anderen Verderben ist. In
Westfalen sollen die großen ritterschaftlichen Grundbesitzer bereits hie und da begonnen haben, sich solidarisch zusammenzuthun, um ihre verschuldeten Standesgenossen von dem völligen
Ruin und dem proletarischen Aufgeben des Grundbesitzes zu erretten. Kann das der Adel, dann kann es auch der Bürger.
Dem Standesgeist des Adels hält er am sichersten die Wage,
indem er ihn nachahmt. Wo aber die gewerbliche Genossenschaft
des einzelnen Meisters Sicherheit geworden wäre, da würde auch
bald wieder Gewerb und Stand seine Ehre werden. Und dies
ist kein Kommunismus, sondern nur die alte goldene Wahrheit,
daß sechs mäßig bemittelte Leute zusammen einen Reichen
machen, aus dem mit der Zeit leicht sechs reiche Männer werden
können.

Man beachte doch nur, daß der vormärzliche Polizeistaat,
der gar keine Freiheit und am wenigsten eine absolute, gelten
lassen wollte, die absolute Fessellosigkeit des Gewerbes ganz
allein in seinen Schutz nahm. Das muß wohl eine bedenkliche
Freiheit sein, die sich solcher Gönnerschaft erfreut. Der Polizei-
und Beamtenstaat fürchtete sich vor einem selbständigen und
kräftigen Gewerbestande, und er wußte wohl, daß eine recht allgemeine Pfuscherwirtschaft der sicherste Zügel ist für bürgerliche

Gewerbe, einer von den Zügeln nämlich mit scharfem, ins Fleisch schneidenden Gebiß, mit denen man selbst das feurigste Roß zum lendenlahmen Klepper zügelt. Zunftmeister, die im Kreise der Gewerbsgenossen ihre Tüchtigkeit erprobt, sollte es keine mehr geben, sondern nur noch „Patentmeister", deren jeder, auch un= gelernt, ein beliebiges Gewerbe treiben kann, wenn er sich nur für ein paar Gulden ein Patent löst und einen Gesellen hält, und ist er ein spekulativer Kopf, so kann er's auch mit einem halben Dutzend verschiedenartiger Gewerbe zu gleicher Zeit pro= bieren. Das hieß eine Staatsprämie auf die Pfuscherei und Schwindelei setzen. Der Staat versteigerte seine Bauten und öffentlichen Unternehmungen an die Wenigstfordernden. Das war abermals eine Prämie auf die Schwindelei. Er ließ — und läßt — gewöhnliche bürgerliche Handwerke von Züchtlingen betreiben, und drückt durch solche Konkurrenz, die ihm kaum Arbeitslöhne kostet, den Verdienst des Bürgers herunter. Indem er den Verbrecher züchtigt, züchtigt er zugleich den redlichen Handwerksmann. Man muß in Ländern gelebt haben, wo man unter dem Aushängeschild der Gewerbefreiheit solche Politik trieb, um den Haß zu begreifen, der dort allgemein gegen diese Frei= heit entbrannte. In solchen Ländern war es dann auch, wo die Handwerksmeister beim ersten Aufzucken der achtundvierziger Be= wegung keine drängendere Frage kannten, als die Errettung von solch mörderischer Freiheit.

Es gibt alte, gewerbreiche Städte, in denen das alte Zunft= wesen nicht untergegangen ist, wohl aber sich weiter gebildet hat zum Segen des Handwerks. Es gibt auch herabgekommene alte Reichsstädte, wo man heute noch an allem Zopf des alten Zunft= wesens hängt und dasselbe in all seinen erstarrten Formen fest= hält. Dort ist gemeiniglich der Handwerker durch den veräußer= lichten Innungsgeist ebenso träge, stümperhaft, verknöchert und mißvergnügt geworden, als er in den Ländern der absoluten Ge= werbefreiheit träg, stümperhaft, verknöchert und mißvergnügt ist. Beide Extreme verderben den Gewerbestand.

Die Frage der Gewerbefreiheit ist keineswegs eine bloß nationalökonomische. Sie hat ebenso entschieden ihre soziale und politische Seite, und so gewiß der Volkswirt befugt ist, hier ein Wort mitzureden, so wenig steht ihm allein das letzte Wort zu. Man wähne doch ja nicht, als ob die Parteistimmen, wie sie heute für, morgen gegen die Gewerbefreiheit ungestüm erschallen, aus purem Eifer für Arbeit und Erwerb des Volkes redeten. Ueberall lauert der sozial-politische Hintergedanke. Der konservative Mann, welcher das Volk still und friedlich fort= schreitend in poesiegeweihten alten Sitten erblicken möchte, den Bürger selbständig und eigenartig in seinen Genossenschaften, Ge= sellen und Lehrlinge sittlich gefestigt durch das Band der engeren Familie des Meisters und der weiteren Familie der Innung, wird für eine Reform der alten Gewerbegesetze reden, nicht aber für fessellose Gewerbefreiheit. Der Liberale dagegen, welcher die Zer= trümmerung altbürgerlicher Sitte, die Ausgleichung politischer, örtlicher und Standesunterschiede als eine Bürgschaft nationaler Freiheit erkennt, die proletarische Schar selbständiger Miet= und Lohnarbeiter als die Hechte im Karpfenteiche des alten feisten Städtebürgertums, der Liberale, welcher überall nur nach mög= lichst raschem Umlauf der Ideen und Kapitalien fragt, wird für die Gewerbefreiheit schwärmen. Beide werden auch die volks= wirtschaftliche Lichtseite ihres Glaubensbekenntnisses darzulegen wissen. Das letzte Motiv bleibt aber doch ein sozial-politisches. Und der Bureaukrat, welcher hinter seinem Schreibtische sieht, wie dem Mann im Monde der Bart wächst, folgt bald dieser, bald jener Ansicht, je nachdem die politischen Stürme mächtiger von der Rechten oder von der Linken blasen; er kann überdies aus seinen statistischen Tafeln heute beweisen, daß die Gewerbe= freiheit, und morgen, daß die Bindung des Handwerks das Volks= wohl am augenscheinlichsten fördere. Vorgefaßte Meinungen der Stämme und Städte und die gekreuzten eigennützigen Interessen einzelner Kreise der Gewerbe und des Publikums thun dann noch weiter das ihrige, um die Sachlage recht gründlich zu verwirren.

Doch erkennt man wenigstens immer allgemeiner, daß die Gesamtheit der Gewerbetreibenden selber über die Bedürfnisse ihrer Genossenschaft am besten Bescheid weiß. Wo die Behörden in Gewerbesachen urteilen und handeln müssen, da sollte ihnen immer ein technischer Beirat von Handwerkern begutachtend zur Seite stehen. Es ist in diesem Betracht in den letzten Jahren in vielen deutschen Ländern vieles gebessert worden. Der Beamte meint zwar gemeiniglich, der Schuster solle bei seinem Leisten bleiben, für seine Person glaubt er aber, nicht bloß mit dem Aktenleisten, sondern im Notfall auch mit dem Schusterleisten fertig zu werden.

Aus sozialem Konservatismus sollten Gemeinden und Innungen bei dem Meisterwerden und der Niederlassung wenigstens zusehen, daß das notdürftige Kapital zum Gewerbebetrieb vorhanden sei. Neumodische Sentimentalität und Hoffart sieht in dem Gesellenstande nur das drückende Abhängigkeitsverhältnis und nennt diese Forderung in ihrer Strenge inhuman. Der „Geselle" heißt aber so viel als der „Genosse" des Meisters; lächerlicherweise wollen dagegen jetzt die Gesellen statt dieses viel ehrenwerteren und bedeutsameren Titels den der „Gehilfen" führen! Sonst gab es auch noch einen „Gesellenstolz", jetzt gibt es nur noch „Meisterstolz". Eines rechtschaffenen Meisters Gesell all sein Lebtage zu sein, ist lange so kein Unglück, als eines jämmerlichen Geschäftes Meister. Die Leute im Staatsdienste oder sonstwo sind oft froh, wenn sie nur Gesellen sein dürfen. Kann übrigens ein junger Handwerker Lohnersparnisse statt ererbten Vermögens nachweisen, so sollen sie ihm, wenn er um das Recht der Niederlassung anhält, bis zu doppeltem Betrage anzurechnen sein, weil nämlich Fleiß und Sparsamkeit auch ein schönes Kapital im Geschäfte ist. Das wäre zugleich echt „bürgerlich" gehandelt, nach dem Grundsatze unseres Standes, daß die Kraft, Reichtümer zu erwerben, ein größerer Besitz sei als der Reichtum selbst.

Wenn einer Meister werden will, so soll er auch eine ordentliche

Probe seiner Tüchtigkeit ablegen. Zum Meister gehört auch ein Meisterstück. Auch auf die besten Zeugnisse hin, daß der Meister= schaftskandidat so und so viele Jahre Lehrling und Gesell gewesen, soll ihm das Meisterstück nicht geschenkt werden. Aber auch die Meister selber soll man auf ihre Tüchtigkeit ansehen, und nur den tüchtigsten fremden Meistern sollten die Gemeinden die Ein= bürgerung freigeben.

In der Gründung von Gewerbeschulen und Vereinen hat die neuere Zeit bereits Großes gewirkt. Wenn der Staat hierin den Gewerbekorporationen nur nicht hemmend entgegentritt, so ist schon das Beste gewonnen. Der Bauersmann wird niemals so gescheit sein, ganz aus eigenem Antrieb sich genossenschaftlich zusammenzuthun, um dergleichen Institute zur Förderung seiner ökonomischen Verhältnisse zu gründen. Dagegen hat er in anderen Dingen wieder vor den übrigen Ständen seinen aparten Verstand. Das sind eben die Gegensätze der sozialen Bewegung und des sozialen Beharrens. Zur Zeit der alten Innungen hatte man Zunftversammlungen, wo die gemeinsamen Angelegenheiten des Gewerbes zu gegenseitiger Lehre und Förderung besprochen wurden; man hatte Schaustellungen der Meisterstücke, wo die Meister den Lehrlingen und Gesellen oft einen kritischen Unterricht gaben; selbst das Haus des Meisters war, in höherem Sinne als es jetzt sein kann, eine Schule für seine Leute. Wie viel von diesen trefflichen Bräuchen war verloren gegangen, und wie viel ist in der neueren Zeit durch die Gewerbe bereits wieder erobert worden! An solchen Thatsachen mag man zumeist die Macht des Fort= schrittes im Bürgertum erkennen und ehren.

Ueber das Wandern der Handwerksgesellen ist bereits eine kleine Bibliothek zusammengeschrieben worden. Uns kümmert hier bloß der soziale Gesichtspunkt. Die Wanderjahre sind die Universitätsjahre des Handwerkers. Es ist die dringendste Ge= fahr vorhanden, daß der Geselle, welcher immer zu Hause bleibt, zum Spießbürger vertrockne, wohl gar zum sozialen Philister entarte. Frische Luft ist das beste Heilmittel wider beides. Viele, die wandern könnten, bleiben jetzt hinter dem Ofen sitzen; das würde vor fünfzig Jahren noch als eine Schmach angesehen worden sein. Darum frißt die Seuche des Philistertums auch im Gewerbestande von Tag zu Tag drohender um sich. Es war eine der äußersten Anmaßungen und zugleich eine der ärgsten sozialpolitischen Verkehrtheiten des Polizeistaates, daß er den Handwerksburschen das Wandern ganz und gar verbieten wollte.

Solche und andere Hauptstücke zu einer aus dem Materiellen herausgearbeiteten sozialen Festigung des Gewerbestandes sind just nichts Neues; sie sind aber auch nichts Veraltetes; denn sie sind großenteils noch immer — fromme Wünsche.

Die Partei der altständischen Restauration war dem Schutze der einheimischen Industrie vor der Ueberflutung durch die ausländische Konkurrenz nicht hold. Wiederum vorwiegend aus sozial-politischen Gründen. Die Industrie ist der geradeste soziale Gegensatz zum Grundbesitz. Insofern die altständische Partei ihre stärkste Spitze bei den adeligen Gutsbesitzern sucht, kann sie freilich keine sonderliche Freude haben an dem großen sozialen Vorsprung, den die Uebermacht des modernen Industrialismus vor dem Bürgerstande gewonnen hat. Das zahlt dann wohl der Industrielle wieder heim, indem er gar keine ständische Gliederung gelten lassen will und am allerwenigsten den Regierungen gestatten möchte, daß sie dem geschlossenen großen Grundbesitz ähnlich Schutz und Gunst zuwenden, wie er sie doch für sich und seine Industrie fordert. Beide verfahren gleich einseitig, und das rechte Maß liegt in der Mitte. Der Staat muß jede berechtigte gesellschaftliche Macht und jeden Beruf zu stützen und zu fördern wissen. Es liegt so wenig im konservativen Interesse, durch unmäßige Schutzzölle den Handel und den Grundbesitz zu ruinieren, als es in diesem Interesse liegt, aus purer Besorgtheit um das Gedeihen der Gutsbesitzer der Industrie den notwendigen Beistand zu entziehen, der ihr mit mäßigem Schutze geleistet werden könnte.

Das ist der Fluch, welcher ebensowohl auf den Männern des abstrakt konstitutionellen wie des altständischen Staatsideals laftet und jede Verftändigung unmöglich macht, daß beide nur je eine Hälfte der gesellschaftlichen Mächte als berechtigt und vorhanden anerkennen wollen; für jene gibt es nur noch Bürgertum und Proletariat, für diese nur noch Bauern und Aristokratie.

Eine einseitig ins Uebermaß gesteigerte industrielle Entwickelung kann allerdings sozial gefährlich werden. Denn im Gleichgewicht aller wirtschaftlichen und sozialen Mächte ruhet die nachhaltigste Lebenskraft der Nationen. Ich bin nicht der Ansicht, daß man lediglich das materielle Wohlbefinden der Nation auf seine äußerste Spitze zu treiben brauche, um dieselbe nach außen mächtig, im Inneren kraftvoll und gesund zu machen. Die Industrie gleicht die Gegensätze in der Gesellschaft weit gründlicher aus als es alle sozialen Theorien vermögen, und die einseitige und übermäßige Pflege des Industrialismus würde alle Individualität der Gruppen des sozialen Lebens zerstören, was nur Erschlaffung und Verfall der Nation zur Folge haben könnte. Das stelle ich jenem rohen Materialismus entgegen, der die Blüte der Völker ausschließlich nach den Produktionsziffern mißt und kein weiteres Heilmittel der sozialen Gebrechen kennt als Zölle, Handelsverträge, Fabrik= und Eisenbahnanlagen. Ich bin aber keineswegs der Ansicht, als ob sich die Industrie in Deutschland jetzt schon zu so verderblichem Ueberfluß gesteigert habe. Der Staat soll das Gefährliche im Industrialismus aufzuheben, das Segensreiche aber sich zu gewinnen wissen, und dies geschieht, indem er der Industrie jenen mäßigen Schutz gewährt, der ihr natürliches Gedeihen fördert, die übrigen Faktoren der materiellen und sozialen Existenz aber nicht gefährdet.

In alten Zeiten drohten die Manufakturen und bürgerlichen Gewerbe dem Adel und den Fürsten nicht weniger als der Industrialismus dem modernen Staat. Die offene Feindseligkeit zwischen beiden war auch leider häufig genug vorhanden. Aber mitunter finden wir auch, daß die Fürsten den Bürger in ihr Interesse zogen, indem sie durch klugen Gewerbeschutz als seine Freunde, nicht als seine Gegner auftraten.

Jener Gewerbeschutz hat die alten Bürger so konservativ machen helfen; und gab ihnen kein kaiserliches oder fürstliches Privilegium solchen Schutz, dann mußten sie ihn schon selber sich zu schaffen. Man muß nur die alten Chroniken, dazu noch manche spätere Gesetzbücher und Landordnungen nachschlagen, da steht nicht nur von altmodischen Rechten und Freiheiten, sondern auch von einem Schutz der Arbeit alten Stiles zu lesen, der niemand beeinträchtigte. Die einschlagenden Maßregeln waren freilich für einen kleinen Haushalt berechnet und passen nicht mehr für unsere Verhältnisse. Aber der Grundgedanke paßt für uns, das Prinzip, durch einen, gleichviel ob materiellen oder ideellen Schutz von Gewerb und Industrie den Bürger stark und wohlgesinnt zu erhalten. Und wenn wir durch so manches ehemals reiche, jetzt verkommene alte Städtchen wandern, wo ehedem etwa viele reiche Gerber gewohnt, die ihr Leder auf hundert und mehr Stunden weit verführt, oder reiche Leineweber, oder Tuchmacher, oder Strumpfwirker, die mit ihren Warenballen auf keiner großen Messe gefehlt und wo jetzt lauter proletarische Spießbürger sind: dann mögen wir die Frage nicht vergessen, ob der Verfall, neben anderen Ursachen, nicht vielleicht gleichzeitig gekommen sei mit der Aufhebung des alten Gewerbeschutzes.

Ich will ein lehrreiches Exempel jenes altmodischen Ver= fahrens hierhersetzen. Der Nationalökonom darf darüber lächeln: der Sozialpolitiker dagegen wird sich mittelbar manche Lehre daraus ziehen.

Vor ein paar hundert Jahren herrschte in den weiland nassau=oranischen Städten Siegen und Herborn ein großartiger Gewerbefleiß. Nah und fern auf den deutschen Handelswegen gingen die wollenen Tücher dieser zwei Städte. Wenn ein räuberischer Ritter einen rechten Fang thun wollte, dann paßte er den Herborner Tuchmachern auf, die zur Frankfurter Messe zogen. Nun muß man auch zusehen, wie die alten oranischen Grafen ihre heimische Wollenindustrie geschützt und dadurch den tüchtigen Bürgerstand sich bewahrt haben.

Die auswärtigen Manufakturen drohten im sechzehnten Jahr= hundert das Land mit ihren Erzeugnissen zu überschwemmen; Lundisches Tuch, Kirsai und Sammet that den Stoffen der Siegener und Herborner Tuchmacher großen Abbruch. Da führte Graf Wilhelm von Nassau=Oranien eine ganz eigene Art von Schutzzoll ein, der freilich gerade so naiv erscheint, wie es die damaligen Zustände mit sich brachten. Er verordnete nämlich, daß fremdes Tuch zwar nach wie vor ins Land gebracht werden dürfe, allein — nur die einheimischen Tuchmacher sollten das Recht haben, es feilzuhalten, während die eigentlichen Kaufleute und Zwischenhändler nur inländisches Erzeugnis ausbieten durften. Das wäre gerade, wie wenn man jetzt keinen anderen als den deutschen Eisenproduzenten erlauben wollte, englisches Roheisen direkt zu beziehen. Sie würden sich wohl nicht allzu eifrig ihres Vorrechtes bedienen, und gerade so haben es die Herborner Wollenweber auch gemacht. So kam bald der Putz von fremdem Zeug stark aus der Mode und die Leute trugen wieder, was dem Bürger am besten steht, ein Kleid, das zu Hause gewoben war. Dann wurden aber auch die Tuchmacher immer geschickter. Denn anfangs mußten sie zwar noch die feinen Tücher aus der Fremde verschreiben, weil sie nie solche gefertigt hatten. Aber mit jedem Ballen, der herüberkam, sahen sie ihren Nebenbuhlern tiefer in den Profit, und nun ging ihnen erst recht ein Licht auf, wie viel besser es sei, wenn sie es selber versuchten, auch die feinen Stoffe zu weben. Die Verordnung wirkte wie ein Prohibitivzoll, ohne doch die schlimmste Wirkung eines solchen auszuüben, nämlich die Förderung der einheimischen Faulheit. Die Wollenmanufakturen nahmen lustig zu und der Erfolg zeigte, wie brauchbar jene Verordnung gewesen. Denn sie hat nicht bloß ein paar Jahre gegolten, um dann unter die alten Akten zu kommen, sondern sie blieb jahrhundertelang in Kraft und ist zu drei verschiedenen Malen erneuert worden.

Neben der ausländischen Konkurrenz hatten aber die ora= nischen Tuchmacher noch mit einer anderen Gefahr zu kämpfen.

Die ausgezeichnete Wolle, welche man an der Sieg und Dill erzielte, führte fremde Käufer ins Land, die den Herdenbesitzern diesen Rohstoff für ausländische Manufakturen abkauften. Dadurch konnten die Siegener und Herborner Meister kaum mehr das nötige Material im Lande auftreiben. Ja manche gewissenlose Meister ließen sich sogar verleiten, die weit geringere Wolle der angrenzenden Gegenden zu verarbeiten und dies als echtes Herborner Fabrikat auszubieten. Dadurch war der Kredit beider Städte bedroht. Da erließ der obengenannte Graf eine andere Verordnung, welche die Tuchmacher schützen und doch den Wollproduzenten den Preis nicht verderben sollte. Um Pfingsten, hieß es, ist ein großer Wollmarkt abzuhalten, auf dem sich kein auswärtiger Käufer einfinden darf, bis die eingebürgerten Tuchmacher ihren nötigen Jahresbedarf gekauft haben. Damit aber die Bauern nicht in Geldnot kommen, weil sie auf diesen Markt warten müssen, sollen ihnen die gräflichen Rentmeister oder die Zunft der Tuchmacher schon vorher Vorschüsse auf ihre Wolle zahlen, wenn sie es verlangen. Ist der Markt überreich befahren, dann sollen die Rentmeister oder die Zunft auch über Bedarf Wolle aufkaufen, nur damit der Rohstoff im Lande verarbeitet und die Ehre des inländischen Tuches gewahrt werde. Und andererseits, damit nicht etwa ein Tuchmacher in Nachteil komme, weil er auf den Tag des Marktes vielleicht noch nicht so viel bares Geld zusammenbringen kann, um seinen Jahresbedarf zu bestreiten, hat die Zunft ihm das nötige Geld vorzustrecken. So waren die Herdenbesitzer gut gestellt, weil ihnen die Verwertung alle Zeit gesichert, ja durch die Berechtigung zu Vorschüssen gleichsam eine Prämie auf den Verkauf im Lande gesetzt war; die Tuchmacher aber doppelt gut, sowohl wegen des billigen Preises, als auch, weil eine plötzliche Geldverlegenheit ihr Geschäft nicht sofort ins Stocken bringen konnte.

Ich bin wahrhaftig nicht der Ansicht, daß es angehe, auch heute noch durch solche Maßregeln den Markt zu beherrschen, aber man kann sich an denselben wenigstens abmerken, daß der

Gewerbefleiß ehedem oft ganz anders nach innen und außen ge=
schützt und gefördert war als jetzt; daß die Regierung wie die
Gewerbegenossenschaft selber sich weit mehr zur solidarischen Haft=
barkeit für das gewerbliche Gedeihen des einzelnen Bürgers ver=
pflichtet fühlte. Aus diesem Bilde eines höchst patriarchalischen
Kleinlebens heimelt uns wenigstens jener Hauch der Zufriedenheit
und des Behagens in den Grenzen des gesicherten Berufes und
Standes an, welche dem bürgerlichen Leben der Gegenwart fast
ganz verloren gegangen ist.

Mit diesem Behagen im Stande ist der eigentliche Zauber
des deutschen Bürgertums geschwunden. Sich stolz zu fühlen in
der notwendigen Beschränkung seiner sozialen Existenz ist eine
wahre Bürgertugend. Wer besitzt sie noch? Von den Schranken
nach oben will der moderne Bürger in der Regel nichts mehr
wissen, die Schranken nach unten hält man dagegen in der That
um so fester, je weniger man es vielleicht in der Rede Wort
haben will. Darin liegt ein hoffärtiger Egoismus, sittliche Ver=
derbnis. Der Mann des vierten Standes ist wenigstens so folge=
recht, überhaupt keine soziale Schranke mehr gelten zu lassen.
Das ist eine Phantasterei, aber sie kann ganz wohl einmal die
Frucht einer idealen sittlichen Weltanschauung sein.

Der Staatsmann soll alles anregen und fördern, was den
Bürger dazu bringen kann, sich wieder stolz und behaglich in
den Grenzen seiner gesellschaftlichen Stellung zu fühlen. Obenan
steht hier ein möglichst reiches Maß sozialen Selfgovernments.
Steins preußische Städteordnung hat in diesem Betracht herrliche
soziale Lichtpunkte. Die Städte erhielten das Recht zurück, ihre
Magistrate wieder aus sich heraus zu wählen. Die Stadtverordneten,
gleichfalls aus der Wahl der Bürgerschaft hervorgegangen, standen
als überwachende sachverständige Behörden neben dem Magistrat.
Als höhere Korporation über den Städten stehen die Landschaften
mit einer auf das ständische Prinzip gegründeten Selbstverwaltung.
Dann erst kommt als Spitze des Ganzen die Nationalvertretung.

Die zahlreichen Trümmer des früheren Korporationswesens

im Bürgertum sollte man verjüngen, man sollte sie stützen, indem man sie weiterbildet. Das gelehrte Korporationswesen und die Selbstverwaltung der Hochschulen betrachtet der Deutsche mit Recht als ein Heiligtum der Nation; wer es angreift, vergreift sich an dem Bürgertum.

Die kargen Reste alter Bürgersitte vor gänzlichem Untergang zu retten, müßte eine noch viel angelegentlichere Aufgabe der Sozialpolitik sein, als den Sitten des Bauernstandes besondere Aufmerksamkeit zuzuwenden. Denn der Bauer erhält seine Sitte von selber; man braucht ihn nur einfach gewähren zu lassen. Der Bürger wird täglich mehr geneigt, jeden Schimmer früheren Herkommens wegzutilgen.

> „Da wir noch sangen unsern Sang,
> Da wir noch tranken unsern Trank,
> Da wir noch trugen unser Gewand,
> Stund es gut im deutschen Land."

Dieser alte Spruch drückt das Behagen des Bürgers in seiner Sitte, in seinem Stande aus, er wurde von Menschen gemacht und gesungen, die sich wohl in ihrer Haut fühlten. Er hat jetzt beim deutschen Bürgerstande kaum einen Sinn mehr. Als es in unseren protestantischen Städten noch Sitte war, daß jede Bürgerfamilie sich ihren Platz in der Kirche kaufte, ihren Namen auf dem Sitz anschlagen ließ und nun für lange Generationen an diesem Platz als einem kostbaren Besitztum festhielt, gingen die reichen Bürger auch regelmäßig in die Kirche. Ein solches Verpachten der Plätze im Hause Gottes widerstrebt gewiß unseren modernen Ansichten und es wird niemand zur Wiedereinführung dieses meist erloschenen Brauches raten. Aber ich bin überzeugt, das Bewußtsein an einem bestimmten Platze in der Kirche gleichsam zu Hause zu sein, ein ganz bestimmtes Miteigentum an diesem Tempel der Gemeinde zu besitzen, führt die Leute hundertmal zur Kirche, wo sie sonst nicht hingegangen wären, und weil sie sich auf diesem mit dem Namenszuge gezeichneten Stuhle heimisch fühlten, fühlten sie sich auch heimisch in der Gottesverehrung.

So half eine ganz äußerliche Sitte eine weit tiefer gehende Sitte des inneren Menschen stützen. Als die Bürger keine eigenen Stühle mehr in der Kirche hatten, wurden die Kirchen auch viel leerer. Ich führe dieses Exempel an gerade um seiner scheinbaren Geringfügigkeit willen. Der Mensch ist abhängiger von äußeren Einflüssen als man gemeinhin glaubt und eben diese äußeren Einflüsse sind im sozialen Leben der größten Beachtung wert. Sie sind die kleinen Hebel, mit denen der Sozialpolitiker die schwersten Lasten bewegt.

Ehrt man im Bauern die Kraft des Beharrens und zähen Festhaltens an dem Ueberlieferten, dann ehrt man im Bürger die Macht der Reform. Der Staatsmann, welcher jenem strengen Rechtsbewußtsein des Bürgers in Sachen der formellen Politik frivol ins Gesicht schlägt, der verletzt im Bürgertum zugleich die öffentliche Moral. Und wer jenem Universalismus des Bürgertums, der die Geistesbildung zum Gemeingut aller Stände gemacht hat, mit Fesseln und Schranken entgegentritt, der verübt in einem Angriff auf das Bürgertum zugleich einen Angriff auf die ganze gebildete Gesellschaft. In der Anwartschaft jedes Gesellschaftsgliedes auf die höchsten Ehren und Würden der Kunst, der Wissenschaft und des Dienstes an Kirche und Staat ist dem Einigungstrieb im deutschen Volke, wie er sich am entschiedensten beim Bürgertum ausgebildet hat, der rechte Weg gewiesen. Wer diesen Weg versperrt, der wird diese berechtigte soziale Nivellierung in jene krankhafte und verkehrte verwandeln, welche alle natürlichen Gegensätze des Gesellschaftslebens in den großen Urbrei des allgemeinen Menschentums auflöst.

Ich sprach vorwiegend von den „Bauern" als ganz bestimmten sozialen Persönlichkeiten, weniger von dem allgemeinen Begriff des „Bauerntums". Dagegen habe ich weit seltener von „den Edelleuten" und „den Bürgern" geredet als von „der Aristokratie" und dem „Bürgertum". Die gleiche absichtliche Inkonsequenz ließ ich in den Ueberschriften der Abschnitte walten. Denn bei den Bauern ist die Persönlichkeit, die Charakterfigur des Standes das sozial Entscheidende, bei Aristokratie und Bürgertum der Standesgeist, der gemeinsame gesellschaftbürgerliche Beruf. Der aristokratische und der bürgerliche Geist hat sich längst auch über die Schranken des Standes hinaus verbreitet, der bäuerliche Geist kaum. Es erscheint uns schon sprachlich fremdartig, von einem „bäuerlichen Geiste“ zu sprechen. Der bürgerliche Geist aber findet seit dem Mittelalter seine Ausgangspunkte in dem Voranschreiten des Bürgertums in Gewerbe und Industrie, in Kunst und Wissenschaft, und in den religiösen Kämpfen.

Man übersehe nicht, welche tiefe Bedeutung das religiöse Moment noch für den Bürger hat. Das deutsche Nationalgefühl war dem protestantischen Bürgertum durch Jahrhunderte nur noch lebendig in dem Drang nach kirchlicher Unabhängigkeit vom Auslande, nach religiöser Entwickelung von innen heraus. Bei einem großen Teil des Bauernstandes hat die Kirche wesentlich das Amt eines Zuchtmeisters zu verwalten, zur Abwehr gänzlicher äußerer Verwilderung. Wo sie ihm nicht mit strenger Autorität gegenübertritt, wird ein solcher Bauer wenig Respekt vor der Kirche haben. Bei dem Bürgertum schafft umgekehrt die eigene Teilnahme des Standes an den religiösen, der Gemeinde an den engeren kirchlichen Entwickelungen erst den rechten Eifer für das kirchliche Leben. Es lugt auch hier etwas konstitutioneller Geist hervor. Die Einrichtung der Pfarrgemeinderäte und ähnlicher Körperschaften zur Mitberatung in Sachen der örtlichen Kirchenverwaltung ist eine echt bürgerliche, die, wenn sie recht ausgeführt und gehandhabt wird, das religiöse Leben in der Gemeinde wohl segensreich erhöhen kann.

In dem Maße als der soziale Philister ausgerottet wird, muß auch das Behagen in den Grenzen des Standes bei dem Bürger wieder wachsen. In dem Maße als der Staat aufhört, die unechten Stände künstlich zu hegen, wird er auch eine kräftigere Stütze an den natürlichen Ständen finden, namentlich an dem Bürgertum, welches von den unechten Ständen zumeist untergewühlt worden ist.

Der Staatsmann soll nicht bloß auf ein Bruchstück der Gesellschaft, er soll auf die ganze Gesellschaft schauen, dazu mahnt
ihn besonders der Bürgerstand als der universellste. Jedes bestimmte
politische Programm wird freilich auch in einer bestimmten sozialen
Gruppe seinen hauptsächlichsten Rückhalt suchen müssen. Aber es
wird keinen langen Bestand haben, wenn es diese einzelne Gruppe
darum für die ganze Gesellschaft nimmt. Die vorwiegend ständischen Bauern und Aristokraten haben uns gezeigt, daß es noch
eine Macht der Gesellschaft neben dem Staate gibt; das Bürgertum, welches in seinen so vielfach abgestuften konstitutionellen
Tendenzen den Gesellschaftsbürger mit dem Staatsbürger ver-
schmelzt, zeigt uns, daß die Gesellschaft sich nicht trennen soll vom
Staate, nicht den Staat bekämpfen soll. Der höhere Standpunkt
über beiden wird darin liegen, daß die Gesellschaft ihre Interessen
in den Interessen des Staates geltend mache, der Staat dagegen
seine Entwickelung niemals absperre von der breiten Unterlage
der Gesellschaft in ihrer natürlichen, historischen Gliederung.

Die Gegensätze, deren Ausgleichung ich angedeutet, sind erst
möglich geworden, indem sich das Bürgertum an den Mächten des
sozialen Beharrens rieb und ihr Prinzip bekämpfte. Die Kämpfe
über das ständische und konstitutionelle Staatsideal oder ein
drittes, in welchem beide Gegensätze versöhnt werden, sind kein
Unheil, sie sind ein Segen, denn sie haben erst Leben in die moderne Gesellschaft gebracht, individuellere Gestaltung; ja man kann
sagen, in diesen Kämpfen ist die Gesellschaft aus ihrem bisherigen
Traumleben erst wieder zum hellen Selbstbewußtsein erwacht. So
erwies sich auch hier das Bürgertum, indem es diese Kämpfe
angeregt, recht eigentlich als die „Macht der sozialen Bewegung".

# II. Der vierte Stand.

Erstes Kapitel.

## Wesen und Entwickelung.

Eine Art von physikalisch-chemischem Prozeß in der neuesten
Kulturgeschichte liegt unserer Untersuchung vor. Die organischen
Gebilde der alten Gesellschaftsgruppen beginnen hie und da zu
verwesen, von den uralten Gesteinschichten der Stände, die so
lange als die ehernen Säulen der Zivilisation festgestanden,
wittert aller Orten die Rinde ab, und die künstlich gebundenen
Stoffe, welche das soziale Leben in Blut und Mark und Nerven
warm und lebendig erhielten, zersetzen sich, lösen sich in ihre
Grundbestandteile auf; aber in diesem Prozesse der Zersetzung
selber einigen sie sich wieder zu neuen Stoffen, und aus den
verwitterten Gesteinen und den verwesten Organismen sprießt ein
neues, fremdartiges Leben auf.

Dies ist der Bildungsprozeß des vierten Standes. In den
aufgelösten Bestandteilen, die, seit mehr als dreihundert Jahren
mürbe gemacht, nun endlich von der Aristokratie, dem Bürger-
und Bauerntum abgefallen sind, treibt er seine Keime. Die
Fahnenflüchtigen, die Marodeurs der alten Gesellschaft sammelt
er unter sein Banner zu einer neuen furchtbaren Armee. Freilich
ist diese zur Zeit (1850) noch ein wild einherbrausender Schwarm,
der des bändigenden Führers harrt, ein Schwarm, der sich selber
noch nicht recht kennt, noch nicht recht hat, dem jetzt erst allmählich die Ahnung seiner zermalmenden Gesamtmacht aufzugehen

beginnt. Und mit dieser Ahnung fängt auch erst die Geschichte des vierten Standes an. Bewußtlos bestand er, seit die Menschheit besteht, aber daß er zum Selbstbewußtsein zu kommen, daß er seine zerstreuten Glieder zu sammeln beginnt, dies ist erst ein Akt der neuesten Geschichte.

Gewöhnlich verbindet man einen ganz anderen Begriff mit dem „vierten Stande" als den hier entwickelten. Man begreift unter demselben die Lohnarbeiter, die Männer, welche bloß eine Arbeitskraft zu entfalten haben, nicht aber ein Kapital, die Tagelöhner der Fabriken, des Handwerks, des Ackerbaues, zu denen sich allenfalls auch noch die Tagelöhner der Geistesarbeit gesellen könnten. Dieser Einteilungsgrund ist ein vollkommen stichhaltiger, wenn man die Gesellschaft überhaupt nach rein volkswirtschaftlichen Gesichtspunkten gliedert. Man wird dann auch nicht von Bürgern, Bauern, Aristokraten 2c. zu reden haben, sondern von den Kreisen der Ueberproduktion des Handwerkes, der Industrie, der Geistesarbeit u. s. w. Eine solche volkswirtschaftliche Gliederung der Gesellschaft ist für sich ganz berechtigt; sie hat aber gar nicht die Aufgabe, soziale Stände zu zeichnen, sondern die Berufskreise. Stand und Beruf ist etwas wesentlich Verschiedenes.

Unter den natürlichen Ständen denke ich mir die wenigen großen Gruppen der Gesellschaft, welche nicht nur durch den Beruf, sondern durch die aus der Arbeit erwachsene Sitte, Bildung und Lebensart, durch ihre ganze naturgeschichtliche Erscheinung, durch das Prinzip, welches sie in der geschichtlichen Fortbildung der Gesellschaft vertreten, unterschieden sind. Wollte ich den vierten Stand bloß nach dem wirtschaftlichen Gesichtspunkt als den Stand der Lohnarbeiter bestimmen, so hätte ich z. B. auch gar kein Recht gehabt, den bürgerlichen Rittergutsbesitzer von dem adeligen zu unterscheiden. Dem Nationalökonomen sind beide ganz gleich geartete Gestalten. Mir ist dagegen der bürgerliche Rittergutsbesitzer weder ein Aristokrat noch ein Bauer, sondern nach seiner ganzen sozialen Erscheinung ein Bürger.

Ganz unzweifelhaft bildet sich aber neben den drei Ständen, die durch historische Standessitten und einen festen historischen Beruf zusammengehalten sind, ein vierter heraus, dessen Trachten gerade dahin geht, jene Standessitte zu zerstören, jene gesonderten historischen Berufe in einen allgemeinen der ganzen Gesellschaft aufzulösen, überhaupt die einzelnen Charaktergestalten der Stände auszugleichen. Wo dieses Streben bloß als theoretische Ueberzeugung waltet, da erscheint es freilich nicht als der Grundgedanke eines Standes, sondern einer Partei. Es ist die Partei der Sozialdemokraten. Allein durch den teilweisen Verfall der alten Gesellschaftsgruppen ist jene Tendenz nicht mehr bloß eine theoretische geblieben, sie hat sich bereits einen sozialen Körper angebildet, der zwar noch nicht als ein fertiger, wohl aber als ein werdender Organismus besteht. Dies ist der soziale vierte Stand. Er ist der Stand der Standeslosen, der aufhören würde, ein Stand zu sein, sobald er seine Gegensätze, die übrigen Stände, zertrümmert hätte und dann selber die völlig uniforme Gesellschaft als solche geworden wäre. Die Lohnarbeiter, welche der Volkswirt den vierten Stand nennt, fallen für den Sozialpolitiker zum großen Teil gar nicht hierher. Sie gehören in ihrem Kern teils zum Bauernstande, teils zum Bürgertume.

Man hat mir nun eingewandt, wenn dieser soziale vierte Stand eigentlich nur die Summe der Entartung aller übrigen Stände bezeichne, dann sei es doch weit logischer, diese entarteten Bauern, Bürger und Aristokraten in den Abschnitten von den Bauern, Bürgern 2c. abzuhandeln. Und indem ich selber bereits der entarteten Elemente jener Stände im einzelnen besonders gedacht, sei das Kapital vom vierten Stande eigentlich nur eine summarische Wiederholung und erweiterte Ausführung der Abschnitte vom entarteten Bauern, Bürger und Aristokraten. Ich glaube, dem ist nicht also. Das entartete Glied jener Stände gehört an sich durchaus noch nicht zum vierten Stande. Der soziale Philister z. B. ist himmelweit entfernt von der

Tendenz des vierten Standes, alle gesellschaftlichen Unterschiede auszugleichen. Er kann ökonomisch der reichste Bürger sein, politisch der konservativste, er kann eben diesen vierten Stand verabscheuen wie die Pest und ist doch ein entarteter Bürger. Der verjunkerte Baron, der in veräußerlichtem Standesdünkel abfällt von dem wahren Geiste der Aristokratie, ist nichts weniger als ein Glied oder ein Kandidat des vierten Standes, und dennoch ist er ein entarteter Aristokrat. Der Edelmann aber, welcher die feste Grundlage des Lebens und Wirkens in seinem Stande verloren hat und dadurch zur Verneinung seines Standes wie der Stände überhaupt kommt, der nicht bloß aus theoretischer Ueberzeugung, sondern auch gezwungen durch die innere Notwendigkeit seiner ganzen verschobenen sozialen Existenz, mit Sitte und Beruf seines eigentümlichen Lebenskreises bricht: dieser ist der wahre Kandidat des vierten Standes. Es handelt sich daher hier nicht um bereits erörterte, sondern um ganz neue gesellschaftliche Elemente.

Vorwerfen könnte man mir nur mit Recht, daß ich den Namen des „vierten Standes“ in einer ungebräuchlichen Weise angewendet habe. Ueber den Grund, warum es mir besonders passend dünkte, diese unfertige Gesellschaftsgruppe nur zu numerieren, nicht eigentlich zu benennen, werde ich mich weiter unten aussprechen. Mag man ihn den Stand der Standeslosen, die Negation der Stände nennen, so habe ich nichts dagegen. Die Bezeichnung der Lohnarbeiter als vierter Stand ist eben auch noch keineswegs allgemein gebräuchlich geworden, und ich verwahre mich nur wiederholt dagegen, als ob ich diese höchst ehrenwerte Klasse der um ihr tägliches Brot ringenden Arbeiter als solche zu dem sozialen vierten Stande, dem Stande des Abfalles und der Standeslosigkeit hätte zählen wollen.

Am Ausgang des Mittelalters nannte man die Bauern den vierten Stand. Durch den Wegfall des Klerus, der dazumal an der Spitze der ganzen deutschen Gesellschaft stand, sind die Bauern inzwischen avanciert. Großenteils unfrei und nur halbgültig in

Recht und Sitte waren auch sie, freilich in anderem Sinne, ein Stand der Standeslosen, solange sie den Namen des vierten Standes führten.

Also nicht Proletarier als solche bilden den vierten Stand, nicht bloß Besitzlose, die von der Hand zum Mund leben, Heloten des Kapitals, beseelte Werkzeuge, welche als Rad, Walze, Kurbel von Fleisch und Blut neben den eisernen Rädern, Walzen und Kurbeln unlösbar und unerlösbar in den Mechanismus unserer märchenhaften Maschinenwelt eingekeilt sind: sie alle machen nur e i n Glied und gerade das bewußtlosere des vierten Standes aus. Der vierte Stand umfaßt nicht bloß „Arbeiter", sondern auch Faulenzer, nicht bloß Arme, sondern auch Reiche, nicht bloß Niedere, auch Hohe; er ist uns der Inbegriff aller derjenigen, die sich losgelöst haben oder ausgestoßen sind aus dem bisherigen Gruppen= und Schichtensysteme der Gesellschaft, die es für einen Frevel an der Menschheit halten, zu reden von Herren, Bürgern und Bauern, die sich selber für das „eigentliche Volk" erklären, und die da wollen, daß alle Naturgruppen der Stände sich auf= lösen in den großen Urbrei des eigentlichen Volkes. Wenn die soziale Demokratie vom eigentlichen Volke redet, so ist es nicht so einfältig, wie man ihr das wohl angedichtet hat, darunter bloß die Gesamtsumme aller armen Teufel zu verstehen, sie meint viel= mehr alle diejenigen, welche sich frei gemacht haben von dem historischen Begriff der Gesellschaft, welche nicht erst Bürger, erst Bauern, erst Herren und dann als solche Volk sein wollen, sondern von vornherein Volk, „Volk sans phrase", pures Volk, das Volk an und für sich — den Inbegriff des vierten Standes. Darum ist mit dem Begriffe des vierten Standes der Gedanke der Polemik gegen alle übrigen Stände untrennbar verknüpft. Darum wird er es auch für eine Verleumdung erklären, wenn man ihn überhaupt einen Stand nennt, allein ich komme in der Borniertheit meiner korporativen Auffassung der Gesellschaft leider nicht darüber hinaus.

Der vierte Stand will also kein Stand sein, er will ja

vielmehr alle Stände verneinen und die allgemeine und unteil=
bare Gesellschaft einheitlich darstellen; aber die eherne Faust der
Notwendigkeit, die Gesetze der Logik haben ihn bereits in die
Schranken eines Standes zurückgetrieben. Denn dadurch, daß
er gegen die übrigen Stände Opposition macht, hat er diese be=
reits gezwungen, sich wieder fester in ihre Eigenart zusammen=
zuziehen, und statt sich zur Allgemeinheit zu erweitern, muß er
sich um so mehr zu einem Besonderen beschränken, je treuer er
seinem Grundsatze des Kampfes wider jedwede Standesgliederung
bleibt. So ist überall dafür gesorgt, daß die Bäume nicht in
den Himmel wachsen.

Jeder Stand hat das geheime Gelüsten alle übrigen zu be=
herrschen, jeder Stand hat seine Epoche, in welcher er despotisch
auftritt; aber weder den Aristokraten, noch den Bürger, noch
den Bauern gelüstete es jemals, die ganze Gesellschaft in den
Kreis ihres Standes zu ziehen, weil sie ja dadurch diesen selber,
der nur durch den Gegensatz und die Beschränkung existiert, ver=
nichten würden. Der vierte Stand stellt dagegen in der Theorie
den Anspruch, die ganze Gesellschaft gleichsam mit Haut und
Haaren aufzuspeisen. Das ist aber eine sehr unfruchtbare Theorie,
die bloß verneinend und aufzehrend verfährt. Es ist ein ganz
neuer Zug, daß ein Stand sich wesentlich durch den allen Glie=
dern gemeinsamen Drang charakterisiert, daß sie das nicht sein
wollen, was sie sind. Während in jedem anderen Stande der
Trieb, bei sich selber zu bleiben, das Ganze zusammenhält, wird
hier die Gemeinschaft bestimmt durch den Trieb, über sich hin=
auszugehen. Die übrigen Stände stellen das gesellschaftlich
organisierte Behagen dar, der vierte Stand das gesellschaftlich
organisierte Mißbehagen. Die ersteren wollen die historische Ge=
sellschaft erhalten, der vierte Stand will sie zerstören. Seine
Philosophie ist die jenes Mannes, der sein Haus in Brand steckte,
um das darin nistende Ungeziefer gründlich zu vertilgen, die
Philosophie des Kommunismus. Nicht als ob alle Glieder des
vierten Standes Kommunisten seien, allein die Gedanken eines

vollkommenen Abbruches und Neubaues der Gesellschaft, von den unschuldigsten philanthropischen Phantasien aufsteigend bis zum äußersten Wahnsinne der Gleichmacherei, zündeten zumeist bei dem vierten Stande; er fand in denselben kein korporatives Bewußtsein ausgesprochen, die Formel, in welcher seine tausendfältigen Glaubensbekenntnisse einig sind. Die Wortführer des theoretischen Sozialismus und Kommunismus schufen den vierten Stand nicht, aber sie weckten ihn aus dem Schlafe.

Was ein Bauer ist, was ein Bürger, was ein Edelmann, ist leicht zu sagen, was der vierte Stand ist, unendlich schwer. Ich sage unendlich, denn die Fassung seines Begriffes ist vergleichbar dem Ausdruck einer Zahlengröße in genäherten Brüchen, wobei man dem wahren Wert bis auf eine unendlich kleine Differenz immer näher kommt, ohne ihn jemals ganz aussprechen zu können. Dies schreibt sich daher, daß der vierte Stand noch keine abgeschlossene, sondern eine erst im Werden begriffene Größe ist. In der Staatskunst läßt sich vollends noch gar keine Norm, keine Handhabe für den vierten Stand finden. Und doch ist er da, pocht an die Thür und fordert, daß man Notiz von ihm nehme. Der Statistiker kann dir sagen, wie viele Menschen im Staate zum Bauernstande, wie viele zum Bürgerstande zählen; für die Männer des vierten Standes wird er keine runde Summe finden, die rund genug wäre. Denn derselbe ist zur Zeit noch überall und nirgends, er steckt unter Bürgern, Bauern und Herren, vielleicht gar unter Fürsten und Prinzen als unsichtbare Loge. Er hat kein Zunftzeichen, keine eigene Rubrik in den Klassensteuerverzeichnissen, denn sein Gemeinsames ist nicht ein Beruf, nicht das Eigentümliche des Besitzes, sondern ein soziales Prinzip, welches die Bürgermeisterei und das Steueramt zur Zeit noch nicht einzuregistrieren versteht. Und doch muß das Gemeinsame wieder mehr als ein bloßes Prinzip sein, denn sonst würde es sich ja nur um die Partei handeln, nicht um einen Stand. Frage den kesselflickenden Zigeuner, der heimatlos im Lande umherzieht und am Mittag noch nicht weiß, ob er am

Abend eine Stätte findet, wohin er sein Haupt lege, allen äußeren Wahrzeichen nach ein Glied des vierten Standes, nach seinen sozialen Grundsätzen. Er wird dich auslachen über die Frage, die ihm sinnlos erscheinen muß. Die „Gesellschaft" ist ihm höchst gleichgültig, denn der einfache Begriff derselben geht schon über seinen Horizont. Auch die Stände der Gesellschaft schieren ihn blutwenig; er fühlt sich vielleicht in seinem Vagabundenleben ganz behaglich. Und dennoch schlummert der Neid gegen die Glücklicheren in ihm, der Drang, in ihre Rolle mit einzutreten: es fehlte nur Einer, der ihn wachrufe. Erlebt er das nicht, dann erleben's seine Kinder, seine Enkel. Nennt ihn wenigstens einen Kandidaten des vierten Standes, wenn ihr ihn kein Glied nennen wollt. Die Theologen würden sagen, er gehört potentia zu demselben, wenn auch nicht actu.

Das sind eben die unbestimmbaren, widerspruchsvollen Elemente eines noch trüb aufgärenden Neubildungsprozesses. Wäre der vierte Stand in sich selber klar und abgerundet, er würde vielleicht schon als eine soziale Völkerwanderung die alte Gesellschaft überflutet und von Grund aus umgewurzelt haben. Allein er sucht sich selber noch, wie er auch vom wissenschaftlichen und staatsmännischen Standpunkte aus noch gesucht wird. Er ist für beide Teile das unbekannte X in dem großen sozialen Regeldetriexempel und keiner hat noch den richtigen Ansatz finden können, um dieses X vollkommen herauszurechnen.

Man eifert vielfach gegen die Bezeichnung „vierter Stand". In der That ist das ein sehr ungefügiger und anscheinend nichtssagender Titel. Es ist nur ein Notbehelf und wird über kurz oder lang einem anschaulicheren Worte weichen. Aber zugleich ein höchst charakteristischer und darum ganz vortrefflicher Notbehelf! Man weiß diesen Stand noch nicht weiter zu bezeichnen als indem man ihm eine Nummer gibt. Er hat noch gar keinen Namen, als ein ungetauftes Kind liegt er noch in der Wiege. Unpersönliche Dinge unterscheidet man nach Nummern. Und der vierte Stand ist auch noch keine fertige soziale Persönlichkeit. Mit dem dürftigen Worte „vierter Stand" ist gerade dies gesagt, daß er das noch nicht zu findende X in der Gesellschaft sei. Darum behalten wir diesen Namen bei, der scheinbar nichtssagend, in der That aber höchst charakteristisch ist und ein Triumph richtigen Sprachgefühls.

Anfangs hatten die Sozialdemokraten ihre besondere Liebhaberei an der Bezeichnung des „vierten Standes" und brachten dieses Fachwort recht eifrig in Schwung. Die „Emanzipierung des dritten Standes" durch die erste französische Revolution war sprichwörtlich geworden, und es fügte sich zu einem bequemen Parallelismus der banalen Phrase, daß man nun von einer Emanzipierung des vierten Standes als der Hauptaufgabe der gegenwärtigen Revolutionszeit redete. Jene äußerste Partei, welche in Paris im ersten Taumel der Februarrevolution den Grundsatz, daß alle Arbeit heilig sei, so weit ausdehnte, daß sie auch die Arbeit der Freudenmädchen heilig sprechen wollte, hatte dann noch nicht einmal genug an einem vierten Stand und sprach in zarter Rücksicht auf die Insassen der Bordelle, Diebshöhlen und Zuchthäuser bereits von einem fünften, dem die nächste Revolution gehören solle!

Als aber auch die Gegner der Demokratie den „vierten Stand" als Schlagwort häufiger gebrauchten, merkten erst die Demokraten, welch ein reaktionäres, die verhaßte „ständische Gliederung" voraussetzendes Wort sie selber bevorzugt hatten, und wollen nun ihre eigene frühere Ausdrucksweise durchaus nicht mehr gelten lassen. Uns aber wird das Wort darum nur um so viel werter, denn es legt das Zeugnis ab, daß selbst die Demokratie im unbewachten Augenblicke dem Gedanken der Standesgruppe ihre Huldigung darbringen mußte.

Wir unterscheiden zwei große Gruppen des vierten Standes: er besteht aus solchen, die noch nichts sind und noch nichts haben, und solchen, die nichts mehr sind und nichts mehr haben; aus solchen, die erst eintreten wollen in die vollgültige Gesellschaft, und solchen, die von derselben ausgestoßen wurden. Diese beiden Gruppen stehen einander gegenüber wie Idealismus und Realismus, wie die sozialistische Partei der kommunistischen, wie der verneinende Trieb einer tollen phantastischen Jugend dem verneinenden Trieb eines teuflisch verbitterten Alters. Auf der einen Seite steht ein Teil der Arbeiter, der Handwerksgesellen, der Dienenden, der litterarischen Jugend, des Beamtenproletariats; auf der anderen bankerotte Kleinbürger, verdorbene Bauern, heruntergekommene Barone, Industrieritter, Strolche, Tagediebe und Vagabunden aller Farbe. Diese Elemente können nicht einträchtig Hand in Hand gehen; nur die Stunde des Kampfes gegen den gemeinsamen Feind, gegen die historische Gesellschaft macht sie jezuweilen zu Verbündeten.

So ist denn der vierte Stand auch in sich selber zerfahren, wie er hervorgegangen ist aus der Zerfahrenheit der Gesellschaft. Alle bindenden Elemente der anderen Stände fehlen ihm. Das Gemeinsame des geschichtlichen Bestandes, der überlieferten Sitte fesselt seine Glieder nicht, denn gerade in dem Verfall der überlieferten Sitte keimte der vierte Stand erst auf und die volle Zerstörung derselben ist sein eifriges Ziel. Der vierte Stand ist Weltbürger, wo die anderen Stände national, ja partikularistisch sind. Der Bürger und Bauer trägt in jedem Lande sein besonderes Gepräge; der Mann des vierten Standes ist sich überall gleich. Kultur und Elend nivellieren bekanntlich am gründlichsten und beide Kräfte sind es ja, die im Verein den vierten Stand zumeist ans Licht gezogen und zum Bewußtsein gebracht haben. Das gebildete Glied des vierten Standes schwärmt in Deutschland für die Polen, die Ungarn, die Italiener, die Franzosen, nur für die Deutschen nicht. Die Nationalität ist ihm eine widernatürliche Schranke, vom selbsüchtigen Kastengeist gehegt; wie er das Standesbewußtsein vertilgen will, so auch das Nationalitätsbewußtsein. Und betrachten wir alle diese über ganz Europa zerstreuten Glieder des vierten Standes, die sich einig wissen im Kampfe wider die Standes- und Nationalitätsschranken, dann erhalten wir eine gewaltige unbekannte

Nation neben den bekannten, ein X auch im Völkerſyſteme, ein Volk, welches ſich nicht auf der Landkarte unterbringen läßt und doch exiſtiert, deſſen Nationalität darin beſteht, keine zu haben und deſſen Patriotismus die Zerſtörung des eigenen Volkstumes iſt. Jene Geſchichtsloſigkeit und Vaterlandsloſigkeit, welche man ſonſt bloß als das Ergebnis einer verſchrobenen Schulſtuben= weisheit betrachtete, hat ſich im vierten Stand in einer großen Volksſchicht leibhaftig verkörpert. Es gibt daher keine größeren Gegenſätze als den vierten Stand und die Bauern: jener iſt der unhiſtoriſche Stand als ſolcher, wie dieſer der hiſtoriſche. Daher rekrutiert ſich auch der vierte Stand in der Regel weit weniger aus den Reihen des Landvolkes als der Bürgerſchaft und Ariſtokratie.

Tiberius Gracchus, einer der großen Propheten des vierten Standes, ſprach, als er ſeine Vorſchläge einer neuen Ackerver= teilung vor das verſammelte römiſche Volk brachte, von den Proletariern jener Tage: „Die wilden Tiere Italiens haben ihre Höhlen und ein Lager, auf welchem ſie ruhen; die Männer aber, die für Italiens Herrſchaft auf Tod und Leben kämpfen, beſitzen nichts als den Genuß der Luft und des Tageslichts, weil man dieſe ihnen nicht rauben kann. Ohne Hütte und Obdach irren ſie mit Weib und Kind im Lande umher. Es iſt ein Hohn, wenn die Feldherren in der Schlacht ſie auffordern, für ihre Haus= götter und die Gräber ihrer Väter zu kämpfen, denn unter allen iſt kaum ein einziger, der eine Grabſtätte der Seinen und einen eigenen Hausaltar beſitzt. — — Sie haben die Welt beſiegt und werden Herren derſelben genannt, ihnen ſelbſt aber gehört auch nicht eine einzige Scholle Land." Der römiſche Demagog wollte dem Proletarier Hausgötter, eine Scholle Landes und eine Grab= ſtätte wieder erwerben. Die moderne Demagogie dagegen trachtet den Mann des vierten Standes noch vollends zu befreien von der Feſſel der Hausgötter und des heimiſchen Bodens. Familie und Vaterland ſind auch ſo ein Stück alten Zunftzwanges, deſſen man quitt werden muß; Patriotismus iſt Rückſchritt,

Nationalstolz gehört zum Aristokratentum. So furchtbare Fort=
schritte hat die Idee des vierten Standes, der alle anderen ver=
schlingen soll, seit Gracchus Zeiten gemacht! Wir sahen im
Jahre 1848 jene Scharen der Sturmvögel, welche überall da
heranzogen, wo ein Kampf gegen die bestehende Ordnung des
Staates und der Gesellschaft begann; wir sahen jene bunte Reihe
von Streitern aus aller Herren Ländern, die auf allen Re=
volutionsschlachtfeldern Europas und im Solde aller Nationen
kämpften, die nirgends zu Hause waren, außer in dem Getümmel
des Umsturzes; sie stellten uns die leibhaftig gewordene Vater=
landslosigkeit des vierten Standes dar. Diese Thatsache ist eine
ganz neue. Wenn der Landsknecht des Mittelalters dem Banner
folgte, darunter am meisten Geld und Ehre zu gewinnen war,
so gab er damit sein Vaterland nicht auf, er stritt ja nur, um
zu streiten, er trieb sein Handwerk daheim oder in der Fremde
und wanderte mit dem Schwert zu fremden Meistern in die
Lehre, wie unsere Handwerksburschen mit friedlichem Werkzeug.
Aber der gewappnete Proletarier des neunzehnten Jahrhunderts
stellte sich mit bewußtem Grimm gegen die Fesseln des Vater=
landes unter Italiens und Ungarns Fahnen, er sah keinen
Frevel darin, die roten Hosen über den Rhein zu rufen, wenn
sie nur auch die roten Mützen hätten mitbringen können; die
Heiligkeit seiner fixen Idee, die Gesellschaft, die ganze Menschheit
auszuebnen und gleich machen zu wollen, ließ ihm alles andere,
was sonst uns heilig dünkt, profan werden. Die Kette der or=
ganischen Gliederung läßt sich nirgends durchbrechen, ohne daß sie
ganz auseinander springt; wer diese Gliederung bei der Familie,
den Ständen, dem Staate aufgibt, der gibt sie auch bei den
Nationen auf, und wer seine Standesehre darein setzt, keinem
Stande anzugehören, der muß folgerecht auch seinen National=
stolz dareinsetzen, kein Vaterland zu haben. Weder das klassische
Altertum noch das Mittelalter hat von dieser Verleugnung aller
natürlichen Stufenreihen der Menschheit etwas gewußt, sie gehört
lediglich der neuesten Zeit an.

Man muß aber nicht meinen, es sei nun in dem vierten Stande nichts weiter als Abfall und Verneinung, Fäulnis und Zerfall dargestellt. Ein Hauptzug des modernen Geistes hat sich in ihm verkörpert, nur ist er vorerst höchst einseitig und schief zu Tage gekommen, wie das bei dem Durchbruch jeder neuen Idee zu geschehen pflegt. Seit dem Ausgange des Mittelalters dreht sich der eigentliche Kern aller sozialen Kämpfe um die Grundfrage, ob die Stände körperschaftlich gegliedert bleiben sollen, oder ob der Fortschritt von der antiken und mittelalterlichen Gesellschaft zur modernen nicht vielmehr darin bestehe, daß die großen historischen Gruppen und Schichten derselben in ein gleichartiges Ganze verschmolzen werden. Der vierte Stand ist das praktisch handgreifliche Resultat dieses Gedankenkampfes, er ist in seinem dunklen und chaotischen Dasein das Siegeszeichen, welches die Idee der allgemeinen Gleichmacherei bei ihrem dreihundertjährigen Weltgang gewonnen hat. Erst stritt man nur für die freie Befähigung jedes Menschen zu jeglichem Beruf, für das Recht der Teilnahme jedes Standes an Staatsangelegenheiten. Aber im Geiste des vierten Standes fragt es sich nicht mehr, ob ein Stand vor dem anderen politisch bevorzugt sein solle oder nicht, ob einer den anderen beherrschen, ausbeuten solle oder nicht, sondern ganz allgemein, ob nicht in der körperschaftlichen Gliederung der Gesellschaft an sich zugleich die Zwingherrschaft der Gesellschaft liege, ob eine solche Gliederung von Natur notwendig sei oder ein ungeheurer Betrug, den durch Jahrtausende der Mensch an dem Menschen verübt.

Alle Schichten der Gesellschaft, vom König bis zum Bettelmann, und alle politischen Parteien haben seit dreihundert Jahren nacheinander — oft unbewußt — wider die körperschaftliche Gliederung und zu Gunsten unterschiedsloser Gleichheit gefochten, und doch vermochten sie die Thatsache der historischen Gruppen niemals ganz umzustoßen. Alle wollten die Gesellschaft gleich machen und brachten doch nichts weiter zuwege, als daß sie den vierten Stand schaffen halfen.

Die Fürsten brachen die selbständige Macht des großen Adels,

sie verwischten die vielverschlungene soziale Gliederung des Mittelalters, sie hoben die ständischen Vorrechte auf und ließen die Ständevertretung allmählich einschlafen, die ganze Gesellschaft sollte sich
in dem neuen Begriff der Unterthanen auflösen. Sie nivellierten
also freilich nur in ihre eigene Tasche und dachten keineswegs
daran, sich selber zu nivellieren, allein dies thaten auch alle Nachfolger bis zu den modernsten Kommunisten. Denn wo Einer
nicht zu gewinnen hofft, denkt er auch nicht ans Gleichmachen.
Richelieu, indem er die Selbständigkeit der französischen Aristokratie vernichtete, warb dem vierten Stande zahllose Rekruten.
Wenn deutsche Fürsten ins Maßlose Titel ohne Mittel verliehen,
um dadurch den erblichen Würdeträgern die Spitze zu bieten, so
gründeten sie, ohne es zu ahnen, förmliche Pflanzschulen des
vierten Standes, welcher dereinst gerade dem auf solchem Wege
gefestigten Unterthanenbegriff am schärfsten zu Leibe gehen sollte.

Der bureaukratische Staat faßte die Gesellschaft nur unter
den Begriff der mechanischen Verwaltung. Alle Stände schmolzen
ihm, wie schon bemerkt, in zwei große, unförmliche Gruppen zusammen: die „Dienerschaft" und die „Bürgerschaft", d. h. Staatsdiener und Nichtstaatsdiener. Der Hochmut, welcher in dieser
Unterscheidung steckt, brachte nämlich in kleinen Städchen und
Städtchen das fröhliche Selbstbewußtsein des Bürgers auf eine
niederträchtige Weise herunter. Scharen Verblendeter, die an
der Hobelbank oder beim Schusterleisten höchst brauchbare und
ehrenwerte Menschen geworden wären, strömten dem gleißenden
Elend des Schreibstubenproletariats zu. Der Handwerksmann
verlor den Respekt vor sich selber, wenn er sah, wie erhaben sich
jeder Angestellte über ihn dünkte, der nur einen Tintenfleck auf
einen Stempelbogen machen konnte.

Als ein erkünstelter Stand schob sich das Beamtentum zer-
sprengend und auflösend in die natürlichen Stände. Aus dem
natürlichen, gesunden Genossengeiste ward ein verschrobener, wider-
natürlicher. Der rechtschaffene Stolz auf die Herrlichkeit des
Berufes und die Würde des Standes ward zum ärgerlichen Hoch-

mut gegenüber dem bürgerlichen Standesgenossen, der, statt Uni-
formsknöpfen auf dem Amtsfrack, nur das Schurzfell trug. Der
bureaukratische Staat suchte aber auch aus politischem Grundsatz
die körperschaftliche Gliederung der Gesellschaft auszuglätten, weil
sich das Einförmige leichter administrieren und registrieren läßt
als das Mannigfaltige, weil die zentralisierte Staatsverwaltung
notwendig auch die zentralisierte Gesellschaft nach sich ziehen muß,
weil ihm der Staat eine tote Maschine ist, während die geschichtliche Gliederung der Gesellschaft ein organisches Leben zu entfalten sucht und allerdings rasch in Widerspruch treten wird zu
dem toten Tabellenregiment der Bureaukratie. Da diese den
Wohlstand des Volkes nicht nach dessen innerer Gesundheit und
Kraft, sondern nach seiner äußeren Korpulenz bemißt, so bot sie
alles auf, die Zahl der Köpfe zu steigern, unbekümmert, ob die
anschwellende neue Volksmasse nachgehends das gemeine Gut ver-
mehren oder nur von demselben zehren werde. Absolute Frei-
zügigkeit, schrankenlose Gewerbefreiheit, Patentmeisterschaft waren
die Zaubermittel, durch welche die Bureaukratie den öffentlichen
Wohlstand erhöhen wollte. Und als nun plötzlich ganze Scharen
von Proletariern den deutschen Staatshämorrhoidarius in gar
entsetzliche Verlegenheiten setzten, konnte er gar nicht begreifen,
wo diese Leute mit einemmal herkämen, da er doch selber die
Brütöfen gebaut hatte, um so viel hunderttausend Küchlein des
vierten Standes höchst kunstreich auszubrüten.

Ich könnte mich hier überhaupt ganz kurz fassen und brauchte
eigentlich nur das Summarium aller der sozialen Sünden zu-
sammenzustellen, die ich in den vorhergegangenen Abschnitten, als
von den einzelnen Ständen und gegen dieselben verübt, auf-
gezeichnet habe, um die Mitarbeit aller Faktoren des öffentlichen
Lebens zum Aufziehen des vierten Standes anschaulich zu machen.

Jener bürgerliche Altliberalismus, der die Bureaukratie in
Kleinigkeiten befehdete, in der Hauptsache aber, ohne es zu merken,
Hand in Hand mit derselben ging, wollte von der geschichtlichen
Gliederung der Gesellschaft nichts wissen. Geschichtlos sein, hieß

ihm freidenkend sein, und die Gesellschaft vergaß er überhaupt
über dem Staat. Er erkannte nur Staatsbürger an. Der leere
Begriff eines freien Staates war der moralische Kopfabschneider,
welcher jede kulturgeschichtliche Besonderheit im Völkerleben weg=
rasieren sollte. Nur die Freiheit war das Recht, die Freiheiten
das Unrecht. Der Staat sollte nicht um des Volkes willen da
sein, sondern das Volk um des Staates willen. Diesen Begriff
einer schulgerechten Staatsfreiheit, welcher von den leibhaften
Mächten des Volkslebens gar nichts weiß, hat aber das Volk
niemals verdauen können; als es ihm endlich vergönnt wurde,
frei zu sein, führte es zwar „die Freiheit“ in Liedern und Reden
im Mund, griff aber mit der Hand wieder nach „den Freiheiten“.
Die Altliberalen hobelten die Gesellschaft gleich im Namen der
offiziellen Bevormundung. Sie waren die Advokaten des vierten
Standes, weil sie in jeder ständischen Gliederung Mittelalter
und Rückschritt witterten. Als freilich der vierte Stand endlich
als eine thatsächliche Macht auf die Bühne trat und mit der
Staatsidee des Altliberalismus keineswegs sehr säuberlich um=
sprang, verleugnete und bekämpfte ihn der letztere, wie der
Mensch dann immer Konsequenz und Logik abschwört, sobald ihm
die eigenen Gedanken über den Kopf wachsen. Der Altliberalismus
ging endlich wenigstens negativ auf das soziale Leben ein, er
hielt den Sozialisten und Kommunisten den Widerpart, da er
doch selber ihren Lehren die Steige ins praktische Leben geebnet
hatte, aber eine eigene positive Mitarbeit am Fortbau der Ge=
sellschaft vermochte er nicht zu liefern. Es läßt sich überhaupt
insofern ein merkwürdiger Fortschritt in der Entwickelung des
Altliberalismus wahrnehmen, als er von seiner Abstraktion des
alles verschlingenden Staatsbegriffes mehr und mehr zurückkam,
je mehr es seinen Stimmführern vergönnt wurde, an praktischer
staatsmännischer Thätigkeit teilzunehmen. So war er ursprüng=
lich Kosmopolit, später leuchtete ihm die Notwendigkeit einer ge=
schichtlich organischen Gliederung der Nationalitäten ein. Aber
nun noch einen Schritt weiter zu gehen und diese selbe Not=

wendigkeit auch bei der Gesellschaft einzusehen, vermochte er nicht. So befürwortete er das allgemeine gleichheitliche Stimmrecht, indes er den Kommunismus und Sozialismus bekämpfte, als ob nicht die revolutionäre Macht dieser Lehren ein Kinderspiel wäre, gegen die Macht der Thatsache des allgemeinen Stimmrechtes gehalten. Es erging ihm wie den Frauen, welche die Logik immer nur bis zu einem gewissen Punkte gelten lassen, indem sie die ganze Kette der Vordersätze zugestehen, aber, wenn dann endlich der Schlußsatz daraus hervorgehen soll und muß, wieder abspringen und sagen, sie meinten, es sei doch anders.

Wie der konstitutionelle Altliberale den Menschen nur unter den Gesichtspunkt des Staatsbürgers fassen wollte, so wollten die aufgeklärten Pastoren nur von allgemeinen Christen etwas wissen, aber ja von recht allgemeinen, denn spezifisch christliche Christen würden eben doch wieder eine körperschaftliche Gliederung ausgesprochen haben. Die Philosophen wollten nur Menschen, reine Menschen passieren lassen, die Demokratie nur die Allgemeinheit des „eigentlichen Volks", bei welch wunderlichem Ausdruck freilich sogleich der Verdacht hervorspringt, als erkenne man das unvermeidliche Fortbestehen einer zweiten Gruppe, des „uneigentlichen Volkes" neben dem eigentlichen an. Alle diese Abstraktionen halfen den vierten Stand hervorbilden. Die erste französische Revolution gedachte zunächst den dritten Stand zu befreien; bald aber ward sie inne, daß die volle republikanische Freiheit nur bei der Vernichtung aller Stände bestehen kann, doch indem sie alle Stände zerstören wollte, schuf sie in den Schreckenstagen die Herrschaft eines neuen Standes, des vierten. Diese aber führte im Ring zum Wiedererstarken des dritten Standes und weiter zum Emporsteigen einer neuen Aristokratie.

Darin liegt eben ein ungeheurer Humor, daß so viele, so verschiedenartige und sonst in allen Stücken feindselige Mächte des öffentlichen Lebens als so treue Bundesgenossen gegen die Thatsache der körperschaftlichen Gliederung der Gesellschaft gekämpft, und doch nichts weiter zuwege gebracht haben, als ein

neues Glied — den vierten Stand. Diese großartige Allianz
konnte die bestehenden Korporationen verschlechtern und ein baby=
lonisches Wirrsal in den Grundbegriffen der gesellschaftlichen
Mächte hervorrufen, aber die Korporationen selbst niederreißen,
den Glauben an ihre Notwendigkeit aus dem Bewußtsein des
„eigentlichen Volkes" tilgen, das vermochten diese Souveräne,
Bureaukraten, Liberale, Pastoren, Philosophen, Kommunisten und
Demokraten doch nicht. Indem sie die bestehenden Stände ver=
nichten wollten und statt derselben einen weiteren zu den be=
stehenden erschufen, erging es ihnen just wie einem kleinen Land=
tage des achtundvierziger Jahres, welcher so lange über Ersparnisse
im Budget beriet, bis die Beratungskosten selber zu einem neuen
Posten desselben angelaufen waren, der alle Ersparnisse wenigstens
um das Dreifache überstieg.

Drei folgenreiche Revolutionen in jenem Frankreich, welches
doch seinen Nacken am tiefsten unter das Joch einheitlicher
Staatsallmacht beugt, brachten es nicht einmal fertig, die Ni=
vellierung auch nur der gesellschaftlichen Sitte im Sprachgebrauch
durchzuführen. Und Frankreich ist das gelobte Land des vierten
Standes. Selbst eifrig sozialdemokratische Franzosen lächelten
bereits im ersten Jahre der neuen Republik wieder, wenn sie
sich noch je zuweilen mit „citoyen" anredeten. Und gerade das
„eigentliche Volk", nämlich die unteren Klassen, hat sich am
allerwenigsten in diese sprachliche Vernichtung der Standesunter=
schiede finden können. Sein Instinkt ließ es nicht loskommen
vom alten Sprachgebrauch, der ja nicht willkürlich gemacht, sondern
zusamt seinen Lächerlichkeiten aus der innersten Natur des Men=
schen erwachsen war. Jedem Menschen ist sein Zopf angeboren,
warum soll denn der soziale Sprachgebrauch nicht auch seinen
Zopf haben? Wo man dem Volke den „Bürger" und das
brüderliche „Du" durch Dekrete aufdrängte, da wurde es sofort
konfus im Handhaben der neumodischen Redeweise. So las man
in Paris kurz nach der Februarrevolution an der Thüre eines
Klublokals, dessen Besucher sich, wie die Studenten sagen würden,

den „Du-Komment" zur Pflicht gemacht hatten, die Aufschrift: „Ici tout le monde se tutoie; — fermez la porte, s'il vous plait!" Die unausrottbare Sitte kann wohl keinen größeren Triumph über ein äußeres Machtgebot feiern als in diesen drei Worten. Als in den neunziger Jahren die Stadt Mainz von den Truppen der französischen Republik besetzt und von den Klubisten terrorisiert war, erging an die Nachtwächter der Befehl, fürder nicht mehr zu singen: „Hört, ihr Herren, und laßt euch sagen" 2c., sondern: „Hört, ihr Bürger" 2c., mit der ausdrücklichen Motivierung, daß es keine Herren mehr gebe, sondern jedermann bloß Bürger sei. Die Nachtwächter merkten sich das, sangen aber ganz folgerecht von nun an auch am Schlusse statt: „Lobet Gott den Herrn" — „Lobet Gott, den ‚Bürger'". Und es mußte ein neues Dekret erscheinen, welches ihnen befahl, den lieben Gott einstweilen noch im Genusse seiner alten Titulatur zu lassen.

Und doch waren jene Klubisten in ihrem ersten Dekret nur demselben Drange gefolgt, dem unsere ganze geistige Entwickelung seit der Reformation sich hingegeben hatte, und die Nachtwächter, indem sie unbewußt eine Satire auf diesen weltgeschichtlichen Zug des modernen Geistes sangen, setzten das naive Volksbewußtsein dagegen, welches nicht einsieht, warum man unseren Herrgott noch in seinem überlieferten Recht lassen müsse, wenn man einmal mit dem überlieferten Recht der Gesellschaft gebrochen habe.

Der Organismus der Gesellschaft war am Ausgang des Mittelalters erstarrt und veräußerlicht. Er mußte reformiert, neu belebt werden. Das Widerspiel zu den korporativen Schranken der mittelalterigen Gesellschaft entfaltete sich darum jetzt in seiner ganzen Breite und Tiefe. Aber gerade die Geburt des vierten Standes, welche das Resultat einer dreihundertjährigen Arbeit der Nivellierung war, bürgt uns dafür, daß wir bereits über ein bloßes Verneinen des korporativen Lebens hinausgekommen sind und der Versöhnung beider Gegensätze entgegengehen.

Der vierte Stand ist nun einmal da. Die entfesselnden Fortschritte in allen Reichen der Geistesarbeit wie der industriellen mußten ihn naturnotwendig schaffen. Alle Sünden an der Gesellschaft helfen dem vierten Stand die Stätte bereiten, aber man hüte sich vor der frevelhaften Ansicht, als ob diese Gruppe darum in Sünden gezeugt, als ob sie an sich das böse Prinzip in der Gesellschaft sei! Der vierte Stand hat ebensogut sein historisches Recht, als irgend ein anderer Stand. Ein Teil des Bürgertums drängt gegenwärtig darauf hin, die ganze Gesellschaft als aufgegangen im Bürgertume zu betrachten. Der vierte Stand führt diese Ansicht zur äußersten Konsequenz. Insofern er bloße Negation ist, Abfall der Stände von sich selbst, kann er nie und nimmer ein festes organisches Gebilde werden. Die soziale Gefahr des verneinenden vierten Standes beruht aber zum großen Teile darin, daß er nur erst ein werdendes, schwankendes Gebilde ist, welches sich erst einen festen Bestand erringen könnte, indem es die ganze Gesellschaft verschlänge. Es gibt aber im Gegensatz hierzu beweglichere Elemente des Bürgertums — die tägliche wachsende Schar eben jener Lohnarbeiter aller Art — die bis jetzt nur eine volkswirtschaftliche Gruppe bilden, aus denen sich jedoch ein neuer, ein echter vierter Stand auch sozial entwickeln könnte. Diese Elemente müßte man zu einem korporativen Ganzen zusammenzuführen suchen. Man müßte den vierten Stand bekämpfen und auflösen durch — die Arbeiter. Denn gerade in den gediegenen Elementen dieser Arbeiter, als den beweglichsten Teilen des Bürgertums, liegt ein Recht zur selbständigen sozialen Existenz, welches man mit den Forderungen des hier geschilderten vierten Standes, als der Gruppe der sozialen Verneinung, zu vermengen liebt, wodurch eine wirklich gefährliche Verwirrung in die Sache gekommen ist. Denn der „Arbeiter" hat eine Zukunft, ein Recht als Gesellschaftsgruppe, er bildet nur noch keinen Stand aus dem Gesichtspunkte der „Naturgeschichte des Volkes", er deutet erst einen künftigen idealen vierten Stand vor; der gegenwärtige vierte Stand dagegen hat neben ihm nur ein Recht der Existenz, wie Mephisto neben Faust.

## Zweites Kapitel

# Das aristokratische Proletariat.

Der Schwerpunkt des vierten Standes liegt in Deutschland nicht bei den Tagelöhnern oder Fabrikarbeitern, wie in Frankreich und England, noch weniger bei den verdorbenen Bauern. Denn nicht die unteren Schichten der Gesellschaft sind bei uns am meisten zerbröckelt und verwittert, sondern die höheren. In der Aristokratie und im gebildeten Mittelstande Deutschlands ist die Existenz des Einzelnen durchschnittlich weit mehr gefährdet, ein zermalmender Wettkampf weit übermächtiger als bei den Handwerkern und im Bauernstande. Die Proletarier des Geistes sind für Deutschland dasselbe Schreckgespenst, was für Frankreich die brotlosen Handarbeiter, für England die Fabrikleute. Die gebildeten Proletarier sind bei uns der Sauerteig, der das gesamte übrige Proletariat immer erst in Gärung versetzt. Das eigentlich gefährliche Proletariat unseres Vaterlandes geht nicht in der Bluse, sondern in Oberrock und Frack. es fängt bei apanagierten Prinzen und mediatisierten Reichsfürsten an und geht bis zum letzten hungrigen Litteraten abwärts.

Der verarmte und zurückgekommene Adel hat sich in Deutschland erstaunlich breit ausgewachsen. Die Ursachen sind von mir oben in dem Kapitel von dem Adel bereits angedeutet worden. Der seit Jahrhunderten so widernatürlich erschwerte Uebergang des Edelmannes, der seinen aristokratischen sozialen Beruf zu erfüllen nicht mehr imstande ist, zum Bürger- und Bauerntum erzeugte zuletzt das Vorurteil, daß es nobler sei, als aristokratischer Proletarier zu vegetieren, denn als tüchtiger Bürger einem ehrenwerten Erwerb sich hinzugeben. Ein proletarischer Baron aber ist ein Widerspruch in sich selber, er glaubt einem Stande anzugehören, dessen sozialen Beruf er doch keineswegs mehr üben kann, und fällt durch diesen Gegensatz seiner scheinbaren und seiner wirklichen Existenz notwendig dem vierten Stande anheim.

Denn wer ist in materiellem Betracht ein Proletarier? Dessen möglicher Erwerb ihm keine annähernde Gewähr für die dauernde Deckung seiner Bedürfnisse gibt. Aber diese Bedürfnisse sind höchst relativ. Vielleicht hat sich irgend ein Sozialdemokrat durch einen Physiologen ausrechnen lassen, wie viel Zentner Kartoffeln, Brot, Fleisch der Mensch zum mindesten jährlich braucht, um seinen Verdauungswerkzeugen zu genügen und also sein Dasein fristen zu können, und setzt nun eine Normalsumme von so und so viel Zentnern Kartoffeln jährlich fest, bei deren Nichterwerb das Proletariat beginnt. Allein der Bettler, wenn er nur diese Portion Kartoffeln hat, ist ein Fürst, der Fürst aber, wenn er bloß eine solche Portion Kartoffeln hätte, wäre weit ärmer als der ärmste Bettler. Denn nicht da beginnt das soziale Elend, wo der Hunger in den Eingeweiden zu brennen beginnt, sondern wo die Kraft des Einzelnen nicht mehr ausreicht, die körperlichen und geistigen Güter zu erwerben, welche ihm durch seine gegebene Stellung in der Gesellschaft — über die einmal keiner hinauskommt — als das geringste Maß des Bedürfnisses bezeichnet werden. Der Vornehme hat unter dieser Tyrannei seiner eigenen Geschichte weit mehr zu leiden als der Geringe. Je höher er steht, um so näher ist ihm die Grenzlinie gerückt, wo er aus seinem Stand herausgestoßen wird, ohne in eine andere Gesellschaftsgruppe eintreten zu können, wo er dem Chaos des vierten Standes verfällt. Ihr sprecht, indem das geringste Maß des Bedürfnisses des Menschen sich nicht nach so und so viel Zentnern Kartoffeln bestimme, sondern bedingt sei durch seine gesellschaftliche Stellung, durch die Sitte, in welcher er aufgewachsen, sei

es eben bedingt durch ein Vorurteil. Ja wohl, alle gesellschaft=
liche Sitte ist ein Vorurteil, und doch würde der Mensch zur Bestie
werden, wenn ihr dieses Vorurteil glatt wegrasieren könntet.

Es gedenkt mir aus meinen Kinderjahren eines armen
Mannes. Ob er schon keinen Beruf hatte und nichts that und
in abgetragenem Rocke umherging, hatten doch die Leute einen
gewissen Respekt vor ihm; denn der arme Mann war ein Reichs=
graf und dazu der letzte unmittelbare Nachkomme eines großen
Kriegshelden und gewaltigen Geistes, dessen Name unter den
Besten in der deutschen Geschichte genannt wird. Das Besitztum
dieses Grafen war zerronnen bis auf einen kleinen Rest, auf
dem nur noch ein einziger Pächter saß, und dieser kleine Rest
so überschuldet, daß der Graf weit ärmer war als sein eigener
Pächter. So ward dieses Gut zuletzt auch noch Eigentum des
Pächters. Und der vordem reichsunmittelbare Graf wanderte
eines Tages zu Fuß auf jenes, einst sein kleinstes, Gut, um
sich bei der Wohlthätigkeit seines früheren Pächters, der unlängst
noch sein Unterthan gewesen, ein Unterkommen zu suchen. Dieser
nahm ihn auf und gab ihm das Gnadenbrot von dem Acker,
den er einst von ihm zu Lehen getragen; allein der Acker hätte
den Grafen auch nicht mehr standesmäßig nähren können. Und
ob der Graf auch nichts mehr hatte, begleitete ihn doch noch —
sein Privatsekretär! Er lebte von treuer ehemaliger Dienstleute
Barmherzigkeit und lebte dennoch wie ein Graf; niemand konnte
sagen, daß der Kostgänger des Hofbauern, der kein Gefolge
mehr besaß als einen Privatsekretär, zur Aristokratie gehöre, und
doch war er auch kein Bürger, kein Bauersmann. Die Bauern
sagen heute noch, er sei so eigentlich kein Graf mehr gewesen,
aber wenn man ihn dann schlechtweg bei seinem Namen nannte,
fielen sie einem doch gleich berichtigend ins Wort und sagten:
der Herr Graf! Und in diesem Widerspruche deckten's die
Bauern auf, weß Standes Glied der Graf eigentlich gewesen:
er war ein Glied des Standes der Widersprüche, des vierten
Standes.

Eines Tages bewegte sich ein Karren, davor zwei Kühe gespannt waren, von dem Hofe gegen das Dorf; des Hofbauern Junge führte das Fuhrwerk, auf dem Karren lag ein Sarg, und hinter demselben gingen der alte Hofbauer und der Privatsekretär als Leichengefolge. Der Sarg umschloß die Hülle des letzten Reichsgrafen aus einem der berühmtesten deutschen Geschlechter. So begruben sie ihn auf dem kleinen armen Kirchhofe zwischen versunkenen Bauerngräbern. Und auf den Kirchhof schaut die stolze Burg herab mit ihrer geborstenen Warte, es war die letzte Burg, die der Reichsgraf da unten besessen, freilich nur, da sie schon halb in Trümmern lag. Das Grab stand längere Zeit ohne Zeichen und Schmuck, und ward vergessen, wie die versunkenen Bauerngräber zur Rechten und Linken. Da kamen eines Morgens Steinmetzen in das stille Thal, brachten einen Grabstein, setzten ihn auf des Reichsgrafen Grab, und keiner weiß bis auf diesen Tag, wer den Stein hat setzen lassen.

Auf der Vorderseite des Steines ist in goldenen Lettern des Verstorbenen berühmter Name zu lesen. Darüber das Wappen des stolzen Geschlechtes. Auf der Rückseite aber steht in schwarzen Lettern: „Er starb im Elend." Und am Sockel sind die Worte eingegraben: „Von einem Freunde vaterländischer Geschichte."

Das ist die Mär vom aristokratischen Proletariat. Der Reichsgraf, welcher zuletzt auf der Welt nichts mehr besaß, war an seiner Geburt gestorben, seines Geschlechtes große Geschichte hatte ihn nicht erhalten, nicht ernähren können. Und ein Unbekannter, ein Freund eben jener zermalmenden Geschichte, nicht ein Freund des Hauses oder des Verstorbenen, erweist ihm die letzte Ehre, weil die Tragödie dieses hochgeborenen Proletariers, den er vielleicht nie mit Augen gesehen, ihn erschüttert hat. Er starb im Elend? Zu dieser Lapidarschrift wollte ich den Sozialdemokraten führen, dem das Elend da anfängt, wo das geringste Maß der Kartoffeln aufhört, welches zur Beschwichtigung der Verdauungswerkzeuge erforderlich ist. Dieser Reichsgraf,

dem noch ein Privatſekretär folgte, hatte lange Zeit ein ſchönes
Beſitztum, und als er nichts mehr hatte, hatte er doch noch
einen Freund, und wenn es auch nur ein geringer Bauersmann,
ein ehemaliger Dienſtmann war, der ihn pflegte, der ihm die
Augen zudrückte, und doch war er unendlich ärmer geweſen als
der arme Arbeiter, den oft genug der wirkliche Hunger beißt,
den man ohne Hemd begräbt, und dem man trotzdem nur auf
ſein Grab ſchreiben würde: er entſchlief im Herrn — und nicht:
er ſtarb im Elend!

Nicht bloß der Kampf der Arbeit mit dem Kapital bedingt
das Proletariat, ſondern auch der Schickſalskampf mit der Geburt, mit dem Stande, mit der hiſtoriſch gegebenen Stellung in
der Geſellſchaft. Die Geburt iſt nichts Zufälliges, nichts Will-
kürliches, ſo wenig als Körperſtärke und Geiſtesgaben; ſie iſt
vielmehr die eherneſte Notwendigkeit, ſie iſt die erſte und feſteſte
hiſtoriſche Schranke, welche das Einzelweſen gefangen hält, damit
ihm fürs ganze Leben die Lehre im Gedächtnis bleibe, daß das
menſchliche Streben an geſchichtlichen Vorbedingungen hängt,
über die keiner hinaus kann und auf welche er, als auf etwas
Gegebenes, weiterbauen muß. Wollt ihr, daß der Menſch, aller
hiſtoriſchen Vorausſetzungen bar, bloß nach den toten, allgemeinen
Grundſätzen des abſtrakten Rechtes und der Billigkeit zum Erringen ſeiner Ziele Vollmacht habe, dann zertrümmert erſt die
hiſtoriſche Feſſel der Geburt — wenn ihr könnt. Der Arbeiter
kämpft nicht gegen die Herrſchaft des Kapitals, er kämpft gegen
die Herrſchaft des Erbrechts, alſo abermals gegen die eherne
Schranke der Geburt. „Vom Rechte, das mit uns geboren iſt,"
will der Deſpot des hiſtoriſchen Rechtes nichts wiſſen, vom Elend,
das mit uns geboren iſt, weiß der Deſpot des philoſophiſchen
Rechtes nichts. Dieſes Elend kann uns vielleicht im Kittel des
Arbeiters, es kann uns aber ebenſogut unter einer Grafenkrone
mitgegeben ſein.

Der vierte Stand ſteigt in Deutſchland hoch hinauf. Es
gibt deutſche Prinzen und Prinzeſſinnen, welche ein Jahres-

einkommen von nur fünfzigtausend Gulden besitzen, und die mit ihren meisten Bedürfnissen auf die Gnade und den Beutel ihres regierenden Vaters oder Bruders angewiesen sind, dessen Einkünfte selber vielleicht wiederum bloß in einer knapp zugeschnittenen Zivilliste bestehen. Würden solche fürstliche Personen sich untereinander verheiraten und neue, weiter auseinander gehende Familienzweige begründen, so käme zu der bereits vorhandenen Kandidatur des vierten Standes im zweiten, dritten Glied bereits der leibhaftige vierte Stand. Denn in den Bürgerstand eintreten und die Rente, vor welche mit jedem neuen Sprößling ein weiterer Divisor gesetzt würde, durch einen bürgerlichen Erwerb wieder steigern, könnten und würden diese armen Leute nicht. Das Bedürfnis würde fürstlich bleiben, das Einkommen immer bürgerlicher werden. Solche Prinzen werden sich mit Fug und Recht nicht einmal verheiraten wollen und sollen. Ein Tagelöhner aber, dem man das Heiraten untersagen möchte, muß schon sehr arm und hilflos sein. Indem den fürstlichen Familien der große Grundbesitz mehr und mehr abhanden · kommt, wird ihnen zugleich das einzige Mittel entzogen, ihr Vermögen zu mehren und für eine ausgebreitetere Nachkommenschaft zusammenzuhalten. Die Domänenfrage, über welche man hier und dort so heftig gestritten, ist nicht bloß eine staatswirtschaftliche, sie schließt zugleich die Frage in sich, ob die weitere Descendenz des Fürsten dem vierten Stande verfallen oder in den Reihen der Aristokratie bleiben solle. Ein kleiner Fürst ohne Privatbesitz wird durch seine Zivilliste mit der Zeit zur Abdankung gezwungen werden; eine Zivilliste ohne erhebliche landesherrliche Domänen ist das natürliche Gegengift wider den dynastischen Partikularismus. Wer mag seinen Kindern und Kindeskindern ein so unsicheres Brot wie eine moderne Prinzenapanage in Aussicht stellen! Der konstitutionelle Staat hat den nachgeborenen Prinzen, namentlich in den kleineren und kleinsten Ländern, nicht nur die Grundlage einer festen aristokratischen Existenz entzogen, sondern ihnen meist auch die Möglichkeit irgend eines Berufes abgeſchnitten. Denn rechnen wir den Kriegsdienſt ab, ſo fällt jede andere praktiſche Thätigkeit, der in alten Zeiten ein Prinz mochte obgelegen haben, jetzt den verantwortlichen Miniſtern zu. Ein nachgeborener Prinz iſt in der Regel gezwungen, berufslos zu bleiben gleich dem bedenklichſten Teile der Proletarier, und wenn auch er noch ſo eifrig muſiziert, malt, dichtet oder den Wiſſenſchaften obliegt, ſo wird er doch niemals ein rechtſchaffener Muſikant, Maler, Dichter, Gelehrter, ja nicht einmal ein Litterat von Fach; man wird ſeine Thätigkeit eine „Paſſion" nennen, keinen „Beruf", und wo er etwas angreift, bleibt er ſein Lebtag zum Dilettanten verurteilt. Die Begeiſterung aber für einen feſten, praktiſchen Beruf allein kann den ſtrebenden Menſchen in ſich befriedigen. Dieſe Befriedigung erzeugt den echt konſervativen Geiſt; ſie iſt den nachgeborenen Prinzen verſagt, wie einem großen Teile der Proletarier. So ragt die Kandidatur zum vierten Stande überall auch in die höchſte Schicht der Geſellſchaft. Nicht als ob dort das wirkliche Proletariat ſchon eingebrochen ſei, aber die Vorbedingungen deſſelben kündigten ſich bereits an: der Geiſt des vierten Standes, der durch die ganze moderne Welt geht, hat auch die Thür zu den Königsſchlöſſern gefunden, auch zu den Fürſtenſöhnen iſt das Mißbehagen im eigenen Stande, die Berufsloſigkeit und Zerfahrenheit, der Zwieſpalt zwiſchen der äußeren Exiſtenz und der geſellſchaftlichen Stellung durch= gedrungen, und wenn juſt die Prinzen auch nicht den Kampf gegen die hiſtoriſche Geſellſchaft beginnen werden, ſo legen ſie doch Zeugnis ab von der Gewalt der alles umſtrickenden Idee des vierten Standes.

Die früheren Erwerbsquellen der hohen und niederen Ariſto= kratie ſind mehr als zur Hälfte vertrocknet. Die Bedürfniſſe haben ſich verdoppelt. Der Eintritt in den geiſtlichen Stand ſicherte vordem Tauſenden von Adeligen ein ſtandesmäßiges Leben. Sie trachteten nicht bloß, wie das heutzutage in katholiſchen Ländern freilich auch noch der Fall iſt, die oberſten Würden= träger der Kirche zu werden, ſondern griffen im Mittelalter auch zu der wirklichen geistlichen Arbeit in Klöstern und an kleinen Pfarreien. In dem rheingauischen Dorfe Lorch war noch im sechzehnten Jahrhundert ein Pfalzgraf und Herzog — Georg von Bayern — Pfarrer. Eine solche Dorfpfarre würde jetzt selbst dem neuesten Baron zu gering sein. Von der ehrenvollen Ausnahme, welche hier immer noch einzelne Adelsgruppen machen, habe ich oben bereits geredet. Das eben ist der Fluch der nobeln Faulenzerei, der sich der Adel im siebzehnten und achtzehnten Jahrhundert in den zahllosen, damals neu geschaffenen Hofämtern und Sinekuren aller Art hingab, daß fast alle Berufsarbeit, welche früher noch innerhalb der Grenzen der Aristokratie stand, jetzt aus denselben herausgetreten ist. Solange ein Baron des Mittelalters noch ein Brevier lesen oder einen Degen führen konnte, gab es für ihn kein Proletariat. Walther von Habenichts war auch ein armer Teufel, er führte die Proletarier nach dem gelobten Land und ließ sie von den Türken totschlagen, aber er selber war darum noch lange kein Proletarier. Die Ritter, welche vom Stegreif lebten und wegelagerten, wußten wenigstens, was sie thun und treiben sollten, um zu leben, und das weiß das moderne Adelsproletariat eben nicht. Der Bauer, den jene bestohlen und geschunden, erkannte noch immer das Aristokratische ihres Berufes an, denn in seinem Glauben sausten seine Quälgeister nach ihrem Tode doch wiederum als feurige Ritter durch die Flur, und die Hölle selbst mußte also Respekt vor ihrem Rang und Wappen gehabt haben. Beim Adel des Mittelalters war der adelige Beruf an den Besitz gebunden, und doch hing er anderseits auch wieder bei weitem nicht in dem Grade vom Besitze ab, wie bei der modernen Aristokratie. Der alte Ritter verpfändete Burg und Hof und Wams und Tressen dazu und blieb doch ein Ritter, wenn dagegen der moderne Baron seinen Mantel aufs Pfandhaus trägt, so ist damit seine aristokratische Stellung jedenfalls sehr zweifelhaft geworden.

Das aristokratische Proletariat ließ sich seit langer Zeit am

Riehl, Die bürgerliche Gesellschaft.                    20

besten in den deutschen Kleinstaaten beobachten. Dort drängte
es sich aus aller Welt Enden zusammen, um Hofämter und
Offizierstellen zu erhalten. Auch die kleinsten Höfe wollten sich
mit dem Glanze alter Namen umgeben. Ein eigentlicher Landesadel war oft nicht mehr vorhanden, die weiland reichsunmittelbaren Familien blickten mit dem ganzen Groll der Mediatisierten
auf ihre ehemaligen Kollegen, die so glücklich waren, ihre Souveränetät zu retten, und würden sich's nie und nimmer verziehen
haben, bei denselben Hof- und Militärdienste anzunehmen. Wie
die Bureaukratie alle Schleusen aufzog, damit das bürgerliche
und bäuerliche Proletariat ins Land einströme, und durch die
Erhöhung der Bevölkerungsziffer den S c h e i n des Staatswohl-
standes erhöhe, so wurde von den Höfen die ganze Flut des
adeligen Proletariats in diese kleinen Ländchen geleitet. Aber
diese Versorgung eines armen Barons, dessen Güter, wie die
Bauerngüter zu Zeiten des armen Konrad, auf der Fehlhalde
und dem Hungerberg, am Bettelrain und zu Nirgendsheim lagen,
mit einer Lieutenants- oder Kammerjunkerstelle führte eigentlich
nur wieder zu einer neuen Sorte von Proletariat, die auf das
vorhandene gepfropft wurde. Denn das militärische Proletariat,
wie es in den Tagen der Landsknechte Deutschland in Schrecken
setzte, ist von den Gemeinen zu den Offizieren avanciert, und
fängt jetzt bei den Kadetten, Fähndrichen und Lieutenants an,
wie vordem bei den Troßbuben und Stallknechten. Bekanntlich
sind unsere niederen Offiziersgagen darauf berechnet, daß der Inhaber der Stelle etwas eigenes Vermögen mitbringe, aus welchem
er zusetzen könne. Die meisten Militärverfassungen sprachen es
selber aus, daß diese Stellen proletarisch dotiert seien, indem sie
nur Söhne der vermögenderen Klassen in die Kadettenschulen zu-
ließen, und die niederen Offiziere, außer gegen Hinterlegung einer
hohen Kaution, zum Cölibat verurteilen. Ein Bürgerlicher schlägt
sich noch am ersten durch in diesem Offiziersproletariat, da ihm
Entsagen und Arbeiten von Haus aus näher liegt. Statt dessen
nun besetzte man in den kleinen Ländchen solche Stellen fast

durchgehends mit den von nah und fern herzugerufenen ver=
kommenen und verdorbenen Adeligen. Diese kamen in einen
Beruf und fanden doch keinen. Da sie nicht wegen ihrer Kriegs=
tüchtigkeit, sondern wegen ihres Namens herbeigezogen worden
waren, so lag ihnen gemeiniglich die Kriegswissenschaft zu hoch,
die Gamaschenknöpferei aber zu niedrig. So recht bequem lag
dagegen das Wirtshaus. Sie glaubten eine Existenz gefunden
zu haben, und hatten doch keine, da schon der „Standesaufwand"
allein, den man von ihnen forderte, die schwindsüchtige Gage
überstieg. Proletarier im Besitz, Aristokraten im Genuß, sind
diese Offiziere bereits wirkliche Mitglieder des vierten Standes.
Mit grenzenloser Frivolität nahm man seitens der obersten
Militärbehörde in der Regel die Sache hin, wie sie eben war,
und stellte wohl gar „halboffiziell" die Behauptung auf, ein
Lieutenant, der keine Schulden mache, sei ein schlechter Offizier.
Dies ist das Widerspiel zu jener würdigen „aristokratischen De=
pense", von welcher ich oben redete.

Nicht wenige Glieder des Offizierproletariats haben wir wieder=
gefunden in den Insurgentenheeren der Jahre 1848 und 1849.
Der Schritt von dem geheimen Zerfallensein mit der Gesellschaft
zum offenen Kampf gegen dieselbe war diesen Männern wahrlich
weit leichter gemacht als den verführten Handarbeitern und Tag=
löhnern, die unter ihrem Kommando fochten. Der Kasernendienst
mit ein paar hundert Gulden Gage ist freilich ebensogut eine
Zufluchtsstätte für den heruntergekommenen Adel, wie es das
ritterliche Kriegshandwerk für den in der Erbschaft totgeteilten
Junker des Mittelalters war. Aber es ist dies eine Zufluchts=
stätte, die in anderen Formen uns allen offen steht — die Zu=
fluchtsstätte des vierten Standes. Viele mittellose adelige Sub=
alternoffiziere haben das empfunden und sind in den Friedensjahren
nach Amerika gegangen, wo sie das wenigstens ganz sein können,
was sie hier sein müssen und doch zu sein nicht scheinen dürfen
— Proletarier. Noch mehr, ein heruntergekommener Edelmann
kann in Amerika sogar Bürger oder Bauer werden, er kann dort

die Last seines Namens, seiner Geburt, seiner Geschichte von sich werfen, und es bleibt ihm noch ein drittes übrig neben der Wahl, ein vornehmer Herr oder ein Lump zu sein.

Indem die kleinen Fürsten das aristokratische Proletariat hegten und sein Wachstum förderten, haben sie zugleich die ganze soziale Stellung der Aristokratie verrückt. Nur durch festes Zusammenziehen des ganzen Standes kann man die konservative Macht der Aristokratie erhöhen. Sie ist nur in ihrer Beschränkung stark und in diesem Betracht das gerade Widerspiel des vierten Standes, der in seinem riesigen Wachstum nach außen, in seiner Korpulenz so erstaunlich sich kräftigt. Man kann ein Wortspiel daraus machen und sagen, der vierte Stand würde dann erst eigentlich ein „Stand" werden, wenn es aufhört, „Stände" zu geben. Wenn Karl Vogt in der Paulskirche den Antrag stellte, man möge, um den Adel aufzuheben, nur jedwedem freigeben, den Adelstitel anzunehmen, so könnte man glauben, er habe den kleinen Höfen das Verfahren abgelauscht, wie man die Aristokratie am besten um den Kredit bringt. Die Bevorzugung des aristokratischen Proletariats — nicht der Aristokratie — ist es, was vorzugsweise den Groll aller anderen Stände gegen den Adel erzeugt hat. In Marburg hatten die adeligen Studenten bis vor kurzem — vielleicht auch noch — nur ein einziges Vorrecht, nämlich — doppelte Immatrikulationsgebühren bezahlen zu müssen. Ein solches Privileg ist jedenfalls der Aristokratie am förderlichsten. Ich deutete schon in dem Abschnitte von der Aristokratie an, wie oft gerade der gediegene, konservative Bürger, der nichts weniger als Staat und Gesellschaft umstürzen will, einen gründlichen Haß auf den Adel geworfen hat. Diese Stimmung, welche mit dem ganzen übrigen sozialen Charakter jener Bürger im Widerspruch steht, ist hervorgerufen durch das aristokratische Proletariat, die Feindseligkeit gegen dieses überträgt sich unbewußt auf die ganze Aristokratie. Es muß den Zorn des ehrenfesten Bürgers herausfordern, wenn er sieht, wie etwa der hergelaufene proletarische Hoffavalier in

nobler Verschwendung sich anläßt, als seien ihm die Thaler in
Scheffeln zugemessen, indes er Brot und Fleisch auf jahrelangen
Borg nimmt; es muß sein sittliches Gefühl empören, wenn er
bemerkt, wie der proletarische Baron aus dem achtzehnten Jahr=
hundert nicht bloß die Tradition der adeligen Berufslosigkeit und
Sinekurenjägerei überkommen hat, sondern wie er dazu auch an
der weitherzigen Moral der höheren Stände aus jener verderbten
Zeit mit dem Konservatismus der Liederlichkeit festhält, und wie
der zerfahrene militärische Müßiggänger alten Namens, aber nicht
alter Ehrenfestigkeit, den schleichenden Betrug an einem armen
Handwerker durch Schuldenmacherei für einen Zug vornehmen
Wesens hält. Er reizt den Spott des Bürgers und Bauern,
der in seinem reichlichen Erwerb sich behaglich fühlt, wenn er
auf den erwerblosen Adeligen blickt, der auf silberner Schüssel
täglich Kartoffeln mit Salz ißt.

Der trefflich gezeichnete arme Baron in Immermanns Münch=
hausen spekuliert auf die Fabrikation von Luftsteinen, indes die
wirklichen Steine seines Rittersitzes an allen Ecken auseinander=
bersten. Aber der Leser wird sich erinnern, daß dieser Immer=
mannsche Baron keineswegs unsere sittliche Entrüstung heraus=
fordert; im Gegenteil: sein harmloses Leben erregt in uns ein
Gemisch von Heiterkeit und Mitleid. Dieser Baron ist aber auch
kein Proletarier, er ist nur ein armer Teufel, er bleibt dabei ein
echter Aristokrat; in dem Maße, als seine Besitztümer mehr und
mehr dem Reiche der Phantasie anheimfallen, treten auch seine
Bedürfnisse und Ansprüche mehr und mehr in das Reich der
Phantasie hinüber, in seinen Ueberlieferungen, in seiner Ge=
dankenwelt, in seinen Sitten, in seinen Grillen hat er die ge=
nauesten Grenzmarken seines Berufes und Standes gefunden,
und er fühlt sich über die Maßen behaglich innerhalb derselben;
die Pfeiler seines baufälligen Hauses wanken unter seinen Füßen,
aber die Pfeiler seiner sozialen Existenz stehen ihm, in seiner
Einbildung, fest wie die ewigen Berge.

Dieses Bild bezeichnet uns nicht bloß eine einzelne Figur:

es schildert eine ganze Gattung. Der heruntergekommene grund=
besitzende Adel wird höchst selten dem vierten Stand verfallen,
er wird darbend und entsagend an dem Schattenbilde seiner gesell=
schaftlichen Stellung und an der überlieferten Sitte festhalten
und nicht, wie mehrenteils der proletarische Hof= und Militär=
adel, dieselbe in Unsitte verkehren, er wird allenfalls den Humor
herausfordern, gemischt mit einer Rührung des Mitleids, aber
nicht den Haß und Groll der übrigen Stände. Er ist dem ordent=
lichen Bürger und Bauern nur ein verblaßtes Abbild der voll=
gültigen Aristokratie, vor deren geschichtlichem Charakter, vor
deren Beruf als der selbständigsten und bewußtesten Hüterin des
erhaltenden Prinzips im Staate, als betraut mit den Interessen
des großen Grundbesitzes, der großen Industrie, des massen=
haften Kapitals, der Mann des kleinen Gewerbes und des kleineren
Ackerbaues immer Respekt gehabt hat. Aber gerade darum ist
ihm das aristokratische Proletariat in tiefster Seele verhaßt, denn
hier tritt ihm die Bevorzugung eines Standes entgegen, der
kein Stand, kein Beruf mehr ist, nur noch eine alte Formel,
ohne allen Kern; und weil das aristokratische Proletariat leider
zahlreicher geworden ist als die Aristokratie selber, so kommt er
leicht dazu, beides untereinander zu mengen.

Als die hessischen Bauern im März 1848 die Standesherren
im Vogelsberg so hart bedrängten und ihre Besitzungen plün=
derten, konnten viele diese Wut der Bauern nicht begreifen,
welche sich plötzlich gegen Leute richtete, von denen die ganze
Gegend schon lange weit mehr Vorteil gezogen, als die un=
bedeutenden besonderen Lasten der standesherrlichen Bezirke aus=
machten. Die Feindseligkeit der Bauern zielte aber gar nicht
auf die Standesherren als solche, sie zielte auf die Bevorzugung
des aristokratischen Proletariats, welche ihnen gleichbedeutend
geworden war mit dem Begriff der Aristokratie überhaupt und
ihren Vorrechten. Die Herren auf dem Lande erhielten den
Streich, und den Herren in der Stadt galt er. Man sieht daraus,
daß es ein Akt der Selbsterhaltung für die Aristokratie ist, den

in der rauhen Luft dieser Zeit immer reichlicher abwitternden
Teilen ihres Standes den Uebertritt in die Bürgerschaft und
das Ergreifen einer bürgerlichen Hantierung zu vermitteln, und
nicht durch Ansprüche und Zugeständnisse ohne Sinn und Ver=
stand die verdorbenen Aristokraten für die Reihen des vierten
Standes systematisch zu pressen.

Mit Defreten kann man auch hier nicht einschreiten. Nun
es einmal zur Sitte geworden, daß auch der nachgeborene Sohn
den Adelstitel führe, läßt sich das nicht flugs auf dem Wege
der Gesetzgebung abschaffen, denn die Sitte ist gewaltiger als
das Gesetz. Aber der Adel selber muß dazuthun, wie ich schon
oben anzeigte, statt verkehrter Sitte rechte Sitte herauszubilden.
Und wohl können auch die Höfe und Ministerien dahin wirken,
daß die Bevorzugung des aristokratischen Proletariats aufhöre,
welche dem Bürger ein Aergernis ist, dem Adel ein Ruin. Wenn
die künstlichen Hegestätten des aristokratischen Proletariats, wie
wir sie namentlich in den kleinen Ländchen beobachten, allmählich
eingehen, dann wird es auch der verdorbene Baron nachgerade
klüger finden, in die neue Welt zu wandern, oder in der alten
einer nährenden Thätigkeit sich zu widmen, als berufslos von
eines kahlen Namens hungrigen Renten zu zehren. Der Haß
des Bürgers gegen den Adel wird mit dem aristokratischen Pro=
letariat von selber schwinden, und die ganze gesellschaftliche Stel=
lung der Aristokratie eine würdigere und einflußreichere werden.
Oder sollte dies gerade das dämonische Schicksal des Adels sein,
daß ihm nur die Wahl gelassen bleibe zwischen des Besitzes Fülle
und dem Bettelstab?

## Drittes Kapitel

# Die Proletarier der Geistesarbeit.

Die Proletarier der Geistesarbeit sind in Deutschland die eigentliche streitende Kirche des vierten Standes. Sie bilden die große Heersäule der Gesellschaftsschicht, welche offen und selbstbewußt mit der bisher überlieferten sozialen Gliederung gebrochen hat. Die Beweise liegen jetzt genugsam vor, daß der proletarische deutsche Handarbeiter im großen und ganzen noch keineswegs zum hellen Bewußtsein seines sozialen Standpunktes gekommen ist. Er kann im schlimmen Falle ahnen und wittern, daß er ein Vorkämpfer des Umsturzes der Gesellschaft sei, wie der Bauer instinktiv der Kämpe des konservativen Prinzipes ist. Das Geistesproletariat dagegen weiß und fühlt sich als vierten Stand, es will die alte Gesellschaftsordnung in der Praxis wie in der Theorie niederreißen.

Ich fasse auch diese Gruppe des vierten Standes in ihrer ganzen Konsequenz, im weitesten Rahmen. Beamtenproletariat, Schulmeisterproletariat, perennierende Predigtamtskandidaten, verhungernde akademische Privatdozenten, Litteraten, Journalisten, Künstler aller Art, von den reisenden Virtuosen bis zu den wandernden Komödianten und den Drehorgelleuten und Bänkelsängern abwärts. Ueberschlägt man in Gedanken diese Legion der deutschen Geistesproletarier, dann muß man wohl zu dem Resultate kommen, daß in keinem Lande Europas die in Rede stehende Gruppe des vierten Standes zahlreicher und mannigfaltiger vertreten sei als bei uns. Es liefert dies den Beweis,

daß der Umsatz des materiellen Kapitals der Nation unverhält=
nismäßig zurücktritt neben dem Groß= und Kleinhandel, Schacher
und Wucher, der mit dem geistigen Pfunde getrieben wird.
Deutschland erzeugt mehr geistiges Produkt, als es brauchen und
bezahlen kann. Eine solche Ueberproduktion, die nicht bloß vor=
übergehend ist, sondern andauernd, ja stets im Wachsen be=
griffen, zeugt von einem krankhaften Zustande der gesamten
Nationalarbeit, von einer widernatürlichen Verteilung der Ar=
beitskräfte. Das Geistesproletariat ist eine weit schärfere Sa=
tire auf den Nationalwohlstand als alles Fabrikarbeiter= und
Bauernelend.

Wir stehen hier vor einem Zirkel. Die Geistesarbeit schießt
ins Kraut, weil ihr der materielle Erwerb nicht hinreichend breite
und tiefe Wurzel bietet, und diese Wurzel kann wiederum nicht
zur rechten Entfaltung kommen, weil jeder Ueberschuß von Kraft
aufwärts in das endlose Blätterwerk treibt. Darin liegt mancherlei
Gefahr für Deutschlands soziale Zustände. Wie der vierte Stand
in anderen Ländern durch den plötzlichen und übergewaltigen Auf=
schwung der Industrie erzeugt wurde, so ist er in Deutschland
wesentlich das Ergebnis einseitig überwuchernder geistiger Er=
hebung. Wir sahen oben, daß auch der deutsche Bürgerstand
seinen überwiegenden Einfluß in· der modernen Gesellschaft den
zwei großen Thatsachen der geistigen Erhebung durch die Refor=
mation und die klassische Periode der neueren Nationallitteratur
verdankt, während erst in jüngster Zeit die Industrie ihr Ge=
wicht zu Gunsten des Bürgertums in die Wagschale zu werfen
beginnt. Das Ueberwuchern des Geistesproletariates ist die
Kehrseite eines fröhlichen Aufschwunges im Bürgertum.

Andere Völker brauchen uns eben nicht zu beneiden um das
Uebergewicht des Geistesproletariates über die Proletarier der
materiellen Arbeit. Denn der Mensch wird viel leichter über=
studiert, als er sich mit seinen Händen krank arbeitet, und gerade
das Geistesproletariat erzeugt die bösartigeren Krankheitsstoffe.
Der Widerstreit des Erwerbs mit dem Bedürfnisse, der eingebildeten

gesellschaftlichen Stellung mit der wirklichen ist bei dieser Gruppe des vierten Standes am unversöhnlichsten.

Die Proletarier der Geistesarbeit waren da, seit man überhaupt des Geistes Weben und Schaffen als Arbeit zu betrachten und auf den Markt zu bringen begann, und gar viele Männer, deren Bildsäulen die Geschichte in dem Pantheon des nationalen Ruhmes aufgestellt, waren nichts anderes als solche Proletarier. Aber in den Zeiten, wo das deutsche Nationalbewußtsein fast nur in der Litteratur und Kunst noch lebendig war, mußten die Proletarier der Geistesarbeit eine immer höhere Meinung von ihrer Bedeutsamkeit bekommen und immer schneidender den Widerspruch empfinden, worin ihre materielle Stellung hierzu stand. Daß der Geist des vierten Standes in diese Proletarier gekommen, ist eine neue Thatsache. Weil das Zeitalter die Intelligenz auf den Thron gehoben, glaubten die großen und kleinen Leute, welche aus der Intelligenz Profession machten, daß sie selbst nun auch wenigstens auf Sammetpolstern sitzen müßten. Was von sozialen Bewegungen im Sinne des vierten Standes in neuester Zeit in Deutschland auftauchte, das ist von den Proletariern der Geistesarbeit ausgegangen oder angeregt worden. Es ist eine furchtbare Ironie auf unsere Staatseinrichtungen, wenn man erwägt, wie im Jahre 1848 Subalternbeamte — also die eigensten Pflegekinder des Staates — in Masse für die Zerstörung der historischen Gesellschaft wühlten, während Bürger und Bauern und Taglöhner sich ruhig verhielten; und man könnte kein beißenderes Epigramm auf unsere öffentliche Erziehung schreiben, als wenn man die Durchschnittsziffer der verdorbenen Litteraten ermittelte, welche alljährlich durch unsere gelehrten Staatsschulen zum Kriege gegen die Gesellschaft eingeschult werden. Gerade diejenige Gesellschaftsschicht, mit welcher sich der Staat in Deutschland zunächst befaßt und an der er fast ausschließlich seit Jahr und Tag gedoktort hat, das studierte Bürgertum, ist am gründlichsten sozial zerfahren. In Frankreich erlebten wir neuerdings auf anderem Gebiet ein Gegenstück hierzu. Je mehr sich zur

Zeit der provisorischen Regierung der Staat als solcher mit den brotlosen Arbeitern befaßte, um so proletarischer, um so gefährlicher für die Gesellschaft wurden sie.

Die aristokratische Truppenschar zum vierten Stande erschien uns als der verwitternde Abfall einer längst bestehenden und abgeschlossenen Gruppe der Gesellschaft; in dem Proletariat der Geistesarbeit dagegen erblicken wir eine ganz neue Gruppe, die sich, durch neue Kulturströmungen emporgetrieben, erst zum Leben aufringt. Daher konnte ich die aristokratischen Proletarier nur nach dem schildern, was sie nicht mehr sind, während ich die vorliegende Gruppe hauptsächlich nach dem schildern muß, was sie werden will. Dort bedingte der Mangel an Lebensthätigkeit den sozialen Krankheitszustand, hier die Ueberfülle des widernatürlich auf einen Punkt gehäuften Schaffensdranges. Das aristokratische Proletariat geht zu Grunde, weil es am unrechten Orte in der Vergangenheit lebt, die Geistesproletarier, weil sie über dem Phantasiebild einer sozialen Zukunft die Gegenwart vergessen. Während aber bei dem aristokratischen Proletariat, wie bei den schlechtweg so genannten Arbeitern immer noch Trümmer von gesellschaftlicher Organisation des Standes übrig geblieben sind, indem jene noch an der Tradition der vollgültigen Aristokratie, diese an der Ueberlieferung des Handwerks, dem sie verwandt, in gewissem Grade festhangen, fehlt bei dem Geistesproletariat auch jeder Gedanke einer geschichtlichen Gliederung des Standes und der Arbeit, weil hier überhaupt eine Geschichte erst geschaffen werden soll. Es ist dieses daher in der That der vollendetste Mikrokosmus des ganzen vierten Standes; die Idee desselben ist hier am umfassendsten verwirklicht.

Das Geistesproletariat rekrutiert sich aus allen Ständen; hier herrscht schrankenloseste Gewerbefreiheit, hier gilt keine Zunft, kein Fach, kein Meister, kein Geselle. Nicht bloß verdorbene Schneider, wie Weitling, auch verdorbene Grafen, wie St. Simon, versuchten es, nachdem sie andere Formen des Proletariates bereits durchgemacht, zuletzt noch einmal unter den Litteraten. Und es ist, beiläufig bemerkt, charakteristisch genug, daß diese dunkle, unmeßbare Größe des vierten Standes, in welcher die Gegensätze zertrümmerter und neu aufsprossender Gesellschaftschichten vereinigt liegen, in neuerer Zeit ihren ersten begeisterten Propheten in eben diesem Grafen St. Simon fand, dem heruntergekommenen Aristokraten, dem phantastischen Schwärmer, zur Hälfte in jugendkühnem idealistischem Aufschwung, und schon halb im Todeskampfe sein letztes Buch, „Das neue Christentum", verfassend.

Es schien mir lehrreich, eine aus dem Kleinen herausgearbeitete Musterung des Künstlerproletariates dem Leser vorzuführen. Nicht als ob dessen soziale Bedeutung so hervorragend wäre. Aber gerade in der Art und Weise, wie sich aus den einzelnen Künstlerberufen die Ansätze zum Proletariate entwickelten, deuchte mir so anziehendes Material zur Erkenntnis der Genesis des vierten Standes überhaupt gegeben, wie kaum irgendwo anders.

Es wird uns nämlich die beachtenswerte Erscheinung begegnen, daß der Künstler, je mehr er sich von seinem alten und natürlichen Zusammenhang mit dem bürgerlichen Handwerk losgerissen, je mehr er sich von der strengen äußerlichen Zucht technischer Lehr- und Gesellenjahre frei gemacht hat, und je mehr die alten künstlerischen Genossenschaften sich auflösten, immer entschiedener dem Proletariat in geistigem und materiellem Betracht verfallen ist.

Die Männer der bildenden Kunst, welche durch die ganze Technik ihres Kunstbetriebes gezwungen sind, auf dem festen Boden des Handwerks zu stehen, haben bis zu dieser Stunde den Geist des vierten Standes am meisten aus ihren Reihen fern gehalten. Die Musiker dagegen und Schauspieler, welche sich von der alten sozialen Zucht der Korporation und des Handwerks fast ganz befreiten, haben dadurch eine förmliche eigene Familie des Künstlerproletariates ausgebildet.

Wir werden von den sozial gebundensten Künstlerberufen zu den sozial am meisten entfesselten vorschreiten.

Bei den bildenden Künsten kommen vorweg die Jünger der Baukunst hier kaum in Betracht. Der innigste Zusammenhang ihrer Kunstübung mit dem Handwerk und der Wissenschaft hat sie seit dem Mittelalter sehr entschieden in die Reihen des gewerbetreibenden Bürgerstandes eingewiesen. Der zünftige Charakter war bei den Baukünstlern des Mittelalters aufs förmlichste ausgebildet. Die Bauschulen und Bauhütten sorgten dafür, daß nicht jeder konnte zugelaufen kommen. Je leichter das Lehrgeheimnis einer Kunst zu ergründen scheint, desto mehr wird sie dem Zulauf solcher Leute ausgesetzt sein, die nachgehends auf halbem Wege stehen bleiben, um sich dann als künstlerische Proletarier der wirklichen Künstlerschaft beizugesellen. Wenn die mittelalterigen Baugewerke ihr Lehrgeheimnis mit größter Eifersucht bewahrten, dann lag wenigstens der einfache Sinn darin, daß keiner sich für einen Eingeweihten der Kunst halten sollte, der nicht in strenger Zucht zur Künstlerschaft emporgestiegen war. Das Mittelalter hatte in seinen Korporationen ein Organ, um das Maß dieser Zucht festzustellen. Uns fehlt ein solches Organ, und an dem Mangel desselben klebt das künstlerische Proletariat.

Man wird noch keine Silbe von einem Proletariat der Baukünstler als einer sozialen Gruppe gehört haben, während sich uns ein ganz eigen geprägtes Musikantenproletariat, ein Schauspielerproletariat merklich genug aufdrängt. Man wird auch nirgends von einem besonderen Proletariate der Bildhauer hören, obgleich es schier mehr verdorbene als geratene Bildhauer in Deutschland gibt. Denn auch bei diesem Künstler ruht die Hälfte seiner Meisterschaft im Handwerk. Er hat harte Lehrjahre durchzumachen, er arbeitet mühselig und langsam, während das Proletariat nur da sich einnistet, wo man gleich ernten kann, nachdem man gesäet hat. Sowohl das Studium als die Ausübung der plastischen Kunst setzt einen gewissen Kapitalbesitz, eine „Auslage" voraus. Der Volksmund würdigt die Gediegenheit der Berufsgeschäfte mit gutem Mutterwitz nach dem Maße dieser Auslage und stellt im Sprichwort das Geschäft der Barbiere und der Musikanten als die leichtesten und liederlichsten hin, weil beide keine Auslage haben. Der plastische Künstler errichtet eine Werkstätte, wo Lehrling und Geselle unter den Augen des Meisters arbeiten; dadurch ergibt sich schon ein Anflug von natürlicher Organisation in dieser Künstlergenossenschaft. Er kann auch nicht, wie der Musiker und Schauspieler, bei unstetem Vagabundieren seine Kunst ausüben, sondern ist dazu an den bestimmten Ort gefesselt. Durch seinen Bund mit dem Handwerk ist zugleich seiner Existenz ein fester Boden geschaffen. Er meißelt ja nicht bloß griechische Götter, sondern, wenn es etwa augenblicklich mit den reinen Kunstwerken nicht recht gehen will, achtet er es seiner Ehre nicht zu gering, auch im künstlerischen Handwerk sein Heil zu suchen. Und mit einer so realen Grundlage der Kunst geht am sichersten ein gediegenes bürgerliches Leben Hand in Hand.

Man kann es nicht genug preisen, daß die meisten alten Maler, namentlich die deutschen, sich so erstaunlich konzentrierten in der Wahl ihrer Stoffe. Es gehört zum Wesen des Geistesproletariates, daß es nicht bloß in allen Ländern umhervagabundiert, sondern auch in allen Zweigen seiner Kunst oder Wissenschaft. Die Litteraten, welche alles wissen und auf Verlangen in allem arbeiten, bezeichnen darum den Gipfel dieses Proletariates. Ein Meister, der bloß Madonnen und Heilige, oder bloß nüchterne und betrunkene Bauern, oder bloß Hirsche, bloß Rindvieh, bloß Schafe malt, wie das meist die Alten gethan, kann gar nicht von dem auf weitester Peripherie heruntaumelnden Schwindelgeiste des vierten Standes angesteckt werden. Indem er seine Schöpferkraft energisch auf einen Punkt zusammenfaßt, wird ihm auch im sozialen Leben der Gedanke des unsteten Umherfahrens ein Greuel sein. Die treffliche künstlerische und soziale Rückwirkung einer strengen technischen Schulzucht zeigt sich leuchtend bei den Meistern der altitalienischen und altdeutschen Malerschulen. Diese Leute wußten ganz bestimmt, was sie lernen und bei wem sie lernen sollten; die Meister einer Kunstschule hielten auch äußerlich als in einer festgeschlossenen Genossenschaft zusammen, sie setzten ihrem Wirkungskreis aufs genaueste Maß und Schranke und standen darum in der Kunst wie im sozialen Leben fest auf den Beinen. Bei dem modernen Geistesproletariat wird man niemals von einer bestimmten „Schule" reden können, da stäubt alles auseinander. Es wird z. B. niemand einfallen, von einer Berliner, Leipziger 2c. Litteratenschule zu sprechen, weil hier zuletzt wohl doch wieder nur die allgemeine Zerfahrenheit das gemeinsam Charakteristische wäre. Es ist sehr bemerkenswert, daß von dem Augenblicke an, wo man wieder von besonderen Schulen der modernen Malerei zu reden begann, nicht bloß der proletarische Geist des Kunstideals schwand, sondern auch ein großer Teil der Maler, die vordem in der wirklichen Vasallen= schaft des vierten Standes gestanden, sich wiederum zu größerer bürgerlicher Selbständigkeit aufzuringen begann. In einer langen Zeit künstlerischen Verfalles war der Maler, sofern er nicht in Hofdiensten stand, dem ganzen Jammer des vierten Standes fast rettungslos preisgegeben. Mit den Malerschulen ist wieder Ge= nossenleben und Genossenhilfe erwacht. Der Korporationsgeist bei den Malern hat bereits die Anforderung einer strengen tech= nischen Schulzucht bedeutend gesteigert, damit die engere Genossen= schaft rein erhalten bleibe von dem Eindringen meisterloser Schwindler, welche überall die wahren Apostel des Künstlerprole= tariates sind. Mit Freuden bemerkt man, daß seit dem höheren Aufschwung der modernen Malerei jene Schwärme halbreifer Porträtmaler bedeutend abgenommen haben, die ohne irgend eine feste Existenz gleich Irrlichtern im Lande umherfuhren, nament= lich die Provinzialstädtchen und reicheren Dörfer brandschatzten und mit dem leicht erworbenen Verdienste von der Hand zum Mund lebten, bis sie allmählich im Elend untergingen. Dagegen lebt jetzt eine verwandte Art des Proletariats unter den zahllosen Daguer= reotypisten und Photographen auf. Allein insofern bei ihnen der Erwerb gewisser Handfertigkeiten fast ganz an die Stelle der künstlerischen Begabung tritt, gehören sie mehr dem Prole= tariate jener Fabrikarbeiter an, deren ganze Existenz von einer einzigen Manipulation abhängt, die nur so lange ihren Wert behält, als die Maschine, womit sie arbeiten, in ihrem jeweilig unvollkommenen Zustande bleibt.

Bei den Musikern stoßen wir zuerst auf ein vollständig ausgeprägtes Künstlerproletariat. Die Musiker bilden bis tief ins achtzehnte Jahrhundert hinein eine ziemlich festgeschlossene Genossenschaft. Wer ein Meister der Tonkunst werden wollte, der mußte als Kalikant, als Chorsänger, als Stadtpfeifer oder Zinkenist — also beim Handwerk — seine Künstlerlaufbahn beginnen; dann stand ihm aber auch in den zahlreichen fürstlichen und gräflichen Privatkapellen, die fast samt und sonders eingegangen sind, und in den gleichfalls bedeutend verminderten Kantoren- und Organistendiensten die Aussicht einer gesicherten bürgerlichen Existenz offen. Man pflegt so selten vom sozialen Standpunkte aus einen Blick auf die Kunstentwickelung zu werfen, und doch ist es z. B. unzweifelhaft, daß der Verfall des heiligen römischen Reiches nicht wenig zum Verfall der echten deutschen Kammermusik beigetragen hat; denn als es nicht mehr so viele Fürsten im Reiche gab, wie Tage im Jahr, gab es auch nicht mehr so viele Hofkapellen; dadurch ward wiederum der Instrumentalmusik recht eigentlich ihr festes Brot entzogen, der alte solide Kammermusikus verwandelte sich in den modernen fahrenden Virtuosen, und mit der sozialen Stellung der Künstler ward Weg und Ziel der ganzen instrumentalen Kunst vollständig verrückt. Der musikalische Lehrling des siebzehnten und achtzehnten Jahrhunderts suchte die Meister auf und arbeitete bei ihnen ganz so, wie es bei den Gewerken, wie es bei den alten Malerschulen Sitte war. Der musikalische Dilettantismus war erst im dürftigsten Keime vorhanden, und es fiel keinem Dilettanten ein, der etwa in seiner bürgerlichen Existenz Schiffbruch gelitten, nun flugs unter die Musiker zu gehen und da als Meister sein Brot zu gewinnen, wo er doch niemals als ordentlicher Lehrling gearbeitet hatte. Die musikalischen Körperschaften schlossen sich sehr strenge ab. So hatten z. B. die sogenannten

„gelernten Trompeter", welche durch eine strenge, bis aufs Tüpfelchen geordnete Schulzucht gegangen waren und ihre Zungenstöße als ein heiliges Lehrgeheimnis bewahrten, ihre besonderen bis zu Josephs II. Zeit erneuerten kaiserlichen Privilegien und ließen keinen „ungelernten" mit sich blasen, der nicht zur Zunft oder, wie sie es nannten, zur „Kameradschaft" gehörte. Das mag Zopf gewesen sein; es steht aber doch kunstgeschichtlich fest, daß es diese Leute bei ihrer strengen Zucht zu einer fabelhaften Kunstfertigkeit brachten und einem modernen Trompeter müssen sich die Haare sträuben, wenn er liest, mit welch wunderbaren Fanfaren so ein alter gelernter Hoftrompeter die hohen Herren alltäglich zu Tafel blies. Und wenn man erwägt, daß Händel und Bach und die anderen ehrwürdigen Altmeister in der Zucht eben solch strenger Schule aufgewachsen sind und in der Beschränkung eines engen, aber gefesteten bürgerlichen Daseins gewirkt haben, dann müssen diese zopfigen Verhältnisse doch wohl auch mit der freien künstlerischen Genialität verträglich gewesen sein.

Gegen all dieses halte man nun einmal die Spitze des modernen musikalischen Proletariats, das fahrende Virtuosentum. Künstler, die heimatlos durch die Alte und Neue Welt ziehen, nicht aus ihrer Kunst selber, sondern aus dem äußerlichsten Gaukelspiele mit derselben Profession machend, angespornt durch den Ehrgeiz des augenblicklichen Erfolgs, in das Abenteuerliche ihrer Maske nicht selten den ganzen Zauber ihres Künstlertums setzend, nach raschem, leicht verdienten Gewinn begierig, in ihrer ganzen Existenz der Grille eines täglich wechselnden Publikums preisgegeben! Die Erntetage des Virtuosenproletariats traten immer da ein, wo die Nation in ihrer tiefsten Erniedrigung versunken war. So florierte das Proletariat der Gesangvirtuosen, das Kastratentum, an den Höfen zur Zeit ihrer größten Verderbtheit im achtzehnten Jahrhundert, während sich die gediegene Tonkunst gerade damals in den Schoß des tüchtig gebliebenen Bürgerstandes zurückgezogen hatte. Die Instrumentalvirtuosen

Riehl. Die bürgerliche Gesellschaft.    21

hatten ihre besten Tage in den beiden Restaurationsepochen der zwanziger und dreißiger Jahre. Mit dem höheren Aufwallen des nationalen und politischen Lebens in dem eben verstrichenen vierten Jahrzehnt nahmen diese Nomadenzüge zusehends ab. In den Tagen des litterarischen und musikalischen „jungen Deutschlands" war jenes Virtuosenproletariat, welches in der Buhlerei mit der eigenen kleinen Persönlichkeit die Spitze seiner Kunstleistungen fand, zum letztenmale wie Unkraut an allen Wegen aufgesproßt. Schlägt man in den Geschichtsbüchern der Tonkunst die Lebensläufe der fahrenden Virtuosen nach, dann ist es einem, als ob man in ein großes Spital von bürgerlich, sittlich und künstlerisch Kranken träte, in ein Musterhospital, bequem eingerichtet zum Studium der ausgesuchtesten sozialen und sittlichen Gebrechen. Es gibt nur eine Gruppe, die in solch pathologischem Betracht vielleicht noch etwas lehrreicher ist, die Gruppe der fahrenden Litteraten. Die fahrenden Virtuosen klammern sich an einen Beruf, der nie und nimmer eine volle Manneskraft erfüllen kann, sie sind dabei genötigt, einen Glanz des äußeren Lebens zu erheucheln, der ihnen in Wirklichkeit gar fern liegen mag, und gelangen durch diesen inneren Widerspruch zu jener bürgerlichen und künstlerischen Zerfahrenheit und Blasiertheit, welche heute in der Stimmung eines Opiumrausches auf Welt und Menschen herabblickt, und morgen in der Stimmung eines Opiumkatzenjammers. Der fahrende Virtuose will sich befreien von den bürgerlichen Schranken des Künstlers, er will seine Kunst befreien von der Zucht der Schule wie des Gedankens, er ist das schlagendste Exempel des vierten Standes unter den Künstlern, der über sich selber hinaus, der alle geschichtliche Organisation des Kunstschaffens und Künstlerlebens niederreißen will.

Als ein merkwürdiges Phänomen erscheint es übrigens, daß das fahrende Virtuosentum bei den Musikern historisch ist und sich durch die ganzen zwei letzten Jahrhunderte verfolgen läßt. Wir finden im siebzehnten Jahrhundert musikalische Abenteurer in ferne Meere verschlagen, wir lesen im achtzehnten von „Kunst-

reisen" nach der Türkei, nach Armenien. Und in der Regel be=
gegnen wir dabei denselben Charakteren voll inneren Zwiespaltes,
in bürgerlicher und künstlerischer Zerfahrenheit zu Grunde gehend,
wie bei dem modernen Virtuosenproletariat, nur mit dem Unter=
schiede, daß jene proletarischen Musiker der alten Zeit als Aus=
nahme, wenn auch in stetiger Reihenfolge auftreten, während
sie bei uns zur überwiegenden Masse zu werden drohen. Der
alte Neubauer, der, um als freier Künstler zu leben, bettelnd
von Kloster zu Kloster zieht, und, mit Schillers Geiger Miller
zu reden, „das Konzert für was Warmes gibt", und für eine
Nachtherberge seine Tonsätze verschleudert, die er anfangs im
Weinrausche, später branntweintrunken in Kneipen oder auch auf
den Hausfluren liegend, abgefaßt hat — dieses denkwürdige Exempel
einer tief angelegten, aber verliederlichten Genialität ist ein
rechtes Musterbild des alten fahrenden Musikantenproletariats.
Und als hätte dieser wunderliche Mann empfunden, daß es mehr
ein sozialer als ein künstlicher Zwiespalt sei, der in seiner und
seinesgleichen Person in die Künstlerwelt geschleudert werde,
forderte er seinen entschiedensten sozialen Gegenfüßler zum musi=
kalischen Zweikampfe heraus, den ehrsamen Bückeburger Bach,
der ein so schnurgerechter Bürger und Musiker war, daß er sich
ein für allemal die Stunden festgesetzt hatte, in welchen an jedem
Tage komponiert werden mußte. Hier öffnet sich dem Freunde
der Kulturgeschichte eine ganz neue Welt voll der schroffsten
Gegensätze. Die gemeine Redeweise sagt: jeder Musikant habe
einen Sparren zu viel im Kopfe; das heißt ins Schriftdeutsche
übersetzt: die Geschichte der Musik ist unendlich reich an sozialen
Originalstücken — und keiner hat sie noch bis jetzt nach dieser
Richtung ausgebeutet.

Das fahrende Virtuosenproletariat zieht sich durch alle Stufen
des Ranges abwärts vom feinsten Salonspieler bis zu den wan=
dernden Kirmesmusikanten und den Drehorgelleuten. Man hört
bei den Landleuten neuerdings wieder die Klage, daß seit der
Revolution „alles von der Musik leben wolle". Dies zielt auf die

eben bezeichnete Hefe des musikalischen Proletariats, welches sich in der That erstaunlich zu mehren beginnt. Der Bauer empfindet das Unheimliche dieser Erscheinung, denn er weiß, daß jeder dieser Jahrmarktsvirtuosen eine gebrochene bürgerliche Existenz darstellt.

Es gibt aber auch eine Klasse fahrender Musiker, die keineswegs zum vierten Stande zählt, ob die Leute gleich nur in Kitteln aufziehen. Das sind die seßhaften Dorfmusikanten, die in einer außerordentlich großen Zahl über ganz Deutschland verbreitet sind und entweder im Sommer den Ackerbau treiben und im Winter die Musik, oder im Winter ein Handwerk und die Musik im Sommer. Da selbst in den kleinsten Dörfern in der Regel wenigstens ein solcher Künstler sitzt, der dann in den statistischen Tabellen als „Musikant" aufgezählt wird, wo er doch viel richtiger unter die Bauern zu zählen wäre, so kommt gewöhnlich bei den Bevölkerungslisten eines Landes eine ganz fabelhafte Zahl von Tonkünstlern heraus. Es liegen mir z. B. solche Listen über das Herzogtum Nassau vor, wonach in diesem ackerbautreibenden, von großen Städten ganz entblößten Land je auf tausend Einwohner — also Weiber und Kinder mitgerechnet — ein Musikant käme, was ein entsetzliches musikalisches Proletariat erwarten ließe, wenn nicht diese Ueberzahl von Künstlern nebenbei an der Hobelbank, am Webstuhl oder hinter dem Pfluge einer ganz leiblichen bürgerlichen Existenz sich erfreute. So sind die meisten jener böhmischen und fuldischen Musikanten, welche in so großer Zahl die Welt durchziehen, keineswegs vagabundierende Proletarier, sondern meist Leute, die daheim eine Werkstätte oder ein kleines Gütchen wiederfinden, wann sie nach jeder Wanderfahrt auf eine Weile nach Hause gehen. Diese vielbesungenen wandernden Musikanten tragen daher auch nichts weniger als das Gepräge der Blasiertheit und sozialen Zerrissenheit, vielmehr finden wir bei ihnen meist die gesunde Natur des Bauern oder Handwerksmannes wieder, nur durch die künstlerische Nebenarbeit in eine gemütlichere und liebenswürdigere Form gegossen.

Ich komme zu den Schauspielern. Sie waren früher das Künstlerproletariat als solches, die von der bürgerlichen Gesellschaft Ausgestoßenen, die Parias der Künstlerwelt, der historische und uranfängliche vierte Stand unter den Künstlern. Das ganze Wesen der dramatischen Kunstübung drängt zur Genossenschaft, und in der That hat sich früher ein ziemlich strenges Zunftwesen bei den Komödiantentruppen, die unter dem eisernen Scepter des „Komödiantenmeisters" standen, durchgebildet. Allein die Zunft auf der Bühne vermochte höchstens für die strenge handwerkliche Zucht der Einzelnen einige gute Früchte zu tragen, sonst sind die alten Schauspieler dabei so proletarisch und armselig gewesen, wie nur irgendwann. Dies ist ganz natürlich. Nicht aus dem Drang, sich in der Genossenschaft einen festeren bürgerlichen Bestand zu gründen, waren die alten Komödiantenbanden zu einer Zunftordnung getrieben worden, sondern einmal durch die gebieterische Notwendigkeit der Bühnendisziplin und dann durch den sozialen Verruf, welchen ihnen die ganze bürgerliche Gesellschaft entgegengeschleudert hatte. Die Bürgerschaft selbst hatte den Schauspielern den vierten Stand aufgedrungen, indem sie dieselben aus ihrem Kreise ausgeschlossen hatte. Das Genossenleben der Schauspieler übte also viel mehr künstlerische als soziale Einflüsse. Der Komödiant, dem man kein ehrlich Begräbnis gönnte, zählte überhaupt kaum im sozialen Leben. Schon das ewige Wandern, zu welchem die ganze Genossenschaft verdammt war, mußte den proletarischen Geist bei derselben einbürgern. Erst allmählich begann durch die Hoftheater und stehenden Stadtbühnen für den Schauspieler die Möglichkeit, sich bürgerlich seßhaft zu machen und aus den proletarischen Verhältnissen herauszutreten. Allein die Wandertruppen haben wohl heute noch wenigstens der Masse, wenn auch gottlob nicht dem künstlerischen Einfluß nach, das Uebergewicht. Und daß die Vorliebe für die Seßhaftigkeit selbst unter den Mitgliedern der stehenden Bühnen noch nicht allzugroß geworden, dafür bürgt wenigstens der Umstand, daß das einzige gemeinsame Band, welches bis jetzt (1851) die größten Bühnen Deutschlands umschlingt, ein Kartellvertrag — wider das Durchgehen der Schauspieler ist!

So arm und elend aber die wandernden Schauspieler in der Regel sind, so deutlich die Wahrzeichen des vierten Standes bei ihnen hervorleuchten, so finden wir hier doch durchschnittlich keineswegs jenes gefährliche Proletariat, welches aus Neid, Zorn und Aerger die ganze Gesellschaft über den Haufen werfen will, oder wenigstens, gleich dem nobeln musikalischen Proletarier, heute abgespannt, morgen überreizt, übernächtigen Blickes dreinsieht, als habe es, wie die Rheinländer sagen, die Pfalz vergiftet. Der wandernde Komödiant ergibt sich in sein Elend mit Humor, er hat es gar nicht besser haben wollen, er ist in dem Bewußt= sein zu seiner Truppe gegangen, daß er hiermit jeder Anwart= schaft auf eine feste bürgerliche Stellung entsage, er hat wohl gar seinen Familiennamen mit einem Phantasienamen vertauscht, weil er selbst den Zusammenhang mit seiner Familie im Bühnen= leben vergessen will. Ob er gleich in der Regel blutwenig Kennt= nis von der Geschichte seiner Kunst und seines Berufes besitzt, so weiß er doch das eine mindestens, daß die wandernden Ko= mödianten seit unvordenklichen Zeiten die vollgültigsten Prole= tarier gewesen sind. Er stellt sich geflissentlich auf jenen naiven Standpunkt der guten alten Zeit, wo der Elende sein Elend hinnahm als etwas Gegebenes, bei welchem man nicht nach dem Warum fragt, als eine Thatsache der ewigen Weltordnung, dar= über kein Grübeln und kein Protestieren hinaushilft. Obgleich die fahrenden Schauspieler vielleicht die allergrößte Ursache hätten, über einen durch Jahrhunderte an ihnen verübten Frevel der historisch=bevorrechteten Gesellschaft empört zu sein, so verfallen sie doch am wenigsten auf diesen modernen Gedanken. Wie der mittelalterige Proletarier sein Elend hinnahm aus Gottergeben= heit, so nehmen sie das ihrige hin aus Leichtsinn. Diese wan= dernden Komödianten, welche nicht einmal über den Jammer ihres Standes hinaus wollen, sondern gerade in ihrer Paria= stellung sich ebenso behaglich fühlen, wie der Zigeuner in seinem

Landstreicherleben, sind eine der seltsamsten Ausnahmen in dem modernen sozialen Leben und darum der höchsten Beachtung wert. Viele der fahrenden Schauspieldirektoren, namentlich bei den kleineren und wilderen Truppen, welche man in Oesterreich „Schmieren" nennt, machen ihren periodischen Bankerott, der alljährlich im Frühjahr so gewiß eintritt, als etwas später der Wald grün wird. Wenn sich die Mitglieder im Herbste zu einer solchen „Schmiere" anwerben lassen, dann wissen sie recht gut, daß sie trotz ihres Kontraktes in den ersten Monaten auf volle, in den spätern auf halbe Gage und in den letzten auf Teilung spielen werden. Sie nehmen das vorweg als eine vollendete Thatsache hin, über welche kein Mensch hinaus kann, und werden durch dieses proletarische Leben mindestens nicht zum Kommunismus bekehrt, denn sie wissen aus alter Erfahrung, daß bei dem Spielen auf Teilung noch weniger für den Einzelnen herausspringt, als bei dem vorhergegangenen Stadium der halben Gage. Mit dem einbrechenden Lenze, wo ja überhaupt die Wanderlust erwacht, wandert dann die versprengte Truppe in dem großen Kollektantenschwarm, der die festangestellten und gutbesoldeten Kollegen in den Hauptstädten periodisch heimsucht, ins Weite. Dieses Kollektieren der Schauspieler, wobei oft weit erklecklichere Summen herauskommen, als wenn man auf Teilung spielt, ist ein höchst interessanter Ueberrest des alten genossenschaftlichen Wesens. Selbst dem geizigsten Mitgliede der Hof- und Stadttheater ist es in der Regel Ehrensache, dem kollektierenden Bruder in Apollo reichlich zu geben, bei vielen Theatern bestehen nebenbei auch noch eigene Hilfskassen zu diesem Zwecke, und nur wenn man sich einmal überzeugt hat, mit welch schönen Ziffern diese Kollektantenlisten meist bedeckt sind, begreift man, wie es zugeht, daß nicht ein bestimmtes Prozent der wandernden Komödianten allsommerlich Hungers stirbt. Dem Hofschauspieler erscheinen diese Spenden wie eine Art progressiver Einkommensteuer, die von der gesamten deutschen Bühnengenossenschaft stillschweigend auf seine hohe Gage gelegt ist.

Man sieht also, daß hier in aller Unordnung und Auf=
lösung doch wieder ein Schatten gemütlichen Genossenlebens
übrig bleibt, an welchem manche andere Gruppe des vierten
Standes sich immer noch ein Exempel nehmen könnte. Bei
diesem Schatten hat es dann freilich sein Bewenden. Die im
großen und ganzen wenigstens gescheiterten Pläne neuester Zeit
zur Herstellung umfassender Pensions= und Hilfskassen für den
gesamten deutschen Schauspielerstand, und überhaupt zu einem
durchgebildeten, die materielle Existenz des Einzelnen festigenden
Korporationswesen, haben abermals den Beweis geliefert, daß
mit den stehenden Bühnen noch lange nicht der ins Weite schwei=
fende proletarische Geist bei der großen Mehrheit des begünstig=
teren Schauspielerstandes gebrochen ist. Man kann mit Kreuzern,
man kann auch mit Louisdoren von der Hand zum Mund leben.
Wenn ein Hofschauspieler, der sich mit seiner kinderreichen
Familie einen vergnügten Neujahrsabend machen will, sechs
Flaschen Champagner kommen läßt, dazu aber auch für sechs
Kreuzer Scheitholz einzukaufen befiehlt, damit man den Feuer=
wein im Warmen genießen könne, so ist damit das Proletariat
im Schoße des Ueberflusses wohl greifbar genug gezeichnet.
Und dieses Beispiel ist nicht erfunden, es ist geschichtliche That=
sache, zu der sich noch viel lustigere fügen ließen. Nirgends sehen
wir öfter aus barem Mutwillen eine festbegründete materielle
Existenz aufgeben, als bei den seßhaften Schauspielern, für die
das Wanderproletariat noch seine Poesie hat. Männer, die sich
von der Pike heraufgearbeitet hatten und bürgerliche und künst=
lerische Ehren die Fülle besaßen, haben sich noch in alten Tagen
zurückgesehnt nach dem Vagabundenleben der Wandertruppe, sie
haben die alten Genossen wieder beneidet, welche auf Martini
volle Gage beziehen, zu Weihnachten auf halben Sold gesetzt
werden, um Lichtmeß auf Teilung spielen und um Johanni
betteln gehen.

Wir haben nach alledem in den wandernden Komödianten
Kandidaten des vierten Standes vor uns, welche von alters=

her wie außerhalb der bürgerlichen Gesellschaft stehend angesehen wurden und dennoch keinen Groll auf dieselbe werfen, — Proletarier, welche in Leichtsinn und Humor ihr soziales Elend verwinden, wie die anderen in Groll und Rachsucht oder in dem harmloseren Schwindel einer allgemeinen Weltverbesserung: Leute, welche mit der historischen Gesellschaft zerfallen und doch nicht mit ihr verfeindet sind, indem sie die geheime Schmach in ihrer Pariastellung wegspielen, weggaukeln, wegträumen, wegtrinken und den seßhaften Philister verachten, den sie nicht beneiden können. So war es schon vor Jahrhunderten, als Kaiser Heinrich III. seinen Palast zu Ingelheim bei dem Zuströmen einer unendlichen Menge der histriones und joculatores nicht anders rein halten konnte, als indem er befahl, diesen dramatischen Künstlern nichts mehr zu essen und zu trinken zu geben; so ist es heute noch. Weil gegen die lange Leidensgeschichte dieses Standes sein modernes soziales Elend wie eine Spielerei erscheint, so ist es ihm leicht gemacht, spielend die sozialen Kämpfe der Gegenwart zu verlachen.

Die Leute, welche auf die Dichtkunst ihren ausschließlichen Erwerb gründeten, sind, wie bekannt, allmählich ausgestorben, seit im sechzehnten Jahrhundert die Zunft der Hofpoeten in die Zunft der Hofnarren aufzugehen begann. Das weitgespannte Zelt des Litteratentums herbergt jetzt auch denjenigen, der vordem als poeta laureatus in fürstlichem Brot gestanden haben würde. Wir gehen also zu dem wunderlichen sozialen Phänomen der modernen Litteraten über.

Man kann sagen, daß Litteratentum in Deutschland ist erst beiläufig zwanzig Jahre alt. Denn solange mag es ungefähr her sein, daß eine ganze zahlreiche Klasse von Gebildeten die Schriftstellerei als Gegenstand des alleinigen Erwerbes, als Grundlage eines vollen materiellen Bestandes aufzufassen begann. Zu unserer Großväter Zeiten noch war mit Büchern und Zeitungen für den Schriftsteller blutwenig Geld zu verdienen, und wenn sich ja einmal ein armer verunglückter Student ausschließlich in

den Tagelohn der Buchhändler begab, so verstand sich bei ihm
das obligate Loch im Rockärmel und die Dachstube von Hogarths
gequältem Dichter ganz von selber. Die kümmerlichen Honorare,
welche die Heroen unserer klassischen Litteraturepoche für ihre dem
Verleger mitunter sehr einträglichen Meisterwerke bezogen, sind
vielfach im einzelnen bekannt. Wer sich überzeugen will, daß
selbst die geistvollste Tagesschriftstellerei in den hierfür doch am
empfänglichsten gestimmten Tagen der ersten französischen Revolution nur einen gar mageren Verdienst gewährte, der mag
Georg Forsters kummervolle Briefe nachlesen. Dabei darf man
aber auch nicht vergessen, daß zu selbiger Zeit in den zahlreichen
Sinekuren von Historiographen, Bibliothekaren, fürstlichen Pri-
vatsekretären und besoldeten Titularräten aller Art dem be-
kannteren Schriftsteller nicht selten eine sorgenfreie litterarische
Thätigkeit vergönnt wurde, und daß diese Stellen jetzt in eben
dem Maße zusammengeschrumpft sind, wie die ehemaligen Hof-
kapellisten- und Organistendienste, und wollte man sie erneuern,
gewiß die landständische Zensur nicht mehr passieren würden. In
etwas späterer Zeit sehen wir wohl eine Reihe publikumsbeliebter
Roman- und Schauspielschreiber auftreten, die sich ein ganz hüb-
sches Auskommen zusammengeschrieben haben mögen; allein das
waren dazumal eben so rare Ausnahmen, wie heutzutage ein
Litterat, der durch seine Feder reich wird. Kein Mensch dachte bis
gegen die neueste Zeit daran, durch ein Zeitungsunternehmen
schriftstellerische Existenzen zu garantieren. Die Originalartikel
jener kulturgeschichtlich bedeutenden Zeitungen des achtzehnten
Jahrhunderts sind wohl größtenteils milde Gaben gewesen, wenn
auch aus den Federn der gefeiertsten Schriftsteller. Vollends bei
den meisten politischen Tageblättern vertrat bis tief in die Gegenwart herein der Rotstift und die Papierschere ausschließlich die
Stelle des Honorarbudgets. Die Periode des eigentlichen modernen Journalismus hatte sich seit den Befreiungskriegen vorbereitet; sie brach herein, als mit der Julirevolution die Geister
aufs neue aufgerüttelt wurden. Mit dem Journalismus kamen

die eigentlichen Litteraten, und ihre Maſſe wuchs mit der von
Jahr zu Jahr mehr anſchwellenden Korpulenz desſelben. Aber
der Journalismus war noch keine ſelbſtändige Macht, und doch
hatten wir nun ſchon eine Journaliſten-Genoſſenſchaft, welche
eine ſelbſtändige Macht ſein wollte. Es hätte von Rechts wegen
umgekehrt gehen müſſen. Der Journalismus war im vormärzlichen Staate nur geduldet wie weiland die Schutzjuden; die
Litteraten aber wollten keineswegs Schutzjuden ſein. In dem
Seitenblick auf engliſche und franzöſiſche Preßverhältniſſe ſchwel-
gend, begann das deutſche Litteratentum ſich zu fühlen, und
doch waren ſolche Zuſtände in Deutſchland noch gar nicht vorhanden. Die Nation war reicher geworden an politiſchem Geiſte;
aber reicher für die Tagesſchriftſteller war ſie darum durchaus
nicht. Nicht die Steigerung der buchhändleriſchen Rente, ſondern
der ſehr unangenehme äußere Zwang der geſteigerten Konkurrenz
hatte die Buchhändler beſtimmt, der ſchriftſtelleriſchen Induſtrie
mindeſtens einen Bettelpfennig zu gewähren. Das Litteratentum als Profeſſion, als Stand war in Deutſchland eine ver-
frühte Erſcheinung, ein ſoziales Siebenmonatskind.

Daraus läßt ſich folgern, daß die deutſchen Litteraten, ob
ſie ſchon mit den erſten Anfängen des Journalismus gleichzeitig
auftauchten, doch nicht durch denſelben ans Licht gerufen worden
ſeien. Im Gegenteil könnte man vielleicht richtiger ſagen, das
vor der Zeit zur Welt gekommene Litteratentum habe ſelber erſt
im Drang der Not die gleich ihm halbreife Zangengeburt des
modernen Journalismus zu Tage gefördert.

Das deutſche Litteratentum war in ſeinen Anfängen der
Ausfluß einer ſozialen Krankheit. Die Ueberſchätzung der geiſtigen
Arbeit, die Mißachtung der gewerblichen hatte ſich ſeit dem Ausgange des achtzehnten Jahrhunderts — von wo die alte kernfeſte
Tüchtigkeit des Gewerbsmannes allerdings in dem Maße zu
wanken begann, als der gelehrt-litterariſche Aufſchwung der Gebildeten ſeinem Höhepunkte zuſtrebte — wie ein zehrendes Fieber
der ganzen Generation bemeiſtert. Das iſt die Kehrſeite des

geistigen Aufschwunges im deutschen Bürgertum. Von oben und unten war diese krankhafte Einseitigkeit unterstützt, in der wir selber wohl zum größten Teile noch in unserer Jugend befangen waren. Der bureaukratische Staat ignorierte möglichst die selbständigen Mächte der Industrie und des Handels, weil seinem Grundsatze gemäß die Gelehrten- und Beamtenwelt den politischen und sozialen Ausschlag geben sollte. In der ganzen langen Restaurationszeit seit den Befreiungskriegen waren die jeweiligen Helden des Tags: Beamte (nicht Staatsmänner), Litteraten, Virtuosen und Sängerinnen. Wie in den Tagen der Kreuzzüge alles zum Schwerte griff, und wer kein Schwert gewinnen konnte, wenigstens zum Stecken, wie damals Kinder selbst sich zu einem Kreuzesheere zusammenthaten und die Weiber sich in die Reihen der Kämpfer mischten, so stürmte jetzt alles zum wissenschaftlichen Studium; die Weiber strickten und spannen Bücher, und Kinder spielten mit der Geige und mit der Litteratur und wurden, vom Scheitel zur Sohle kaum drei Fuß hoch, doch schon Kunst- und Litteraturgrößen. Die Donquichotterie der litterarischen Ehrsucht ist einer der bedeutsamsten sozialen Charakterzüge der neuesten Zeit. Der Handwerksmann, welcher vordem seinen größten Stolz darein gesetzt hatte, daß Kinder und Kindeskinder in seinem eigenen Gewerbe fortarbeiteten, glaubte jetzt seinem Sohne keinen besseren Freibrief durchs Leben mitgeben zu können, als indem er ihn studieren ließ. Arme Witwen hungerten und bettelten, um nur ihre Kinder studieren zu lassen, sie weinten vor Freude, wenn sie dieselben für das also gewonnene Schmerzensgeld dem Privilegium — des Beamtenproletariats entgegenführen konnten. Es war als ob der einzige menschenwürdige Beruf nur aus dem Besitz der fadenscheinigen Weisheit irgend einer Brotwissenschaft — oder auch einer brotlosen — quellen könne, als ob andererseits der nur ein halber Mensch sei, der nicht acht Jahre lang seinen Bröder und Buttmann gelernt, um ihn im neunten wieder zu vergessen.

Eines der naturnotwendigen Produkte dieser krankhaften

Zeitstimmung war das vorzeitige Entstehen des deutschen Litteratentums. Bei tausend Unberufenen war der Ehrgeiz zur ausschließlichen Triebkraft der Geistesarbeit geworden, und dieser
Ehrgeiz konnte in der Tagesschriftstellerei ein rasch und mühelos
errungenes, wenn auch noch so geringfügiges Genügen finden.
Wer ernten wollte, ohne gesät zu haben, wurde Litterat. Wie
das Litteratentum selber eine vorweggenommene Erscheinung
war, so steckte es auch wiederum meistenteils sein Ziel dahin,
das Idol des Zeitalters, den Ruhm der Geistesgröße vorweg-
zunehmen. Und der halbfertige Student z. B. nahm seinerseits
als Litterat sogar noch einen Beruf vorweg, eine Existenz, die
ihm von Rechts wegen erst nach weiterer jahrelanger saurer
Arbeit zugestanden hätte. Der gefährliche Vorsatz, durchs Lehren
lernen zu wollen, schuf zahllose halbreife Litteratenexistenzen.
Darum haben die guten Mispeln und die schlechten Litteraten
das Gemeinsame, daß beide schon zu faulen beginnen, wo sie
eben erst halb reif sind. So erschien der Litterat in wissenschaft-
lichem Betracht als ein widerspruchsvolles Zwittergeschöpf, wie
er das denn auch gesellschaftlich werden sollte; die Spannkraft
zu einem ernsten Studium, zu einem tüchtigen, praktischen Wirken
ging rasch verloren, während es doch gerade sein eigenster Beruf
hätte sein müssen, das ernste Studium in die Münze des praktischen Lebens umzusetzen. Der Bauer würde von einem solchen
halben Manne sagen, er sei für den Wagen zu kurz und für
den Karren zu lang.

Der Ehrgeiz als alleinige Triebkraft der Geistesarbeit erzeugt aber auch jenen luftigen Sybaritismus im bürgerlichen
Leben, der einen großen Teil unserer Tagesschriftsteller kenn-
zeichnet. Die Prahlerei mit vornehmem Wesen, mit glänzendem
Hausrat, mit goldenen Ketten und Champagner haben sie den
französischen Schriftstellern glücklich abgeguckt, da sie ihnen doch
den Erwerb der hohen überrheinischen Honorare noch nicht haben
abgucken können. Und wo diese Vornehmthuerei nicht in natura
ausgeführt werden kann, da sucht sie sich wenigstens überall in

der Schreibart vorzudrängen. Es läßt sich kaum eine größere Selbstironie denken, als wie sie in jenem hochgeborenen Stil steckt, der namentlich in den Zeiten des jungen Deutschlands bei deutschen Feuilletonisten und Belletristen Mode war. Prüft man diese Schreibart, die möglichst mit Salonsausdrücken um sich wirft, die Anschauungen der vornehmen Welt als die natürlichen, angestammten des Autors heuchelt, und die verzwickte, verschnürte Redeweise der sogenannten „feinen Gesellschaft" als etwas Neues, Geniales und Frisches in unser Schrifttum wieder eingeschmuggelt hat, dann sollte man meinen, unsere Litteraten seien allesamt auf Parkettböden großgewachsen und müßten stolpern, wenn sie einen Fuß auf die grob gehobelten Dielen in eines Bürgers oder Bauern Stube setzten. Und doch ist der Verfasser in der Regel wohl ein ganz armer Schelm gewesen, dem es sauer genug geworden ist, die lebenswarmen Anschauungen, die derben naturwüchsigen Ausdrücke der Gesellschaftschicht, in welcher er aufwuchs, wieder abzustudieren und die fremden vornehmen Phrasen dafür einzutauschen. Das ist eben der Fluch der modernen Schriftstellerei, daß sie — im Geiste des vierten Standes — die Gesellschaftsschicht zu verleugnen sucht, in welcher sie von alters her ihre Wurzeln getrieben hat.

Vom litteraturgeschichtlichen Standpunkt hat man diesen Gedanken schon längst dahin ausgesprochen, daß unsere neuere Nationallitteratur ausschließlich eine Litteratur der Gebildeten, nicht des ganzen Volkes geworden sei. Es gilt aber auch, die Wahrheit dieses Satzes vom sozialen Standpunkt aus anzuerkennen. Früher war es die Gelehrtenaristokratie, welche sich wissenschaftlich und gesellschaftlich von ihrem natürlichen Boden, dem Bürgertum, abzulösen suchte, jetzt ist es das Gelehrtenproletariat. So finden wir auch bei den musikalischen Genossen des vierten Standes die Schreibart der sogenannten „Salonsmusik" ausgebildet, in welcher gleichsam der ehrenfeste bürgerliche und volksmäßige Stil der alten Meister zum Baron übergeschnappt ist, da doch die Schöpfer desselben keineswegs Barone geworden, sondern vielmehr durchschnittlich aus dem dritten Stand in den vierten zurückgegangen sind. Die Versöhnung des Schrifttums mit dem Volkstum kann keineswegs auf litterarischem Wege (etwa durch das jetzt wieder in Mode kommende Liebäugeln mit volkstümlichen Redewendungen) gestiftet werden, sondern nur auf sozialem. Wenn sich der gelehrte Aristokrat oder Proletarier erst wieder einmal in aufrichtiger Hingabe an das Leben des Bürgertums erfrischt und gekräftigt hat, dann wird sich auch seine Schreibart verjüngen und kräftigen. Aus der Rede und Anschauung des Bauern leuchtet die alte derbe Naturkraft unserer Sprache, aus der Rede des Bürgersmannes die reiche, breite Fülle ihrer frühlingskräftigen Entfaltung, aus der abstrakten, abgeglätteten, gebürsteten und modisch ausgebügelten Redeweise der Bildungsaristokratie die greisenhafte Abgelebtheit. Dr. Martin Luther, der größte deutsche Volksschriftsteller, war auch ein Litterat, und zwar nicht etwa ein populärer Verwässerer, sondern ein ganzer Gelehrter, der aus den Tiefen des Geistes heraus der Wissenschaft und dem Leben neue Bahn gebrochen, und doch hat er es in seiner Schreibart nie verleugnet, daß er des Bergmanns von Eisleben Sohn sei; seine ganze Schriftstellerei beweist, daß er seinen sozialen Boden im Bürgertume sich zu wahren wußte, und er ward ein wahrhaft volkstümlicher Schriftsteller, weil er stets neue Kraft und Fülle des Gedankens und Ausdrucks aus der bürgerlichen Lebenssphäre zog, in welcher er einmal durch Geburt und Erziehung mit allen Mächten seines Daseins festgewachsen war.

Das Litteratentum hat sich aber nicht bloß zur Gesellschaft, sondern auch zum Staate gar eigen gestellt. Die Vermengung und Verwechselung der politischen mit der sozialen Opposition, welche einen Grundzug jeglichen Revolutionstreibens der neuesten Zeit bildet, hat in dem litterarischen Proletariat ihre natürlichen und eifrigsten Apostel gefunden, und namentlich mußte dasselbe zur entscheidenden Stunde oft genug

dem Arbeiterproletariat begreiflich zu machen, daß aus der Gleich=
heit des Besitzes erst die Gleichheit des Rechtes aufkeime, und
letzteres solchergestalt zum Kampfe gegen die historische Staats=
ordnung zu entflammen, welche demselben leider außerdem ein
ganz gleichgültig Ding war und geblieben wäre.

Der aristokratische Proletarier als solcher kümmert sich wenig
genug um die Staatsordnung, die ihn mindestens nicht direkt
in den vierten Stand hinabgestoßen hat, ja er hätte sogar einige
Ursache, dem modernen Staate hold zu sein, denn eben derselbe
ist es ja, der ihm fast allein noch ein Hungerbrot bietet, und
der ihm insofern auch eine soziale Genugthuung gibt, der für
ihn die Rache der Gesellschaft insofern übernimmt, als er die
vollgültige Aristokratie immer mehr herabzudrücken, zu entkräften
und dadurch den Unterschied zwischen dem Aristokraten und dem
aristokratischen Proletarier immer mehr auszugleichen sich befleißt.
Das künstlerische Proletariat war niemals gewohnt, Ansprüche an
den Staat zu machen, fühlt sich also auch nicht gekränkt, wenn
es von demselben vollständig ignoriert wird. Es hat übrigens
genügende Ursache, politisch konservativ zu sein, da der Künstler
wohl weiß, daß jede Staatserschütterung seinen materiellen Be=
stand zuerst mit erschüttern wird.

Ganz anders ist es bei dem litterarischen Proletariat. Hier=
her flüchten sich die Ausgestoßenen nicht sowohl der Gesellschaft
als des Staates, die Schiffbrüchigen, welche in „herrschaftliches
Brot" zu kommen vergebens hofften. Aus Rachedurst gegen den
Staat, der ihm eine Existenz versagt, gegen die Polizei, die
ihn für eine verdächtige Person erklärt, wird der litterarische
Proletarier zur Rache gegen die Gesellschaft getrieben, der Pro=
letarier des Gewerbes, des Tagelohns kommt dagegen umgekehrt
erst durch den Groll gegen die Gesellschaft zum Groll gegen den
Staat. Nur bei der originellen Gruppe des jüdischen Geistes=
proletariates finden wir, daß der völlig gleichzeitige, ebenmäßig
und gleichbegründete Haß gegen die Gesellschaft wie gegen den
Staat den verneinenden Litteraten geschaffen hat. Diese jüdischen

Litteraten, wie wir sie in den letzten Revolutionsjahren immer da in der Vorderreihe fanden, wo es galt, die Lichter auszulöschen und die Feuer anzuzünden, sind gleich sehr Ausgestoßene der Gesellschaft wie des Staates. Das echte Judentum haben sie verlassen und dem Christentum haben sie sich nicht zugewandt, vom germanischen Staat wollen sie nichts wissen und von der hebräischen Theokratie auch nichts. Sie sind so plötzlich einer überstrengen Schule des religiösen, politischen und bürgerlichen Zwanges und der Beschränkung entlaufen, daß sie überhaupt keine historische Schranke, keine beschlossene Form weder in staat= lichen noch in sozialen und kirchlichen Dingen mehr anerkennen mögen. Sie sind daher die echten Litteratenköpfe, in Holzschnitt= manier gezeichnet, die wahren Vorbilder der modernen Litteraten= wirtschaft, sie vertreten das Litteratentum in allen Konsequenzen des vierten Standes. Daß es auch unbeschnittene Litteraten gibt — aber beschnitten im Geist, wie der Apostel sagt —, die sich dieser Gruppe angeschlossen haben, braucht so wenig erwähnt zu werden, als daß nicht jeder jüdische Schriftsteller zu ihrer Sippschaft gehört.

Gleich als ob in der Tagespresse das Schwert oder wenigstens der Wespenstachel für Jeden gegeben sei, der irgend einmal von obenher verletzt worden, glaubt ein solcher Gekränkter der herrschen= den Staatsgewalt nicht besser auftrumpfen zu können, als indem er unter die Litteraten geht. Wer politische Einflüsse auf kürzestem und leichtestem Wege gewinnen will, wird Journalist, gleichwie derjenige Tageskritiker wird, der in der Kunstwelt eine Rolle spielen möchte und doch fühlt, daß er zum Künstler verdorben sei. Darin liegt wiederum eine der faulen und giftigen Seiten des modernen Litteratentums, daß so viele diesen Beruf er= greifen, nicht in der Absicht, etwas Tüchtiges, die Menschheit Förderndes zu wirken, sondern um persönliche Einflüsse zu üben. Der verworfene Schacherer mit Theaterrezensionen, dessen Stand= ort die großen theatralischen Börsenplätze sind, ist wohl längst aller Ehre bar geworden, nur des einzigen Ehrgeizes nicht, auf

die Bühnenwelt seinen persönlichen Einfluß zu üben, und wäre
es auch nur jener negative Einfluß, der jedem allgemein Ver-
abscheuten von selbst zufällt. Er brandschatzt die Künstler, nicht
bloß um damit sein Leben zu fristen, sondern auch, weil noch
des Bestechens wert zu sein für ihn der letzte Beweis persönlichen Einflusses, persönlichen Wertes überhaupt ist. Und wer
gleich diesem unsaubersten Bodensatz des Litteratentums die Mehrheit einer ganzen Künstlerschaft zu entsittlichen vermag, der kann
sich immerhin ebensogut eines persönlichen Einflusses rühmen,
wie jene Publizisten mit ihrem herostratischen Ruhme prahlen
mögen, denen es gelungen ist, Zucht und Sitte aus ganzen
Volksschichten wegzuätzen. Und dennoch finden wir bei den
armen Sündern, die ihren ganzen Lebensunterhalt von Schauspielern und Virtuosen erpressen, oft noch eine Ritterlichkeit in
der Schurkerei, welche wir bei jenen politischen Tageschreibern,
die lediglich auf „Einflüsse“ arbeiten, vergeblich suchen. Das
kommt daher, weil die ersteren hauptsächlich durch den Hunger
nach Brot, die anderen aber durch den Durst nach Rache unter
die Waffen, d. h. unter die Feder gerufen worden sind. Man
findet z. B. bei den theatralischen Wegelagerern häufig jenes
Prinzip folgerecht durchgebildet, welches das Haupt des Schinder-
hannes in einer Glorie volkstümlicher Romantik strahlen läßt,
daß sie nämlich bloß den reichen Künstlern das Pistol auf die
Brust setzen, den ärmeren aber wohl gar selber einen Zehr-
pfennig mitgeben. Ein derartiger „Kunstrichter“, dessen Name
in ganz Deutschland bekannt und sprichwörtlich geworden war,
hatte einen vollständigen und wohl proportionierten Tarif, nach
welchem er die Schauspieler brandschatzte, und dieser Tarif war —
lange vor den Märztagen — nach den Grundsätzen der pro-
gressiven Besteuerung des reinen Einkommens entworfen. Der
Künstler, welcher 3000 Gulden Gage bezog, mußte etwa 30 Gulden
jährlich für gute Bedienung seitens des Rezensenten steuern,
der mit 1000 Gulden Besoldete dagegen für die gleichen Dienste
nicht etwa 10, sondern 2½ Gulden; wer unter 800 Gulden

stand, wurde gar nicht mit Geld in Anspruch genommen, und
für kollektierende Kunstproletarier zahlte der wunderliche Aristarch
selber in der Regel einen ganz anständigen Beitrag. Der Mann
war also wenigstens doch nobel in seiner Gemeinheit.

Der Litterat, welcher Rache zu nehmen hat an den be=
stehenden Staatseinrichtungen und Staatsgewalten, tritt als die
verkörperte, persönlich gewordene soziale Opposition denselben
gegenüber. Er macht in Lehre und Leben Profession aus dem
glücklich gefundenen Gedanken, den staatlichen Mächten durch die
gesellschaftlichen Schach zu bieten. Das radikale litterarische Prole=
tariat würde keinen Einfluß auf die verdorbenen, abgewitterten
Schichten des Bürgertums gewonnen haben, wenn es das Ge=
heimnis dieser Taktik nicht besäße. Mit jedem Stück Rückkehr
zur genossenschaftlich gefesteten Gesellschaft geht ein Stück von
dem politischen Einfluß des litterarischen Proletariats verloren.
Darum bekämpft ein echter Staatsmann das Litteratentum, nicht
indem er die Litteraten ausweist und einsteckt, sondern indem er
den Gewerbestand gediegener zu machen, den Arbeiter und Tag=
löhner zu einer festeren Existenz heraufzuziehen sucht. Das Ge=
deihen der materiellen Arbeit ist der Todesstoß für das eigentliche
Litteratenwesen. Jede neue Industrieschule, jedes neue Real=
gymnasium, der moralische und materielle Erfolg jeder Gewerbe=
ausstellung, die Blüte jedes Gewerbevereines ist jedesmal ein
neues Bollwerk wider das Ueberfluten des Litteratentums. Durch
die langjährige krankhafte Entfremdung der Nation von ihren
eigenen materiellen Interessen wurde der Bürgerstand und das
Arbeiterproletariat empfänglich für soziale Schwindeleien; der
nämliche krankhafte Zustand war zugleich Regen und Sonnen=
schein für das aufwuchernde Litteratentum, und die geschickte
Verschmelzung beider Ergebnisse warb dem radikalen Geistes=
proletariat seinen tiefgreifenden politischen Einfluß. Dieses Lit=
teratentum sieht das Heil der Welt in dem Evangelium des
Sozialismus und Kommunismus, weil darin in der That nur
sein eigenes Heil, sein politischer Einfluß auf die Massen ge=

geben ist. Jene Schriftsteller, welche die großen Fragen der that=
sächlichen Volkswirtschaft in den dreißiger und vierziger Jahren
mit oft übergewaltigem und einseitigem Eifer in der Tages=
presse zur Sprache brachten und dadurch nicht wenig beitrugen,
daß auch bei dem in der Stubenluft vegetierenden Teile der
Nation Handel und Gewerbe wieder für eine des „Gebildeten“
würdige Hantierung angesehen wurde, haben sich dadurch un=
sterbliche ärztliche Verdienste um das deutsche Volk erworben,
indem sie die Empfänglichkeit für den Krankheitsstoff des ver=
derbten Litteratentums allerwege minderten. Die radikalen Prole=
tarier der Geistesarbeit haben darum auch niemals sonderlichen
Anteil gezeigt für jene praktischen Disziplinen, welche uns auf
dem Wege der Geschichte und der Erfahrung zu Aufschlüssen
über das materielle Gedeihen der Gesellschaft führen, denn sie
würden sich dadurch den Boden der eigenen Existenz unter den
Füßen wegdemonstriert haben. Sie wandten sich lieber der Theo=
logie, der Aesthetik, dem Naturrecht zu, oder der philosophischen
Staatswirtschaftslehre und Sozialtheorie. Sie wurden um ihrer
Existenz, um ihres Einflusses willen die Förderer und Mehrer
jenes modernen Wahns, daß man durch die Aesthetik Kunstwerke
schaffen, durch das Naturrecht ein öffentliches Leben aufbauen,
durch die Religionsphilosophie die Kirche ersetzen müsse; nur zu
der natürlichen Konsequenz wollten sie sich nicht verstehen, daß
man auch, statt den Verdauungsprozeß zu vollziehen, sich durch
physiologische Studien sättigen und so das materielle Essen und
Trinken überflüssig machen könne. Es erging ihnen aber mit
den auf philosophischem Wege erzeugten Kunstwerken Staats=
bildungen und Religionsschöpfungen wie einem großen Chemiker
der Gegenwart, der nicht nur die Theorie vom „Humus“, als
gleichsam der gegebenen, historischen und materiell=praktischen
Grundlage des Pflanzenlebens, aus der Pflanzenchemie hinaus=
demonstrieren wollte, sondern auch den Versuch unternahm, auf
einem wüsten, möglichst humusarmen Sandhügel einen Garten
anzulegen, um in demselben die köstlichsten Pflanzen auf dem

Wege des chemischen Prozesses zu ziehen. Die Pflanzen fielen aber genau so aus wie jene modernen Kunstwerke, welche lediglich vermittelst der Kunstphilosophie geschaffen wurden: es war bei ihnen Herbst, bevor es Frühling gewesen war. Der geniale Chemiker hatte eben, wie jene Litteraten, von dem physiologischen Moment im Pflanzenleben nichts wissen wollen und mußte doch zuletzt eingestehen, daß auch er bei seiner Gärtnerei über den Humus nicht hinauskomme.

Ueberall bei dem vierten Stande drängt sich die verneinende Bedeutung für die Gesellschaft in den Vordergrund und bildet das eigentlich Charakteristische der einzelnen Gruppen, während bei der Aristokratie, dem Bürger= und Bauersmann die positiven Merkmale die charakteristischen sind. So habe ich auch bei dem litterarischen Proletariat vorwiegend das Verneinende seines Wesens herausgehoben, womit ich aber keineswegs diese Berufsgruppe als eine an sich unberechtigte, als ein bloßes bösartiges Geschwür im gesellschaftlichen Organismus hingestellt haben will. Die That=sache, daß allmählich ein unabhängiger, selbständiger Schrift=stellerberuf möglich geworden, ist von größter kulturgeschichtlicher Tragweite. Die Gelehrten und die Bureaukraten, beide die eng=herzigsten aller Zunftleute, würden gar erstarren, wenn tüchtige Litteraten nicht fort und fort das Fachwerk der privilegierten Fakultäts= und Amtsweisheit durchkreuzten und verschöben.

Der echte Schriftsteller vom Fach soll ein Bürger im strengsten Sinne des Wortes sein, nicht mehr und nicht weniger, wie auch vor Zeiten die größten Maler und Musiker die einfachsten Bürger gewesen. Aber noch ist der Schriftstellerberuf ein Beruf der Selbst=entsagung; der deutsche Schriftsteller soll still und um Gottes willen arbeiten wie die alten Künstler gethan, und wofern er sein Amt faßt als das eines Agitators und nicht als das eines Künstlers, ist er verloren. Die Verkennung dieser Thatsache ist der Fluch des Journalismus. Man muß freilich auch die Jour=nalisten gelten lassen, denn sie sind die wahren Kosaken der modernen Zivilisation; es wird nicht jeder zum Gardegrenadier geboren. Nur möchte ich, daß sie dann auch tüchtige Kosaken seien, und nicht solche, die sich kaum im Bügel zu halten vermögen.

Den historischen Beweis für die Nützlichkeit und Notwendig= keit des litterarischen Proletariates haben uns die deutschen Uni= versitäten geliefert. Diese Anstalten, welche, wie wir gesehen, als das rechte Probestück des Segens einer freien, selbständigen und dabei eng in sich begrenzten körperschaftlichen Gliederung dastehen, setzten weislich an die Pforten des akademischen Lehr= amts ein Stück litterarischen Proletariats — die unbesoldeten Privatdozenten, diese jungen Männer, welche vielfach, von ein paar Kollegienhonoraren und kümmerlicher Schriftstellerei zehrend, unter Hunger und Not die Gesellenjahre des akademischen Lehramts durchmachen, sind bei ihrer kläglichen materiellen Existenz das fest= geschmiedete Bandeisen, welches die akademische Korporation trotz dem Widerspruch und Gegenzug eines ganzen Jahrhunderts zu= sammengehalten hat. Die Freiheit des wissenschaftlichen Berufes ist in ihnen gewahrt und doch zugleich eine mächtige Schranke gesetzt, denn wem der Privatdozent den Geschmack am Professor nicht versalzt, der mag einer Professur wohl wert sein. Die ge= lehrte Genossenschaft kann nicht ein einzelnes Meisterstück ein= fordern wie die Gewerbezunft, aber sie fordert das Meisterstück, daß Einer jahrelang unter Arbeit und Entsagung zum Lehramt sich tüchtig erweise, und hat das letztere dadurch immer leidlich rein zu erhalten gewußt. Mit dem Geistesproletariat der Privat= dozenten würde der ganze Organismus unseres nichts weniger als proletarischen Universitätswesens zusammenstürzen, es würde verschwinden jener wunderbar versöhnte Doppelzug der akademi= schen Lehrfreiheit und der streng abgemarkten genossenschaftlichen Gliederung. Wir finden aber auch bei dem Privatdozenten in der Regel keineswegs die Schattenseiten des litterarischen Proletariats herausgebildet, namentlich nicht jene wissenschaftliche und soziale Zerfahrenheit, jene geistige Halbreife, gemischt mit einbrechender Fäulnis. Dies kommt daher, weil dem Privatdozenten ein festes Berufsziel vorgesteckt ist, weil ihm neben dem freien geistigen

Schaffen auch die Zucht des strengen Studiums, neben dem
genialen Zeugen auch das wissenschaftliche Handwerk steht. Gerade
der edelste Teil der Litteraten geht in der Regel an dem Wahn zu
Grunde, daß das bloße genial produzierende Weben des Geistes
ein ausschließlicher und ununterbrochener Beruf fürs ganze Leben
sein könne. Auch der begabteste Schriftsteller, der von seiner Feder
leben will, muß ein Handwerk nebenbei treiben, und wenn es auch
nur darin bestünde, daß er Uebersetzungen liefert oder Landtags=
oder Schwurgerichtsverhandlungen aufzeichnet. Jeder Künstler und
Gelehrte sollte sich's wohl merken, daß Paulus nicht bloß der
eifrigste und begeistertste Apostel, sondern auch ein Teppichwirker
gewesen ist; daß Rousseau, obgleich schon ein halber moderner
Litterat, es doch nicht verschmähte, Notenschreiber zu sein.

Bei dem hochgestiegenen Einfluß des Litteratentums in den
langen Friedensjahren hätte man glauben sollen, dasselbe müßte
in den Jahren allgemeiner Gärung und Erschütterung erst recht
übermächtig werden. Es zeigte sich aber die auffallende That=
sache, daß in der Revolutionszeit der Einfluß des Litteratentums
auf das Arbeiterproletariat zwar zunahm und praktisch wurde,
bei den Gebildeten dagegen, wo er früher Wurzel gefaßt, fast
ganz aufhörte. Das Litteratentum ist nur solange staatsgefähr=
lich, als die Staatszustände selber in Zerfahrenheit und Fäulnis
dem Litteratenwesen wahlverwandt sind. Als der Staat zwei
Jahre lang keine Zeit mehr hatte, sich um die Litteraten zu be=
kümmern, hörten sie auf, als solche eine öffentliche Rolle zu
spielen. Die Journalistik schwoll übermäßig an, aber in dem=
selben Maße verminderte sich naturgemäß der unmittelbare Ein=
fluß der Journalisten, und die vielen großen und kleinen Parla=
mente nahmen denselben vollends das Wort vom Munde weg.
Die modernen ausebnenden sozialen Lehren und der Polizeistaat
teilen den Grundfehler, daß beide der Staatsgewalt als solcher
zumuten, stracks in die Gestaltung der sozialen Lebensmächte
einzugreifen. Der Staat kann aber die Gesellschaft nur mittel=
bar dadurch reformieren, daß er sich selbst reformiert und der

materiellen Grundlage des Volkslebens Raum gibt, sich kräftig
aus sich selber zu entwickeln. Der Staat kann nur die Hinder=
nisse wegräumen helfen, welche sich der naturwüchsigen Entfal=
tung der einzelnen Gesellschaftsgruppen in den Weg drängen.
Er kann aber noch keinen Bauern direkt in seinem Bauerntume
reformieren, geschweige denn einen Litteraten. Jeder Versuch
derart führt nur zu neuen sozialen Auswüchsen, und wenn das
Litteratentum wirklich mit vielen bösartigen Geschwüren behaftet
ist, dann hat die quacksalbernde Hand des Staates sicherlich nicht
wenige derselben erzeugt.

Eine ganz ähnliche Rolle wie das Litteratentum spielt ein
großer Teil des Beamtenproletariates. Diese Accessisten und
Referendare, diese studierten Unterbeamten aller Fächer, denen
der Staat oft Jahrzehnte lang genau so viel und so wenig Be=
soldung gibt als nötig ist, um den sittsamsten Philister in einen
verzweifelten Demokraten und Kommunisten zu verwandeln, haben
sich mit den Litteraten in die Aufgabe geteilt, den Groll gegen
die Staatseinrichtungen in einen Groll gegen die Gesellschaft zu
übersetzen. Wir erblickten dieses Beamtenproletariat 1848 oft
genug an der Spitze der Kammeropposition, namentlich in den
Kleinstaaten. Wie die radikale Partei früher die Staatsdiener
als zu servil gerne von den Landtagen verbannt hätte, so würden
die Regierungen dieselben damals als großenteils zu radikal
von der Wählbarkeit gerne ausgeschlossen haben. Diesen prole=
tarischen Unterbeamten ist nur dadurch mittelbar und auf dem
langsamsten Wege zu helfen, daß das Uebermaß der geistigen
Arbeit überhaupt gemindert und die Ehre der materiellen Arbeit
mehr und mehr gesteigert wird. Wie man in Frankreich unlängst
im Drange des ersten sozialen Sturmes Staatsarbeiterwerkstätten
gründete, so mußte man in Deutschland gleichzeitig nichts besseres
zu thun, als bedeutende Summen zur Unterstützung des Beamten=
proletariats und namentlich der Schullehrer auszuwerfen. Hier
wie dort goß man einen Tropfen Wasser auf einen heißen Stein
und mehrte wohl gar nur die Staatsfaullenzer, indem man die

Staatsarbeiter fördern wollte. In Paris wiederholt gegenwärtig (1853) die kaiserliche Regierung dasselbe Experiment, nicht ge= witzigt durch die Erfahrung ihrer republikanischen Vorgängerin. In dem Maße, als man die Stellen für die Anfänger reicher dotiert, wird auch der Zudrang zum Staatsdienste wachsen, und was etwa am Beamtenproletariat gemindert würde, das wird dann am Litteratenproletariat dreifach gemehrt.

. Das Beamtenelend ist nichts Neues. In früherer Zeit waren die kleinen Stellen der öffentlichen Diener noch viel schlechter ausgestattet als heutzutage. Die Subalternbeamten lebten dazu in einer persönlichen Abhängigkeit, welche sich mit unseren Be= griffen von der Würde des öffentlichen Dienstes durchaus nicht reimen läßt. Weil jetzt das Schullehrerproletariat so häufig als das schwärzeste Nachtstück modernen sozialen Jammers hingestellt wird, so dürfte es vielleicht lehrreich sein, dessen frühere Zustände dagegen zu halten. Zur Zeit der Reformation hatte der Schul= lehrer in der Hauptstadt des Nassau=Weilburgischen Landes einen Jahresgehalt von 18 bis 20 Gulden und war dabei nicht von der Gemeinde angestellt (was den modernen Schulmeistern schon wieder als etwas Unwürdiges erscheint), geschweige denn vom Staate, sondern vom Scholaster, der den Schulmeister mietete und die Präbende — für sich bezog. Ein solcher Dienst war, wie fast alle Kirchen= und Staatsdieneranstellungen damaliger Zeit, vierteljährig kündbar; also war an das, was wir etwa „ein festes Brot" nennen, gar nicht zu denken. Der Ge= halt wurde nicht regelmäßig ausbezahlt, sondern der Lehrer selber mußte ihn eintreiben, wobei er in der Regel abermals zu kurz kam; ein Teil des Gehaltes, der von den Schulkindern in der Form von Schulgeld gesteuert wurde, konnte fast nie ganz bei= getrieben werden. An vielen Orten hatte der Schullehrer zugleich die Kost (das Rundessen bei den reicheren Bauern) und einen Sommer= oder Winterrock als Teil seiner Besoldung, wodurch er dem vermögenderen Teil der Gemeinde gegenüber schier auf eine Bank mit dem Gesinde kam.

Die Klage über das Schullehrerelend ist also sehr alt. Im Jahre 1848 gab es Gemeinden, die ganz treuherzig glaubten, die Schullehrer gehörten zu den abgeschafften öffentlichen Lasten, und demgemäß einkamen, daß man ihnen mit den übermäßigen Steuern auch die Lehrer wegnehmen möge. Auch diese Würdigung des öffentlichen Dienstes ist durchaus nichts Neues. Sie ist vielmehr nur ein ganz abgeschwächter Nachklang jener abhängigen Stellung, zu welcher früher selbst weit höher gestellte Beamte sich bequemen mußten und, ohne darum gleich die Gesellschaft zertrümmern zu wollen, sich auch wirklich bequemten. Zur Reformationszeit hegten die Vorfahren der nämlichen Bauern die gleiche Ansicht auch von den Pfarrern. Mit der neuen Glaubensfreiheit, meinten sie, seien auch alle Arten von Pfarrern abgeschafft, und wollten ihren Beitrag zum Gehalte des Pfarrers nicht mehr zahlen, indem sie behaupteten, „derselbe habe ja nichts mehr zu thun". Die Bauern wollten also damals noch so wenig an die Souveränität der Pfarrer und höheren Beamten glauben, wie sie jetzt an die Souveränität der Schulmeister und Subalternbeamten glauben wollen, ja sie konnten beiläufig nicht einmal einsehen, daß die rein geistige Arbeit einer Predigt auch eine Arbeit sei, während sie sagten, wenn früher ein Priester die Messe gelesen, dann habe er doch etwas „gethan", und man habe doch gewußt, wofür der Mann eigentlich sein Geld bekomme.

Ich führe diese historischen Parallelstellen an, nicht etwa als einen Trost für das moderne Beamtenproletariat, wodurch ich in die Logik jenes Philosophen verfallen würde, der in der Voltaireschen Erzählung ein unglückliches Weib damit trösten will, daß er ihr vorhält, wie es vor ein paar tausend Jahren der Hekuba und Niobe noch weit schlechter ergangen sei als ihr. Ich möchte vielmehr durch die geschichtliche Parallele deutlich machen, daß es nicht die Armut, nicht die abhängige Stellung an sich ist, was so viele Beamte dem vierten Stande und dem Kampf gegen die historische Gesellschaft zuführt. Die modern bureaukratischen Ideen und Idole mußten erst hinzutreten, um den Widerspruch der Ansprüche des kleinen Beamten an Staat und Gesellschaft mit seinen materiellen Mitteln so schneidend zu machen, wie wir ihn nur immer beim Litteratentum vorgefunden.

Was Wunder, wenn der proletarische Beamte die Fehde gegen seine herrische Stiefmutter, die bestehende Staatsgewalt, für gleichbedeutend nahm mit der Fehde gegen die Gesellschaft, und so auf gleichem Boden mit dem radikalen Litteratenproletariat zusammentraf? Vergißt dagegen der Beamte die Ansprüche an ganz besonderen Standesrang und Standesehre und faßt sich bescheiden als einen Bürger, der mitarbeitet am Aufbau des Staates, dann schwindet ihm auch beim kümmerlichsten Leben die Gefahr, dem vierten Stande zu verfallen.

Es ist ein großer Unterschied zwischen Beamten, die zufällig Proletarier sind, und dem Beamtenproletariat als solchem. Der Schulmeister in alter Zeit klagt oft genug, daß all sein Brot vorgegessen sei, und doch zählt er noch lange nicht zum Beamtenproletariat. Er ist ein Bürgersmann, wenn auch ein armer, er ist vom Scholaster abhängig, und doch fühlt er sich als Bürger und weiß, daß und wo er seine feste Stellung in der Gesellschaft hat, und wenn er nur 20 Gulden Gehalt jährlich bezieht, so macht die Gesellschaft auch nur für 20 Gulden Ansprüche an ihn, und er braucht sich nicht reicher und vornehmer zu heucheln als er wirklich ist. Der moderne Accessist dagegen, dessen Brot „vorgegessen", ist ein hochstudierter Mann, ein Mann, der zum allerwenigsten einmal Minister werden will, ein Mann, dem der Traum von allerlei Rang und Würde auf Stempelpapier dekretiert worden ist, der vielleicht 200 Gulden Gehalt bezieht und für 400 Gulden „Standesaufwand" machen muß, der im Bürgerstande nicht leben soll, im Beamtenstande aber weder leben noch sterben kann, der die Gesellschaft reformieren will, weil er sein knappes Gehalt nicht reformieren kann, mit einem Wort ein vollendetes Glied des vierten Standes. Nach geläufiger bureaukratischer Ansicht erscheint der „Staat" verpflichtet, jedem Landeskind, welches studiert und sein Examen cum laude bestanden hat, auch eine standesgemäße Existenz zu sichern; der Staat kann dies aber im vorliegenden Falle nicht sofort, folglich kommt ein Unrecht des Staates gegen den Einzelnen zu Tag, welches in gangbarer Begriffsvertauschung zu einem Unrecht der Gesellschaft gegen den Einzelnen umgewandelt wird.

Das geistliche und das Soldatenproletariat des Mittelalters ist ausgestorben, das Litteraten= und Beamtenproletariat ist zum reichlichen Ersatz dafür eingerückt. Jene zahllosen fahrenden Anhängsel der Geistlichkeit, die von milden Gaben lebten, und bei denen es allezeit schwer zu entscheiden war, wo der Vagabund aufhörte und wo der (oft nur angebliche) Geistliche anfing, sind samt den Landsknechten ihrer Zeit ebensogut Kosaken der Zivilisation und doch zugleich Landplagen gewesen, wie heutzutage die Litteraten und das Beamtenproletariat. Aber sie waren eben auch nur Landplagen, keine Plagen der Gesellschaft; darin liegt der große Fortschritt zum Schlimmern.

Wer die wundersamen Entwickelungen der letzten Jahre aufmerksam durchstudiert hat, der wird mit uns befürchten, daß Deutschland, namentlich in seinen Kleinstaaten, vorderhand viel eher soziale Beamtenrevolutionen zu gewärtigen hat, als eigentliche Arbeiterempörungen. Wenn die proletarischen Beamten loskommen wollen vom vierten Stand, dann bleibt ihnen unter den gegebenen Staatsverhältnissen keine andere Wahl, als die ganze Gesellschaft in den vierten Stand aufzulösen. Das ist der Kommunismus, den sie in ihrer Anstellungsurkunde offiziell vom Ministerium dekretiert erhalten haben.

Das Beamtenproletariat ist weit gefahrdrohender als das litterarische. Die Schriftstellerei gehört im vorliegenden Betracht in das Kapitel von der Industrie und dem Handel. Das Barometer des buchhändlerischen Marktes wird immer mit der Verwertung auch die Masse der litterarischen Produktion bedingen, und wenn der Litterat noch so viel von dem Urrecht des Menschen auf Arbeit phantasiert, so kommt er damit doch nicht über die Rechnungsbücher des Zeitungsunternehmers oder Bücherverlegers hinaus. Die Regierungen brauchen keine Schutzzölle gegen das Einfluten der Litteraten anzulegen, der buchhändlerische Markt wird von selber bewirken, daß die Zahl der proletarischen schrift= stellerischen Existenzen nicht über ein gewisses Aeußerstes steige. Dagegen läßt sich dem übermäßigen Anwuchs des Beamten= proletariats nur durch äußere Repressivmaßregeln ein Ziel setzen, die immer höchst bedenklich sind. Die Anwartschaft auf ein Amt ist ein viel praktischeres, viel verlockenderes und darum auch viel gefährlicheres „Urrecht", als das philosophische Urrecht des Menschen auf Arbeit. Das hat sich zu allen Zeiten bewährt. Der alte Michael Ignaz Schmidt sagt in seiner „Geschichte der Deutschen" in seiner trockenen Manier von den Hofnarren: „Da die Narrheit anfing, ein Amt zu werden, vervielfältigte sich diese Klasse von Leuten so sehr, daß man endlich gezwungen war, von Reichs wegen dem ferneren Anwuchs Einhalt zu thun."

## Viertes Kapitel

# Die Proletarier der materiellen Arbeit.

Das Geistesproletariat ist bis jetzt in Deutschland der eigentliche Grundstock des vierten Standes, es ist in sozialem Betracht
das Stammproletariat, das Arbeiterproletariat hingegen das ab-
geleitete. Der deutsche Arbeiter, auch der untersten Stufe, hat
lange gekämpft und an den letzten Resten echt bürgerlichen Herkommens festgehalten, bis er dem Geiste des vierten Standes
Eingang gab. Die sozialen Lehrsätze des vierten Standes sind
in Deutschland nicht unter den Arbeitern selber weitergebildet
oder gar ausgebrütet worden, sie wurden ihnen von außen her
beigebracht, namentlich durch die französischen Leidensgenossen.

Aber merkwürdig genug nahm der deutsche Arbeiter, sowie
er sein Vaterland verließ, überaus rasch den sozialen Charakter
des fremdländischen Proletariers an. Ja er steigerte denselben
noch. Die proletarische Entartung unter den eingewanderten
deutschen Arbeitern in Paris soll tiefer gefressen haben als bei
den eingeborenen Pariser Genossen. Ueberhaupt muß man ins
Ausland gehen, um das deutsche Proletariat der materiellen
Arbeit von seiner dunkelsten Schattenseite kennen zu lernen.
Auch die litterarische deutsche Emigration in Paris, London und
der Schweiz gestattet oft tiefere Blicke in die schaurigen Mysterien
des deutschen Geistesproletariates, als der Originalstamm ihrer
Leidensgenossen in Deutschland selber. Die Auswanderung ganzer
Massen verkommener Leute nach außerdeutschen europäischen Haupt-
städten wirkt gar traurig auf die Heimat zurück. Diese Ver-

stoßenen sind die Dolmetscher, welche die Irrlehren der aus=
wärtigen Sozialdemokraten dem gemeinen Manne in Deutsch=
land erst verdeutscht haben. Nicht bloß aus Paris, London und
der Schweiz, auch aus Petersburg und Konstantinopel, aus
Polen und den Donaufürstentümern tönen die Klagen über die
soziale Auflösung, welche diese deutschen Emigranten des vierten
Standes überall rasch in sich aufnehmen, steigern und fort=
pflanzen, und wenn der Engländer die Schmach des deutschen
Namens bildlich darstellen will, dann zeichnet er ein hessisches
Besenmädchen.

Das Geistesproletariat hat, ich wiederhole es, bei uns den
ersten Schritt zur Entwickelung des „vierten Standes" gethan,
der Arbeiter folgt bloß nach. Eine allgemeine Charakterfigur
des deutschen Arbeiters, wie etwa des französischen Ouvriers,
existiert nicht, dagegen wohl eine Charakterfigur des deutschen
Geistesproletariers. Der deutsche „Arbeiter" ist nur ein über=
setzter „Ouvrier". Man hat mit Recht den allgemeinsten Aus=
druck — Arbeiter gewählt, denn wir haben noch gar keine fest
gezeichnete Persönlichkeit des Proletariers der materiellen Arbeit.
Er ist noch in eine unendliche Menge von Sondercharakteren
zersplittert; die Zersplitterung unserer Industrie schon in geo=
graphischer Hinsicht bringt das mit sich. Man hat vor einigen
Jahren Arbeitervereine (z. B. in Köln) zu gründen versucht,
zu dem Zwecke, ein soziales Gemeinbewußtsein des deutschen
Arbeiterproletariats herzustellen. Die Sache mußte scheitern,
weil alle äußeren Vermittelungspunkte eines solchen Gemein=
bewußtseins noch fehlen. Nur bei einzelnen Gruppen des Arbeiter=
standes gelang etwas dergleichen, wie bei den Schriftsetzern und
Buchdruckergehilfen. Aus dem zähen Widerstande, welchen diese
sozial wie gewerblich durch ganz Deutschland organisierte Ge=
nossenschaft den Arbeitgebern in Berlin, Leipzig und ander=
wärts entgegensetzte, kann man einen Schluß ziehen auf die un=
geheure Macht, welche dem gesamten Arbeiterproletariat zufallen
würde, sofern es sich in ähnlicher Weise zu einem sozialen Gemein=

bewußtfein erheben könnte. Darin beruht eben großenteils die vorwiegende Macht des Geistesproletariats, daß es durch das wunderbare elektriſche Telegraphennetz des litterariſchen Verkehrs ein stetes Gemeinbewußtſein frisch erhält.

Die Erſchütterungen des Jahres 1848 waren in Frankreich von Anbeginn ſozialer Natur, in Deutſchland erhielten ſie erst allmählich dieſen Charakter. Das Gemeinbewußtſein des Arbeiter= proletariats fehlte, die Arbeiter konnten erſt nach und nach im Verlaufe der Revolution reif gemacht werden für den ſozialen Umſturz. Aber obgleich nun auch aller Orten der Arbeiter nach= zudenken begann über das Verhältnis der „Arbeit zum Kapital", obgleich der Kommunismus überall verkommene Leute beſtrickte, ſo konnte doch ein Gemeinbewußtſein dieſer „Errungenſchaften" nicht hergeſtellt werden. Der franzöſiſche Ouvrier ward ſich voll= kommen klar darüber, was er wenigſtens mit ſeiner geſellſchaft= lichen Theorie will, wenn er auch nicht begreift, was dieſe Theorie ſelber will; dem deutſchen Arbeiter erſcheinen die Verheißungen der ſozialen Reform wie Zauberbilder, die formlos in myſtiſchem Helldunkel ſchweben. Er opfert dem Idol der geſellſchaftlichen Reform, und müßte doch auf den Altar ſchreiben wie weiland die Männer von Athen: dem unbekannten Gott!

Darum kann man wohl ſagen, die deutſchen Lohnarbeiter wurden berührt, nicht aber erfüllt vom Geiſte des vierten Standes.

Das lehrreichſte Uebergangsgebilde von dem gewerbetreibenden Bürger zum Arbeiterproletariat iſt uns in den wandernden Hand= werksburſchen gegeben. Nicht als ob alle wandernden Handwerks= burſche Proletarier oder gar Glieder des vierten Standes ſeien. Im Gegenteil, es iſt einer der größten polizeiſtaatlichen Schnitzer, wenn man ſie vorweg dafür anſieht. Von dem Augenblicke an, wo man ein Recht hätte, die wandernden Handwerksburſchen ſchlechtweg in den vierten Stand zu verweiſen, wäre der voll= kommene Ruin des deutſchen Gewerbeſtandes beſiegelt. Wurde doch im Jahre 1846 von einem norddeutſchen Staate ein Antrag auf Paßfreiheit innerhalb des Bundesgebietes gestellt, wobei man unterschieden haben wollte zwischen bescholtenen und unbescholtenen Personen. Zu den „unbescholtenen und sicheren", denen das Ehren= recht eines Generalpasses zu erteilen sei, sollten die Beamten, die durch Stand und Verhältnisse Ausgezeichneten, die fest Ansässigen, wegen entehrender Verbrechen nicht Bestraften gezählt werden. Dagegen zu den „Unsicheren" (also mutmaßlich Bescholtenen!) die Handwerksbursche, das Gesinde, die gemeinen Soldaten! Dieser Urpolizeigedanke, wäre er in solcher Formlosigkeit ausgeführt worden, würde die Handwerksbursche in der That zu dem gemacht haben, was sie bis jetzt nur in der Minderheit sind, zu Gliedern des vierten Standes. Es gemahnt jener Polizeigedanke an eine abscheuliche Redewendung, die im Deutschen trivial geworden ist, und die man häufig am Eingang schlecht geschriebener Biographien findet, wenn es heißt: „Er war von armen, aber ehrlichen Eltern geboren" u. s. w. — als ob die Armut selbstverständlich auf Spitzbuberei schließen lasse!

Das Handwerkerproletariat findet sich viel mehr bei den kleinen Meistern als bei den Handwerksburschen und ist von jenen erst auf diese übertragen worden. Und unter den Handwerks= burschen sind wiederum nicht diejenigen die eigentlichen Kandi= daten des vierten Standes, welche barfuß mit dem Ranzen auf dem Rücken durch die Welt laufen, und auf welche jeder Thor= schreiber und Polizeidiener ein besonderes Anrecht der Amts= autorität zu haben glaubt, sondern jene vornehmthuerische Klasse, welche nicht mehr „auf die Wanderschaft geht", sondern „zu ihrer Ausbildung reist", welche sich schämt, der Genossenschaft der Wanderburschen anzugehören, über ihren Stand hinaus will und daher jedem sozialen Agitator eine gefundene Beute ist.

Solange der Handwerksbursche noch nicht vornehm geworden ist, solange er noch „fechten" kann, ist er nicht reif zum mo= dernen Proletarier. Denn gerade dadurch, daß er über seine Armut nicht ergrimmt, nicht philosophiert, sondern das Betteln selbst in den ritterlichen, burschikosen Begriff des „Fechtens" aufgehen läßt, stellt er sich ganz auf den Standpunkt der armen Leute der älteren Zeit, die auch nicht zähneknirschend bettelten wie unser Proletariat. Das Almosen erschien als stiftungsmäßige Pflicht der Klöster, als religiöse und moralische Schuldigkeit des begüterten Einzelnen, es war kein erniedrigender Akt persönlicher Gnade. Nur der wandernde Komödiant und der Handwerksbursche schmeckt das unaussprechlich Niederdrückende des Bettelns noch nicht, beide betteln allein noch mit Humor. Und selbst der mittelalterliche Gedanke einer gleichsam stiftungsmäßigen Pflicht zum Almosengeben an die Wanderburschen hat sich nicht nur in den Zehrpfennigen erhalten, welche viele Stadtkassen nach hundertjährigem Brauch immer noch auswerfen, nicht bloß in allerlei Unterstützungskassen der Zünfte und Meister, sondern auch in der Sittenregel, welche in dem Bürgerstande vom Vater auf den Sohn forterbt, daß man jedem Straßenbettler die Gabe immerhin versagen möge, nur dem Handwerksburschen nicht. In den Handwerksburschenliedern finden wir tausend humoristische Bezeichnungen für den Zustand des Burschen, dem „das Moos" ausgegangen ist, aber kaum je eine bittere Klage oder gar einen Racheschrei. Wer über sein Elend noch scherzt, der ist kein echter moderner Proletarier. Wie fürchterlich steht diesem Humor der stille Groll des hungernden Fabrikarbeiters gegenüber!

Der Handwerksbursche dagegen, welcher „zu seiner Ausbildung reist", welcher zu vornehm geworden ist zum „Fechten", wird, wo ihn das Elend trifft, alsbald auch dem wirklichen Proletariat verfallen. Er schämt sich der Sitte seines Standes, er schämt sich seiner Berufsgenossen, also auch insgeheim seines Berufes selber, sein Ehrgeiz zielt dahin, mit einer höheren bürgerlichen Stellung zu prahlen, als ihm gebührt, er fährt in einen Gasthof und ist eben darum ein Kandidat des vierten Standes, und der Wanderbursche, welcher vielleicht barfuß in die Gesellenherberge einzieht, ist ein Kandidat des soliden Bürgertums. Diese Gesellenherbergen sind von jeher ganz besonders geeignet gewesen, den Stolz und den Gemeingeist des Gewerbestandes zu heben und die Wanderburschen vor proletarischer Zerfahrenheit zu bewahren. Schon auf dem Schilde prangten die Wahrzeichen des Gewerbes, und von der Decke des Zimmers hing meist ein kunstreiches altes Meisterstück herab, die geschichtliche Erinnerung an frühere Handwerkstüchtigkeit fortpflanzend. Der Wirt war selber ein halber Handwerksmann. Er war mindestens eine ebenso gute Quelle für alle ins Fach einschlagenden Nachfragen wie ein modernes Kommissionsbureau. Gesellen aus aller Herren Ländern trafen da zusammen und einer hörte vom anderen etwas Gutes und Nützliches. Man zechte auch miteinander und fühlte sich stolz in dieser Genossenschaft. Was würde wohl ein Student dazu sagen, wenn man ihm zumutete, daß er, statt in die erste beste Burschenkneipe zu gehen, in einem „Gasthofe" kneipen solle!

Vor längeren Jahren kam ein reicher Pariser Schneidergesell „zu seiner Ausbildung" nach Frankfurt a. M., wo, wenigstens damals, noch viele der alten Zunftvorschriften mit Strenge aufrecht erhalten wurden, und stieg in einem der ersten Gasthöfe ab. Als er nachgehends als arbeitsuchender Geselle sich einschreiben ließ, wurde ihm bedeutet, daß er nach der Zunftordnung in der Schneidergesellenherberge seinen Aufenthalt zu nehmen habe. Der feine Mann aber aus dem Heimatlande der souveränen Tagelöhner und der sozialen Schwindelei war so entrüstet über diese deutsch-mittelalterliche Anmutung, daß er sofort wieder nach Paris zurückfuhr. Er mag seinen vaterländischen Schneidern ein schönes Bild von der deutschen Barbarei entworfen haben. Solches hätte aber neben dem Franzosen nur dem vornehmen deutschen Handwerksburschen-Proletariat begegnen können, denn ein wirklicher Handwerksbursche wäre viel zu stolz gewesen, an der Herberge vorbeizuziehen, die seines Gewerbes Zeichen trägt, und hätte sich geschämt, mit fremden Leuten zu tafeln, wo er mit seines Berufes Genossen an einem Tische hätte sitzen können.

Ich habe vielfach die Gelegenheit wahrgenommen, die Gesellenherbergen in verschiedenen deutschen Staaten durch eigene

Anschauung kennen zu lernen und das Treiben in denselben zu beobachten. Ich fand, daß z. B. in Oberdeutschland, wo sich noch viele Reste der alten Genossenschaftssitten beim Gewerbe erhalten haben, diese Herbergen nicht selten noch mit all den unschätzbaren Vorzügen ausgestattet sind, die ich oben von jenen der älteren Zeit rühmte, während in den Staaten des mittleren Westdeutschlands, wo oft jede Art von Gewerbeorganisation seit Menschenaltern zertrümmert lag, diese Gesellenherbergen in den kleinen Landstädten vielfach eher Gaunerherbergen genannt zu werden verdienen und als wahre Hochschulen für das nichtsnutzigste Handwerksburschenproletariat erscheinen. Der am meisten heruntergekommene Wirt im Orte ist immer noch zum Herbergsvater gut genug. In seinem Hause nehmen dann versoffene Orgelleute, liederliche Harfendirnen und ähnliches fahrendes Gesindel aller Art den Handwerksburschen in Empfang, und daß dieser in solcher Atmosphäre nicht eben gerade zu Zucht und Ehre des Bürgertums vorgebildet wird, ist wohl einleuchtend. Auch von der Reinlichkeit, Billigkeit, wirtschaftlichen Ordnung und Gediegenheit, welche viele der alten oberdeutschen Gesellenherbergen immer noch auszeichnet, ist da wenig zu verspüren. Wenn es der Polizei ja so sehr auf der Seele brennt, sich der Handwerksburschen ganz besonders anzunehmen, dann kann sie das nicht besser thun, als indem sie diese Schlupfwinkel des Vagabundentums säubert und wirksame Mittel ergreift zur Wiederherstellung der gediegenen Herbergen des alten Stils. Früher fiel freilich ein solches Geschäft der Polizei nicht zu, sondern die Zünfte sorgten dafür, daß ihre Herbergen gediegen waren. Und so sollte es von Rechts wegen auch heute noch sein.

Zu dem proletarischen Hochmut, welcher die Scheidelinie gezogen hat zwischen dem „reisenden Handwerksbeflissenen" und dem Wanderburschen, fügt sich meist der gleich verderbliche Dünkel, daß ein solcher Gesell nicht mehr in der Familie des jeweiligen Meisters leben will. Leider ist freilich das Familienleben vieler unserer kleinen Handwerksmeister oft schon derart herunter-

gekommen, daß der Geselle nur noch auf dem Umwege des schlech=
ten Beispiels Zucht und Sitte lernen könnte. Aber darin liegt
ja gerade der große Vorzug des Handwerksburschen, der selber
noch um seine Existenz ringt, vor dem proletarischen Fabrikarbeiter,
der sich äußerlich in ganz gleicher Lage befindet, daß jener von
Familie zu Familie wandert und solchergestalt immer das an=
schaulichste Musterbild eines im kleinen wohlgegliederten Daseins
vor Augen hat, während der Fabrikproletarier in der Genossen=
schaft seiner Mitproletarier sich in der Regel vereinsamt fühlt.
Und weil ihm das Leben in der naturgemäßen Beschränkung
der Familie verwehrt ist, wie es ihm meist auch immer verwehrt
bleibt, sich selber eine Familie zu gründen, so verfällt er in
krankhaftem Drange um so leichter auf das Phantasiegebilde
einer kommunistischen Familie der Menschheit. Das Leben in
der Familie ist das beste Schutzmittel vor allen sozialen Ver=
irrungen, und wenn diese jetzt so übermächtig allwärts empor=
wuchern, so ist dies das sicherste Zeichen, daß das Heiligtum des
Hauses gar vielfach zertrümmert sein muß. Wenn Owen in
seiner Musterfabrik zu Neu=Lanark die Genossenschaft seiner
Fabrikarbeiter auf eine Höhe des Selbstgefühls, der Zufriedenheit
und Tüchtigkeit erhob, wie wir das sonst nur im gediegensten
Handwerkerstande zu finden gewohnt sind, so erzielte er ein solches
Resultat doch hauptsächlich nur dadurch, daß er die ganze Ar=
beitergenossenschaft in eine große Familie verwandelte, aber nicht
in eine kommunistische, sondern in eine patriarchalische Familie,
in welcher der Fabrikherr fast ganz die Rolle der alten Hand=
werksmeister spielte. Es war ein wohlthätiger Zwang, es war
die Macht der Persönlichkeit des Meisters, also das genaue
Widerspiel zu dem abstrakten Sozialismus, wodurch der in seinem
gemütlichen Wesen dem Deutschen verwandte Owen die anfangs
widerstrebenden Fabrikarbeiter in die Bindung einer großen Fa=
milie einführte. Und bekanntlich wurden nicht nur die Fabrik=
arbeiter veredelt und ihre materielle Wohlfahrt im einzelnen er=
höht, sondern auch der kaufmännische Gewinn des Unternehmens

wies sich in ganz anderen Ergebnissen aus, als wir sie bei den Schauspielertruppen zu Tage kommen sehen, wenn dieselben als kommunistische Familie auf Teilung spielen. Bedeutende Staatsmänner erkannten zur Zeit der Owenschen Musterfabrik, wo eben die erste große Angst über den Dämon des Fabrikproletariats das ganze Geschlecht zu schütteln begann, das Praktische in dem Beginnen dieses Mannes an, und es ist ein wahres Unglück, daß derselbe durch die sozialistischen Schwärmereien und unpraktischen Versuche seines späteren Lebens die großen Lehren von Neu-Lanark selbst wieder fälschte und zum Argwohn auch gegen dieses merkwürdige Unternehmen herausforderte. Es will mir wenigstens nicht einleuchten, wie das Fabrikproletariat auf irgend eine Weise nachhaltig gefestet und der kommunistischen Luft entzogen werden könne, außer indem man die Fabrik nach Art der alten Werkstätten zu einer großen patriarchalischen Familie durchbilde, damit der proletarische Arbeiter in dem beschränkten Kreise dieser Familie das finde, was er in dem Phantasiebild der sozialistischen Familie der Menschheit vergeblich sucht. Darin liegen die großen Gegensätze zwischen dem armen Handwerker und dem armen Fabrikarbeiter, daß der Handwerker sich immer noch durch die Familie gefesselt hält und beschränkt durch die alte Sitte der Genossenschaft, während der Fabrikarbeiter in der Regel familienlos ist, heimatlos und seine Genossenschaft nicht in der Vergangenheit oder Gegenwart, sondern in den unbegrenzten Weiten der Zukunft sucht. Er hat keine Geschichte, das ganze Wesen der durchaus modernen Maschinenindustrie lenkt seinen Sinn vom Historischen ab. Es gilt also, ihm allmählich eine Geschichte zu schaffen, eine Heimat, eine soziale Schranke, und das alles findet sich von selber, wenn man ihm eine Familie schafft, nicht eine solche Familie, wie er sie wohl öfters leider besitzt, nämlich ein hungerndes Weib und verkümmernde Kinder, sondern ein Familienbewußtsein, wie es auch der Handwerksbursche besitzt, der darum doch nicht mit Kindergeschleppe durch die Welt zieht.

Es gibt ewige Handwerksbursche, welche niemals Aussicht
haben, einen eigenen Herd zu gründen, und doch vermag bei
ihnen der Geist des vierten Standes den Geist des Bürger=
tums nicht zu verdrängen, während die meisten Fabrikarbeiter
eben dadurch proletarisch werden, daß sie an der Hoffnung auf
den eigenen Herd zu verzweifeln beginnen. Der ewige Hand=
werksbursche erscheint in seinen alten Tagen in der Regel weit
mehr als ein durch und durch „gepichter Kerl“, denn als ein
zerfahrener Proletarier. Er wandert freilich heimatlos von Land
zu Land, aber überall findet er in der Familie seines Meisters
auch für sich ein Stück Familienleben wieder und in jeder
Werkstatt ein Stück Heimat. Er vergißt darüber doch seinen
ursprünglichen vaterländischen Boden nicht, wie denn die peren=
nierenden Handwerksbursche oft die bedeutsame Sitte haben, sich
nicht durch ihre Namen, sondern durch ihre Landsmannschaft
gegenseitig zu bezeichnen. Wenn dieses genossenschaftliche Leben
der Familie auch in jeder Fabrik heimisch würde, dann könnte
der Fabrikarbeiter nicht mehr um deswillen proletarisch werden,
weil er keine Familie, kein Vaterland, keine Geschichte besitzt.
Ganz ähnlich wie mit den ewigen Handwerksburschen verhielt
es sich mit den ewigen Studenten, die früher häufiger vorkamen,
jetzt wohl fast ganz ausgestorben sind. Eine höchst lehrreiche
Reliquie dieser Art lebte noch vor wenigen Jahren in Gießen.
Es war ein Mann, der gerade ein Vierteljahrhundert ununter=
brochen akademischer Bürger gewesen war, und als er, stark in
den Vierzigern, sein bereits ergrauendes Haupt zur Ruhe legte,
ward er — als Student begraben. Mit achtbaren Geistesgaben
und einem seltenen Fleiße ausgerüstet, hatte er fast alle Fakul=
täten mehrfach durchstudiert und einen nicht gewöhnlichen Schatz
wissenschaftlicher Kenntnisse erworben, aber so oft er auf den
Punkt gekommen war, sich einer Prüfung für den öffentlichen
Dienst zu unterziehen, wurde er durch körperliches Elend und
Geldnot wieder zurückgeschleudert. Wenn lediglich das Miß=
verhältnis der Arbeit zum Kapital den Proletarier machen

könnte, dann wäre dieser Mann, der sich von Korrekturen für Buchhändler, von schlecht bezahlten Privatstunden und den milden Gaben seiner Studiengenossen fünfundzwanzig Jahre lang das Leben fristete, ein Proletarier im vollsten Sinne des Wortes gewesen. Namentlich zum litterarischen Proletarier waren gewiß alle Wege aufgeschlossen. Und dennoch verfiel dieser Dulder niemals dem Geiste des vierten Standes, er war und blieb ein ganz gediegener akademischer Bürger, der ewige Student, wenn auch der ärmste. Es erging ihm wie den ewigen Handwerksburschen: die Hochschule war seine Heimat geworden, die Genossenschaft der Studenten, wo er bei jedem einzelnen in den letzten Jahren füglich Vater hätte sein können, seine Familie. Er stand als die wunderlichste Ausnahme in der bürgerlichen Gesellschaft und gehörte doch nicht zu dem großen Stande der Ausnahmen, zum vierten Stande. Ein subalterner Staatsbeamter in seinem Elend, in seiner Hoffnungslosigkeit würde ein litterarischer Proletarier geworden sein, ein Fabrikarbeiter in seiner Lage ein Kommunist: der ewige Student war und blieb ein ganz konservativer akademischer Bürger. Das ist der Zauber eines, wenn auch nur geträumten, Familienbewußtseins, der Zauber des genossenschaftlichen Lebens!

Einen Beleg, wie sogar ein bloß scheinbares Leben in der Familie den Fabrikarbeiter vor dem proletarischen Geist bewahrt, liefern uns die westfälischen Hüttenarbeiter, die als die gesuchtesten Männer ihres harten Berufes ins Rheinland ziehen, um dort an den Hohöfen zu schaffen, und durch Fleiß und Sitte gleich ausgezeichnet sind. Diese Leute sind meist die nachgeborenen Söhne westfälischer Bauern, welchen nach Landesbrauch entweder gar nichts von dem väterlichen Gute zufällt oder nur ein so geringer Teil, daß sie keine Familie ausschließlich durch dessen Bewirtschaftung ernähren könnten. Sie bleiben jahraus, jahrein auf dem Hüttenwerk und bekommen außer einer kurzen allsommerlichen Ferienzeit (wann der Ofen kalt steht) niemals Urlaub. Diese Ferien von wenigen Wochen sind dem Haus und der

Familie gewidmet, das ganze übrige Jahr gehört dem Beruf. Die Familie aber wohnt daheim in Westfalen, sie sitzt auf dem kleinen Bruchstücke von einem Gütchen, mit welchem der Vater abgefunden worden ist. Der Mann sieht also Weib und Kind eigentlich im ganzen Jahre nur ein einzigesmal. Und dennoch nimmt er von diesem Jahresbesuch das Bewußtsein des Familien= lebens und des gediegenen westfälischen Bürger= und Bauern= tums mit in sein Fabrikleben, und erhält sich das ganze Jahr über fest und tüchtig kraft dieses Bewußtseins. Wann die Bursche eben erst konfirmiert sind, kommen sie oft schon auf das auswärtige Hüttenwerk und sehen für ihr ganzes Leben die Heimat nur in den jährlichen Sommerferien wieder, sie ver= heiraten sich in diesen Ferien daheim, und es ist schon vor= gekommen, daß ein solcher Hüttenmann, der mit seiner Frau — aus der Entfernung — in musterhafter Ehe lebte, die Frau, als sie ihn in einem Anflug von jener ehelichen Sentimentalität der gebildeteren Stände einmal auf der Hütte besuchen wollte, sofort wieder heimschickte, weil ihm ein solcher Besuch weder mit seiner Stellung als Hüttenarbeiter noch mit der seiner Frau als Bewirtschafterin des kleinen heimatlichen Gütchens verein= bar schien. Bei diesen Hüttenarbeitern sieht man, wie Bauern= majorate nach beiden Seiten hin nützlich sind, und nicht nur den Bauernstand vor dem Ruin bewahren, sondern auch das Mittel bieten, das industrielle Proletariat von Grund aus zu reformieren.

Das englische Arbeiterproletariat steht einem an seiner Sitte festhaltenden, im beschränkten Kreise sich begnügenden Bauern= tum noch viel näher als das französische, welches sich wohl am meisten „städtisch" emanzipiert hat; ersteres ist darum auch trotz seiner Masse noch nicht so gefahrdrohend geworden für die Gesell= schaft wie letzteres.

Die Arbeiter in den Bergwerken, welche in neuerer Zeit dem industriellen Proletariat immer näher gerückt sind, haben sich doch im Durchschnitt musterhaft gediegen bewahrt, weil der

Gedanke, die ganze Genossenschaft als eine patriarchalische Familie zu fassen, bei ihnen ein uralt überliefter ist. Der Bergwerks=
arbeiter ist nicht nur wie jeder Fabrikarbeiter den Schwankungen des Marktes preisgegeben, auch Krankheit, Verstümmelung oder Tod steht bei seinem Geschäftsbetrieb jeden Augenblick in Gottes Hand. Dieses drohende Unglück faßt er auf als sein Schicksal; das Unglück plötzlicher Brotlosigkeit erscheint so gering daneben, daß es ihm hier leicht gemacht ist, zu entsagen. Aber eben weil ihm der Umsturz der Gesellschaft mutmaßlich nur einen sehr ge=
ringen Teil von der Gefahr seiner Existenz abnehmen könnte, greift er einstweilen bei dem Praktischen und Erreichbaren zu, um sein Los zu bessern. Die persönliche Gefahr erzeugt wie auf dem Schlachtfelde die Mannszucht unter diesen Arbeitern, und der gemeine Bergmann will nicht gescheiter sein als der erfahrene Steiger, weil er diese Vermessenheit mit seinen gesunden Gliedern bezahlen könnte. Er fährt mit Gebet in den Schacht, wo sein Genosse in der Fabrik mit einem Fluch an die Arbeit geht. Darum findet man zwar häufig, daß ganze Knappschaften pie=
tistisch, selten aber sozialistisch sind. Die Hilfsvereine der Berg=
werksarbeiter, die Knappschafts= und Bruderkassen, wie sie in Belgien, in Schlesien, am Harz, in Nassau, Westfalen und ander=
wärts bestehen, sind wahre Musteranstalten in ihrer Art. Bei vielen Knappschaftskassen werden nicht nur regelmäßige Geld=
beiträge erhoben, sondern auch ein paar Kuxe zum Besten der Kasse gebaut. Dies ist vortrefflich. Indem der Bergmann auch je zuweilen die Haue dafür ergreifen muß, daß er ein Gnaden=
brot erhält, wenn er schwach, und Arznei, wenn er krank wird, und ein ordentliches Leichenhemd, wenn man ihn in den Sarg legt, wird es ihm mit jedem Schlage, den er gegen das Gestein führt, einleuchtender werden, daß für einen Gulden genossen=
schaftliche Hilfe, die man selber hat miterarbeiten helfen, mehr wert sei als ein Wechsel von Millionen, auf die künftige „Organisation der Arbeit" ausgestellt.

Nicht bloß die Handwerksbursche sind durch das Leben in

der Familie des Meisters lange Zeit vor proletarischer Zer=
fahrenheit bewahrt worden, auch bei den Dienstboten und selbst
bei den ständigen Taglöhnern fand bis fast auf unsere Tage
hin das Gleiche statt. Das ist gerade ein glänzender Zug der
germanischen Völkerstämme, daß ihnen der Diener des Hauses,
wenigstens zu unserer Väter Zeiten, noch auch als ein Glied
des Hauses erschien. Die Dienenden sind erst dadurch eigentlich
proletarisch geworden, daß man sie aus dem Hause, aus der
Familie schob. Zu welch liederlichem Proletariat, zu was für
unstet von einem Dienst zum andern wandernden Mietlingen
sind die meisten Dienstboten herabgesunken! Die Sache hat ein
schweres soziales Gewicht. Die Verderbnis der Dienstboten ist
für Deutschland, wo der Ruin der kleinen Gewerbe und des
kleinen Bauern mit jedem Tag eine Schar neuer Knechte und
Mägde schafft, kaum minder wichtig als das Wachstum des
Fabrikenproletariats. Es wird selten ein schlechter Brauch aus
der Stadt auf das Land vertragen, daß dies nicht durch Knechte
oder Mägde geschieht. Und es handelt sich hier sogar um die
Verdunkelung eines nationalen Ruhmes, denn was man im
schönen alten Wortsinn das „Hausgesinde" nennt, dieses echt
patriarchalische Verhältnis des treuen Dienstboten zu der Familie,
ist, wie gesagt, doch stets ein besonderer Ruhm deutscher Völker=
schaften gewesen.

Die deutschen Schriftsteller, welche sich mit der sozialen
Frage, namentlich in der Tagespresse, befassen, bleiben in der
Regel viel zu ausschließlich, nach dem Vorgange der Franzosen,
bei dem industriellen Proletariate stehen. Nicht in dem Ver=
hältnis der Arbeit zum Kapital liegt für uns der Kern der
sozialen Frage, sondern in dem Verhältnis der Sitte zur
bürgerlichen Entfesselung. Die soziale Frage ist zuerst eine
ethische, nachher eine ökonomische. Der Arbeiter bricht zuerst mit
seiner Sitte, und nachher fühlt er sich arm, nicht aber umgekehrt
bricht er darum mit seiner Sitte, weil er sich jetzt erst arm fühlte,
denn arm ist er immer gewesen, meist sogar früher viel ärmer.

Die Dienstboten erhalten in der Regel einen weit höheren Lohn als vordem, und ihre Arbeit ist meist kleiner geworden, und dennoch blieben sie früher Glieder des Bürger= und Bauerntums, aus welchem sie hervorgegangen, während sie jetzt in die Reihen des vierten Standes einzurücken beginnen. Nicht das Mißverhältnis der Arbeit zum Kapital macht hier den Proletarier, sondern der Umstand, daß der Einzelne bei erhöhtem Lohne familienlos, heimatlos geworden ist. Unser Familienleben ist untergraben, darum verderben unsere Dienstboten. „Der Herr muß vorauf!" sagt ein norddeutsches Sprichwort. Wo man von der Verderbnis des Gesindes redet, da soll man zuerst Nachfrage halten nach der Verderbnis der Herrschaft.

Unseren Familien ist der echte Begriff des „Hausregiments" abhanden gekommen. Sonst wurde kraft dieses Hausregiments in und mit der Familie das Gesinde erzogen. Jetzt halten es die Familienhäupter für nobler, das Gesinde ganz beiseite liegen zu lassen, als ihm in der That vorzustehen. Es ist eine wahre Fronie auf unser wohlgeschultes und doch so schlecht erzogenes Geschlecht, daß man sich neuerdings hie und da genötigt sah, eigene „Dienstbotenschulen" zu errichten, welche dem Gesinde den Uebergang aus der Familie des väterlichen Hauses in die Vereinsamung ihres weiteren Lebens vermitteln sollen! Jene alten Prachtexemplare von Mägden und Knechten, die gleichsam als unveräußerliches Stück des Hausinventars durch ganze Geschlechter in der Familie blieben, werden bald ganz ausgestorben sein. Sie mußten ihr Lebtage fremdes Brot essen wie der ewige Handwerksbursche, wie der ewige Student, und wurden doch so wenig proletarisch wie diese. Wir verlangen moralische Dienstleistungen von dem Gesinde, wir verlangen die Hingabe einer ganzen Persönlichkeit an uns — und was ist es denn für ein moralischer Gegendienst, den wir bieten? Oder welches Musterbild der großen gesellschaftlichen Gliederung der Welt findet das Gesinde in der Regel noch in der Familie, daß es sich daran ein Exempel nehmen könnte? „Der Herr muß vorauf!" Wir

wollen, daß unsere Knechte wahre Spartaner seien, da dieselben
doch täglich sehen, daß die Herrschaft ihr Standquartier keines=
wegs in Sparta, sondern in Capua aufgeschlagen hat. Und in
solchem Widerstreit von Lehre und Beispiel wird dann auch zwar
kein Spartaner herausgebildet, wohl aber ein vollwichtiger moderner
Proletarier. „Der Herr muß vorauf!"

Dem Leben und Wirken des Arbeiters in und mit der
Familie des Herrn steht das maschinenmäßige Gebrauchen und
Verbrauchen des Fabrikproletariers von seiten des Unternehmers
am schroffsten entgegen. Jener Fabrikarbeiter, welcher nichts
gelernt hat, welcher gar keine persönliche Fertigkeit besitzt, son=
dern bloß als einfache mechanische Kraft eingereiht ist unter die
übrigen mechanischen Kräfte der Maschine, der sich gewärtigen
muß, daß man seine Stelle morgen durch ein Kind ersetzt und
übermorgen durch einen neu eingefügten Hebel, eine Schraube,
dieser Arbeiter, mit dem der Unternehmer im Grunde gar nichts
Weiteres anfangen kann, als daß er ihn eine Weile abnutzt, um
ihn dann als überflüssig beiseite zu werfen, ist unstreitig äußerst
günstig vorbereitet zum Eintritt in den vierten Stand. Es ist
ihm aber weder durch höhere Löhne, noch durch kürzere Arbeits=
zeit zu helfen, sondern allein dadurch, daß er mehr lernt, sich
mannigfaltige Handfertigkeiten erwirbt; und dazu kann ihm
niemand besser den Weg bahnen als die Genossenschaft der
Fabrikarbeiter selbst, die sich im Sinne der gegenseitigen Er=
ziehung, Unterstützung und Förderung zu einer patriarchalischen
Familie, aber nicht im Sinne der Teilung des Gewinnes zu
einer kommunistischen zusammenthäte. Aristoteles sagt in seiner
Ethik: „Der Sklave ist ein beseeltes Werkzeug, das Werkzeug
ein unbeseelter Sklave." So ist denn jener Fabrikarbeiter oft
viel weniger noch als ein Sklave, denn seine Arbeit sinkt häufig
genug auf gleichen Rang mit der Verrichtung des seelenlosen
Maschinenteiles herab, den man auch herauswirft, sobald man
ihn durch einen besseren ersetzen kann.

Wir sahen die Fabrikarbeiter selber ihre eigenen Maschinen

zertrümmern. Es war die Wut des selbst zum seelenlosen Werkzeug herabgesunkenen Sklaven, der seinen übermächtigen, wenn
schon nur aus Holz gehauenen, aus Eisen geschmiedeten Neben-
buhler zerschmettern will. Der Fabrikarbeiter hat häufig ganz
dieselbe Furcht vor jeder Verbesserung der Maschine — und wenn
ein solcher Fortschritt gleich ihm allein zum Nutzen wäre — als
etwas Dämonischem, als einer ziellos entfesselten Kraft, wie der
Bauer vor dem Lernen. Als in den Spindelschleifereien von
Sheffield eine Verbesserung eingeführt werden sollte, lediglich
um den verderblichen Einfluß des Eisenstaubes auf die Lungen
der Arbeiter zu beseitigen, widersetzten sich diese aufs äußerste.
Aehnlich erging es mit der Einführung der Davyschen Sicher-
heitslampe. Jacquard wurde fast gesteinigt, weil er den kunst-
vollen Mechanismus an den Seidenwebstühlen, der seinen Namen
trägt, erfunden hatte, und der in erster Linie die beklagens-
werten Arbeiter an den früheren Seidenwebstühlen, die sogenannten tireurs de lacs, welche den ganzen Tag in den un-
natürlichsten Gliederverrenkungen verharren mußten, von ihrem
qualvollen Geschäft erlöste.

Als im März 1848 ein brotloses Lohnkutscherproletariat die
Schienen der Taunuseisenbahn aufriß und gleich daneben hungernde
Schiffszieher die Dampfboote des Rheins und Mains beschossen,
sah ich einen Maschinenarbeiter, welcher die vollendete Verwüstung
höhnisch überschaute und mit der dämonischen Siegesgewißheit
eines Propheten des Proletariats ausrief: durch dieses Land
wird keine Maschine mehr fahren. Es lag ein sittlicher Grimm
in diesem Ausruf, denn es war vielleicht des Mannes eigene
Existenz, die vor ihm mit der Eisenstraße in Trümmern lag, und
doch begrüßte er freudig diesen Ruin, weil die unheimliche Neben-
buhlerschaft der Maschine zugleich die tiefste Demütigung für das
Menschenbewußtsein des Arbeiters ist.

Der proletarische Handarbeiter faßt die stets riesenhafter
aufsteigende Maschinenindustrie mit dem Seitenblicke des geheimen
Grauens auf als den vermessenen Wettkampf eines riesenhaften

Weltkapitals mit der schwachen Arbeitskraft des Einzelnen. Wie ganz anders der arme Bauer, der oft nicht minder scheuen Blickes zu den rätselhaften Eisenstraßen mit dem schnaubenden Teufelsrappen hinüberschaut! Cholera und Kartoffelkrankheit, verkehrte Witterung, Erdbeben, teure Zeit, Krieg und Aufruhr der letzten Jahrzehnte sind seinem Aberglauben häufig genug als das natürliche Gefolge dieser titanischen Neuerung erschienen. Da ist ihm der Bau der Eisenbahn das letzte Wahrzeichen der himmelstürmenden Vermessenheit, mit welcher der übermütige Mensch den ewigen Naturgesetzen Gottes eine Wette anbietet. Sie ist ihm der Turmbau von Babel ins Neumodische übersetzt. Auch der Turm von Babel, „des Spitze bis an den Himmel reiche", sollte der Einigungsdom aller Völker der Erde werden. „Und der Herr sprach: — — sie haben das angefangen zu thun; sie werden nicht ablassen von allem, das sie fürgenommen haben zu thun. Wohlauf! lasset uns herniederfahren und ihre Sprache daselbst verwirren, daß keiner des anderen Sprache vernehme. Also zerstreute sie der Herr in alle Länder, daß sie mußten aufhören, die Stadt zu bauen. Daher heißt ihr Name Babel, daß der Herr daselbst verwirrt hatte aller Länder Sprache und sie zerstreuet von dannen in alle Länder."

Und der einfältige Bauer hat so seine eigenen Gedanken darüber, daß dieser babylonische Ausgang spät oder bald auch die Eisenbahnen treffen werde. Wollt ihr diese Einfalt schelten? Es liegt in ihr der tiefe Gedanke verborgen, daß die Geschichte von der modernen Industrie eigentlich nur die neue Auflage der alten Tragödie vom Doktor Faust sei.

Aber nun halte man gegeneinander das Ende, welches hier der religiöse Kindesglaube der Bauern, dort der soziale Kindesglaube des Proletariers diesen Riesenwerken der modernen Kultur prophezeit! Das zeichnet beide Stände.

Jenes äußerste Elend der Fabrikarbeiter, welches häufig doch auch daher rührt, daß sie zu wenig gelernt haben und zu beschränkten Geistes sind, läßt sich nur auf dem Wege der körperschaftlichen Organisierung des ganzen Standes bekämpfen. Indem man die „Arbeiter" selbständiger macht, entreißt man sie dem vierten Stande. Die reichste Unterstützung von außen hilft dem Arbeiter nichts, solange er sich in sich selber hilflos fühlt, und gerade das Bewußtsein dieser Hilflosigkeit erzeugt den proletarischen Geist. Im Jahre 1848 hat man in manchen deutschen Staaten die Ueberzahl der brotlosen Arbeiter dadurch zu beschäftigen und ihr Mißvergnügen zu beschwören gesucht, daß man ihnen völlig nutzlose Wegbauten u. dgl. zuwies; in Paris ließ man gleichzeitig durch eine ganze Heerschar von Arbeitern Erdarbeiten ohne allen Sinn und Zweck ausführen, man ließ die Leute arbeiten, damit sie überhaupt nur die Hand rührten, wie reiche Leute sich mitunter eine Drehbank oder Schnitzbank anschaffen, um zur Beförderung der Verdauung zwecklos daran zu bosseln; man schuf sich einen Vorwand, um jenen Arbeitern einen Lohn auszahlen zu können, der wenigstens nicht ganz wie ein Almosen aussah. Das war ein höchst gefährliches Spiel. Denn wenn etwas, dann mußte diese sinnlose Arbeit dem Arbeiter das Elend seines Daseins recht anschaulich vor die Seele führen. Ein unverhülltes Almosen wäre weit weniger bedenklich gewesen. Wo vollends gar der Anblick des vollendeten Tagewerks selber dem Arbeiter zuruft, daß er überzählig sei in der Gesellschaft, da wird selbst der reichste Lohn den Geist der proletarischen Empörung in ihm nicht ersticken können!

Ein musterhaftes neues Institut von hohem sozialem Werte, welches die armen Arbeiter unterstützen will, indem es ihnen einerseits Mittel zur Selbsthilfe gibt, andererseits einen eigenen Herd sichert, ist die Berliner „gemeinnützige Baugesellschaft". Sie baut Häuser für Handwerker, Fabrikarbeiter, Taglöhner 2c., deren Erbauungskapital durch den billigen Mietzins von 6 Prozent nicht nur verzinst, sondern auch getilgt wird, so daß der Bewohner nach 30 Jahren das Haus als freies Eigentum erhält. Bei genossenschaftlicher Miete in den größeren Häusern der Gesellschaft erhält der einzelne nach 5, 10 Jahren 2c. eine entsprechende Geldprämie. Die sämtlichen Insassen eines Hauses treten zu einer Genossenschaft zusammen und wählen einen Hauswirt, der dann wieder unter der Oberaufsicht eines von der Gesellschaft ernannten Hausvorstehers steht. Die materiellen und sittlichen Vorteile einer gemeinsamen Wirtschaft des ganzen Hauses unter strenger Aufsicht von außen sind einleuchtend. Ebenso werden die von einer einzelnen Familie bewohnten kleineren Gesellschaftshäuser mächtig dazu beitragen, den Familiengeist unter diesen Arbeitern neu zu beleben. Auf solche Weise wird in der That der „Arbeiter" bewahrt vor dem vierten Stande; es wird einer gesunden gesellschaftlichen Organisierung der Lohnarbeiter, einem künftigen wahren und echten vierten Stande, vorgearbeitet. Das Unternehmen, welches, auf alle größeren Städte Deutschlands ausgedehnt, ein Kapital von vielen Millionen zu Gunsten der Armut flüssig machen würde, setzt darum nicht das mindeste Geldgeschenk des Reichen an den Armen voraus, sondern nur einen auf sicherer Hypothek ruhenden rückzahlbaren Vorschuß. Es entzieht die Unbemittelten den Schlingen des Wohnungswuchers, leitet sie zu erhöhtem Familienleben, zur gefesteten Genossenschaft und stellt ihnen als Prämie den Erwerb eines freien Grundeigentums oder eines kleinen Kapitals in Aussicht. Es wird mit der Zeit aus abhängigen Lohnarbeitern vielfach wieder selbständige Bürger machen. Ich halte diesen Versuch für einen der glücklichsten zur Besserstellung der arbeitenden Klassen; denn er gibt die Unterstützung nicht als ein Almosen, sondern er ermöglicht dem Bedrängten die rechte Selbsthilfe.

Es haben diese Bauten der Berliner gemeinnützigen Baugesellschaft eine bemerkenswerte Aehnlichkeit mit der kleinen Stadt der Armen, wie sie einst das reiche Patriziergeschlecht der Fugger mitten in den größeren Ring der Stadt Augsburg hineingebaut hat, mit der Fuggerei. Hier wie dort wird unbescholtenen armen Arbeitern ein billiges Obdach gegeben. Aber im sechzehnten Jahrhundert gründete das einzige Geschlecht eine ewige Stiftung, wo im neunzehnten eine Gesellschaft zu einem Aktienunternehmen zusammentritt. Und doch ist diese moderne Gesellschaft weiter gegangen als jene alten Patrizier, denn sie macht es dem Armen möglich, daß derselbe das dargeliehene Gut zuletzt als Eigentum erwerbe. Indem sie ihren Plan nicht auf die Erbauung einer gewissen Häusermasse beschränkt, sondern es offen läßt, ihn je nach Bedürfnis zu erweitern, indem sie den Armen nicht im Sinne der Fugger eine stiftungsmäßige Spende gibt, sondern, was höher ist, die Möglichkeit, sich selber die Spende zu erringen, zeigt sie, wie weit wir vorgeschritten sind, das Wesen der Armut im Zusammenhange mit dem sozialen Leben zu erkennen und hiernach auf Mittel zur Abhilfe zu sinnen.

Der geschäftliche Beruf des Fabrikarbeiters trägt fast in allen Stücken noch das Gepräge des Halben, Unfertigen, Werdenden. Daraus entspringen die entscheidendsten sozialen Folgen. Der Fabrikarbeiter ist kein Handwerker mehr, auch kein bloßer Taglöhner, er ist eine dritte gesuchte Größe, ein X in der gewerblichen Welt, wie der vierte Stand in der sozialen.

Ihr sagt: die Maschine nimmt alle grob mechanische, gedankenlose Handarbeit den Menschen ab — welcher Fortschritt zur Veredelung des gesamten Menschendaseins! Wo der Handarbeiter früher tagelang fast unausgesetzt den Arm schwingen mußte, daß ihm der Schweiß über den ganzen Körper rann, da sitzt jetzt der Fabrikarbeiter an der Maschine, die jenen Arm darstellt, und regelt nur dieselbe mit Bequemlichkeit, braucht nicht zu schwitzen, auch nicht so unausgesetzt körperlich thätig zu sein. Wenn der Handarbeiter alten Stiles darauf losschlug, daß ihm der Kopf dampfte, so konnte er wenig denken, und mit dem Schweiß der körperlichen Anstrengung gehen nicht bloß allerlei überflüssige Säfte ab, sondern auch die überflüssigen Gedanken.

Während dagegen die Maschine für den Arm des Fabrikarbeiters hämmert, stößt, webt, spinnt, bleibt ihm selber Muße

genug, mit seinen Gedanken zu weben und zu spinnen. Ist das
nicht ein ungeheurer Fortschritt? Aber gerade dieses Spiel des
Denkens, dieses Brüten, Sinnen und Träumen, wie es sich bei
dem Bildungsstandpunkte des Fabrikenproletariats in den arbeits=
losen Minuten an der Maschine von selbst ergibt, ist das sozial
Gefährliche bei dem Fabrikenproletariat im Vergleich zu den
Proletariern der Handarbeit. So sind auch diejenigen Hand=
werker, denen bei einer sitzenden Lebensart und geringem körper=
lichen Kraftaufwand das Brüten und Sinnen den ganzen Tag
über gestattet ist, z. B. die Schuster und Schneider, am öftesten
mit kommunistischen und sozialistischen Vapeurs geplagt. Von
dergleichen Krankheitsanfällen bei Grobschmieden, Steinmetzen,
Holzhauern, kurzum bei Arbeitern, die allezeit im Schweiße ihres
Angesichts schaffen müssen, habe ich noch wenig gehört. Ich
verkenne wahrhaftig den großartigen Fortschritt der Gesittung
nicht, welcher darin liegt, daß die gröbste Arbeit mehr und mehr
der Menschenhand abgenommen wird. Aber solange die Fabrik=
arbeiter noch auf der gegenwärtigen Stufe gewerblicher Halb=
schlächtigkeit sich befinden, wird dadurch mittelbar ein furchtbar
ungesunder Dilettantismus der Bildung bei den Massen des
Arbeiterproletariates gehegt. Da man nun den Leuten das
Denken nicht verbieten soll, noch kann, so wird die einzige Ret=
tung darin liegen, daß man ihrem Geiste gesunde und natur=
gemäße Bildungsstoffe zuführt. Wir sehen manchmal Barren
und Reck für die Erholungsstunden versessener und verkrümmter
Fabrikarbeiter neben den riesigen Maschinenschornsteinen auf=
gebaut. Wohlan, schaffet den in ihrer Gedankenwelt versessenen
und verkrümmten Leuten aus den Fabriken nicht minder die ge=
hörigen geistigen Turnplätze! Gerade durch ihre Bildungsarmut
werden die großen Massen der untersten Fabrikarbeiter, die meist
aus der Knabenschule unmittelbar an die Maschine kommen, so
hilflos, durch die Bildungsarmut werden sie dann auch weiter
nicht selten so verschroben in all ihrem Dichten und Trachten.
Weil diese Fabrikarbeiter, die an gewerblicher Ausbildung oft

noch tief unter dem gröbsten Handarbeiter stehen, doch so viel mehr Muße zum Nachdenken haben als dieser, muß ihnen auch ein weit umfassenderer Stoff des Nachdenkens gegeben werden. Der Staat, die Gemeinde und die Genossenschaften der Fabrik= herren wie der Fabrikarbeiter selbst haben hier das gleiche Inter= esse, Arbeiterschulen zu gründen, damit diese Proletarier aus so elendem Zwitterwesen herausgerissen werden, welches das materielle Wohl der einzelnen Arbeiter nicht weniger als die Sicherheit der ganzen Gesellschaft bedroht. Wie wenig ist noch geschehen für die geistige und sittliche Erziehung des Fabrikenproletariats! Und hinterdrein kommen dann die Leute, fürchten sich vor der sozialen und politischen Verschrobenheit der Fabrikarbeiter und klagen unsere stolze Maschinenindustrie als den allgemeinen Sündenbock an, da sie doch selber keine Hand gerührt haben, den etwaigen verschrobenen Arbeitern die Köpfe zurechtzusetzen! Hier gilt es, innere Mission zu üben, nicht bloß des Glaubens, sondern auch einer gesunden volksgemäßen Intelligenz.

Das Proletariat der Fabrikarbeiter ist auf halbem Wege auch in seinem Genossenleben stehen geblieben. Es hat so viel Gemeinbewußtsein gewonnen, daß es über das Maß seiner Leiden und Gebrechen ziemlich einverstanden ist, aber den zweiten Schritt, sich auch über die Abhilfe derselben aus sich heraus zu ver= ständigen, vermag es nicht zu thun. Es gehört also auch in diesem Betracht in das unendliche Kapitel von den modernen Halbheiten. Es gibt eine große Klasse des gewerblichen und industriellen Proletariats, welche noch viel elender und hilfloser ist, als die Fabrikarbeiter im ganzen genommen, und doch die Gesellschaft vorderhand durchaus noch nicht gefährdet, weil sie jenen ersten Schritt zur Korporation noch nicht gethan und also auch wenigstens jenes negative Gemeinbewußtsein noch nicht gewonnen haben. Die wandernden Scherenschleifer z. B., die fahrenden Zinngießer, Kesselflicker, Korbflechter ꝛc., welche unter Sonnenbrand und Regenguß an den Straßenecken ihren jämmer= lichen Verdienst sich erarbeiten, sind oft weit schlimmer daran als die Fabrikarbeiter, aber sie leben zerstreut, sie sind noch zu keinem Gemeinbewußtsein gekommen, sie fassen ihre Not nur vereinzelt, persönlich, sie werden daher auch höchstens nur für sich persönlich rauben oder stehlen, wenn sie auf jener Stufe der Verzweiflung angelangt sind, wo der Fabrikarbeiter als Kommunist den Raub an der ganzen Gesellschaft vollziehen will.

An das Gewerbeproletariat schließt sich das Handelsproletariat. Hier hat man am frühesten wahrgenommen, welche bürgerliche und geschäftliche Nichtsnutzigkeit das fahrende Leben erzeugt, und schon seit Jahrhunderten eifrig dagegen gearbeitet. Unsere alten Polizeigesetze enthalten meist die schärfsten Verfügungen gegen die wandernden Trödler, Hausierer u. dgl., welche allezeit den Ruin des Bauern fördern halfen, früher aber noch weit mehr als jetzt. Es ist dies eine Klasse des Proletariats, deren schädliche soziale Einflüsse nicht mehr im Wachsen, sondern im Abnehmen begriffen sind. Mit jeder neuen Eisenbahnanlage wird auch eine neue Landschaft von einem Teil des Krebsschadens der Hausierer befreit. Dagegen können wir uns wohl ein Bild von dem Unheil machen, welches früher diese Leute bei den Bauern stifteten, wenn wir lesen, wie jetzt der einsame Siedler in den Wäldern Amerikas von den Hausierern betrogen und verdorben wird. Noch Justus Möser zeichnet ein Bild von der Landplage der Hausierer, dessen Farben jetzt schon allzu grell erscheinen dürften. Namentlich übten noch in der ersten Hälfte des vorigen Jahrhunderts die wandernden Spezereihändler, „ohnbekannte Hausierer, Theriakkrämer, Storger und Landfahrer" einen so verderbenden Einfluß auf das Landvolk, daß wenigstens das Hausieren mit Gewürzwaren fast überall unterdrückt wurde, „dieweil dies Hausiren nicht allein unseren Hintersaßen, Bürgern und Gewerbsleuten, sondern auch dem gemeinen Hausmann, als welcher zu Zeiten, auch ohnnöthiger Weise, zum Kaufen angereizt und umb das Seine gebracht wird, zu sonderem Schaden und Nachtheil gereicht". Ein gutes Teil des traurigen Umstandes, daß der Bauer da und dort von seiner alten Tracht und Lebens-

weise gelassen hat, und damit schließlich proletarischer Verlieder=
lichung und Zerfahrenheit verfallen ist, haben diese „Landfahrer"
auf dem Gewissen. Sie sind die rechten Apostel des vierten
Standes unter den Bauern gewesen und haben hier mit ihren
schlechten Kattunen, mit ihrem modischen Flitterzeug und früher
mit ihren Spezereien, namentlich mit ihrem Kaffee, mindestens
ebenso stark die Gesellschaft unterwühlen helfen, als anderwärts
die Geistesproletarier mit ihren Büchern und Zeitungen. Welch
schlechten Begriff man früher von diesen Hausierern gehabt, geht
daraus hervor, daß die alten Gesetzgeber die Fälschung der Ware
und die Ausgabe falscher oder beschnittener Münze fast als Regel
bei ihnen vorauszusetzen scheinen, und danach ihre Maßregeln
treffen. Das proletarische Bewußtsein ist bei diesen Leuten selten
zum Durchbruch gekommen, gerade wie bei den wandernden Korb=
flechtern und Scherenschleifern, weil sie zerstreut leben; aber desto
mehr haben sie mittelbar darauf hingewirkt, das proletarische
Bewußtsein unter dem gemeinen Manne zu verbreiten. Weniger
was sie sind, als was sie gethan, verdient die Beachtung des
sozialen Forschers.

Ganz eigentümlich stehen die wandernden Schacherjuden in=
mitten dieses Handelsproletariats. Am buntesten zeigt sich hier
die seltsame Mischung des umherschweifenden Lebenswandels der
Heimatlosigkeit mit einem gleichsam idealen Nationalitätsbewußt=
sein; ein körperschaftliches Zusammenhalten, da sie doch in der
Zerstreuung leben, und beiläufig meist trotzdem wieder einer den
anderen in seinem Geschäft aufs giftigste verdächtigt und an=
feindet. Wir finden weiter eine historische Heilighaltung der
Familie im Vagabundenleben, die sie von fast allen anderen
fahrenden Proletariern vorteilhaft unterscheidet und eine tiefere
Sittlichkeit erwarten ließe, verschmolzen mit allerlei Nichtsnutzig=
keit, wo es den Betrug des Bauern gilt, mit jenem hündischen
Wesen, welches sich stoßen und schlagen läßt und dem Zuchtherrn
die Hand noch küßt, wenn nur dabei ein Kreuzer verdient wird.
Der wandernde Schacherjude fängt mit nichts an, wie der Fabrik=

arbeiter, er lernt auch nichts, er bringt nur sein angestammtes
Rechentalent mit ins Geschäft, er läßt sich aber durch die Kluft
zwischen Arbeit und Kapital nicht abschrecken, sondern schindet sich
frischweg und ohne alle Sozialphilosophie, bis er zuletzt selber —
Kapitalist geworden ist.  Die Unverdrossenheit des Schacher=
juden, der schwerbepackt von Dorf zu Dorf läuft und an den
jämmerlichsten Gewinn die größten Strapazen setzt, sticht seltsam
ab gegen die sonstige Scheu des Juden vor jeder harten Arbeit
und körperlichen Anstrengung.  Noch mehr, der Schacherjude auf
dem Lande, von allen Seiten gefährdet, gehaßt, angespieen, die
Ueberlieferung vielhundertjähriger Schmach und Verfolgung im
Herzen, empört sich nicht, wird weder Sozialist noch Kommunist.
Und doch hätte er ein unendlich größeres Recht zum Kampfe
wider die historische Gesellschaft als der Fabrikproletarier.  Er
läßt sich um Gottes willen anspeien und hofft auf den künftigen
Messias, auf die Freuden Zions, die für einen sonst so realisti=
schen und auf gleich bare Zahlung haltenden Mann in ver=
zweifelt nebelgrauer Ferne liegen.  Der Schacherjude fühlt die
Pein nicht, daß er keinen rechten Platz in der Gesellschaft wie
im Staate hat, da ihm beide höchst gleichgültig sind und ein
solcher Platz durchaus nichts Bares abwerfen würde.  Der Fabrik=
arbeiter fühlt sich als Paria; der Schacherjude aber in seinem
Stumpfsinn gegen das ganze abendländische Kulturleben ist ein
wirklicher Paria, ohne daß er daran denkt.  Die inneren Wider=
sprüche des vierten Standes sind also für ihn gar nicht vor=
handen.  Der jüdische Geistesproletarier, den ich oben zeichnete,
ringt nach einer Stellung in dem modernen Staate, in der mo=
dernen Gesellschaft; für den fahrenden Schacherjuden hat ein
solches Ringen gar keinen Sinn.  Der jüdische Geistesproletarier
hat mehrenteils gebrochen mit seinem alten Volkstum, mit seiner
väterlichen Sitte, er sucht eine neue und steht solchergestalt
zwischen Thür und Angel.  Der Schacherjude lebt aber trotz
aller äußeren Störungen in seiner alten Sitte, er hat in dem
Bewußtsein derselben jenen festen Platz ererbt, den er in der

modernen Gesellschaft nicht erst zu suchen braucht. Er lebt in dem Traum der Vergangenheit, wie der jüdische Geistesproletarier im Traume der Zukunft. Der Traum der Vergangenheit ist die Reaktion, der Traum der Zukunft die Revolution. Das korporative Zusammenhalten mit seinen Genossen hat ihn dem Bauersmann so gefährlich gemacht, der Gesellschaft im ganzen wird er durch das nämliche unschädlich. Er ist ein armer Teufel, ein heimatloser, geschundener, mit Füßen getretener Mensch, er lebt mit den bevorrechteten Gliedern der Gesellschaft auf dem Kriegsfuße, aber nicht mit den Vorrechten der Gesellschaft; das modern proletarische Bewußtsein der inneren Widersprüche seiner Stellung fehlt ihm, und darum ist er doch immer nur — Kandidat des vierten Standes.

Ganz ähnlich wie mit dem wandernden Schacherjuden verhält es sich mit dem Zigeunerproletariat, welches sich in einigen Gebirgsgegenden Deutschlands noch erhalten hat. Auch hier gibt der Nachhall der alten Clanverfassung und das Familienleben dem verkommenen und verdorbenen Wandervolke einen eigentümlichen sozialen Halt. Bei dem Landvolke herrscht in manchen Gegenden die Ansicht, welche früher wenigstens wohlbegründet gewesen sein mag, daß man den Zigeuner ohne Furcht vor Diebstahl bewirten dürfe, wofern er auch sein Nachtlager im Hause nehme, daß er aber allezeit da zu stehlen suche, wo er bloß Speise und Trank zu sich nehme und dann wieder weiter ziehe. In dieser Ansicht ist jedenfalls die zwiefältige soziale Stellung, welche der Zigeuner mit dem Wanderjuden teilt, sehr gut versinnbildet. Sofern er der Familie, dem Haus, und sei es auch nur für eine Nacht, angehört, ist er ein Freund der gesellschaftlichen Ordnung; wo er sich's aber bloß gönnt, im Vorbeigehen seinen Wanderstab hinzustellen, wird er sofort ein Feind dieser Ordnung, wenn auch nicht der Gesellschaft selber.

In dem Maße als dieses niederste wandernde Handelsproletariat in neuerer Zeit abgenommen hat, beginnen übrigens die vornehmen wandernden Handelsleute zuzunehmen. Die vaga-

bundierenden Makler und Agenten, die hausierenden Handlungs=
diener, die fahrenden Subskribentensammler und Aktienschwindler
sind für die Städte eine ebenso große Plage geworden, wie weiland
die „Storger und Theriakkrämer" für das Land, und haben teil=
weise bereits ganz ähnliche Polizeiverfügungen hervorgerufen, wie
ehedem ihre minder eleganten Genossen.

Von dem entarteten Bauer habe ich in dem Abschnitt von
den Bauern ausführlich geschrieben. Wir haben noch kein Recht,
die entarteten Bauern unter der Rubrik vom „vierten Stande"
abzuhandeln. Das Gemeinbewußtsein eines „Bauernproletariats"
haben sie wenigstens in Deutschland noch nicht gefunden. Aus
dem Gesichtspunkte des vierten Standes betrachtet, fallen sie
daher in eine Klasse mit jenen proletarischen Künstlern und
Handwerkern, die zwar zum Ruin der Künstlerschaft und des
Gewerbestandes sattsam beitragen, doch ohne darum bereits die
Rolle einer bewußt verneinenden Gesamtgruppe gegenüber der
Gesellschaft übernommen zu haben. Das Bauerntum erscheint
uns hier wohl verwittert, aber das verwitterte Bruchstück hat
sich noch nicht zu einer sozialen Neubildung abgelöst.

In einer Zeit, wo eine bedeutsame industrielle Erfindung
die andere drängt, ist es natürlich, daß dieser Erfindungsgeist
seinen Charlatanismus und eben damit auch sein eigentümliches
Proletariat erzeugt hat. Eine ganze Gruppe großstädtischer Pro=
letarier lebt von diesem Charlatanismus und prellt durch die
fortlaufende Schwindelei mit neuen Entdeckungen, Erfindungen
und Enthüllungen den arglosen Philister derart, daß dieser
Berufszweig ebensogut dem Gebiete der Kriminalstatistik als der
sozialen Wissenschaft anheimfällt.

An jeden neuen Anstoß im gewerbenden, wissenschaftlichen
und politischen Leben hängt sich sofort ein eigenes Proletariat,
welches wenigstens auf ein paar Monate Profession aus der
neuen Errungenschaft macht. So hat unsere letzte politische Be=
wegung ein selbständiges Proletariat geschaffen, welches von der
Revolution nicht bloß geistig, sondern auch mit Mund und Magen

zehrte. Zu den sieben freien Künsten, die Rhabanus Maurus als bei den Deutschen im Schwange gehend aufzählt, war als achte die Kunst der Wühlerei erfunden, und sie nährte geraume Zeit besser ihren Mann als manche andere Kunst. Dies gehört eben auch zu dem ewig schwankenden, unfertigen Wesen des vierten Standes, daß in stetem Wechsel neue Gruppen desselben über Nacht wie Pilze aufschießen und am nächsten Abend schon wieder verfault sind, um anderen Platz zu machen. Wie der Begriff des vierten Standes sich nur annähernd geben läßt, so wird die Bilderreihe seiner einzelnen Bestandteile noch viel weniger vollständig sein können. Wer vermag beispielsweise den Umfang jener in sich selbst verschwommenen Gesellschaftsgruppe auszumessen, welche man in der Stadt unter dem Namen der „Bummler“, auf dem Land unter dem Namen der „Stromer“ zusammenfaßt!

## Fünftes Kapitel

# Das Standesbewußtsein der Armut.

Wie bei den Bauern und dem Grundadel der feste liegende Besitz vorwaltet, bei den Bürgern dagegen das Ringen nach dem Erwerb in erste Linie tritt, der feste Besitz in die zweite, so fällt bei dem vierten Stande der feste Besitz fast ganz weg, und ihm ist nichts übrig als die Arbeit. Er ist in diesem Betracht ein zum einseitigen Extrem verflüchtigtes Bürgertum. Der Proletarier zählt nationalökonomisch nur durch seine eigene Person, durch Kopf oder Arm. Seine Standesehre ist die Ehre der Arbeit. Daraus mag ein stolzes, berechtigtes Selbstgefühl quellen, aber ebenso leicht Neid und blinde Selbstüberhebung. Der besitzlose Arbeiter erfährt an sich im günstigen Falle nur die sittlich veredelnde Kraft der Arbeit. Daß auch das Festhalten des ererbten und erworbenen Besitzes sittlich läuternd wirken könne, begreift er nicht. Und doch zeigt uns täglich der Ruin so mancher wohlhabenden Familie, wie das Zuratehalten des Erworbenen oft eine weit härtere Tugendprobe sei, als das Zusammenraffen des Erwerbes. Geld einzunehmen verstehen gar viele, Geld auszugeben nur wenige.

Indem dem vierten Stande lediglich die Arbeit ohne den Besitz geblieben ist, tritt er in Gegensatz zu der ganzen übrigen mehr oder minder besitzenden Gesellschaft. Diese Thatsache hat man mit einem sehr einseitig gewählten Ausdruck als das „Mißverhältnis der Arbeit zum Kapital" bezeichnet. Dieses Mißverhältnis soll ausgeglichen werden durch irgend eine neue

„Organisation der Arbeit". Man spricht dabei von einer „Verteilung des Besitzes", als ob irgend jemand denselben willkürlich ausgeteilt hätte, als ob nicht die Mannigfaltigkeit des Besitzes und Nichtbesitzes ebenso notwendig für den Einzelnen wäre, wie Geburt, Talent und dergleichen Dinge, über welche kein Mensch hinauskommen wird, solange die Welt steht. Nur wer immer bloß den einzelnen Menschen statt der Gesellschaft ins Auge faßt, kann von einer „ungerechten Verteilung" des Besitzes reden. Der Gedanke, eine systematisch gerechte Verteilung des Besitzes einzuführen, ist dem vergleichbar, wenn einer systematisch das Wetter machen wollte, so daß jeglicher für jeden Tag und jede Stunde das seinem besonderen Zwecke und Vorhaben erwünschte gute Wetter bekäme. Damit, daß es aber der eine ausschließlich gut erhielte, erhielten's eben tausend andere wieder schlecht, und am Ende müßte alles zu Grunde gehen.

Gerade in dem sogenannten Mißverhältnisse der Arbeit zum Kapital, in der ungleichartigen Zusammensetzung der Gesellschaft liegt das persönlich Menschliche derselben. Bei der Gesellschaft der Hunde, der Pferde, des Rindviehs u. s. w. herrscht vollständige soziale Gleichheit. Die völlige Ausgleichung der gesellschaftlichen Gegensätze ließe sich nur herstellen durch ein goldenes Zeitalter der allgemeinen Dummheit und des allgemeinen Elendes, nicht aber der völlig gleichmäßigen Bildung und des völlig gleichmäßigen Besitzes. Dieses Gelüsten nach allgemeiner Gleichmacherei der Gesellschaft ist jedenfalls die maßloseste Reaktion, denn sie greift viel weiter zurück als zum Mittelalter, sie greift zurück auf Adam und Eva. Wenn einmal das Feigenblatt wieder das allgemein menschliche Kostüm geworden ist, dann erst haben alle Standesunterschiede aufgehört.

Ich möchte die Existenz in den verschiedenen Gruppen der Gesellschaft vergleichen mit dem Leben des Menschengeschlechtes in den verschiedenen Erdzonen. Ist es nicht schreiend ungerecht, daß der Eskimo im Norden, der Feuerländer im Süden stumpfsinnig verkümmert, indes dem üppigen Orientalen die süßesten

Früchte in den Mund wachsen und die Bewohner der gemäßigten Himmelsstriche geradezu von der Luft gescheit werden und weltbeherrschend dazu? Warum gleicht ihr dieses Mißverhältnis nicht aus, warum verpflanzt ihr die Eskimos nicht nach Italien, die Feuerländer nach Griechenland? Und dennoch wird dies gerade wieder als ein Zeugnis von der Majestät des Menschengeschlechtes gepriesen, daß es unter allen Klimaten sich eigentümlich entwickelt, überall dasselbe und doch überall ein anderes! So quillt auch die Majestät der Gesellschaft als eines lebensvollen Organismus aus der wunderbaren Biegsamkeit, mit welcher der Gesellschaftsbürger in jeder sozialen Zone, auch in der Eiszone des untersten Proletariats, sich individuell zu entwickeln vermag.

Das Moment der Arbeit ohne die Grundlage des Besitzes ist es aber nur teilweise, was den Proletarier, was das Glied des vierten Standes macht. Der Widerspruch seiner sozialen Anforderungen mit seiner wirklichen Existenz, der Bruch mit der geschichtlichen Gliederung der Gesellschaft und die daraus hervorspringende Zerfahrenheit und Vereinzelung sind die eigentlich charakteristischen Kennzeichen. Nun haben aber leider die Arbeiter selbst den falschen Feldruf ergriffen und statt der „Organisation des Arbeiterstandes" die „Organisation der Arbeit" auf ihre Fahne geschrieben. Die sozialen Theoretiker, welche die hier zu Grunde liegende Begriffsverwirrung angestiftet, mögen zusehen, wie sie dies verantworten können; sie haben mehr dazu beigetragen, den Arbeiter elend zu machen, als es die „Herrschaft des Kapitals" gethan, denn sie haben ihm den einzig rettenden Gedanken aus der Seele hinausdisputiert, daß der Arbeiterstand sich aus sich selber reformieren und also auch sich aufhelfen könne, ohne daß er vorerst so beiläufig die ganze Welt zu reformieren brauche.

Es ist übrigens höchst bezeichnend, daß der vierte Stand bis zum letzten Fabrikproletarier abwärts sich fort und fort mit der theoretischen Erörterung seiner Stellung in der Gesellschaft quält. Diese Angstfrage der gesellschaftlichen Stellung liegt den echten Söhnen der übrigen Stände weit ab. Schon der einzige Umstand, daß das Proletariat über sich selber, als über eine soziale Erscheinung philosophiert, reicht hin, um zu beweisen, daß der vierte Stand eine durch und durch moderne Erscheinung ist. Und zwar gehört diese theoretische Selbstschau des vierten Standes wieder wesentlich nur dem alten Europa an. Sobald der Proletarier in die neue Welt kommt, wo noch keine verwitternde Gesellschaft sich abzubröckeln beginnt, läßt er die theoretische Frage der sozialen Existenz fallen und versucht einmal wieder ganz ohne Reflexion zu existieren, falls er nicht verhungern will.

Rapp mußte in seiner kommunistischen Kolonie den guten Platz im Himmel von der regelmäßigen Arbeit in der Kolonie abhängig machen, er mußte seinen Kindern die Rute des Despoten zeigen, damit sie in dem freien Amerika den Geschmack an der sozialen Gleichheit nicht verlören. Der Proletarier wühlt in Europa die Pflastersteine auf, um gegen Staatseinrichtungen zu kämpfen, von denen er sich gar selten persönlich belästigt fühlt, und für Verfassungsideale, die über seinem Gesichtskreise liegen, weil er glaubt, daß mit der alten Staatsordnung auch die alte gesellschaftliche falle, weil man ihm gesagt hat, daß, wofern er die Monarchie ausstreiche, auch das Wort der Schrift ausgestrichen sei: „Im Schweiße deines Angesichts sollst du dein Brot essen." Und wenn er nun in die neue Welt kommt, wo die alte Staatsordnung nicht besteht, dann findet er, daß die neue Gesellschaftsordnung, für welche er sich daheim hat blutig schlagen lassen, hier noch immer als eine unerträgliche Sklaverei sich bewährt hat.

Die „Massenarmut" ist das Gespenst, vor welchem eine Zeit wie die unserige, die Wohlleben und Reichtum zu einem Selbstzweck des Menschendaseins gemacht hat, entsetzt zusammenschrickt. Aber die Massenarmut des gemeinen Mannes wird nur da gefährlich, wo die Massenfaullenzerei der begüterten Leute ihr gegenübertritt. Der hat kein Recht mitzureden über den Empörungsgeist des besitzlosen vierten Standes wider die

Besitzenden, der nicht selber, hoch oder gering, im Schweiße seines Angesichtes sein Brot ißt. Erst seit Nichtsthun auch im Bürgerstande für vornehm gilt, ist die Massenarmut ein Schreckwort geworden. Die Massenarmut an sich ist kein Kind der neueren Zeit. Es bedarf nur eines gründlichen Einblickes in die Bücher der Geschichte, um die Ueberzeugung zu gewinnen, daß im Gegenteil die Massenarmut im Laufe der Jahrhunderte sich ununterbrochen verringert habe. Aber durch die Hoffart, mit welcher der sich selbst vergötternde Reichtum den verarmten Massen entgegentrat, ist in den grollenden Seelen der Armen jenes Selbstbewußtsein des Pauperismus geweckt worden, welches im Fiebertraum des Hungerwahnsinnes den Besitz für einen privilegierten Diebstahl ansieht. Wie wollt ihr, deren Götze der Reichtum ist, mit dem Armen rechten, weil er mit dem Knüttel und mit Pflastersteinen diesen Götzen zerschmettern will, wie der Jehovah des alten Bundes heischt, daß man die Götzenbilder zerschmettere? Der Verdienst der arbeitenden Klassen war in alten Zeiten ein verhältnismäßig weit geringerer als gegenwärtig, ja das eigentliche Proletariat ist vordem in weit furchtbareren Scharen vorhanden gewesen, aber die Schreckgestalt des modernen „Pauperismus" hat gerade erst mit der Besserstellung der unteren Klassen und mit der gleichzeitig wachsenden Ueberschätzung des Besitzes ihren Anfang genommen.

Werfen wir einige flüchtige Blicke auf dieses merkwürdige Phänomen in der Geschichte des Elendes.

In der nassau-katzenelnbogischen Polizeiordnung von 1616 findet sich ein langer Abschnitt über das fahrende Proletariat, der uns ein trauriges Bild entwirft, wie sehr damals eine arme, ackerbautreibende, von großen Städten entblößte, also für das Vagabundentum jedenfalls sehr unergiebige Gegend von wanderndem Gesindel und Stromern aller Art überschwemmt war. Schon die Menge der Arten und Unterarten, nach welchen obige Polizeiordnung diese Proletarier gliedert, zeugt für die Masse derselben. Da ist die Rede von „herrenlosen und gartenden

Knechten, Sonnenkrämern, Knappsäcken, Zigeunern, Mordbrennern, reislaufenden Burschen, Spitz- und Lotterbuben" u. s. w. Es wird verfügt, daß, wo die Heuschreckenplage der Zigeuner in Massen angezogen käme und Gewalt drohete, die Sturmglocken geläutet werden sollen, damit die gesamte Gemeinde die Landstreicher abwehren könne. Was will unser heutiges Vagabundentum angesichts von Zuständen bedeuten, die solche Verordnungen nötig machten! Von den Bettlern wird als etwas häufig Vorkommendes angeführt, daß sie ihre gesund geborenen Kinder verstümmelten und lähmten, damit dieselben nachgehends als Krüppel ihr Brot sich müheloser erbettelten, denn mit gesunden Gliedern erarbeiten möchten. Dergleichen mag jetzt wohl noch vereinzelt in großen Städten vorkommen, wenn dagegen in einem abgelegenen Bauernlande, wie es heute noch die Grafschaft Katzenelnbogen ist, ein solches Verbrechen so häufig war, daß ein Gesetz dagegen erlassen werden mußte, auf welche Stufe mußte da das Bettelvolk herabgesunken sein!

Einzelne Formen des Proletariats sind wohl neu erstanden in der modernen Gesellschaft, aber andere sind dafür ausgestorben. Würde sich das militärische Proletariat, wie es am Ausgange des Mittelalters existierte, bis auf unsere Zeit fortgeerbt haben, dann wäre wohl längst kein Stein der gesellschaftlichen Ordnung mehr auf dem anderen. Die Gefahr, welche man jetzt in aufgeregten Zeiten von der Hefe der großstädtischen Massen fürchtet, erscheint wie eine Spielerei gegen die frühere Bedrängnis des Einzelnen wie der Gesamtheit durch die brotlosen Scharen entlassener Kriegsknechte. Als Kaiser Friedrich III. von König Karl von Frankreich 5000 solcher Leute begehrte, schickte ihm derselbe 40 000, um sie nur los zu werden, und nur mit äußerster Mühe und unter Androhung eines Reichskrieges vermochte man diese zügellosen Horden, die sich selber Armagnaken nannten, der Volksmund aber „arme Gecken", wieder nach Frankreich zurückzuspedieren. Schwärme ähnlicher, fast nur auf den Raub angewiesener Proletarier zogen fortwährend im Reiche umher.

Wie winzig erscheint neben diesen stehenden Heeren des Elendes und der Verzweiflung die kleine Rotte militärischer Proletarier, wie sie in den letzten zwei Revolutionsjahren von Krawall zu Krawall zog, um endlich in Baden und Ungarn Auflösung und Untergang zu finden! Nur ein kleiner Unterschied machte diese Rotte so viel gefährlicher als jenes stets neu sich rekrutierende Armeekorps: die brotlosen Landsknechte der alten Zeit befehdeten **den einzelnen Besitzer, die brotlosen Landsknechte unserer Tage den Besitz.**

Hortleder in seinem Urkundenbuche „von den Ursachen des deutschen Krieges" teilt ein Verzeichnis und höchst interessantes steckbriefliches Signalement von etwa hundert Proletariern mit, die im Jahre 1540 die Lande der Fürsten des Augsburgischen Bekenntnisses durch Brandstiftungen verwüsteten. Diese armen Teufel hatten sich für ein wahres Spottgeld — meist fünf Gulden auf den Mann — zu jener systematischen Mordbrennerei anwerben lassen, obgleich sie wohl vorher wissen konnten, daß der Turm und der Galgen rasch das Ende vom Lied sein werde. Wenn man nun aus der so geringen Verwertung der Arbeitskraft auf die größere Armut der alten Zeit schließen kann, wie viel einleuchtender wird dann noch der Schluß, wenn man erwägt, daß das gräßlichste Verbrechen um so billigen Preis erkauft werden konnte, ja daß die Hingabe von Leib und Leben so wohlfeil zu haben war! Welch ein armseliges Leben muß es gewesen sein, daß eine ganze Schar von Menschen für solchen Spottpreis losschlug!

Fast bei jedem kleinen Neste hatte man ja damals einen Galgen aufgebaut, der großenteils dem Schutze des Besitzes gewidmet war, und ein Schluß aus der Statistik des Verbrechens auf die Statistik der Armut hat immer eine annähernde Richtigkeit. Und dennoch war das große Elend damals lange nicht so furchtbar anzuschauen als jetzt das so viel kleinere. Der Armut fehlte noch das Bewußtsein ihrer eigenen Lage. Die Bettler glaubten, daß sie Bettler von Gottes Gnaden seien, wie die Könige ihren Stuhl auf Gottes Gnade gründeten. Sie erfaßten ihre Armut als die unerforschliche Fügung des Himmels und waren resigniert in diesem Glauben. Sie grübelten nicht über den Unterschied zwischen Reich und Arm, und fragten nicht murrend an: warum es nun einmal so und nicht anders geordnet sei? Sie nahmen eine Hungersnot hin wie man Regen und Sturm und böses Wetter hinnimmt, sie sahen Hunderte neben sich verschmachten und verderben, ohne daß dadurch der Gedanke des Aufruhrs gegen die Reichen in ihnen entbrannte. Die Fehde wider den Reichtum war noch nicht zu einem Standesbewußtsein geworden; es gab Proletarier, aber keinen vierten Stand. Es ist in alten Chroniken erzählt von einer Hungersnot, die im Jahre 1601 in Liefland ausgebrochen, wo viele Bauern im Hungerwahnsinn ihre Nachbarn und Verwandten erschlugen, um sich an ihrem Fleische zu sättigen. Der Henker kam zuletzt und hielt mit Galgen und Rad Abrechnung über das grauenhafte Mahl und dann — war es wieder still, und es steht nirgends geschrieben, daß hier, auf der letzten Stufe des Elends, die Armen sich zusammengethan und die Faust erhoben hätten wider die Reichen.

Noch am Ende des fünfzehnten Jahrhunderts nannten sich die Bauern in verschiedenen Gegenden Deutschlands selber „arme Leute", und führten diesen Namen als einen ganz ehrbaren Titel, der ihnen in ihrer Ueberzeugung ebenso notwendig und unabänderlich zukam, wie den Glücklicheren das Prädikat von Rittern und Herren. Der Neid des Besitzlosen gegen den Besitzenden mochte bestehen, aber er war nicht organisiert. Das Proletariat fühlte sich trotz seiner furchtbaren Ausdehnung durch keine gemeinsame Idee verknüpft. Dieses Gemeinbewußtsein des Proletariats als eines vierten Standes ist, ich wiederhole es, erwacht in der Opposition gegen den Müßiggang der Besitzenden, gegen die Selbstüberhebung des Reichtums, gegen den modernen Götzendienst des Mammons. In den Wäldern Nordamerikas mögen auch viele Tausende der elendesten Proletarier umherschweifen, dennoch wird man dort jetzt noch ebensowenig von den Gefahren des Proletariates, von dem Pauperismus, von einem vierten Stande reden können als ehedem in Deutschland. Erst da wo die Armut sich reibt mit dem Uebermut des Besitzes, wo der Arme auf engem Raum mit dem Reichen zusammengedrängt sich der sozialen Unterschiede klar bewußt wird, erst da erhebt sich das Gespenst des Pauperismus. Erst als das Licht der allgemeinen Bildung auf die Armut fiel, erkannte sie, wie gar arm sie sei. Der vierte Stand umschließt die zum sozialen Selbstbewußtsein erwachte Armut, und die Thatsache, daß die Armut vor hundert Jahren weit größer gewesen ist als in dieser Stunde, wird nie wieder den einmal erwachten Neid des Armen gegen den Reichen wegtilgen können. Wäre der Pauker von Niklashausen, wäre Thomas Münzer mit seiner sozialen Predigt bei der Masse des Volkes durchgedrungen, so würden die Begriffe des Pauperismus und des vierten Standes nicht von heute datieren, sondern aus dem sechzehnten Jahrhundert. Der Bauernkrieg zeigte das erste Aufleuchten des Selbstbewußtseins der Armut, aber sein trauriger Ausgang bekundet zugleich, daß das Volk eben wegen seines fürchterlichen Elends nur erst eine dämmernde Vorahnung dieses Bewußtseins gewonnen hatte. Kam doch der gelehrte Hesse Mutianus auf den kuriosen Gedanken, der in unseren Tagen fast bei jedem verunglückten Aufstande von den Unterliegenden geltend gemacht worden ist, daß die reichsstädtischen Kaufleute und Juden (also „Bourgeois" und „Geldsäcke") den ganzen Bauernkrieg künstlich angezettelt hätten, um durch die Bauern die Fürsten zu stürzen und dann eine Art von venetianischer Kaufmannsrepublik und Geldaristokratie in Deutschland einzuführen.

Als im Jahre 1349 das „große Sterben" gekommen war und das Elend aufs äußerste überhand nahm, erfolgte nicht etwa ein Krawall, wie wir es in den dreißiger Jahren aus Anlaß der Cholera in Italien erlebten, sondern der großartige weltgeschichtliche Bußgang der Geißelfahrer. Dieser Gegensatz dünkt mir weit bezeichnender für die Geschichte des Elends, als die Vergleichung der früheren Arbeitslöhne mit den gegenwärtigen.

Solange der Reichtum auf der einen Seite noch nicht fest geschlossen war, konnte auch auf der anderen das Selbstbewußt=sein der Armut nicht erwachen. Fürsten und Ritter sanken selbst oft genug zeitweilig in höchst proletarische Zustände herab, was bei aller Schroffheit der Standesunterschiede immerhin ein Trost für den armen Mann gewesen sein mag. Diese Versöhnung der Stände in der Gemeinschaft des Leidens und der Entsagung hat sich das Mittelalter gar herrlich in dem Sagenkreise von der Landgräfin Elisabeth von Thüringen versinnbildlicht. Dagegen traf der Haß des Armen schon früh genug die Klasse, welche das Geld am festesten in Händen hielt, welche in rohem Materialis=mus den Gelderwerb als Selbstzweck auffaßte und das wahre Aposteltum für den modernen Kultus des Reichtums übernommen hatte, nämlich die Juden. In diese Rolle der mittelalterlichen Juden droht jetzt die ganze besitzende Klasse gegenüber den Pro=letariern zu treten, und jene Wutausbrüche des durchwühlten Pariser Proletariats, wie sie im Juni 1848 so schaurig auf=flammten, ließen sich leicht mit dem Fanatismus des niederen Volkes bei den Judenmetzeleien in eine durchgeführte Parallele setzen.

Jener aussätzige Barfüßermönch, der im vierzehnten Jahr=hundert in so schönen schwermütigen Liedern sein eigenes Elend besang, war auch ein litterarischer Proletarier, und wohl wenige unserer hungernden Litteraten möchten Lust haben mit seinem Los zu tauschen. So pflanzte sich das litterarische Proletariat herauf durch alle Geschlechter, von Cardanus, in dem ich ein rechtes Urbild des modernen Litteraten erblicke, der aber seine Zerrissenheit und seinen Kummer mannhaft wegphilosophierte, bis auf die schreibenden armen Schlucker des achtzehnten Jahr=hunderts; es erschien oft in weit kläglicherer Gestalt als heut=zutage; aber noch vor fünfzig Jahren wurde aus dem armen Poeten ein Lorenz Kindlein, wenn es hoch kam, ein Faustischer Zweifler, der den Himmel stürmte: jetzt geht man weit über den Himmel hinaus: man stürmt die Gesellschaft. Es bringt daher keinen Trost für den gegenwärtigen Zustand der Verarmung, wenn man in Zahlen haarscharf nachrechnet, daß die Armut in früheren Zeitläuften viel größer gewesen sei. Die Armut von damals und von heute sind ganz ungleichartige Größen, mit denen sich gar nicht gegeneinander rechnen läßt. Nicht die (täglich abnehmende) Massenverarmung als solche bildet das Gespenst des Pauperismus, sondern das täglich zunehmende Bewußtsein der Massen von ihrer Armut. Die Notizen zu einer Geschichte der Armut fließen in den alten Quellenschriften so sparsam, weil die Armut zu selbiger Zeit noch gar nicht als eine bewegende und zerstörende Macht im politischen und sozialen Leben angesehen wurde, sondern als eine Thatsache der Privatexistenz, die sich ganz von selbst verstehe, die von Gott einmal geordnet sei wie Sommer und Winter, Tag und Nacht. Sonst würden die in allem Einzelwerk so scharfblickenden und gerade die kleinen Züge des öffentlichen Lebens mit der größten Liebe zusammentragenden städtischen Chronisten gewiß ein reichliches Material geliefert haben.

Das Bewußtsein der Massen von ihrer Armut, die korporative Erhebung der besitzlosen Arbeiter zur Erkämpfung ihres sozialen Rechtes war freilich schon einmal weltgeschichtlich geworden, aber nicht im germanischen Volksleben, sondern im römischen Altertum. Viel eher müssen wir auf den Sklavenkrieg des Spartakus, auf die Unruhen der Gracchen zurückblicken, als auf das germanische Mittelalter, wenn wir die ersten Ansätze zur Bildung des vierten Standes, als der zum sozialen Selbstbewußtsein erwachten Armut aufspüren wollen. Diesen Unterschied hat schon Shakespeare aufs feinste herausgefühlt. In überraschend wahren Zügen schildert er das ganze Behaben des sein Recht ahnenden Proletariates im Coriolan. Es zeugt für den göttlichen Seherblick des großen Poeten, für seinen wunderbaren historischen Instinkt, daß er in einem römischen Stück dieses Proletariat zeichnet, für welches in den Tragödien aus der englischen Geschichte kein

Raum gewesen wäre; denn zu Shakespeares Zeiten gab es wohl arme Teufel in England, aber kein zum sozialen Bewußtsein sich aufringendes Proletariat.

Ich bemerkte oben, daß alle Stände durch ihre sozialen Sünden Geburtshelfer bei dem vierten Stande gewesen seien. So sind es auch wieder vorzugsweise die Sünden der besitzenden Klassen, welche die Verkehrtheiten der sozialistischen und kommunistischen Lehren bei den Besitzlosen einimpfen und fortpflanzen halfen. Darüber spricht Vilmar, bei dem man gewiß keine zu große Vorliebe für das kommunistische Proletariat, keine übertriebene Feindschaft gegen die Aristokratie des Besitzes argwöhnen wird, in seinen Schulreden folgendes schlagende Wort:

„In unserer Mitte, in unseren Gesellschaften, in unseren Familien, in unseren Herzen wohnt schon der Kommunismus. Wir selbst sind Kommunisten. Ehe wir die Franzosen, ehe wir unseren Landsmann, den Schneider Weitling und seine Helfershelfer, strafen und richten, wollen wir uns selbst richten und strafen. Oder hat nicht die Begierde nach einem behaglichen, mit allen Reizen der modernen Bequemlichkeit ausgeschmückten Leben bei uns in den letzten Jahrzehnten auf eine schreckenerregende Weise zugenommen? Ist nicht die Putzsucht, die Kleiderpracht, der Modehunger bei uns in einer Weise im Schwunge, wie sie seit dem sechzehnten Jahrhundert nicht gewesen sind? Achten wir denn wohl ein Leben, welches nicht mit reichen Möbeln, schwellenden Polstern, sybaritischen Betten, mit goldenen Uhren und Ketten, mit echten Ringen und Knöpfen, und mit all dem tausendfältigen namenlosen Flimmer und Flitter reichlich ausgestattet ist, noch für ein Leben? Ist nicht der Genuß dieses Komforts und das Prangen mit demselben, ist nicht das von Jahr zu Jahr verschwenderischer gewordene Gesellschaftsleben uns eine völlig unentbehrliche Bedingung unseres Daseins geworden? Uebernehmen wir denn nicht Geschäft und Amt hauptsächlich, wo nicht einzig, um zu diesen Dingen zu gelangen? Trachten wir denn nicht, es jedem besser Eingerichteten, kostbarer Gekleideten,

teuerer Lebenden und glänzender Bewirtenden gleich zu thun, ja
ihn zu übertreffen? Sind wir denn — die Hand aufs Herz! —
sind wir denn zufrieden, wenn wir in eben diesen Dingen des
sinnlichen Genusses nicht alles haben können, was der andere
auch hat? Spielen denn nicht, und zwar in ganz eigentlichem
Sinne, die goldenen Uhren und die Flaschen Champagner bei
uns ganz dieselbe Rolle, die sie in den Augen des kommunistischen Handwerksgesellen spielen? Und wir wären nicht innerlich
Verbündete des Kommunismus?" Und dann wendet der Redner
später folgende Worte über die alle Stände versöhnende Ehre
der Arbeit an seine jugendlichen Zuhörer: „Ihr sollt nicht mit-
denken den heutigen Gedanken aller Welt: möglichst wenig
Arbeit, möglichst reiche Besoldung, sondern ihr sollt
arbeiten wollen um zu dienen, ihr sollt arbeiten wollen ohne
Entgelt, um der Arbeit willen, um des Nächsten willen, um
Gottes willen. Gehet ihr mit diesen Gesinnungen nicht voran,
wie wollt ihr denn dereinst verlangen, daß die Stände, welche
ihr zu leiten bestimmt seid, euch folgen sollen, wenn ihr ihnen
Beschränkung und Genügsamkeit predigt? Niemals ist es weniger
am Orte gewesen als in diesen Zeiten, sich seiner begünstigten
Stellung im Leben, seines Reichtums, seiner Bequemlichkeit,
seiner Genüsse zu überheben, sich als den privilegierten Herrn,
der nur Ansprüche zu machen habe, zu betrachten, alle anderen
als seine Diener, die nur da seien, um Ansprüche zu befriedigen.
Abgesehen davon, daß dies unter allen Umständen unchristlich
ist, so ist es heutzutage nicht einmal klug. Je mehr ihr euch
überhebt, desto gewisser wird der Sturm des Kommunismus noch
gegen euch, vielleicht in wenigen Jahrzehnten, ausbrechen!"

Ich habe eine Masse von Einzelzügen über den vierten
Stand zusammenstellen müssen, ohne daß dieselben an so bestimmte verbindende Fäden gereiht wären wie bei den übrigen
Ständen. Dies liegt in der Natur der Sache. Der vierte Stand
fließt in eine unendliche Mannigfaltigkeit selbständiger Gebilde
auseinander, weil bei ihm die zerfließenden Bestandteile der

alten Gesellschaft in einem allgemeinen Gärungsprozeß begriffen sind. Im System der Gesellschaft findet er seine Stelle als Ganzes, in der Praxis des öffentlichen Lebens wird man stets wieder auf seine verschiedenen Gruppen zurückgreifen und dieselben im einzelnen behandeln müssen. Der vierte Stand läßt sich auch durchaus nicht wie die Aristokratie, das Bürger- und Bauerntum unter einen einzelnen bestimmten staatsmännischen Gesichtspunkt zusammenfassen. Es gibt nichts Verderblicheres, als nach einem Geheimmittel gegen den verneinenden Geist des vierten Standes im allgemeinen zu spüren und etwa vorauszusetzen, wenn man irgendwie Mittel und Wege auffände, um das Mißverhältnis zwischen Arbeit und Kapital auszugleichen, dann sei damit das moderne Proletariat und der proletarische Geist aus der Welt verbannt. Durch dieses Verfahren ist erst die rechte Dunkelheit in die soziale Frage des vierten Standes gebracht worden. Nur indem man in die Fülle des individuellen Lebens hinabsteigt, kann man wieder zu klaren Anschauungen des vierten Standes kommen. Mit dem neuen Begriff des vierten Standes, den man dadurch gewinnt, wird man zu der Einsicht gelangen, daß die Angstfrage des modernen Proletariats weit mehr eine ethische ist als eine bloße Geldfrage, obgleich bei einzelnen Gruppen das ökonomische Moment bedeutungsvoll genug hineinspielt. Dies haben wenigstens jene Theologen erkannt, welche die innere Mission vorwiegend als die werkthätige Liebe des Evangeliums angesichts der Entsittlichung und Zerfahrenheit des vierten Standes betrachten. Aber die Theologen und die liebeseifrigen Christen überhaupt reichen hier allein so wenig aus als die Finanzmänner oder die Nationalökonomen allein. Der vierte Stand hat der ganzen historischen Gesellschaft den Fehdehandschuh hingeworfen, darum muß auch die ganze historische Gesellschaft denselben aufheben, nicht zu einem Kampfe des Hasses, sondern zu einem Kampfe der Liebe. Hierin liegt die bewegende Kraft des vierten Standes in ihrer tiefsten Bedeutung, und sie ist eine riesige Kraft. Wenn die Aristokratie, wenn das Bürgertum, wenn die Bauernschaft sich selber reformieren, dann reformieren sie damit die verschiedenen aus diesen einzelnen Ständen hervorgegangenen Gruppen des vierten Standes.

In dem großartigen Epigramm, welches der vierte Stand dadurch auf sich selber gemacht hat, daß er durch das Bemühen, alle Stände zu zertrümmern, doch nichts weiter zuwege brachte, als schließlich in seiner eigenen Person den alten positiven Ständen einen neuen negativen hinzuzufügen, in diesem tief ironischen Epigramm hat er selber den archimedischen Punkt gezeigt, auf welchem der Hebel zu seiner Reform anzusetzen ist. In dem Maße, als der Trieb zur körperschaftlichen Gliederung beim Adel, bei Bürgern und Bauern wieder genährt wird, muß er auch im Interesse der Selbsterhaltung bei dem vierten Stand erwachen; derselbe wird aber eben dadurch nicht gefestigt werden, sondern in seine Teile auseinandergehen. Als Kern derselben aber mag wohl im Laufe der Zeit eine neue Gesellschaftsgruppe der Arbeiter zurückbleiben, die sich dem alten Bürgertum anreihen wird, wie die Bauern der Grundaristokratie. Die Gesellschaft hat nur solange von den Proletariern zu fürchten, als sie selber proletarischen Geistes alle geschichtlichen Thatsachen von Stand und Standessachen ausebnen will. Und der Staat kann weder durch Polizeidiener den Uebergriffen des Proletariates steuern, noch durch Staatsarbeiterwerkstätten und Staatsalmosen die Macht desselben zu seinen Gunsten ausbeuten; er kann im vorliegenden Falle nichts klügeres thun, als daß er der Gesellschaft nicht länger wehrt, sich wieder zu größerer korporativer Selbständigkeit im Einzelnen auszuprägen, sich aus sich selber heraus zu reformieren. Wenn er der Industrie und dem Gewerbe wieder verstattet, sich wie vordem auf die eigenen Beine zu stellen, dann hat er damit mehr für die ökonomische Wohlfahrt des Volkes gethan, als wenn er ein eigenes Ministerium der Arbeit gründet und dasselbe nach allen möglichen trefflichen Grundsätzen Versuche auf dem Papier anstellen läßt.

„Selbst ist der Mann!" sage ich oben mit den Bauern.

Das gilt bei allen materiellen Fragen. Und da beginnt immer
der proletarische Geist, der Geist der Verzweiflung an sich selber
einzuziehen, wo der Einzelne, wo die Körperschaft nicht mehr zu
sagen wagt: „Selbst ist der Mann!"

Der vierte Stand ist einmal da, und weil auch einmal die
Fabriken da sind, weil der Journalismus da ist, weil überhaupt
die Welt nicht die alte geblieben, wird auch seine Einwirkung
keine bloß vorübergehende bleiben. Aber je mehr die alten Stände
sich wieder festigen und dadurch diesen vierten Stand auseinander=
sprengen werden, desto weniger wird die Demokratie fürder noch
sagen können, daß in dem Proletariat das eigentliche Volk liege,
weil es vaterlandslos und familienlos, daß in ihm die Macht
der Nation, weil es elend, daß in ihm der Reichtum der Nation,
weil es ohne Besitz ist, daß in ihm der Geist der Nation, weil
ihm Bildung und Sitte ein überfirnißter Despotismus heißt.
Die „Namenlosen" mögen der „Dünger der Weltgeschichte" sein,
nicht weil sie, wie die moderne Barbarei der Gleichheit behauptet,
eben namenlos sind, sondern weil sie kraft des Gesetzes vom
Druck und Gegendruck uns alle, und sich selber mit, aus dem
dermaligen Zustande der Namenlosigkeit, der drohenden allgemeinen
Verwaschenheit herausreißen werden zu den höheren organischen
Gebilden individuell geprägter Stände, in welchen die Einzel=
gruppe erst wieder recht zur Geltung kommt, erst wieder recht
ihren Namen erhält und der einzelne Namenlose wieder zehnmal
mehr als jetzt aus der Gruppe selber sich aufringt zu der höchsten
Menschenwürde eines „Namhaften".